读客

读客中国史入门文库

顺着文库编号读历史，中国史来龙去脉无比清晰！

卑鄙的圣人
曹操
第6部

王晓磊 著

江苏凤凰文艺出版社
JIANGSU PHOENIX LITERATURE AND ART PUBLISHING, LTD

图书在版编目（CIP）数据

卑鄙的圣人：曹操．第6部／王晓磊著．-- 南京：江苏文艺出版社，2012.6（2023.10重印）
（读客公务员读史丛书）
ISBN 978-7-5399-5007-5

Ⅰ．①卑… Ⅱ．①王… Ⅲ．①中国历史－三国时代－通俗读物 Ⅳ．① K236.09

中国版本图书馆CIP数据核字(2012)第118485号

卑鄙的圣人：曹操．第6部

王晓磊 著

责任编辑	丁小卉
特约编辑	肖　飒　　陈　波
装帧设计	读客文化　021-33608320
责任印制	刘　巍
出版发行	江苏凤凰文艺出版社
	南京市中央路165号，邮编：210009
网　　址	http://www.jswenyi.com
印　　刷	大厂回族自治县德诚印务有限公司
开　　本	680毫米×990毫米 1/16
印　　张	18.75
字　　数	300千字
版　　次	2012年6月第1版　2023年10月第11次印刷
标准书号	ISBN 978－7－5399－5007－5
定　　价	36.00元

目录

第一章
曹操接连重创河北军，袁绍性命垂危

仓亭之战

建安六年（公元201年）四月，酷烈之气笼罩着黄河沿岸。天气一天比一天热了，正午的骄阳似个火球，炙烤着苍茫大地，也使滔滔东流的河面上泛起一层灿烂的金光，刺得人眼睛发晕。

就在黄河北岸的仓亭，七万多将士严阵以待，前前后后排出三道防线，准备阻击即将渡河的曹军。大将军袁绍把帅旗立在离河滩不远的土丘上，他面庞清癯了不少，脸色也很苍白，却始终一言不发凝望对岸。

只有军师审配、参军逢纪和袁谭等少数人注意到，今天的袁绍与以往有些不同，少了几分四世三公名门之后的矜持，多了几分急躁。虽然他没有说话，但坐在杌凳上摇摇晃晃喘着大气，脸上肌肉时不时微微抽动，握着剑柄的手也一直在颤抖——那不是因为紧张，而是因为耻辱！

袁绍率领十万大军渡河南下，高喊着“奉汉威灵，折冲宇宙”的口号，结果却败给了兵力不及他一半的曹操，损失粮草辎重万余车，七万多河北健儿因无法渡河撤退，惨死在曹军屠刀之下。对于袁本初这个高贵桀骜的将军兼名士而言，这是何等耻辱之事。一场败仗改变了太多，数年招募的士卒葬送了，辛苦囤积的粮食丢光了，曾经视为股肱的爱将投敌了；而那个半年前还惶惶不可终日的曹操，现在反而春风得意耀武扬威，眼看就要杀到河北来——形势完全颠倒啦。

袁谭就在袁绍身边插手而立，望着父亲额头上渗出的涔涔汗水，他心里渐渐萌生出一种不祥之感，弯下腰低语道："父亲，您这几日睡得不好，今天又没用早饭，是不是回帐歇息歇息？反正郭图已布置妥当，观敌掠阵之事交给孩儿代劳吧。"

袁绍半个字都没回答，只是一个劲摇头。即便回到卧帐又岂能安稳入睡？只要一闭上眼，那个兵败的夜晚马上会浮现在脑海中，就算是山珍海味他也吃不下，五脏六腑都被愤懑之火填满了。袁绍这大半生可谓顺风顺水，公孙瓒勇冠三军、张燕一呼百应，可在他面前还不是死的死、逃的逃？所以他百思不得其解，为什么会糊里糊涂栽到曹操手里呢？前几天逢纪从邺城（今河北临漳县西南邺镇，三台村迤东一带）赶来告诉他，那个战前三番五次阻止出兵、被他关进大狱的长史田丰，最近大放厥词，嘲笑他不听劝告功败垂成。袁绍二话不说就派人将田丰杀了——他可以面对一切艰难挑战，就是不能承受失败和屈辱。即便许攸反了、张郃降了、沮授死了、田丰杀了，可他桀骜的心绝不会动摇，只要有一口气在就要与曹操斗到底，这场决斗不死不休。

正在袁绍心急火燎之际，亲兵卫队闪开一条道路，都督郭图打马扬鞭奔至土丘之下："启禀大将军，对岸曹兵蠢蠢欲动，似乎要渡河了。"

"哼！"袁绍故意提高嗓门冷笑一声，"兵法有云，渡半而击之。今日本将军定要一雪前耻！"

郭图刻板的脸上洋溢着固执的神情："主公放心，我军三道防线固若金汤，曹贼不来是他的便宜，若来了我杀他个片甲不留！"扔下几句豪言壮语，便挥动令旗回转前阵了。

袁谭与郭图甚是亲厚，平日尊其为师长，到这会儿仍不忘了美言几句："疾风知劲草，国乱显忠臣。许攸那帮人皆是忘恩负义之辈，真正忠于父亲的还是郭公则啊！"

袁绍似乎是得到了一丝安慰，习惯性地点了点头。

审配、逢纪默然对视了一眼，虽然都没说话，但心里很清楚——这一仗可不怎么乐观。官渡之败丧师近八万，更有投敌的、逃亡的、流散的，现在勉强集结了七万士卒，虽说兵力上仍优于对手，但这些人既是败兵又是疲兵，还掺杂了不少百姓，恐怕一提起"曹操"二字就吓得腿肚子转筋了。袁熙、袁尚、高幹三位公子还在设法募兵支援，可远水难解近渴，仅凭眼前的实力能守住仓亭津就不错了，不求有功但求无过，打败曹操是想都不敢想的奢望。坚壁清野转战为守或许是上策，可袁绍满腔激愤硬要拼下去，有了田丰被杀的前车之鉴，谁还敢劝阻？可笑的是那位大公子袁谭和都督郭图，至今还做着席卷中原的美梦，幻想着能为将来继承大位积攒功勋呢。

兵法有云“朝气盛，昼气惰，暮气归”，午间是士兵最懈怠之时，但袁绍脑子里的弦却绷得很紧，数次传令吩咐懒散的士兵打起精神，不给曹军可乘之机。果不其然，双方僵持到了未时，曹操自上游河内郡调拨的船只顺流开至，曹军的先锋部队开始登舟抢渡啦。

尖锐的号角声直冲云霄，打破了肃穆的河滩，曹军一整排快船好似浪头般向北岸席卷而来。郭图早已布置妥当，一挥掌中杏黄令旗，头一道防线的兵卒立时自鹿角后涌出，个个搭弓在手，射出遮天蔽日的箭雨。立于船上的曹兵也不是傻子，都手持长矛盾牌护体，蜷缩在船板上催促摇橹之人加快速度。也就是眨眼的工夫，七八艘船已扎到了对岸，后面的船只也冒着箭雨陆续跟上。曹兵挺着长矛扑上岸来，河北军弃弓拿枪堵住去路……喊杀声霎时震天动地，兵刃你来我往，但沿河作战防守方总是更占便宜。那些曹兵不是被剿杀在岸边，就是被逼回船上，郭图的布置似乎牢不可破。

袁绍坐在土丘上，死死盯着战场，口中喃喃有声：“杀得好……给我杀！把他们斩尽杀绝！”可他没痛快多久，就觉喊杀声愈演愈烈，船队一排接一排又来了。曹军不停地摇橹，袁军不停地放箭，刚开始那些船还保持着队形，后来为了躲避弓箭纷纷散开，密密麻麻铺满了河面。战鼓声、喊杀声、兵刃声震耳欲聋，中箭的曹兵摇摇晃晃栽入滚滚波涛，被刺倒的袁军抓着河滩的泥沙发出最后一声惨叫，滔滔大河仿佛烧开了锅，攻守双方陷入恶斗。

似这样的大阵仗，虽然靠兵力，但更要看士气。袁军前不久刚在官渡落败，今日虽占地利，但投入战斗的士兵不少是前番战败之人，哪还提得起气势。而曹操那边士气正旺，一鼓作气前仆后继，舟楫一拨接一拨，有些堵在后面的勇士耐不住性子，干脆跃到前面的船板上，迫不及待投入激战。经过半个时辰的激战，鹿角被掀出一道道缺口——河滩防线被攻破了。

袁绍瞧得明明白白，气得直拍大腿。袁谭头一遭见父亲这般恚（huì）怒，赶紧宽慰：“曹贼不过一时得势，他们伤了那么多人，已是强弩之末，第二道防线绝对冲不过。”

事情不像袁谭想的那么简单，曹兵涌上河滩气焰更加嚣张，尤其是曹营的各路将军也随之抢滩登岸，旌旗罗列铠甲鲜明，这本身就是一种震慑。匍匐在壕沟边的袁军，看到这般威武的敌人，不禁想起官渡惨败，想起被坑杀的七万兄弟，想起那些在乌巢被割了鼻子耳朵的同伴……立刻有人吓得扔下兵刃就逃！

郭图坐镇大阵正中央，眼见自己的士兵临战脱逃，急忙挥舞令旗弹压："回去！临阵脱逃者就地正法！"各部将领带着亲兵往来驰骋，呼喊了半天总算把士兵拦回战壕边。此刻曹兵也杀到了，攻者齐声呐喊迅如猛虎，守方巧借地利化险为夷，一场更激烈的战斗又开始了。

袁绍凝视着僵持的战场，竭力压抑心头怒火。他从小受的是公侯世家的严格教养，讲究泰山崩于前而面不更色，可是沉着矜持了五十多年，今天怎么就控制不住自己了呢？其实战场没有分出胜负，守住仓亭还是很有把握的，况且援军随时可能赶到，侥幸将曹军尽数歼灭在河北也未可知。但袁绍就是稳定不住情绪，双手随着隆隆鼓声剧烈颤抖着，连剑柄都握不住了。望着那舍生忘死奋力拼杀的曹兵、望着那奋力招架坚守战壕的自己人、望着郭图手中舞得似车轮一般的令旗，还有头顶上那令人眩晕的烈日……袁绍颤抖得越来越厉害，仿佛有个魔鬼窜进了身躯。他努力控制着情绪，但刹那间两面鲜明的旗帜突现在敌军阵营间——有一面旗帜写着斗大的"张"字，另一面则是殷红的"高"字。

张郃与高览?!当年自己麾下的大将，竟反过来为曹操当先锋。堂堂四世三公河北霸主为何落得这般被动？人心何在天理何存！袁绍再也控制不住了，什么大将军的身份、什么公侯世家的威严，都见鬼去吧！他猛然站起来，想要咒骂、要唾弃、要呼喊、要打破他这一生的矜持伪装，但还未及说话，一口滚烫的鲜血就喷了出来！

"大将军！"

"父亲大人……"

幸亏袁谭、逄纪及时搀扶，袁绍才没栽倒。他的手不再颤抖了，而是无力地抹了抹嘴角的血，隔了半晌才喃喃道："不碍事……"

诸心腹见他脸色惨白、嘴唇发青、浑身无力，额头的汗成股地往下淌——这还不碍事？逄纪脑子快，扫视一眼纷乱的战场："主公，咱们先撤吧！"

袁绍慢慢挤出一缕惨笑，仰起头轻轻叹息一声。他有许多话想说，但因为眩晕乏力全都堵在嗓子眼，这似乎也帮他保持了一贯的沉稳，人终归不能摆脱自己的本性啊。在官渡出兵之前他就感觉体力不佳，但还是咬牙坚持到现在。田丰、沮授都劝他不要南下，要修养兵力再等几年，他们分析得确实有理，可就是忘了一点——年纪。岁月不饶人，他都五十多了，建功立业的时间越来越少啦，谁不想在有生之年完成宏图大业？能不急吗？袁绍的身体终于垮了，但要想积蓄实力再战曹操不知还得经营几载。这口血让袁绍清醒了，他这辈子就快走到头了，扫平天下的夙愿只能偏劳儿孙后辈了。

逢纪谄媚归谄媚，毕竟是从洛阳时就跟着袁绍出生入死的人，见他这副表情，早揣摩了个八九不离十，赶紧劝道：“大将军切莫胡思乱想，这就是积劳成疾闹点小毛病，休养几日便好。属下叫亲兵护送您回邺城，战场之事不要再操心了。”

袁绍无力地挣扎了两下，似乎还不愿意走。袁谭把他的手臂交给审配，扭身跪倒：“父亲安心回去休息，孩儿替您指挥，定要将曹军阻于大河之南。”

袁绍感觉第二口血似乎又要上来，紧闭着嘴摇头苦笑——傻小子，你有勇无谋，哪斗得过曹操啊！

军师审配急坏了：“主公啊，即便仓亭失守，曹贼也休想撼动我河北半分。并州、幽州、青州都有兵，君子报仇十年不晚，咱们回去后勒令各城坚壁清野，再调兵马破敌不迟！快走吧！”说罢不等袁绍反应，招呼亲兵扶他下山……

郭图还在阵中指挥，接连击退曹军三次猛攻，正以为得胜有望，忽觉身后一片骚动。他回头望去，见最后一道防线的士卒蠢蠢欲动，似有慌乱撤退之态；再抬头观看——但见大将军坐镇的山丘上白旄、金钺兀自竖立，可主帅的位子却已空空如也。

兵法有云“其疾如风，其徐如林，侵略如火，不动如山”，主帅好比是镇军之山，最忌讳随便移动。袁军本来就有些怯敌，现在主帅都找不到了，谁还继续卖命？后军最先脱离战场，正奋死作战的中军也慌神了。曹军趁此良机猛砍猛杀，顺利突破第二道防线。

郭图急得满头大汗，挥舞令旗放声疾呼：“站住！临阵脱逃者斩！都给我回来……”到了这会儿全都跑，谁还听他的？这位无比执拗的都督竟把令旗一扔，顺手拔出佩剑：“还有不怕死的没有？是大丈夫就随我冲啊！”他喊的声音不小，却没多少人响应。

曹军几将缠斗的袁军杀尽，流矢早就射到了郭图身畔，他竟不躲不逃决心拼命了。袁谭带着一队亲兵涌了过来，驰马向前拉住郭图：“郭公则，我父突发急病已回邺城。咱们快撤！快撤！”

“我不走！”郭图身为都督连吃两场败仗，这会儿简直气疯了，“官渡战败，仓亭岂能再败？我郭某人就是不信邪，一定要挡住曹贼！我这个都督哪里不如沮授？我也能打胜仗……”

两支箭迎面飞来，射死一个亲兵。袁谭再不敢耽搁，抢过郭图的缰绳：“别固执啦！莫忘了你还承诺过帮我谋取大位呢。”不由分说抢过郭图的缰绳，拉着他一起逃命。而就在他们身后，曹军已经横行无忌，不到丑时便尽数渡河，拿下了重镇仓亭津，又一次占领了袁绍的营寨。

经过官渡、仓亭两场恶战，大河两岸北强南弱的局势发生了根本性逆转，曹操终于成为名副其实的中原霸主，而袁绍的赵燕之师再无昔日雄风……

儿孙显贵

连番捷报传至许都，上至天子下至群臣无不庆幸，朝廷总算躲过一场灭顶之灾。但没过多久所有人又把心提起来，官渡得胜更意味着曹操的权势愈加稳固，大家还要一如既往地夹紧尾巴在这位立下“不世之功”的大人物手下混营生。

被战乱煎熬的一年实在太漫长，许多老病之人没能熬过来。在皇子南阳王刘冯病逝之后，另一位诸侯东海王刘祗也病死了，皇室宗亲接连死亡，这对大汉王朝而言甚是不祥。外朝又有侍中杨琦、大鸿胪陈纪、荡寇将军赵融等老臣过世，昔日大名鼎鼎的人物逝去之际犹如落叶般无声无息，全然被胜利的欢呼所掩盖，一辈新人换旧人，现在的朝堂已经大变样啦！

尚书令荀彧一如既往地忙碌，大清早就奔赴省中处理公务。先是诏命孔融主持祭祀去世的南阳、东海二王，请灵位陪奉宗庙；追议杨琦昔日护驾之功，封其子杨亮为亭侯；又准了陈群回乡为其父陈纪守孝；荡寇将军赵融曾与曹操同为西园校尉，论公论私都要给予优抚。荀彧表面上忙忙碌碌，其实做的都是官样文章，转眼间已时至正午，向天子问安后又登车回转府邸。

荀彧已经习惯了这种来来往往的生活，省中一套差事，府里一套差事。在朝廷处理的是表面事务，说白了全是做给外人看的，真正紧要的差事还是在府里办才保险。特别是曹操、荀攸都不在的日子，他肩上担子更重，常常忙得顾不上吃饭。今天就是坐车回府的这一小段工夫，他脑子也没闲着，一直在考虑发生在庐江郡的事情。

庐江原是刘勋的地盘，从属于伪帝袁术。袁术死后孙策奇袭刘勋夺取城池，任命了一个叫李术的人充任庐江太守。刘勋部曲流散无家可归，凭着老关系投靠了曹操，但时隔不久孙策也遇刺身亡了，李术又与孙氏翻脸，成了独立江北的一方割据。曹操早就想染指庐江，可身在战场无法分身，便派先前任命的扬州刺史严象到皖城与李术接洽，意欲拉拢李术收取地盘。

扬州刺史严象，字文则，京兆人士，乃是荀彧推荐任职的。当初前任刺史刘繇病故，曹操派他接管刘繇余部。但随着孙氏的崛起，严象所依仗的陈瑀战败逃亡，孙策又利用刘繇之子刘基挖走不少兵将，致使严象成了毫无实权的空头刺史。他身在扬州却什么事都干不成，只能在孙曹之间和稀泥，所以得到朝廷调他往庐江的命令也长出了一口气，以为再不用受窝囊气，哪知却踏上一条不归之路。李术这个土霸王非但不买孙氏的账，而且也没把曹操放在眼里，竟派兵半路截杀了严象。

此事一出天下哗然，许都朝廷建立以来虽遇到过不少抗拒，但还没人敢公然杀害朝廷委派的官员。曹操和荀彧当然不能放过凶手李术，更不能放弃庐江地盘，可就在他们书信往来商议对策之时，却有人抢先下手了——刚刚继承江东基业、年仅十八岁的孙权。

孙权向朝廷上表，声称“李术凶恶，轻犯汉制，残害州司，肆其无道，宜速诛灭，以惩丑类。今欲讨之，进为国朝扫除鲸鲵，退为举将报塞怨仇，此天下达义，夙夜所甘心”。表面上摆出一副愿听号令的姿态，实际上却不待曹操回复就提兵北上，以迅雷不及掩耳之势拿下了庐江，并诛杀了李术。

孙权第一次施展身手便如此干脆利落，无异于向世人宣告，他孙家争夺天下的事业还要继续下去！荀彧闻讯惊骇不已，意识到朝廷与孙氏必须做个了结，若总有只老虎卧在身后，必定响应统一北方的战局，得想办法把孙氏复兴的势头压下去……

荀彧暗暗盘算如何向曹操汇报此事，不知不觉已回到了自家府门口。仆人将车帘掀起，他还没迈出腿，就瞧见司空祭酒张京站在车前，恭恭敬敬向他施了个礼：“令君总算回来了，下官已等候多时。”

“有差事吗？”

张京凑过去搀扶荀彧下车，笑道：“有批外任的官员明天就要离京，您得见上一面啊！另外……”他从袖中抽出一张叠好的帛书，“曹公有密信给您。”

“哦。”荀彧看都没看就揣到怀里了。

虽说曹操一把火将官员暗通袁绍的书信都烧了，但有些做得露骨的县令还是倒了霉，撤免更换也是题中之意。而选拔出来的新官大多都是被曹操辟用过的人物，有的当过司空掾属，有的被曹操点名征用，另外再拉上一两个名士装点门面也就差不多了。这帮人来见荀彧之前，已在司空东曹掾[①]毛玠那里过了一遍筛子，该效忠谁、该听谁的话都灌输得明明白白。张京再把他们领到这边，不过是请荀彧叮嘱几句，走走形式罢了。

荀彧跨进府门抬眼望去，这批外任官站了一院子，长者已过不惑，幼者方及弱冠，都穿着朴实无华的玄色布衣，全无新官上任的喜色。荀彧心中不免暗笑——毛玠选官尚俭朴，这些人有好衣服也不敢穿。鉴于长幼汇聚，也没把他们带到堂上训话，只请入偏阁坐下叙谈。

张京赶紧捧出授官的名录，荀彧粗略看了一眼，别的全没在意，单见末尾处有个名字被墨笔抹去，仔细辨认写的是“司马懿”三个字：“这个司马懿犯了什么事情，怎么抹去了？”

张京道：“此人拒绝征辟，没有来京。”

“没来为何也写上去了？”

“司马懿是司马建公的二儿子，曹公点名要用的，原本要授予官职，可突染急病来不了。”张京不便当着众人把话说破。当年曹操举孝廉时司马懿之父司马防正任尚书右丞，回绝了曹操担任洛阳令的请求，

① 东曹掾，丞相、太尉自辟掾吏分曹治事，东曹掾初出督为刺史，后主二千石长吏及军吏的迁除。

故而曹操执意要驱使司马氏子弟为自己效力，也算出一出当年的气。河内郡收复之后，司马防被召回朝廷任职，其长子司马朗在董卓入京之前就已入仕，如今也当了司空掾属。不过司马防还是怕曹操给他父子小鞋穿，再不愿让二儿子也出来蹚浑水了，故而以罹患疾病为托词，把司马懿留在了家乡。

现在还有人公然回绝曹操的辟用，荀彧倒觉此人有些胆量。他把名单往桌案上一放，逐个打量在座之人，这才发现何夔、刘馥、凉茂、郑浑等幕府掾属皆在其列，连颇受非议的王思也坐于其中："王贤弟，你也放了外任吗？"

王思跟他熟稔了，说话很随便："令君啊，我当初与薛悌、满宠一起跟随主公，如今人家都是郡守之位了，我还昏天黑地打理文书，脸上也不好看啊！好不容易得了这个机会，总算盼到出头之日啦。"

荀彧面带莞尔："曹公不放你外任是想磨磨你的性子。以后当父母官，切记戒急用忍。可不能再……"

"诺，我知道啦！一定改。"王思料到荀彧要说什么，赶紧出言打断。论才智王思不弱于他人，资历更是无人能及，只是耐性太差，有一次他写公文时有只苍蝇总在眼前飞，他竟投笔打苍蝇，一击不中气得连竹简带书案全给掀翻了，踩着笔在地上碾。此事传得府里府外无人不知，至今还是大伙玩笑的谈资。而就是这心浮气躁脾气怪诞的王思都放了外任，可见曹操有意让自己的心腹逐步接管地方政务。

荀彧瞧他有些难为情，微然一笑便不再提了，又见人堆里还有个稚嫩的娃娃脸，凑在一堆山羊胡子间格外显眼，便问："卿是何人？此番授予何职？"

年轻人说起话来温文尔雅："在下太原祁县温恢，受任廪丘县令。"

"祁县温姓……"荀彧想了想，"先朝大名鼎鼎的涿郡太守温恕，是您的同族吗？"

温恢起身拱手："正是家父。"

"原来是名臣之后，得罪了……"荀彧也欠身拱手，"令尊贤名播于河北，惜乎亡故多年。还望阁下再续先父之德，全心效力朝廷。"荀彧品出点儿不一样的滋味来了，温恢再有能力毕竟资历浅薄，曹操看中的是他父亲的名头。温恕任涿郡太守时颇受河北之士称道，现在把他儿子弄出来做官，明摆着是要争取河北士人的好感。

“在下一定牢牢记住令君的教诲，不负朝廷之任、曹公之望。”现在官员说话，第一句若是向朝廷表忠心，后面必要紧跟着提曹操，温恢虽然年轻，也学会了这种句式。

荀彧自然不能说不对，但总觉得有些别扭，索性不再一一询问，笼统地说起了套话，不外乎嘱咐他们要效忠天子、在地方为政当以督促民事为先，不要总想着捷径倖进。他侃侃谈了几句，偶然一抬眼皮，忽见门口碧纱帘子一挑，三个衣着锦绣的少年大摇大摆走了进来——为首的是曹操之子曹丕，后面跟着曹操义子曹真和夏侯渊之侄夏侯尚。

这三个公子哥来得真不是时候，给人一种曹家子侄可以随便干政的印象。荀彧略一皱眉，有心嗔怪守门的仆僮不通报，可又一琢磨，曹操的儿子谁敢阻拦？于是赶紧端出长者姿态，捋髯微笑道：“是你们啊。我跟列位大人谈话，你们若是有事先到正堂等候。”

三个年轻人恭恭敬敬施了一礼，曹真、夏侯尚很识趣地退了出去，曹丕却手掀着帘子解释道：“其实小侄也没什么事儿，不过是寻长倩贤弟聊聊天。不想大人在偏阁办事……得罪了。”长倩是荀彧之子荀恽。

荀彧心里恨不得他快出去，摆手道：“几位大人即将上任，我有要紧的话叮嘱。你们要寻我儿只管去后宅吧。”

曹丕听说这些人即将上任，跨出门槛的一只脚又收回来了，当众作了个罗圈揖，笑呵呵道：“小可失礼，叫列位大人笑话。诸位效力朝廷为国驱驰，晚生由衷钦佩，今日得见甚觉荣幸。日后小可若离京行走，一定拜望列位……”他相貌不俗谈吐风雅，说话时脸上带着温和的笑容，还故意扬起长袖作弄潇洒之态。在场之人有知道他身份的，想站起来还礼，又恐旁人说自己谄媚；也有不认识的，一脸懵懂坐在那里，觉得这小子指手画脚惹人讨厌。

荀彧满脸尴尬，甚觉这位大公子话说得太多，不合规矩而且颇有自我卖弄之嫌，赶紧用力咳嗽一声，打断了他的话头。张京见此情形忙打圆场，笑嘻嘻站了起来：“令君嘱咐的也不少了。其实列位都是几经筛选的，该怎么为政心里也有些成算。差事挺紧的，大伙来日就要赴任。我看不如就此散了，容大家会会朋友辞辞行，明日也好轻松登程，您意下如何呀？这些天您也够操劳的，多保重身体。”

“好吧。”荀彧叹了口气，应了这顺水人情，“还望列位上任之后不负朝廷重托，劝课农桑教谕百姓。官渡打赢了，但钱粮尚有亏空，要抓紧补上。朝廷也会制定课税新法支持你们，就这样吧。”

“诺。”众人起身告退，由张京领着鱼贯而出，这次到了门口，就得礼节性地与曹丕对揖了。

曹丕满面赔笑一一还礼，直到所有人都出去，才凑到荀彧眼前：“令君近来清瘦不少，是得好好保重身体啊。”

“有劳贤侄挂念。”荀彧心里有数，这小子说是来寻自己儿子的，却不急着往后面去，一个劲儿跟自己说客气话，必定有事相求。即便是曹操的儿子，毕竟是个白身，荀彧素来讨厌请托之事，介于曹丕的身份更要避嫌，便故意扯开话题：“其实坐守京师算不得劳苦，令尊用兵在外才真正不易，最近公子有没有写信探问呢？曹公头疼的毛病实在叫人担心呢。”

“家书里说了，自官渡得胜就没有犯过，这也是人逢喜事精神爽吧。河北的仗还在打，王师回归少说也得几个月，能否顺利拿下邺城也未可知，我也十分思念父亲呀。”话虽这么说，曹丕脸上却没什么真挚的表情，见荀彧似乎对自己的来意漠不关心，又另寻了个话头，“对啦……这次王师得胜，回归之际是否要搞什么仪式？有何差事叫小侄效劳的？需不需要我准备仪仗的事情？”

“不必了。令尊立下这么大的功劳，到时候圣上自有安排，若是主动讨这差事，岂不是抢了圣上的恩德？此非为臣子之道……还有，贤侄是白身，不要随便到朝臣府里走动，这对令尊的影响也不好。”荀彧说了这两句重话，随手拿起一卷公文，心不在焉地看着，其实是暗示曹丕赶紧离开。

哪知非但曹丕不走，曹真与夏侯尚又进来了，仨小子都凑到案前说话。荀彧见这阵势，情知他们要赖在这里，只得把公文又放下了：“你们究竟有何事？”

曹真不紧不慢道：“听说孔融奉诏祭祀南阳、东海二王，他文章做得极好。未知祭文写出来没有，可否叫我们先开开眼。”曹真已经十七岁了，身材高大淡金面庞，剑眉虎目狮鼻阔口。

荀彧知他信口开河，揶揄道：“今早才正式传下诏书，哪能这么快就写出来？等祭礼之后不就知道了嘛。”

“我都等不及了。”夏侯尚坏笑着抢过话头，这小子左颊上有几颗白麻子，常自诩那是聪明疙瘩，鬼点子甚多，“前几日我读了孔文举给曹公写的三首诗，可真是光怪！其中有这么几句‘从洛到许巍巍，曹公辅国无私。减去厨膳甘肥，群僚率从祁祁’，您听听这六言诗，怪不怪？”

荀彧却不以为奇：“六言成诵并不稀奇，张衡撰《归田赋》：‘游都邑以永久，无明略以佐时；徒临川以羡鱼，俟河清乎未期。’这不也是六言？”

“那可不一样啊。孔融这不是散句，没那么多之乎者也，这可是地地道道的诗作啊！”夏侯尚摇晃脑袋又吟诵起来，仿佛陶醉其中，“郭李纷争为非，迁都长安思归，瞻望东京可哀，梦想曹公归来……”

“只要诗写得好，六言又有何不可呢？”荀彧捋髯而叹，“自蔡邕死后，士人文采风流不见，似孔文举这般才情之人越来越少，可惜啊可惜……”

夏侯尚暗笑老先生上了他的道，朝曹丕挤了挤眼；曹丕会意，赶紧从袖子里抽出一张帛书来，笑道：“令君精于诗文心明眼亮，看看这首诗写得如何？”

荀彧耐着性子接过来看，只见写着：

丹鸡被华采，双距如锋芒。
愿一扬炎威，会战此中唐。
利爪探玉除，瞋目含火光。
长翘惊风起，劲翮正敷张。
轻举奋勾喙，电击复还翔。

“这写的是斗鸡啊！”荀彧不禁笑了，“瞧这句‘愿一扬炎威，会战此中唐’还有些尚武之气，算得上是佳作了。”

夏侯尚笑着问：“您知道这是何人所作？”

“莫非是贤侄所作？”荀彧怀疑地瞟了眼曹丕。

夏侯尚把手一摊：“非也非也。写诗之人名叫刘桢，字公幹，乃宗室子孙。他祖父也是先朝文士，就是那位著过《辨和同之论》的刘曼山[①]。”

---

① 刘梁，字曼山，东汉散文家；《辨和同之论》倡导“得由和兴，失由同起”，是东汉后期的散文名作。

曹丕凑到荀彧耳边夸奖道："这个刘公幹小侄也见过，生得一表人才，现年二十七岁，为父守孝期满来至京师。现在朝廷正是用人之际，我们府里又放出去那么多掾属，不妨……"

荀彧明白他们来意了，把帛书塞回曹丕手中，又拿起了公文，冷冰冰道："朝廷用人之事不是你们该过问的。"

曹丕不死心："我与那刘桢并无私情，这完全是为国举贤嘛。再说即便瓜田李下令君不愿管，去跟毛孝先知会一声，辟到幕府当个掾属又有何妨？"

"既然这么简单，你们直接去求毛玠不就行了？"荀彧一句话把仨小子噎住了，瞧他们尴尬的脸色，便知已在毛玠面前碰过钉子，又跑到这儿"打迂回"来了。

三个人你看看我我看看你，木讷半晌曹丕又开了言，这次不叫"令君"改叫"叔父"了："荀叔父啊，侄儿实话实说，毛孝先那张硬弓要是好拉我们就不给您添麻烦啦。他选的官什么样您又不是不知道，但凡宗室名门都塞不进他那双眼，恨不得找帮穷鬼才好呢……"

"诶！不要信口议论他人。"荀彧怕这孩子乱谈是非惹出事儿来，"我这里差事堆成山，管不了别的，况且这也不合规矩，你们走吧。"

夏侯尚放胆按住荀彧手里的公文，乐呵呵道："话是这么说，但您忍心看着才子埋没？您都说这诗写得好。"

"我是说了，"荀彧板起面孔，"但治理天下不能就靠几首诗。而且这是什么？斗鸡走狗纨绔子弟的勾当，能登大雅之堂？你们好好读读史书，春秋时，鲁国曾因斗鸡招致内乱①，玩物丧志是要祸国的！"

曹真却道："叔父言重了，能小复能大，刘桢也有正经文章，我取来叫您过目。"

"不必！我没工夫看文章。"

曹丕拉住他的手央求道："叔父何故拒人千里之外？您再想一想，此人既是名门之后又属刘氏宗亲，用这样的人多好啊？这也给朝廷增光呀！"曹真也顺势拉住荀彧左手，夏侯尚牵起荀彧的胡须。仨小子把昔日找大人要糖吃的本事拿出来，又摇又晃，左一个"叔父"右一个"令

---

① 鲁昭公时期，大夫季平子与郈昭伯因斗鸡作弊而生嫌隙，郈昭伯兵围季氏宅邸，与季氏同为上卿的叔孙氏、孟孙氏救援，诛杀郈昭伯。此后季氏、叔孙氏、孟孙氏三家把持鲁国权力愈演愈烈，史称"斗鸡之变"。

君”，叫得比蜜还甜。

荀彧实在拿他们没办法，这帮小子搅下去不知耽误多少事，又一琢磨，招个宗室子孙、文学之士也无可厚非，便道：“快撒手！我管了，叫刘桢写份履历放我这儿，有机会我跟毛孝先提提。”

曹丕喜不自胜，赶紧从怀里掏出一张竹片名刺放到桌案上：“早就预备好了，叔父既然答应侄儿，千万可别忘了。”

“仅此一回，下不为例！”荀彧郑重提醒。

“侄儿知道，以后绝不给您添麻烦了。”曹丕连连作揖。

“二公子、三公子怎么没跟你们在一处呢？”

曹丕答道：“植儿去丁家找丁仪玩去了，彰儿带着一帮家僮出城狩猎。”曹植与丁冲之子丁仪甚是投机，而曹彰年纪不大却好武，兄弟三个脾性各不相同。

“狩猎！”荀彧腾地站了起来，“谁同意他出城的？仗虽打完，周匝可还没太平呢！他才多大啊！你这哥哥是怎么当的？曹公叫陈群督促你们兄弟学业，他这才扶丧离开半日，你们就都乱窜开了。快快快，派人把彰儿找回来，以后没我的准许不能随便出城！”荀彧这位子太难了，朝里朝外忙完了，还得替曹操管儿子。

“诺，那小侄去了。”曹丕虽然答应，却还是笑得合不拢嘴，抱着夏侯尚、曹真的膀子，溜溜达达而去，还不住念叨，“有了刘公幹，以后可以论文消遣啦……”

仨小子走到门口，碧纱帘子倏然而起——竟有两个新任官员没走，等在外面给他们掀帘子献殷勤。荀彧看了个满眼，有心叫那俩官人进来好好申斥一顿，但寻常礼节又挑不出什么大错。老子当大官，莫说是儿子，只怕家里的狗都有人巴结。为这事骂他们一顿，非但起不到作用，他们还要恨自己阻了大好前程。

荀彧隔着帘子默然望着曹丕背影——这位大公子十五岁了，说大不大，说小也不小了，这个岁数已经有不少朋友，日后那可就是一个小圈子啊。曹彰十一岁，曹植也十岁了，还有一个最最受宠的曹冲，再过几年这帮小子各自身边都会围绕一帮年纪相仿的人，到那时……想起袁绍的三子一甥各领一州之事，荀彧不禁捏了把冷汗，时至今日他才意识到曹昂战死宛城是一件多么严重的事。

顺着这个思路想下去，荀彧竟越琢磨越害怕，赶紧回归座位接着处理公文，好尽快化解这不安的情绪。心不在焉看了好久，才想起还有一封曹操的密信没读。

原来曹操河北的战事进行得并不顺利，虽然仓亭之战使一些郡县官员立场动摇，但袁绍又集结人马抓紧平叛，硬是没叫曹操抢到一座城池。照这个势头发展下去，根本不可能迅速征服河北，加上刘备尚在汝南为患，只能草草收兵了事。随信寄来的还有份官渡功将名单，要求荀彧代为表奏，共计二十多人，列于榜首的张绣竟要给予封邑千户。

荀彧有些踌躇，给武将这样高的待遇是不是太轻朝中官员了？毕竟勋贵老臣中还有不少没有封邑呢。但自陈留举兵以来，曹操没有特意升赏过功将，借此机会提高他们的待遇，似乎也无可厚非。荀彧处的这个位置，既不能反驳曹操，又不能忤逆皇帝，还不能叫旁人说闲话，实在太难了。他思来想去，最终还是决定按曹操说的办，铺开绢布写回信，顺便要将孙权袭取李术之事作个汇报，可刚提起笔，一抬眼又瞅见了刘桢的名刺。

荀彧开始后悔答应曹丕这件事了，这开了个不好的例子。想起前几天皇帝刘协还向他抱怨不能按照自己的意志用人，堂堂天子还不如几位曹家公子自在呢。曹操的权势在急剧扩张，已经充斥朝廷的每个角落，虽然这在很大程度上是无意间造成的，但毕竟与复兴汉室的初衷产生了分歧。而这些过分的权势还在继续蔓延，甚至递延到子侄亲眷身上，长此以往天下将会被带向何方？荀彧是个谦谦君子，也曾深信复兴汉室就是曹操平生夙愿，故而每逢遇到有人背后议论曹操，他都会严厉斥责为之正名。可时至今日连他都开始怀疑、犹豫，甚至恐惧……

当年光武帝刘秀不过想当个守卫京城的执金吾，最后却成了九五之尊。毕竟世间人心总是随着境遇而变的。

第二章
后院起火，曹操休掉糟糠之妻

王师凯旋

建安六年（公元201年）九月，许都城外鼓乐悠扬仪仗井然，驿道边站满了公卿朝臣。得知曹操班师回朝，天子刘协怎敢怠慢？连忙发下诏书，除省中当值官员外，自司徒赵温以下都要到城北十里以外相迎。

天子之命谁敢不从？曹公之威岂能不惧？满朝文武遵令而行，一窝蜂赶来。冠戴如山峦，大袖似层云，却没人敢交头接耳叙谈半句，因为曹操任命的校事卢洪、赵达也混迹人群中，时刻观察着所有人的举动，谁要是不留神说错一个字，都有可能招来杀身之祸。众官员尽皆无语，目不斜视眺望北方，手底下整理着衣襟腰带，唯恐有失礼之处。

可在官员队伍后面数丈开外，气氛则截然不同。许都附近的屯民也听到消息了，一传十十传百，惹得临近村庄的百姓都赶来凑热闹。有不少人拖家带口扶老携幼而来，因为有士兵拦着不能上前，连靠近驿道的树上都爬满了人，大家都想争睹王师回朝的气派，更想看看那位定许都、兴屯田、灭吕布、败袁绍，美其名曰“立下不世之功”的大官究竟长什么模样。

冷清的官员和喧闹的百姓对比鲜明，所有人都在日头底下站着，等了半个多时辰，才见北方地平线上腾起征尘，大部队渐渐映入眼帘。不多时有戎装斥候快马奔来，向迎接的人群高声呼喊：“曹公率师回朝喽……”

“臣等奉诏迎候……”随着百官参差不齐地一声回应，黄钟大吕丝竹鼓吹骤起，奏的是得胜庆功之乐，震得人脑袋发蒙。看热闹的百姓也越发踊跃，一个个伸长了脖子宛如鹅鸭。

因为是得胜回朝，军队早在半路上调整了位置，老病伤残一律编入后队押运辎重，走在最前面的是曹操的中军。这些士卒多是豫州本土人，凯旋回家自然无限喜悦，这会儿见如此多的人迎接，脸上立时泛出得意笑容，扛着长枪大戟也不觉累，精神抖擞士气高昂，脚下的步子一个赛过一个高，仗着曹操之威要是有路都敢走到天上去。

刚过了千余步兵，又见甲胄兜鍪分外耀眼，曹操的亲卫虎豹骑随后而来。这支队伍是曹氏的子弟兵，都是亲戚族人乡里故旧的后人，统领者曹纯不仅身兼司空府参军，还在朝中挂有议郎的头衔。曹纯今天特意换了身镏金铠甲，手持大槊腰挎宝剑，骑着高头大马当先引路，后面的虎豹骑个个都顶盔贯甲罩袍束带，连马鬃都刷洗得油亮，透着十二万分的精神。

百姓一见此景欢呼雀跃，不知是谁还扯着嗓子叫了声好。可紧接着又见旌旗林立遮天蔽日，白旄节杖随风摇曳、金钺大斧寒光闪闪，数不清的将官众星捧月般拱卫着一名身量不高的中年将军。此人身披赤金铠甲，头顶赤缨兜鍪，腰配青釭宝剑，胯下黄骠战马；脸上观，此人已过不惑之年，灰蒙蒙长须间早有几许白茬，耳边发髻也是有黑有白，但白净的脸膛上却没什么皱纹，浓重的眉毛斜插入鬓，一双鹰隼般的眼睛微眯着，用余光扫视着左右人群；虽貌不惊人却不怒自威——正是大汉司空曹孟德。

曹操紧催坐骑快行几步，赫然凸显在队伍前方。此时尾随的不仅有跟随他出生入死的将领掾属，还多了许攸、鲜于辅、田豫、国渊、张郃、高览等河北归降之人，这气势威风不亚于天子出巡。如此英雄的将帅、如此气魄的军队，还有谁敢对这位饱受争议的司空大人有所指摘？所过之处官员纷纷跪倒在他的马蹄前，犹如一阵劲风吹伏了层层麦田；百姓们见官员都跪了，便糊里糊涂跟着也跪了，嘈杂喊嚷着迎接的话。

曹操微微颔首，策马而行扫视着跪拜的人群。这一次他不再推辞揖让，将所有赞美都欣然领受。出生入死南征北战，追求的不正是这一刻吗？现在虽不能说大功告成，但已是峰回路转前途光明，也该享受赞美了。何况他脑子并没闲着，接到荀彧的表章就盘算着如何教训那个不知深浅的孙权小儿，还有叛贼刘备尚有几千乌合之众盘踞汝南，等着他去算账。这么多事需要考虑，才没闲工夫跟这帮人客套呢。

曹丕、曹彰、曹植、曹玹、曹冲、曹彪等公子也来了，一路小跑来到马前迎接父亲。曹操只摆摆手："为父安好，你等退下。"便继续往前走。

他浏览驿道左右，想寻找一张面孔，看到丁冲、董昭、杨沛等亲信时只是微微颔首，并没特意叫他们起来，而是继续张望，直到确定要找的人没露面，才挤出一丝神秘的笑容。走着走着，猛一眼瞅见个冕冠青绶的大官竟长揖不跪，在一片匍匐的人堆里显得格外刺眼。曹操略一皱眉仔细打量，又是少府卿孔融。

曹操暗暗冷笑——大到朝廷小到家族，总会有不顺耳的杂音。像孔融这等腿比脖子硬的家伙也没办法计较，若同他讲理，他有十车话等着，巧言令色繁文缛节，没必要与他一般见识。更何况这枚胡桃的油没有榨干，还有华歆、王朗、邴原、张范、王烈等一大群名士避难在外，要靠孔融的名气吸引，还得继续利用他哩。想至此曹操本欲勒马与他叙谈，又见孔融身边跪着当朝国丈伏完，这就更不能等闲待之了，赶紧下来搀扶："国丈，岂敢唐突您大驾，莫要折杀老夫啊！"

伏完诚惶诚恐道："曹公抬爱了。究功劳而言，您挫败贼众立下不世之功，老朽应有此拜。若论官阶，上下之分自当如此。"如今的伏完已不是仪同三司的辅国将军，自董承、王子服因玉带诏之事被诛，他就主动上还印绶，转任中散大夫。

曹操故作憨笑："话虽如此，您毕竟是国之重戚，不能自贬身份，快快请起！"说着话回首叫许褚牵来匹马，请伏完乘骑，共赴皇宫面圣。待亲自扶他上去，曹操这才回头扫了孔融一眼，笑道："文举兄，我可得恭喜你。昔日北海之失，多受袁绍父子之欺，如今我也算替你报仇了。"孔融曾担任北海相，是被袁谭击败才调回朝廷的。

曹操呼其为兄，姿态摆得够低了，这么说不过想要孔融一句恭维，可孔融偏不遂其愿："朝廷大义当前，在下那点儿小得失算得了什么。下官唯贺曹公报国之举，并无分毫私情。"

"文举兄真是大公无私啊。"曹操非但不能驳斥，还得公然称赞，心里涩涩的。

话音刚落一旁窜出校事卢洪，手指孔融阴阳怪气道："今日群臣迎接曹公尽皆下跪，孔大人独揖不跪，太失礼了吧？"校事的职责就是为曹操监视百官，孔融当面不服不忿，身为鹰犬岂能含糊放过。

孔融瞧不起这等猥琐之人，瞅都不瞅一眼，朗朗道："我等是受天子之命前来迎候，别人跪不跪本官不便干涉，反正我以为不该轻天子而重同僚。"他这话有理有据，倒把卢洪顶了回去。

曹操佯作呵斥："大胆卢洪，你不过是一小吏，老夫与公卿讲话也轮得到你插嘴吗？还不给我退下！"卢洪诺诺而退，曹操碰了个钉子，也不想再饶舌，赶紧提及正事，"老夫离京忒久，朝中之事多劳文举兄与诸位大人费心了。"

"皆是荀令君之功劳。"孔融是个实事求是的人。不过这话也很别扭，究竟是说荀彧功劳大，还是说荀彧把持政务别人都摸不到呢？

曹操装听不懂，环顾四周微笑道："今日朝廷官员来的不少，侍御史张纮（hóng）怎么没到呢？"

张纮是昔日孙策派到许都朝觐的使者，被曹操表奏为侍御史，留在了许都。孔融与其关系融洽，听曹操特意询问，语气和缓了一些："张大人请命入宫奉职，正陪在荀令君身边。"

"哦。"曹操点了点头，思索片刻又道，"午时我府里设宴，犒劳此番出征的将领，文举兄也过来凑凑热闹吧。"

孔融料想这不过是句客套话，推辞道："在下乃白面书生，不堪与诸位将军为伍，别扫了大家的兴致。"他话虽如此，口气却颇为轻巧，似乎根本不屑于与武夫为伍。

哪知曹操一把抓住他的手腕："兄台不要辜负我一番美意哟，一定要来……还有，烦劳您邀请张纮，叫他同到鄙宅饮宴。"

"嗯？请张子纲一同赴宴？"

"不错，"曹操在他手腕上用力捏了两把，皮笑肉不笑道，"江东之地避难名士极多，如今河北之危已解，中州局势大定，是不是该商量一下，请那些羁旅高贤都……"

孔融虽执拗，却不糊涂，听曹操说一半便明白了，情知这是要借张纮之口逼孙权遣回避难名士，进而使其向朝廷就范。孔融故友王朗、华歆、孙邵之流都在那边，早盼着他们回来共商国是，一见曹操有此打算心中狂喜，忙应承下来："下官明白了。明公请放心，我一定拉张纮共赴盛会！”说罢还朝曹操挤了挤眼睛，两人心领神会携手而笑。

在场众官员何曾见过他们俩情投意合的时候？皆万分诧异面面相觑，转眼间又见曹操二次上马继续行进，赶紧把稍稍抬起的头又低了下去……

敲打孙权

张纮乃广陵士人，因战乱避祸江东，后被孙策礼聘担任正议校尉，与彭城张昭共为军中谋主，协助孙策开辟江东基业，人称“江东二张”。后来孙氏强盛，力挫庐江刘勋、江夏黄祖，便派张纮到许都献表，名义上表示尊崇朝廷，实际上是向曹操示威。那时曹操还在备战官渡，哪敢轻易招惹，只得与孙氏结亲，又以天子名义拜张纮为侍御史留任朝中，还特意关照荀彧、孔融等对其多加礼遇。但是好景不长，孙策欲在袁曹对战之际坐收渔人之利，不料被陈登挫败，又在二次北伐途中遇刺身亡。

孙策一死，江东对曹操的威胁自然解除，张纮这个倚着靠山的使者反而成了砧上鱼肉，被牢牢攥在曹操手心里，在许都的岁月几乎是度日如年，每天都是如履薄冰。特别是孙权抢先攻灭李术之后，张纮的处境更加尴尬，心中可谓喜忧参半——喜的是孙权不负父兄壮志，似是个可保之主；忧的是曹操势力已稳固，江东远不是对手，奇袭庐江过早暴露了锋芒。

这日王师回朝，张纮料想老曹迟早要跟他清算兵袭广陵的账，索性躲在省中不去迎接。继而闻知曹操带诸将入宫道贺，他实在坐不住了，赶紧找到荀彧求其从中美言。正在诉说之际，孔融笑呵呵来约他赴宴，荀彧顺水推舟在一旁敲边鼓，张纮心里更没底了，连番推辞不去。不多时就听金钟齐响，曹操等人已辞驾离宫，张纮推脱不过，只得揣着忐忑上了孔融的马车，尾随众将马队同赴司空府。

孔融也真有诀窍，到府中不忙着见曹操，却道：“曹公许久未归必有些家事，不方便来了就打搅，咱随便找个地方坐坐。”竟把张纮领到掾属房去了。

毛玠、张京、司马朗等正在处理公务，见孔融领着张纮来了，赶紧让到上座，把差事都扔到一边，凑过来说闲话。这个说道：“曹公前日下令征辟的人避难江东，兵戎相隔来不了呀！”那个又道：“不单官渡之役急需善后，广陵郡也要安抚百姓。”有人故作糊涂：“庐江的事完了没有？那地方究竟是归属朝廷，还是归孙氏管辖？”还有人公然抱怨：“官渡用兵之际有人趁火打劫，是不是该向曹公提议算算旧账？”表面是与孔融聊天，其实句句影射张纮背后的孙氏。张纮不好张口，索性也装糊涂，低头不语暗自忍受。

就这么如坐针毡忍了小半个时辰，长史刘岱才溜溜达达进来：“哟！二位大人早到了呀，怎不知会一声？宴席都摆下了，快请到堂上去吧。主公要责怪我不会办事啦！”

挨了半天窝心骂，张纮哭笑不得，与孔融转侧门来至正堂下。离得老远就听里面人声喧闹，门帘高挑着，曹操正背对着堂口，手里举着一把宝剑向众人展示：“怎么样？此剑可算得世间少有之名器？”众人连声附和赞不绝口。

孔融没好意思唐突，立在门口待刘岱先去通禀。仔细观瞧，但见曹操掌中之剑甚是奇特，乃是久炼纯钢打造，全长将近五尺，刃宽竟有一尺，比普通佩剑大了不少，简直能当盾牌用，剑柄处金丝雕花多嵌宝石，确实堪称宝贝。刘岱进去通禀，曹操却似未听见，兀自向众人夸耀：“这剑还有一宗秘密，叫你等见识见识！”说罢顺手拿起一盏酒泼在剑上，那寒光耀眼的剑身隐隐约约显出篆体的“倚天”二字。

“好一把倚天剑！有此宝器更壮曹公声威！”也不知谁扯着嗓子嚷了一声。

曹操擎剑在手上下打量，沉吟道：“锋利还在其次，妙就妙在这‘倚天’二字。老夫建功立业乃是倚仗天威，代当今天子扫灭狼烟，若是有人敢公然抗拒，那就是与天子作对，与大汉朝廷作对。即便他远在滨海地处百越，我曹某人一概倚仗天威，用这倚天剑将其诛灭！”

喝彩声中众人豪饮，曹操看似漫不经心地回了一下头，瞧见孔张二人，赶紧收起宝剑斥责刘岱：“二位大人既然来了，何不通禀？你这差事怎么当的？”

刘岱知道是故意发作给外人看，赶紧跪地请罪。孔融劝道：“刘长史已经禀报过了，曹公没听见。”

曹操假模假式拍拍脑门：“哎哟哟，多有得罪，快请快请！”

张纮将信将疑，反复琢磨着那句“即便他远在滨海地处百越，我曹某人一概倚仗天威，用这倚天剑将其诛灭！”这话是不是冲江东孙氏说的；作揖上堂，见在座之人除了武将就是幕府参谋，竟再无其他朝官，张纮心中的不祥之感愈加强烈。

孔融却放得很开，随手拉张纮坐到一张空席前，戏谑道：“孟德兄，这倚天剑何处得来？该不会是从袁本初的大营吧？”

“袁绍岂配这‘倚天’二字？我也是偶然得之……”倚天剑的确不是官渡缴获之物，却是赵达、卢洪替他挖掘梁王墓泄恨，在梁孝王的陵寝中发现的陪葬品。这件事影响很恶劣，官渡战前陈琳还在檄文里提到，甚至添油加醋说曹操设“发丘中郎将”“摸金校尉”等职专门盗墓。现在好不容易被人淡忘些，他可不想再提起，赶紧把剑收到匣中。

张纮这才注意到，紧挨着曹操坐的既不是夏侯惇也不是荀攸，而是官渡投诚的故人许攸和任过沛国父母官的刘勋，这或许算不上什么大事，但也可以揣测出，曹操是想提高一下那些早年故交的地位，再树立一帮亲信。军师荀攸却坐在张绣等将的下垂手，与掾属袁涣共占一席，郭嘉、程昱更在其后。张纮正不得要领，却见曹操忽然端起酒相让：“久闻张大人乃广陵名士，前番出征在即，未能多与卿盘桓，曹某先敬您一盏！”

“不敢不敢，”张纮连忙避席，“曹公得胜还朝，下官还未向您贺功呢……”

曹操打断道：“提这些客套话做什么？曹某是真心赞赏您，不喝就是不给老夫面子。”

张纮哪还能抗拒，端起酒来仰脖就饮，正所谓无功不受禄，这糊涂酒简直是顺着后脊梁灌下去的。放下酒盏缓缓落座，屁股还未沾到榻上，就听许攸突然开言：“说到张大人的故乡广陵，那里可出了个好官！陈登陈元龙不但治民有方，而且颇能用兵。”说着话朝刘勋挤了挤眼睛，“以在下观之，陈元龙比子台兄强。你服不服啊？”

张纮洞若观火，这些话都是有用意的。刘勋当初被孙策击败，部下流散家小被俘，才投靠曹操；陈登却在广陵以少胜多击退了孙策，这话里话外全是冲江东孙氏说的。张纮预感明枪暗箭就要打过来了，连筷箸都不敢碰一下，凝视着诸人举动。果不其然，刘勋立刻借题发难：“哼！陈登不过误打误撞罢了，我偏没这等运气。可恨孙策小儿死于刺客之手，若不然我定要联兵江表报仇雪恨！”

许攸捻着小胡子，继续煽风点火：“子台兄自度比李术如何？莫说是孙策，只怕连人家弟弟也斗不过吧？”

刘勋以歪就歪，提高了嗓门：“孙权孺子算什么东西？若不是老子跟随曹公身在河北，早就发兵剿了李术，何至于叫他抢个便宜？”

“现在举兵也不迟嘛。”乐进把吃着一半的肉都扔下了，“刘将军若要兴兵，末将愿讨个先行。孙策虽死，周瑜、程普还在，倒要跟他们分个高低上下。莫说是复夺庐江，连江东之地都给他平了！”

“对对对！”乐进这一闹，夏侯渊、张辽、朱灵这帮爱抢功的兵痞立时响应。

“嗯哼！”夏侯惇重重咳嗽一声，众将闻听都安静下来，他瞪着一只仅有的右眼，凶巴巴扫视众人，“用兵这么大的事情，岂由你们随便聒噪？”

曹操笑容可掬瞟了他一眼：“元让你又意下如何呢？”

夏侯惇会意，冷笑道：“江东孙氏藐视朝廷已久，官渡会战之时又袭击广陵，狼子野心昭然若揭。如今刘备虽败，尚在汝南流窜。主公可遣一军将其剿灭，继而与李通合兵一处直逼江淮，以刘勋将军为先登，再约陈登、臧霸兵出广陵自下游出击，主公亲统大军殿后，必能一战而定江东！”

这个战略掷地有声，堂上众将不再叫嚷，直勾勾看着曹操，等待最终决定，可曹操偏不说话。张纮手心都攥出汗来了，扫视众将凶神恶煞形如鬼魅；荀攸、郭嘉等却低着头不搭茬；而坐在身边的孔融竟全不入耳，又是酒又是肉，吃得顺嘴流油。张纮不禁拉了拉孔融衣袖：“文举兄，你看这用兵之事……”

孔融乐呵呵道：“愚兄不谙用兵之道，这些事全凭曹公做主，我只管吃喝就好。来来来，咱们同饮一盏。”

张纮早听人说过，孔文举气死人不偿命，今天算是领教了，这哪里是庆功会，分明就是专门给他张某人摆的一场鸿门宴啊！张纮品透了滋味，又见曹操正笑眯眯望着自己，情知这局外人是装不下去了，便咬咬牙出席拜倒：“请恕下官唐突，有一言还请曹公三思。”

曹操就等他跳出来：“今日非是文武大宴，不必拘礼。子纲有什么话坐下来慢慢说。”

张纮可没敢动，依旧跪在那里："下官以为未可讨伐江东。"

"为何？"曹操边吃菜边问话，似乎满不在乎。

张纮从曹操的问话中听不出任何特别语气，摸不透是实是虚，赶紧搜肠刮肚编理由："因为……因为……孙策方死孙权年少，乘丧出兵大不义也……"

"哈哈哈……"他话还没说完，堂上众将无不大笑——虽说乘丧出兵大不义，可谁会真把这样的话当回事。战争永远是高于教条，这世道就是恃强凌弱，就是乘人之危。

刘勋与孙氏有仇，更是狐假虎威："张子纲，你好大胆子！曹公奉天子以讨不臣，你敢说大不义？身为臣子为割据之贼辩解，你是何居心？"一句话问得张纮差点儿瘫在地上。

曹操扑哧一笑："子台言重了，咱们畅所欲言嘛。乘丧出兵是为不义，这也是兵法上的话，也不能说他没道理。"

张纮经此语点拨，方悟此事大有回旋余地，心里豁亮了一些，再不似刚才那般语无伦次："乘丧出兵不过其一，当今局势才是紧要。荆州、扬州同在江南，两者此消彼长。前番孙策大败黄祖，扬州强而荆州弱。如今孙策已死，强弱之势颠倒。荆州刘表居心叵测，本欲与袁绍串通兴兵，逢长沙太守张羡举义才不得不罢手，如今他不但平了张氏，又掌控南部零陵、武陵、桂林等郡，兵势自南以逼江东。听闻刘表之侄刘磐常率骑兵劫掠江东，黎民百姓不堪其扰。曹公若要此时兵破江东，只怕鞭长莫及，得之亦不能久戍，岂不是徒然帮刘表的忙吗？"

这样精辟的分析，曹操丝毫无动于衷，自顾喝酒吃菜。张纮仍不敢怠慢，又道："刘表素与袁氏交好，倘若曹公引兵南下，刘表串通袁绍兴兵，那时中原南北岂不皆为雠仇？远交近攻离强合弱，不可因一时之利同时与三家为敌啊！"

如此浅显的军事道理曹操岂会不懂？何况荀攸、郭嘉、许攸这帮人精都在，轮不到张纮这个孙氏的眼线来提醒。但今天曹操就是故意摆一个局，以此敲打一下刚刚显露锋芒的孙权，借张纮之口叫他明白明白谁才是当今天下的老大。所以听张纮急急忙忙把话讲完，曹操仅是抹抹嘴，假作叹息道："远交近攻离强合弱，道理是这样。不过孙氏兄弟做得也太过分。广陵之事暂且不提，庐江郡也可以不计较。就说征召避难士人这一条，朝廷征辟华歆、王朗已有数年，孙氏就不放人，岂不是公然与朝廷作对？想起来我就有气……”说着话他用力把盏一摔，溅得满桌是酒。

张纮见其神色有变，正琢磨如何解释才得两全，闷头吃喝的孔融突然插话：“子纲啊，你虽受朝廷之职，毕竟与孙氏有旧。你能否写信劝劝孙权，叫他放人啊？”这温软一刀更厉害，索性把话挑明了。

张纮白了他一眼，恨得牙根都痒痒，却怎敢说个不字，连忙点头应承：“理所应当，此事下官去办，请曹公息怒。”

哪知这个承诺许出来，后面的苛刻条件跟着就来。许攸捻着老鼠胡子道：“前番袁术败亡，其麾下雷薄、陈兰、梅乾等啸聚江淮山岭。孙氏与这些僭逆遗寇串通往来不合适吧？也请张大人劝劝孙权，不要再做招降纳叛、亲者痛仇者快的事。您看何如？”虽是商量的语气，但话里话外绝无拒绝余地。

张纮搪塞道：“在下尽力而为。”

这还不算完，刘勋一拍桌子：“别的我可以不问，当初孙策偷袭皖城，抓了我的家小部曲，还夺走我的金银财宝，快叫他给我送回来，要是不送咱们就打！”

“刘将军过苛了。”袁涣笑呵呵接过话茬，“家眷部曲自应归还，至于金银财宝就算了吧。反正也是您从别人手里抢来的，将军不要为了点儿私利难为人家……不过张大人，我也有点儿事求您。”

“袁先生请讲。”张纮擦了擦额角的汗水。

袁涣不紧不慢道：“在下的兄弟避难交州，因孙氏阻隔音讯难通。是不是请孙将军通融一下，以后朝廷到交州的公私使者就不要再阻挡了。普天之下莫非王土，都是一个朝廷，如此行事何以为心？”

这一桩桩一件件无不是要紧之事。遣返避难士人影响孙氏的人望根基；放弃招诱袁术余党抑制江东发展；送还刘勋部从势必大长内部归顺朝廷之议。其实最要命的还是袁涣的建议，若准许曹操将诏命通到交州，不但把中原逃难名士竭泽而尽，而且许都朝廷很可能就此与交趾太守士燮建立关系，那岂不是在孙氏背后安插钉子？张纮环顾在座之人，听着这些苛刻的要求，霎时思绪游离，感觉自己并非坐在司空府大堂上，而是置身狼穴之中——曹操明摆着就是敲竹杠啊！

即便兵伐东吴只是吓唬人的话，但曹操依旧占据主动。只要给陈登传道令，叫他时不时南下骚扰，或稍微把立场倾向刘表，暗中支持其侵蚀长江下游，那就够孙权受的了。官渡之战后曹操实力大增，现在谁都无法单独与之抗衡。大丈夫能屈能伸，张纮微合二目，把火往下压了压，过了半晌才睁开眼答复道："诸君提出的要求，在下一定修书转告孙氏。但允与不允，在下也不能保证。我张某人毕竟是朝廷的官啊！"

曹操从这话里听出了不满，若再加砝码恐怕要把张纮逼急了。真要是闹到两家翻脸，可对彼此都没好处，想至此决定见好就收，倏然起身踱到张纮席边："卿这一句'毕竟是朝廷的官'说得好。其实老夫之所以把您请到这里，也是因为这一点。普天之下只有一个大汉朝，此乃你我共识。孙权奇袭庐江，声称是为严象报仇，保的也还是大汉朝嘛！如今有些好乱之士，怀不测之心，自以为可以坐断一方自树权威，思慕万乘之事。对于那样的人，老夫才懒得与他们饶舌，唯有拔剑相向，袁绍就是最好的例子……还有些不肖之徒以小人之心度君子之腹，说我有窥觊神器之意，更是无稽之谈！曹某若非怀至忠之心，也不可能走到今天这一步。"这番话前面的是说给张纮听的，后面的是向孔融以及在场每个人申述。说完曹操亲自为张纮满上一盏酒，推到他眼前。这次张纮连谢都不谢了，端起来就灌。

"痛快！"曹操笑了笑，又接着刚才的话说，"我记得孙权现在的名分还只是阳羡县令吧？我曹某人在这里许诺，倘若他肯答应刚才那几件事，我立刻表奏他为平虏将军，叫他名正言顺地管辖江东。"

"此言当真？"张纮有些心动了。名分固然是很虚的东西，但有时一个虚名却比强兵更能降服注重名节的士人，朝廷给予的正经名分能帮初掌大位的孙权稳定住动摇的局面。

"老夫一言九鼎。张大人与孙氏共事已久，恐怕也很想再见到孙权吧？此事若能办成，我还可以让您回到南方去。"

"您允许我离开朝廷？"张纮不相信。

"不是脱离朝廷，而是回南方任职。"曹操刻意纠正，"这不是一回事！您自己都说了，您是大汉朝廷的官，回去也是朝廷派遣的。"

张纮索性直截了当："明公究竟是何用意？"

"是何用意？哈哈哈……"曹操仰天大笑，倏然又把眼一瞪，"孙权是否有才能承继父兄之业尚未可知。倘若不堪其才，劳烦张大人导引他早早纳土归降，老夫可保他富贵无虞。若是您觉得那小子有些本事，还能在这乱世中显显身手……也不妨继续保他，但有朝一日轮到咱们兵戎相见，老夫就不客气啦！两条路都摆在眼前，请张大人自己选吧。”

张纮先是一阵惊愕，继而又觉曹操直截了当下这个赌注倒也光明磊落，能有今日之成就，果真不是单靠动动武就混出来的。张纮缄默片刻，干脆开诚布公：“曹公既要在下自己选，只怕在下会让您失望。”

曹操不管他如何嘴硬，只是摆手道：“不要这么早下定论嘛！您还没有回到江东，还不清楚情势，况且刚才诸位提出的要求你们尚未答应……”

“答应了！都全包在我身上。”张纮把头一扬，双眼熠熠放光，全然没了刚才那份谨小慎微。

“您能替孙权做这个主？”

“在下一封书信寄给张昭，这些事必能应允。”

“嗯。‘江东二张’果真名不虚传。”

张纮已下定决心，又自己满上一盏酒：“还望曹公信守诺言，表奏孙权官职，切勿轻犯江东。”

“那是自然！人不犯我，我何必要犯人？孙权有他的敌人，老夫也有老夫的对手，咱们各忙各的，成败利害日后自见分晓。我也没必要帮刘表，干损人不利己之事。”

“既然如此，一言为定……”张纮一饮而尽，随即起身作揖，“在下不再叨扰，即刻回去修书，详述这几件事。”

“好，那老夫也准备上表。避难士人启程之日，就是朝廷加封孙权之期。”

“在下告辞……”

“请便。”

张纮深施一礼，迈步出大堂，又不禁回头望了一眼——曹操已回归正坐，向左右频频敬酒，一举一动都透着沉稳老练。虽然事情答应得痛快，张纮心头却不乏疑虑：这笔买卖虽是彼此妥协，但明摆着曹操占的实惠更多。这厮如此精明，又手握朝廷号令，孙权年纪轻轻能敌得过他吗？几个要求答应之后，固然可换江东数载平安，但孙氏要想自谋图强也更难了。能攻杀李术或许只是侥幸，以后还会有侥幸吗？袁绍已经没落，若有朝一日曹操平定河北兴兵南下，到时该如何应对？还有刘表以黄祖为盾阻挡江东兵锋，到底能不能将其击败呢？孙权啊孙权，只盼你奋发图强，一定要给死去的爹爹、哥哥争气啊……

正在张纮出神之时，孔融也跟了出来，憨笑道："子纲贤弟，今日之事莫怪愚兄啊……"

"哼！"张纮本与孔融相交深厚，经过方才之事却大为不悦，理都不理转身便去。

孔融忙抓住张纮手腕："贤弟莫怨，愚兄也是顾全朝廷大局。望你早早劝说孙权投降，与避难诸君同归朝廷，那时咱们群贤毕至共商国是，汉家天下何愁不得复兴？"

张纮瞥了他一眼，冷笑道："谁家的天下还不一定呢！"

"此话怎讲？"

"文举兄何其痴也！你是真看不懂，还是不敢承认？"张纮挣开手腕，悲悯地看着孔融，"你想复兴汉室，别人可未必这么想。即便今天这么想，明天还不知如何呢！小弟奉劝你一句，莫要叫人家利用，到头来竹篮打水落场空！"说罢拂袖而去。

望着张纮背影，孔融的笑容慢慢凝固了。劝别人劝不了自己，其实他何尝未对曹操产生过怀疑？特别是出了玉带诏的事以后，董贵人身怀龙种说杀就杀，梁王的陵墓说刨就刨，还弄了赵达、卢洪这两个小人监视朝廷百官，这些异常举动到底意味着什么？朝中有曹操的党羽，地方有曹操的幕僚，城外充斥着曹操的军队，连天子的侍卫都是曹操同乡，汉室天下究竟会被带向何方……

孔融恍恍惚惚如在梦境，也没听堂上又议论些什么，竟抛开热闹的宴席，低着头一言不发也走了。

夫妻反目

张纮一离开，诸武将就开始吆五喝六地灌酒，气氛喧闹起来。曹操见孔融在堂下兀自发呆，笑呵呵道："文举兄，今日多亏你相助。来来来，老弟敬你一盏。"他把姿态摆得很低，哪料孔融充耳不闻，竟低着头溜溜达达出了二门不辞而别，这可把曹操闹了个大红脸。

"咦？孔文举怎么不声不响走了？"许攸诧异地巴望着外面，"是不是有事啊？"

曹操尴尬地笑了两声："嘿嘿……由他去吧。"

“哼！”刘勋满脸不屑，“这个人也忒狂妄，说走就走连个招呼都不打，眼里还有曹兄吗？依我说咱们修好表章上奏天子，治他个藐视公卿之罪。”

“对对对！早就看他不顺眼，今日迎接王师，这厮立而不拜就该治罪！”在座的武夫一致响应。

曹操还不愿卸磨杀驴，只是冷笑；荀攸连连皱眉，朝郭嘉使了个眼色；郭嘉能说会道的，赶紧举起酒来：“孔文举是个冥顽不灵之徒，何必与他计较？不提他不提他！孙氏之事已定，我看咱们共饮一盏，为曹公贺喜！”他这么一嚷，诸将纷纷敬酒，便把孔融的事岔开了。

望着一张张黝黑的笑脸，曹操心下颇有感触，一年之前正是官渡最艰难的时候，那时连他自己都差点放弃，怎料到有今天这番痛饮呢？这些在座的将领，无论是自兖州时就忠心耿耿的于禁、乐进，还是后来收降的张辽、朱灵，甚至新近归附的张郃、高览，哪个不曾立下汗马功劳？至于曹家、夏侯家的众兄弟们，就更不在话下了……别人都撇在一旁，曹操端起酒来第一个先敬张绣：“张将军，老夫此番得胜最应该感谢的人就是你啊！”

张绣在官渡战前临危投靠曹操，为其解决了背后之忧；而且交战中一直为曹操戍守前营抗拒敌锋，功劳实实在在，故而获得封邑千户、晋升破羌将军，是众将中赏赐最为隆厚的。即便如此，张绣心里还不踏实，固然他现在受到礼遇，又与曹操结成了儿女亲家，可当年杀死曹昂、曹安民的仇也是永远洗刷不掉的。所以见曹操回敬自己，心怀三分喜悦却有七分不安，忙避席：“为国驱驰理所应当，末将不敢……”

“哈哈哈……”曹操绕出帅案，一把搂住张绣的肩膀笑道，“好亲家何必这般谦让？咱们既然同气连枝，你的功劳也是老夫的功劳，老夫的荣耀即是你的荣耀。”说着话朝满堂上一招呼，“来来来，你们都给张将军敬酒！”他既有此吩咐，哪个敢违背？不管服气的还是不服气的都齐刷刷向张绣举杯。

张绣见曹操似有三分醉意，惊得冷汗直流，向众人回敬道：“诸位太过客套，末将不敢当……”他上了战场犹如猛虎，在这小小酒宴上却噤若寒蝉。

曹操瞥了他一眼：“当年天不怕地不怕的凉州汉子，如今怎么婆婆妈妈的？你心里想什么老夫知道……自古成大事者不计私仇。昔日章邯射杀项梁[1]，项羽折箭以誓之；朱鲔谮害刘縯[2]，光武指河而誓之。我曹某人怎能忘了前辈的英杰？放心吧，你与老夫共保汉室，咱们做一对摈弃私仇安定天下的表率，日后青史留名千古传颂，岂不是美事？来来来，咱们共饮此酒！”听罢曹操这番表态，张绣总算放宽了心，口中连连称谢，举起酒盏方要与诸将共饮，忽听堂下一阵大乱——自外面又哭又骂闯进个半老婆娘来。

这女子年纪其实还不到五旬，却已未老先衰，满头青色已白了大半，未施脂粉的脸上尽是皱纹；身穿着白裳罗裙、腰挽素带、灰布衣衫，手里攥着一只织布梭子。她怒气冲冲闯上客堂，跳着脚喝骂，后面追着好几个婆子丫鬟，有的拉、有的抱、有的跪在地上一边磕头一边劝。诸将惊得目瞪口呆，不知哪儿的疯婆子，竟撒野撒到这里。唯有夏侯惇等亲眷识得——来者乃是曹操结发之妻丁氏。

丁氏虽是曹操原配夫人，却未得曹操宠爱。侍妾刘氏生下曹昂一命呜呼，由丁氏将其抚养成人。她教养曹昂十余载，虽不是亲生却视若己出，灌注了所有心血，操碎了心费尽了力，可到头来宛城之战白发人反送黑发人。曹操纳张济之妻，惹得张绣降而复叛，曹昂让马救父死于乱箭之下，连尸首都没留下。丁氏痛不欲生，变得脾气暴戾动辄便怒，屡屡责骂曹操害死儿子，夫妻关系已名存实亡。曹操自知理亏，也不与她争执，家中诸事由卞氏做主。又有环氏、杜氏等美貌姬妾，个个温香暖玉燕语莺声，只把丁氏看做是心恙之人，打发丫鬟婆子哄着也就罢了。好在曹操时常征战在外，丁氏每日守着织机耗费光阴，日子一久也就和缓了。

哪料今日幕府设宴，仆僮往来惊动后宅。丁氏听说杀子仇人也来了，又悲又恨，也顾不得什么内外礼数，怒气冲冲闯上正堂，哭着嚷着找张绣报仇。

曹操见丁氏不顾男女之礼出来搅局，脸红得似炭火一般，生怕诸将瞧他家里的笑话，赶紧拍案断喝：“胡闹！老夫与众将饮酒，岂容你一个妇道人家搅扰？出去！”

---

① 项梁，项羽的叔父，被秦将章邯所杀，后来章邯因赵高猜忌转而率师投降项羽，项羽折箭为誓不加伤害，反而将其封为雍王。

② 刘縯是刘秀兄长，因朱鲔进谗言，被更始帝刘玄以谋反罪名处死，后来刘秀西征，朱鲔举洛阳城归降，刘秀指河水为誓不加伤害，反而封朱鲔为九卿之一的少府，使其富贵终老。此二事都是帝王顾全功劳不计私仇的典范。

丁氏哪里肯依，站在堂上兀自破口大骂：“张绣狗贼站出来！你害死我儿，有何面目进这府门！我恨不得食尔之肉寝尔之皮！还我儿子来……”她毕竟是大门不出二门不迈的女流，并不识得哪个是张绣，索性指手画脚把在场之人数落了个遍。

曹操又羞又恼，但当着这么多人的面，越发火越丢脸，只能狠拍帅案嚷着：“来人！夫人疯迷了，把她拉回房去！”

“你才疯迷啦！我要给儿子报仇！”

外面的卫士、仆僮倒是不少，都把脑袋压得低低的，没一个过来拉扯的，男女有别不好下手，谁敢动司空夫人啊？丫鬟婆子倒是一拥而上，拉的拉抱的抱，却不敢使劲。丁氏非但没叫她们拖下去，反而愈加恼怒，口里骂的已不只是张绣：“曹阿瞒，你这没良心的老杀才！儿子的仇都不报了……当初若非你勾搭寡妇，昂儿何至于死于狗贼之手？如今仇人近在咫尺，你非但不给昂儿报仇，反给狗贼高官厚禄，还跟他结为亲家，你对得起咱那苦命的儿子吗？无情无义的老东西，野狗啃了你的心！快还我昂儿来……我苦命的儿啊……”她闹得披头散发声泪俱下。

此番话倒也入情入理，曹操被她骂得无言可对，脸上红一阵白一阵的，只是干喊着：“妇道人家晓得什么？你给我回后宅去！你给我……给我……”他也不知该如何处置。

这酒还怎么往下喝？郭嘉头一个坐不住了，尴尬地笑了两声：“主公刚刚回府，想必还有家务料理。属下不便叨扰，改日再来拜望。”说罢顺着墙边就溜了；军师不管家务事，荀攸深施一礼拉着袁涣匆忙告退。他们这一走如同开了闸，诸将谁也不好意思看这笑话，眨眼工夫窸窸窣窣全走了，只剩下夏侯惇与张绣。

夏侯惇之子夏侯楙娶了丁氏之女，论起来丁氏既是嫂子又是亲家，想留下来劝说几句；张绣本就有些不安，这会儿见丁夫人撕心裂肺、曹操恼羞将怒，也顾不得男儿膝下有黄金了，堂堂的凉州汉子竟伏倒在地高呼道：“夫人无需动怒！千错万错皆是我一人之错。今日罪将在此，要杀要剐任凭发落！”

“原来是你！好狗贼！”丁氏一见仇人分外眼红，扑上去就要打，左右丫鬟死死抓着不放。她情急之下把织布梭子狠狠掷了出去，这一梭正打在张绣面门上。

曹操实在忍无可忍了，张绣是他千方百计拉拢过来的，官渡之战多亏此人，刚才他还在信誓旦旦劝慰人家，现在这一梭打在人家脸上跟打在自己脸上有何分别？曹操一气之下把帅案掀了个底朝天，什么果蔬酒菜滚得满地都是："疯婆娘！若不念你丧子，老夫早把你休了！若再敢对张将军无礼，我就……我就……"

"你要怎样？"丁氏嚷道。

"我就宰了你！"曹操话到嘴边不得不说。

"老东西！你就是杀了我，今天我也得给昂儿报仇！"

夏侯惇暗暗叫苦，情知张绣再不走非闹出人命来，赶紧上前搀起："张将军，夫人与曹公稍有争执，两口子的事与咱无干，走走走……"不由分说拉着他就往外走。

丁氏眼见仇人欲逃，也不管曹操了，挣开左右就追，慌里慌张追到堂口，迎面围上一大帮人——卞氏、环氏、秦氏、尹氏、杜氏等姬妾全来了，后面还有曹丕、曹彰、曹植、曹真、曹玹、曹冲等几个大大小小的公子。诸人跪倒在地拦住去路，有的拉着臂膀喊姐姐、有的抱着大腿叫母亲；后边的丫鬟婆子也追上了，抱着她肩膀不撒手。

丁氏无法脱身，眼巴巴瞅着夏侯惇与张绣出了垂花门，无可奈何伏地痛哭："我那苦命的昂儿啊……"她这一哭在场的姬妾丫鬟也随着掉眼泪，弄得幕府院落哀声一片。

"都给我住口！"曹操怒气冲冲走了出来，"老夫贵为三公，许都内外谁敢不从？你这疯婆娘当众闹宴，把为夫的脸面置于何地？"

其实曹操也知丁氏委屈，他发怒是因为伤了面子，现在众将都走了，但凡丁氏肯说两句软话，这场风波也就烟消云散了。可丁氏早豁出去了，就是不改口认错："老杀才！你害死我儿子，还我儿子来……"

"昂儿是你儿，难道不是我儿？"

丁氏猛然站起，漫指曹丕等人："你有这一大群儿子，可我只有昂儿一个！昂儿一死，我什么都没有了……你这千刀万剐的老冤家……当年为什么要娶我啊……"

曹操气得直哆嗦，忽觉脑袋隐隐作痛，知是老毛病又犯了，揉着额头喝道："你给我回房去！再闹我就休了你！"

"休了我?!"丁氏忽然疯笑起来，"哈哈哈……曹阿瞒，你还有没有良心？你拍着胸口想一想，我哪里对不起你们曹家了？我自从嫁给你，相夫教子千辛万苦，可享过一日清福？刘氏本是我丫鬟，你喜欢就给你当了妾，生下的儿子我当自己的养活着！可是你呢，你扪心自问，你何曾把我当做你的夫人？你什么时候疼爱过我、关心过我呀？我除了昂儿什么都没有！”说到这儿她又漫指在场的姬妾，“你这好色贪花薄幸无情的老东西，就知道一房一房地娶！待字闺中的倒也罢了，不管香的臭的都往家敛，抢人家的寡妇！还有脸说自己贵为三公权倾朝野……呸！无耻！”

这番话说出来，非但曹操颜面扫地，就连众夫人也羞愧难当。卞氏、环氏倒也罢了，尹氏本是何进的儿媳，嫁入曹家还带着个亡夫的儿子何晏；杜氏本秦宜禄之妻，还跟吕布纠缠不清，也带来个说不清道不明的儿子秦朗。另外那位张济寡妻王氏，以及与张绣做下亲家的周氏，曹昂之死因她们而起，所以躲在树后面没出来，这会儿听到这话恨不得找个地缝扎进去——细算起来这帮姬妾大半来路不正。

曹操听她说得这般露骨，厉声断喝：“你住口！我这就……这就写休书休了你！”

“你休你休！老杀才，我儿子都没有了还在乎什么，今天我跟你这老冤家拼啦！”丁氏猛地扑向曹操又是厮打又是撞头。

曹操已头晕目眩，扬着手左右招架，忽觉脸上一热——被她抓出道血痕。堂堂三公叫女人抓破脸，朝堂之上如何见人？曹操怒火都快冲破头顶了，照着妻子脸上就是一记耳光，把丁氏扇倒在地，回手拉出佩剑就要杀。

这下可更乱了，连姬妾带儿子全都拥了上来，夺剑的夺剑、抱腰的抱腰。曹操的牛脾气上来，哪管他们阻拦：“放开我！谁拦着休怪我剑下无情，连他一起宰！”环氏之子曹冲年方六岁，平日里最得宠爱，死死抱着曹操的大腿：“爹爹不可难为母亲（庶出之子仍认嫡妻为母，生母对外不享有母亲的称呼）！即便母亲有过，爹爹身为三公弑杀嫡妻，岂不被天下人耻笑？”

曹操闻听此言不禁打了个寒颤——这小子说得对啊，险些因一时之愤担负恶名！他慢慢松开佩剑，注视着瘫倒在地的妻子。丁氏披头散发，大半青丝已染秋霜，皱纹堆垒目光呆滞，满面的泪痕，刚才那一巴掌打得太狠，脸颊上印着通红的掌印，嘴角还往外渗血丝，伏在那里呜呜咽咽。曹操的心又软了，虽然他不曾宠爱过这位夫人，但丁氏对曹家确是无愧于心的。当年曹操初入仕途两次罢官，是丁氏激励他打起精神，结发夫妻共过患难呀！

曹操放下剑叹了口气："你、你……你可知错？"

丁氏二目空洞低着脑袋，连看都不看他一眼，对他的话置若罔闻。曹操头疼得厉害，耐着性子又问了一遍："你可知错？"

丁氏咬紧牙关就是不答。

"你倒是说话呀！"曹操不想再闹了，这会儿哪怕丁氏随口搭音哼上一声，这件事也就作罢，可她硬是不作理睬。她不说话曹操便咽不下这口气，万般无奈之下，朝站在远处的王必挥挥手："你去趟丁家，叫他们来辆车把夫人接走！老夫不要她了。"

卞氏赶紧阻拦："夫君不可……"

"住口！"曹操把佩剑还匣，"事已至此谁都别劝了。俗话说：'蹶马破车，恶妇破家。'百姓尚有七出之条[1]，岂容她这般无理取闹？快叫丁家把她接走，来日我再补一份休书过去。非是曹某无情无义，是她不想跟我过日子。来人！搀她回房收拾东西。"

丁氏默然无语，由丫鬟搀扶着去了，自始至终也没再看丈夫一眼。闹了这半天曹操也乏了，就势倚在门框边，曹丕、曹真忙过去搀住。大堂里杯盘狼藉无处下脚，曹冲搬了杌凳出来，让他暂且坐在堂口歇息，众仆丫鬟收拾东西，亲兵不声不响都躲了；所有姬妾在一边站着，谁也不敢挪动半步。

曹操摸着隐隐作痛的脑袋，毕竟是快五十的人了，好半天才缓过神来："你们也都受惊了……过些日子我还要兵发汝南去打刘备，这次你们都跟着我走。"

"我们也去？"众夫人面面相觑。

"我与袁绍胜负已分，刘备那点儿乌合之众一触即溃。战场之事无需我操心，咱们顺路回谯县老家看看。如今许都算是稳定了，我也该回去祭祭祖先，看看家乡父老了。"

曹冲端了碗水过来，曹操喝了一口，捏捏这小机灵鬼的脸："你小子生在许都，还没回过家乡呢。跟爹爹回去看看吧，拜祭一下爷爷。"

曹冲眨巴着小眼睛笑道："那爹爹就别赶母亲走了，咱们一起回去，好不好？"

---

① 七出之条，也叫"七去"，出自《礼记》，是古时候男子休妻的标准。七去者，不顺公婆、无子、淫乱、嫉妒、身患恶疾、多言闲话、偷窃婆家财物等七项罪名。

曹操苦笑一声没有作答——喜气洋洋的庆功宴被丁氏搅了个乱七八糟，还是分开一段日子好。其实他没打算真的休掉妻子，只盼她回到娘家清醒清醒，等从谯县回来再接回府，但愿时间能解决一切。曹操有些无奈，连袁绍都叫他打败了，却搞不定自己的妻子！为何女人发飙比成千上万的敌军更难应付呢？

曹操扬扬手，示意大家都散开，他索性也不再想这些事了。辛辛苦苦这么多年，现在总算是可以缓口气了，难道国事忙完了还要忙这些琐碎家事？算了吧，马马虎虎也就过去了……

第三章
衣锦还乡，曹操大肆封赏乡亲父老

施恩乡民

曹操在许都停留不久便于建安七年（公元202年）正月再次出兵，目标是盘踞在汝南的叛徒刘备。

当初刘备在官渡决战前据下邳叛乱，失败后投奔袁绍；又于战事胶着之际窜至汝南，纠合刘辟、龚都等黄巾余党举事，不但杀死了前去征讨的蔡杨，而且抄掠豫州诸郡意欲兵围许都，若非曹仁火速奔袭将其击退，险些酿成滔天大祸。如今河北战事已毕，也该算这笔账了。不过此次出兵与以往不同，曹操把战场托付给于禁、乐进等将，自己则优哉游哉回了沛国谯县老家。

自曹操举兵以来，东挡西杀南征北战，唯有平定豫州黄巾时顺路回过一次家乡，也仅是归葬父亲和弟弟，并未停留。现在袁绍败北许都安定，他终于能踏踏实实享受富贵还乡的快乐了，不但带了家眷子女，还允许幕府和军中的沛国同乡一并跟随。

谯县自董卓进京以来颇多战乱，曹氏族人大多流散，一部分跟着曹操、曹洪举兵征战，一部分因为跟随曹嵩避难徐州而遇害，至于那些血亲较远又鳏寡贫困的则逃离中原各谋生路。留下来的族人公推曹瑜为首，组织乡勇保卫家园。曹瑜是曹洪的一位远房叔叔，其实刚满五十，论辈分却比曹操大一辈，闻知出人头地的大侄子要回来，忙得不亦乐乎！曹操直系亲属都在许都，家乡的老宅子败落了，多年打仗没人顾得上管，曹瑜赶紧找人重新修缮；又是杀猪宰羊捕鱼酿酒，又是教授乡亲们各种礼仪，唯恐有怠慢之处。所幸曹操得意归来，也没什么挑拣的，带着家人住进老宅，隔日率兄弟子侄祭拜祖父曹腾、父亲曹嵩以及几位叔叔兄弟坟冢，倒也顺顺利利。唯一美中不足的是，经过这些年战乱曹操昔时的许多故友，死的死、逃的逃，连个找来说几句知心话的都没见着，心下不免失落，刚入正月天气未暖，只得天天围着炭火，跟那个八竿子打不着的小叔叔攀谈。

这一日曹操又与曹瑜、夏侯渊、丁斐、卞秉等人闲聊，忽自汝南传来捷报，刘辟、龚都皆已擒杀，而刘备却又一次脚底抹油逃往荆州了。得知消息曹操不免苦笑："刘辟、龚都不过是跳梁小丑，真正兴风作浪的只有刘备。大耳贼用兵无能逃命有术，若不斩草除根势必后患无穷。"

"我看也不见得嘛。"丁斐坐在一旁阴沉着脸。丁氏夫人是他同族，自被曹操遣回家，他心里就不痛快，又不敢跟曹操公然闹意见，所以酸溜溜地唱反调，"刘备此去定要依附刘表，那刘景升也算阅人无数了，岂能再容他统兵做大？我看大耳贼完了，旅居他乡兵马尽失，顶多也与昔日兖州叛将王楷、许汜一样，在荆州勉强混混营生。"

"此言差矣……"曹操不以为然，"莫说是刘表，老夫何尝不是纵横多年，不也被他骗了吗？昔日丹阳有个笮融，打着宣扬浮屠（佛教）的旗号招摇撞骗杀人抢劫，先害死广陵太守赵昱，再杀彭城相薛礼，最后又弄死豫章太守朱皓。低劣伎俩竟能一再得手，足见天下人犹如河里的鱼儿，只见饵而不见钩，上当受骗的不愁没有。"经过下邳叛乱之事，曹操已经意识到刘备的野心，这个小人物比之袁绍、刘表更需留神提防。在他看来刘备未必能成大事，却足以坏了别人的事。

丁斐见自己的话被驳了，也没再说什么，低下头继续暗自憋气。曹瑜虽不是曹营众人，但身在沛国，刘备作乱可是亲身经历了，赶紧没话找话："曹公说的是！"他不敢随便叫侄子，"去年刘备部下张飞到咱这儿抢粮食，带的哪是兵啊？简直跟黄巾土匪一样！附近几个城的县令都吓坏了，秦宜禄就是那时候投敌的。"

"哦?!"曹操知道秦宜禄随同叛乱继而又被杀，却不了解其中细节，"那狗奴才难道是跟张飞跑的？"

"可不是嘛！听乡亲们说，张飞领兵到铚县，那姓秦的紧闭城门连箭都不敢放，吓得差点儿尿裤。张飞就在城外大骂，八辈祖宗都骂遍了，还说什么‘你媳妇都进人家被窝了，你这活王八还给人卖命’，那话难听得都没边了！那姓秦的也是贱骨头，挨了这一顿骂反倒开门跟人家跑了，您说可笑不可笑？”

在座都不是外人，唯有说话的曹瑜不知杜氏夫人之事，听他说到“你媳妇都进人家被窝了”所有人都捂着嘴偷笑，曹操的脸臊得跟大红布似的，忙岔开话题：“后来呢，那厮怎么死的？”

曹瑜满脸不屑：“听说秦宜禄得知刘备进犯许都落败，又想偷着跑回来，叫张飞逮住一矛戳死了！”

“杀得好，这等猥琐小人死了正好，张翼德也算为老夫除一害。”曹操是由衷高兴，张飞这一矛可谓永除后患，以后再不用担心秦宜禄乱讲杜氏之事败坏他名声了。

但话音未落，一旁却恼了夏侯渊：“孟德是高兴了，我家可惨了！那鸟人张飞把我侄女抢跑了！”原来夏侯渊有个侄女，年方十四岁，生得颇为秀美。这女孩恰到野外拾柴，正赶上张飞带着一队兵来谯县抢粮食，顺手牵羊把人也抢走了。

曹操叹了口气：“这也是那丫头命苦啊……”虽说领兵打仗力求无伤于民，但士卒每克一地劫掠之事都是难免的，统兵之人往往睁一眼闭一眼不好深究，曹操也是如此。那些被掠去的女子被将士凌辱还要做苦力，下场极为可悲。

夏侯渊想起此事都气得直咬钢牙：“若再与大耳贼交战，恳请孟德以我为将，定要将他们斩尽杀绝洗雪夏侯家之耻！”

“嗯。”曹操点了点头，不过心下暗暗祷告——但愿大耳贼从此受制于刘表之下，将来一并收拾掉最好。

正在他思虑之际，又见棉布帘子掀起，卷来一股寒风。曹丕拍打着狐裘笑呵呵踱了进来：“父亲，外头下雪了！开春下雪乃是好兆头，这一年保准五谷丰登！”紧跟着曹真、夏侯尚也进来了，给在座的长辈挨个行礼。

“大公子这话说得不对。”曹瑜一脸苦色，“今岁开春下了好几场雪，倒春寒最能毁庄稼的。看来今年的收成也不会太好。”

“哼！”曹操瞥了儿子一眼，“你听见没有？你那点子小见识还差得远呢……从一早就不见踪影，到哪里去了？”

曹丕赶紧收住笑容，挠了挠头道："孩儿陪子丹（曹真字子丹）兄寻伯父、伯母的坟茔去了。"

昔日曹真、曹彬之父秦邵为了掩护曹操而死，其母又恐拖累举兵自尽身亡，二人尸体就地掩埋在秦家茅屋之后，为避免官府发觉没有堆坟头。过了多年又经战乱，老秦家的茅屋早没了，一大片荒凉野地，想寻都寻不到了。曹操见义子满面泪痕低头不语，劝慰道："子丹吾儿莫要悲伤。你生身父母对我有救命之恩，老夫今生今世不会忘记，坟冢虽然找不到了，我在附近给他们建一座祠堂，供乡人瞻仰。另外……你那妹子也该许配人家了吧？"

秦邵死时除二子之外还有个尚在襁褓的女儿，也被曹操收养，屈指算来那小妹子也有十多岁了。曹真低头回禀："小妹年纪尚幼，不过父亲既然提起，早订亲事也好。"

"你们兄弟可有中意的人家？不妨对我直言。"

曹真却很知礼："生之恩不及养之大，我兄妹多蒙父亲抚育，婚姻之事全凭您老做主。"

"好！既然如此我就替秦大哥当这个家……"曹操眼睛一亮，抬手指向夏侯尚，"这聪明疙瘩你看如何？"

夏侯尚万没想到乱点鸳鸯点到自己头上来了，摸了摸脸上的白麻子，羞得低下了头。曹真却是万分满意，他自小就与曹丕、夏侯尚一处嬉闹，知根知底莫逆之交，连连拱手："夏侯贤弟聪颖，又是亲上加亲，我兄妹愿遵父命。"

曹操捋髯而笑，又问夏侯尚："老夫的义女嫁给你小子，你可愿意啊？"

夏侯尚平生一大"高远志向"就是娶个绝色美女，可曹真的妹妹他见过，相貌平平性格倔强，绝不是他中意的女子。但这是曹操当面提亲，他敢不答应吗？夏侯尚急得龇牙咧嘴，却又不敢反对："这个……这个……"

"什么这个那个的？亲事我们应了！"夏侯渊瞪着大眼睛发了话，"他娘的亲上加亲的好事，傻小子羞什么？快拜丈人吧。"不由分说摁着夏侯尚的脑袋给曹操磕头。

在场之人无不大笑，曹操更是喜上眉梢。这门婚事看似偶然，却是筹谋已久。如今他兄弟一辈都已过了中年，必须要提拔子侄后辈。夏侯尚也是聪明过人，日后有望成为可用之才，曹操早想把他拉来当女婿，日后委以心腹重任。但曹操长女已配与夏侯惇之子夏侯楙，另有侧室所生的几个女儿，但年岁都不大。唯有以曹真之妹结这门亲事最为妥当。在曹操心目中，女儿毕竟是女儿，说穿了不过是联姻的棋子。

曹真谢过在座各位，又道："还有件事恳请父亲恩准。孩儿小时候常与邻村曹遵、朱赞两位兄长一处玩耍。如今他二人饱受战乱之苦，父母垂老家中贫困，能否让他们……"曹真不便直接开口要官。

曹操早年就识得这俩小子，既没读过多少书，又无武略可言，就是俩普普通通的庄稼人，要他们有什么用啊？但曹遵、朱赞的废物抵不过曹真的面子，秦邵夫妇的恩情更是大如天。曹操还是答应了："既然是你张口，且叫他们到中军充军吏，以后若有功劳再行升迁。若是实在没什么过人之处嘛……多给些饷钱粮谷也就是了。这可是看在子丹你的面子上哦！"

"是是是，多谢父亲垂爱。"曹真赶紧谢恩。

曹丕见他塞进来俩人，心里痒痒也插了话："父亲，那朱家还有个小兄弟名唤朱铄，聪明伶俐一表人才，只比孩儿小两岁，能不能叫他到府里给孩儿当个……"他还未说完见父亲脸色不对，赶紧收住口。

曹操正色道："幕府乃谋划军国大事之地，岂能再请托私人？我出兵官渡之时你向荀令君托人情当我不知吗？如今朝廷稳固，家乡也少不得整顿驻军，至于族里原有的乡勇，我看可以挑一些编入中军效力，亏不了他们前程。这些事为父自有主张，轮不到你操心！"

曹丕吓得直吐舌头，一旁的曹瑜却乐得鼻涕泡都冒出来了：他辛辛苦苦伺候曹操这么多天，等的就是这句话。收编家乡民兵自然少不了他这个乡勇首领，这就意味着马上也能混上官了，他虽没什么本事，但论起辈分好歹也是当朝司空的族叔，日后荣华富贵封妻荫子是铁定的啦！

曹操自然晓得这个族叔是什么心思。昔日楚霸王项羽有言"富贵不还乡如锦衣夜行"；高祖刘邦也曾高唱"大风起兮云飞扬，威加海内兮归故乡"；光武爷刘秀登基后更是先后五次回南阳。曹操虽比不得前代圣王，却也一人之下万万人之上，他心里很清楚，回乡是要大把花钱的。索性好事做到底，决定再给家乡父老个大人情，他顺手取过案上的一道空白手札，提笔写了一道教令[①]：

① 王侯颁布的命令称教；天子颁布的称敕。

吾起义兵，为天下除暴乱。旧土人民，死丧略尽，国中终日行，不见所识，使吾凄怆伤怀。其举义兵已来，将士绝无后者，求其亲戚以后之，授土田，官给耕牛，置学师以教之。为存者立庙，使祀其先人，魂而有灵，吾百年之后何恨哉！

这番安排给谯县之民颇多优待，不但耕种粮食有了稳固保障，连求学入仕都给予优先权。家乡毕竟是家乡，从这个地方走出来的官员更值得信赖。这与刘秀称帝厚待南阳百姓一般无二，他虽不是皇帝，却能左右这类决定。

曹操一挥而就，给在座之人传看了一番，所有人都大加称颂——全是家乡人，哪个不沾实惠？传看之后曹操一脸郑重把它举到丁斐、卞秉面前："这件事交给你们俩办。"

丁斐一闻此言满肚子的委屈全没了，两眼闪闪放光——这个差事有油水呀！修造学馆要拨钱粮，耕牛更是难得的物资，屯民租牛也是要掏钱的。这份差事领下来，他与卞秉私下玩个花账又有谁知？只要把亲支近派照顾好了，其他的穷人好歹一敷衍，剩下的全都进自己兜里。

曹操岂是傻子？之所以选丁斐是因为当初他举兵时借助过人家的财力，如今要补这个人情，故意放点儿油水。至于内弟卞秉，虽有功劳却没升过官职，大汉因外戚干政而乱国，曹操不愿落个提拔内亲的名声，所以官职亏欠拿钱财补。

丁斐伸手要接，曹操却又缩手叮咛道："你们做事可要有分寸，具体拨多少钱粮找任峻商量个准数，一次算清楚，别没完没了张嘴。过几日我要任命袁涣为谯县县令，他执法如山可顾不得你们的面子。另外，子廉在家乡的田产地业太多，不准再给他好处了，多照顾穷人。明白吗？"曹操知道丁斐贪得无厌，若不嘱咐两句，他必狠捞一笔。曹营之中贪财之徒不在少数，曹洪视钱如命自不用说，刘勋、许攸、郭嘉也都敛财有术，都是有功之人曹操不便管太严，但若是丁斐做得太过惹出闲话那就非管不可了，到时候大家脸上都不好看。

"明白明白，您就放心吧。"丁斐瞧见钱比瞧见爹还亲呢，嘻嘻哈哈接过文书，颇有意味地朝卞秉挤了挤眼。

曹操瞧他这副嘴脸实在不放心，摇头慨叹道："前几天兖州传来消息，陈留太守枣祗死了。当初若非他修改屯田之法，朝廷哪有这么多财货，天底下都是张着手要钱的，有几人似枣祗一般懂得开源？荀令君正筹措修改户调之法，若是枣祗还在该有多好，可惜喽……”

丁斐全没入耳，恨不得马上把小算盘拨清楚，跟着敷衍两句就拉着卞秉站起来：“家乡父老嗷嗷待哺，差事不能耽误，我们这就回营与任峻商量商量该怎么办。诸位陪曹公继续聊，我们先去了。”

曹操也拿这个敛财奴没办法，扬扬手：“去吧去吧。”

“诺！”丁斐一沾钱就来精神，扯着卞秉就走。曹丕、夏侯尚、曹真早站得不耐烦了，趁这空子也不言不语跟着溜出去了。

就这一会儿的工夫，外面的雪下大了，地上积的足有半尺厚，而且还没起风，大片大片的雪花如鹅毛般簌簌而落，叫人瞧着怪喜欢的。丁斐欢欢喜喜往前走，一不留神滑个趔趄，亏了卞秉搀住：“不就是有利可图嘛，你怎像吃了蜜蜂屎似的？别丢人现眼啦……”话未说完忽觉眼前又黑又凉，一个大雪球正打在面门上，灌了一嘴冰渣。

卞秉边咳边骂：“咳咳……这是谁干的？他妈的不要命了吗？”揉揉眼抬头再看，却是一群孩子——曹彰、曹植、曹冲、曹彪等几个公子领头，还有夏侯楙、夏侯威、夏侯衡，曹仁之子曹泰、曹洪之子曹馥，连他儿子卞兰也在其中，大的十岁出头小的不过五六岁，连蹦带跳哈哈直笑。卞秉乃卖唱童子出身，跟着姐姐来到曹家，领的第一份差事就是哄孩子，族里小辈都是跟他玩大的。这会儿见是小辈，他转怒为喜动了童心，别人都不招呼，攥个雪球先扔卞兰：“儿子打老子，我讼你个忤逆不孝！”

这一扔所有的孩子都攥了雪球，曹彰自小比别的孩子都壮实，抡着小胳膊嚷道：“我打你个为老不尊！”噼噼啪啪所有的雪球都往卞秉身上打，小子们“万箭齐发”打舅舅。

丁斐哪见过这等没大没小之事，嚷道：“别闹了！都别闹了！我们还有差事呢。”

卞秉躲着雪球笑道：“你去忙你的吧，黑钱的勾当我又不会，要多少只管去跟任峻提，我不分账也不检举你也就罢了。”他外表稀松内里精明，姐姐卞氏生下仨小子，在诸多侧室里资格最老，丁氏不受宠，日后姐姐有望取而代之，可不能为点儿钱毁了名声。若丁家贪污卞家清廉，明眼人一看就高下立判，谁能保证这不是曹操对两家的考验呢？眼光得放远些！

丁斐也算有才之人，但财迷心窍想不到这层，连作揖带弯腰："承蒙贤弟关照，愚兄日后定有一番心意。"自以为占了多大便宜，笑呵呵而去。

他这一去卞秉跟孩子们玩得更欢了，刚开始是扔舅舅，后来雪球漫天飞，也不知是谁在扔谁了。曹彰虽小力气却大，连着三个雪球扔出去，竟把弟弟曹冲打了个跟头。卞秉一见赶紧"罢战"，边拍雪边嗔怪曹彰："你这当哥哥的也真下得去手，有这膀子气力练练弓马，日后上战场为你老子杀敌去……冲儿，摔疼了没有？"

"不碍的。"曹冲笑盈盈爬了起来，整理着凌乱的衣衫。他乃环氏所生，颇得母亲的清秀容貌，再加上穿了身纯白的狐腋裘，跟个小银娃娃一般。

卞秉攥住他那冻得通红的小手："你可是姐夫的心肝宝贝，比他们都受宠，有个一差二错我可担待不起……瞧这衣服多好啊，有道是'千羊之皮不如一狐之腋'，杀多少狐狸才攒出这么件腋裘，你怎舍得在雪地里扑腾？"

曹冲满不在乎："爹爹说了，普天之下的狐窟有的是，将来掏尽他们的窝、扒尽他们的皮。那时我也长大了，给我做件更体面的大袍子！"小孩子随口学舌，可把卞秉吓一跳，曹操分明话里有话，莫非属意此子？他稍一愣神的工夫，忽觉后背冰凉——曹彰挨了两句训，竟趁他不妨抓了把雪塞进他衣领里。

"哎哟哟！"冻得卞秉直哆嗦，"你们这帮小崽子太胡闹，把我这衣服弄湿了，还怎么去办差？赶紧散了吧，回去烤烤火换换衣服。个个都是爹娘的心头肉，冻出病了岂不心疼？"说罢抱起卞兰也走了。

孩子见舅舅走了，三三两两也散了，只剩曹彰、曹冲、曹彪意犹未尽，拉着曹丕的袖子还要玩。曹丕这几日事事不顺，自从曹操回军动不动就数落他一顿，今天朱铄的事又被当面驳了，哪还有心思哄弟弟："去去去，少来烦我！我还有正事呢，谁似你们天天就知道玩！"

曹彰见他这么不耐烦，做个鬼脸道："哼！动不动就端哥哥的架子，有什么了不起？还真以为爹爹多器重你似的……冲儿彪儿，咱玩咱的，不理他！"

曹丕倏然一愣，呆呆地立在雪地里：十岁孩子哪懂得这几句话的分量？这必是府里人私下议论叫他听去的，身为长子却不被父亲器重，看来这已经不是什么秘密了……正在他茫然之时，忽闻一阵凄惨的哭声，自院外哆哆嗦嗦来了个老兵——是幕府里管马厩的李成。

这李成也是沛国谯县人，当初在曹家当仆僮，后来跟着曹操从军打仗，年纪大了便负责马厩，算是头脸的家奴。他平日嘻嘻哈哈有说有笑，今天却一脸倒霉相，年近六十的人下雪天连件棉衣裳都没穿，斗笠也没戴，捧着副马鞍子哭哭啼啼的。

“哟，你这是怎么了？”曹丕好奇地问了一声。

李成充耳不闻，只是低着个头边哭边念叨着：“活不了啦……活不了啦……”曹彰见他一把年纪哭得怪有趣的，跑过去揪他的长胡子。哪知李成被他这么一揪，就势跪倒在地，抱着马鞍号啕大哭。

曹丕等赶紧搀扶起来：“你有何事说出来，哭有何用？”

李成擦了擦老泪，举起马鞍子：“众位公子请瞧……”这副马鞍乌黑油亮的皮子，描漆彩绘下坠铜环，一望便知是曹操之物，但侧面破了一个拇指大的洞。

此洞虽小可把在场之人全吓坏了。曹操平生喜爱马匹，一应器具都要求下人小心照料。尤其这幅鞍子，乃曹昂之遗物，稍有损坏岂能善罢甘休？曹操御下极严，府中掾属办事稍有不周当众杖责，今天若发起火来非要了李成的老命不可！

曹丕也慌神了：“这是怎么弄的？”

“老鼠啃的。”李成怵生生道，“我就出去一会儿工夫，老鼠蹿到马厩去了。”

“你办事向来谨慎，怎还出了这等纰漏？前日不是准你回家探亲了嘛，这大雪天的又跑出去做什么？”

“我出去找医生要个方子，哪知就……”李成抱住曹丕的脚脖子，“大公子救命，您替我求个情，老奴这一把年纪挨不住棒子了……您救救我吧……”

曹丕深知父亲喜怒无常，自己又没这么大面子，万一说不好再把自己裹进去，今后就更不受待见啦！曹真、夏侯尚也纷纷摇头，谁也帮不了这忙。李成见状知是没指望了，伏在地上哭了个七荤八素，忽觉耳畔有个稚嫩的声音道：“老伯别哭，我愿帮您这个忙。”

李成抬头一看——是六岁的公子曹冲，他哪管得了大人的事？曹冲却胸有成竹，凑到他耳畔低声嘀咕了两句。说来也怪，李成竟不哭了，擦擦眼泪："这办法……行吗？"

"怎么不行？"曹冲揣着手一副小大人的模样，"只要您听见我咳嗽就进去请罪，准保平安无事。"

"这倒不难……"李成也不哭了，半信半疑看着这小家伙，"可公子怎替我讲这个情呢？"

"那您就不必问了。"曹冲神神秘秘一笑，"有劳哥哥们寻条绳子将李成背缚起来，弄狼狈点儿……真哥哥，将你的佩剑借我一用。"

"小小年纪要剑做什么？"曹真莫名其妙，可还是抽出佩剑递给他了，"你可留神，别伤了手。"哪知曹冲接过剑二话不说，竟扯起身上狐腋裘戳了个大窟窿。

"啊……你这孩子……"曹丕、曹真不明就里，李成也看呆了，这么金贵的一件衣服岂不是糟蹋了？

曹冲笑呵呵摆弄这个洞，搓了又搓揉了又揉，直到弄出许多毛刺才满意，又嘱咐李成："您千万听清楚了，等我咳嗽再进去。"说罢抛下宝剑蹦蹦跳跳直奔正堂而去……

曹操这会儿还在惋惜枣祗之死，忽见帘子一掀，曹冲冒冒失失跑了进来，一头撞到自己怀里，哼哼唧唧哭道："不好了！不好了！爹爹快救孩儿……"

"别哭别哭！"曹操以为这心头肉受了什么委屈，赶紧一把抱起，让他坐在腿上，翘着胡子亲亲他小脸蛋道，"冲儿不哭……有什么事跟爹爹说，那个大胆的欺负你了？"

曹冲干打雷不下雨，哪有眼泪？撅着小嘴道："是老鼠！老鼠啃了孩儿的新衣服，您快看啊！"他举着裘衣上的窟窿给在场每个人瞧。

曹瑜一旁插了嘴："小公子没在乡下住过，这算得了什么？外面下雪了，老鼠自然要往屋里钻哩。"

曹冲一副认真的样子，晃悠着袍襟哼哼唧唧道："不对不对，我听奶娘说过，若老鼠咬了谁的衣服，谁就会有灾祸。冲儿今天一定有难，爹爹救救我吧……"

"哈哈哈！"曹操笑得前仰后合，刮了刮儿子的小鼻梁，"我的傻小子，那都是妇道人家迷信的话，岂会真的有难？"

曹冲装作战战兢兢，揪着曹操胡子摇来摇去："孩儿怕，孩儿怕嘛！"

“好好好。”曹操拉过一张坐榻，“你就坐在爹爹旁边，真有什么祸事，爹爹替你挡着。”

曹冲这才释怀，喘了口大气道：“人都说爹爹威名四海最有煞气，莫说什么恶人，就是神鬼也要惧爹爹三分。”

天下老子最高兴的就是儿子夸自己。更何况儿子说神鬼都怕他三分，曹操听了此话真比喝了蜂蜜都甜：“冲儿说得对，有爹爹在你什么都不用怕，你将来也要像爹爹一样顶天立地哦！不就是件衣裳嘛，破了窟窿也好，旧的不去新的不来，来年爹爹叫人给你做新的。”他父子讲话，旁人见了连连咋舌。曹操自己吃穿不甚讲究，却对此儿如此娇纵，如此珍贵的狐裘说做新的就做新的，自曹丕以下哪个公子比得了？

曹冲也不闹了，安安静静坐到一旁。曹操继续与夏侯渊商量追赏枣祗之事，决定给其子加封爵位，取来笔墨写表章。约莫过了小半个时辰，曹冲见他停笔酝酿措辞，料是时机成熟，扯着脖子就咳嗽。李成、曹丕等人早在窗户下面等着呢，这半天腿都蹲麻了，李成赶紧跪倒在地，放声大呼：“老奴求见曹公！”

“是李成吗？进来吧……”曹操听出来了，抬头一看——这老马夫身穿褐色单衣，披头散发自缚双臂，以膝代步爬进门来，连着磕了好几个响头：“小的有罪，请主公责罚。”

“何事如此严重？”

“小的一时不慎，让老鼠钻进了马厩，把主公的马鞍咬坏了。请主公责罚。”

“如此不值一提的小事算得了什么？出去！”

李成以为自己听岔了，依旧顿首不止：“无论如何是老奴之过，那可是昂公子留下来的，还请主公降罪……”

曹操白了他一眼：“这有什么打紧的？冲儿的裘衣置于寝室之中还被老鼠咬了呢！马厩闹老鼠还新鲜吗？”

“老奴无能……”

“别说了。”曹操一门心思全在表章，不耐烦地扬扬手，“此等小事治什么罪呀！去去去，接着喂你的马去，不要搅扰老夫。”这就算没事啦。

李成松了口气，又磕了个头才退出去。曹冲耐着性子又坐了一会儿，见曹操已将表章写完，忙扯着他衣袖道：“爹爹写写画画好生无聊，孩儿不在这里陪着了。”

“唉！”曹操被儿子诓骗了还兀自不觉，“小孩子没长性，去找彪儿他们玩吧……我听你有些咳嗽，天还没暖和，多穿衣服啊！”

曹冲顺口答应一声，欢欢喜喜离开了，过了二门跑出去老远，瞧见哥哥弟弟们正围着李成笑呢，大伙见他来了无不连挑大指。曹冲得意洋洋，却见李成仍是满脸忧色：“马鞍之事已无碍了，老伯还愁什么？”

李成叹了口气：“今日之劫躲过了，可老奴仍不免一死……不怕列位公子笑话，老奴身有重病，若今年还拿不到治疗之药，老奴必死无疑。”

曹冲眨巴着眼睛：“寻药又有何难？吾父权倾朝野，什么东西弄不来？就是宫中的御药也取之便来。老伯是府里的老人了，只管开口去要，爹爹会给您的。”

李成苦笑摇头：“弹打无命之鸟，病治晓源之人。我这个病呀，唯有本县的活神仙华佗才能治。”

“华佗？还活神仙？我们怎么没听说过此人？”众孩童叽叽喳喳。

“公子们都是京里长大的，自然不知道。本乡本土之人哪个不晓得华佗先生？那真是妙手仁心药到病除，什么疑难杂症都能治好。老奴这病十八年前就有了，每日咳嗽不止痰中带血，难倒了多少医生啊！最后求到华先生处，吃了人家一剂药就没事了。可华先生说这病没有根治，十八年后还要再犯，又送了我一剂药到时候再用。前几年我有亲戚也得了这病，我一时大方就把那剂药送人了。”说到这儿他面露懊悔之态，“原以为还能见到华先生，哪知前日我去拜访他，他不在家。刚才我冒雪又去，还是不在。找乡里打听了才知道，华佗被广陵太守陈登请去看病了。此至广陵远隔千里，不知何时才能回来，再过几日又要启程回京了……老奴恐怕熬不过今年喽……”这老兵说着说着又咧开嘴哭了。

“世上哪有此等事！隔了十八年的病岂会再犯？以讹传讹无稽之谈。”曹真只当是笑话。

李成却坚信不疑：“公子不知华佗的本事。他只要看你一眼，就能知道你有病无病、病得有多厉害。昔日有个卸了任的县令去拜访他，生龙活虎言谈无异，华佗却说他已病入膏肓死期将至。那县令只当疯言疯语，哪知回家路上就觉头晕目眩，从马车上栽下来就断气了！乡里许多百姓都是亲眼得见，若不然怎会称他华神仙？”

“世间之大无奇不有，说不定这华佗真有过人之能。”曹冲张着小手替他抹去眼泪，“老伯也别哭，冲儿若没料错，华佗回归有望。”

“哦？小公子怎么知道？”

“扫平狼烟复兴社稷乃爹爹夙愿。陈登本拥兵自重之人，以前叫他当太守不过是抽出手来对付河北，现在袁绍败了，爹爹岂会再容他独霸一方自作威福？我料不出一年半载，爹爹定要将陈登调离广陵！那时候华佗相随而至，老伯不就有救了嘛。”

李成却仍不乐观——纵然如这孩子所言，谁知那时还来不来得及？但曹冲一番好意总是要谢的，李成跪倒在地连连磕头：“老奴蒙公子大恩无以为报，若侥幸不死，日后为公子牵马坠蹬。即便让这老病熬死了，我下辈子当牛做马也要报答您的恩德！”

曹丕在一旁看得冷汗直流：这小子不但深谙父亲心性，连朝廷大事也洞若观火，难怪父亲偏爱他。今日之事李成私下一念叨，全府下上都得说这孩子体恤下情……他才六岁啊！将来还不知精明到何种程度呢！

正在此时又闻一阵马蹄声——曹纯冒雪从军营而来，来至院口跳下马急急渴渴往里奔，手里还攥着一卷文书。

曹真见了好奇：“子和叔叔，军中有事吗？”

“喜事！喜事啊！”曹纯笑逐颜开，“主公昔日的老朋友楼圭要来投奔咱们啦！”

故旧相投

草长莺飞阳春又至，冰雪已渐渐消融，万物都在复苏之中，田间也忙碌起来。有了朝廷的特殊优待，沛国百姓的耕种变得异常顺利，许多农民领到了耕牛、耧车（播种机械），甚至军队也被派来协助垦荒，战乱以来的无主之地又恢复了耕作——这一切都是沾了曹操的光。

曹操信马由缰眺望田间景象，心绪格外畅快。粮乃军之本，民以食为天，只要有粮食任何问题皆可迎刃而解。屯田兴农积蓄产出这是他走到今天这一步的基础，也是历代称霸之人的不变法则。他遥望远处，见一群百姓正搬运石料木材，准备修缮学馆，不禁勾起旧日记忆，扭头朝楼圭笑了笑：“子伯，还记得那年咱们随桥公游逸，倾听他老人家教诲之事吗？”

楼圭欣然点头，却没有作答，他这十几年的建树可比曹操逊色多了。昔日他与王儁、许攸同为曹操之友，又都受到过桥玄的栽培，走的道路却截然不同。王儁依照夙愿做了隐士，关起门来著书立说校点经籍，不问世间沉浮；许攸先跟随袁绍建功河北，继而又在官渡投奔曹操，出谋划策大展权谋，也得到了钱财富贵。论才华楼圭绝不输于他们，昔日志向比他们都高，这些年却默默无闻几同虚度。

自董卓乱国伊始，楼圭回到家乡南阳，原打算兴兵举义干一番事业，不料叫袁术先声夺人。楼圭耻为人下不愿在其帐中效力，自己拉了一小支队伍游弋南阳以北。可乱世中这样的小势力实在太多了，若无依靠根本无法自存，后来袁氏兄弟豫州交恶，楼圭缺兵少粮实在混不下去了，只得放下架子依附刘表。荆州是中原避难者首趋之地，群贤毕至少长云集，名头响亮之士数不胜数，楼圭这颗小星星显不出什么光亮。开始时刘表还拿他当个人物，曾叫其北上武关招纳避难之人，日子久了便将其闲置一边，渐渐形同白丁。他若再不做些什么，恐怕此生便要随波逐流了。时逢刘备兵败投至荆州，刘表宽厚接纳待为上宾，楼圭预感刘表必与曹操彻底决裂，便来至谯县转投故友，希图能有一番作为。

“子伯啊，往日之事如隔万里，我还以为咱们此生没有再会之期了呢。”曹操上下打量着他，“不过你一点儿也不显老，我却俨然一个老兵痞喽！”楼圭也已年近五旬，却须发如墨，连根白茬都没有。他身高九尺相貌伟岸，坐在马上也比曹操高一大截，俩人微服出行并辔闲游，不知情者必以为楼圭才是当朝司空，曹操倒似个猥琐老奴。

楼圭手托须髯道：“孟德休要这么讲，这毛发皮囊又有何用？当年桥公就曾有言，我辈之作为日后皆不及你，如今看来岂不是确之凿凿？世间男儿自当慕大，我若处在你这个位子上……”说到这儿他戛然而止。楼圭生平一大短处就是好拿自己与别人攀比，常言“我若是你就当如何如何”，似乎自己比天下任何人都高明似的。他也知这毛病不好，可就是时常管不住自己的嘴。

曹操心里清楚，再好的朋友分开久了也会有隔阂，何况又是纵横捭阖的乱世，即便当年志同道合，现在却已是天壤之别，许多话不能再彼此推心置腹了！楼圭其人与许攸不同，非财货爵位所能驾驭。曹操既爱其才又畏其志，虽心怀戒备却佯装亲切，拍拍楼圭的肩头：“有什么话只管说，咱们之间还有何忌讳的？我记得当初你曾有言‘男儿居世，会当得数万兵千匹骑著后耳’，现在还有没有此等志向啊？”

楼圭听他这么问，心里很不好受，当年壮志未有一日忘怀，只是命运多舛难以如愿。这些话他又不好对曹操明说，只能叹息道：“年少狂言还提它作甚，现在不过是混沌度日罢了。”

曹操亦知他言不由衷，笑道：“麒麟岂能埋没田野？若贤弟不弃，在我军当个司马，等过一阵子我再表奏你为校尉、将军，你看如何啊？”

此话正中楼圭下怀，他却不敢喜形于色，矜持着道：“既来相投，全听孟德安排吧。”

“哈哈哈……”曹操仰天大笑，“江山易改本性难移，你还是一个有志量的人啊！今后你我兄弟共谋大事，安定江山复兴社稷，岂不是一桩美事？那回营之后我就正式任命你为别部司马，统领兵马随军听调。咱们既是老朋友，有何要求但提无妨。这与当年又有何不同？”

“是是是。”楼圭虽连连应声，却不禁回头望了一眼——就在不远处许褚带着几十个披甲武士，时刻保卫曹操安全，就算是他与朋友闲游也不例外。这样机警戒备，这样的地位差距，又岂能与当年同日而语！

楼圭还在暗暗感叹老天不公，又见曹操背过身去转移了话题：“那刘备到荆州之后境遇如何啊？”

楼圭略一错愕，马上清醒过来。封官许诺不过是走走形式，人家真正在意的是自己带来的消息，他赶紧答道：“刘表待刘备确实异于常人，每日与其饮宴畅谈，似乎有意遣其屯兵新野抗拒明公。”他说到这里刻意把称呼由“孟德”换成了“明公”。

“哼！”曹操冷笑一声，“刘表真是一点儿长进也没有，当初扶植张绣阻挡老夫，如今又端出大耳贼。叫别人给他挡箭，自己躲在襄阳逍遥快活，听说最近他还僭越礼制郊天祭地，实在不晓用兵之事。刘备可非张绣之流，弄不好玩蛇反遭蛇咬啊！”他算是深有体会了，“前番官渡之战，刘表本欲袭我，适逢长沙太守张羡作乱才勉强作罢。如今张羡父子败兵身亡，长沙复归刘表，他以何人接替张氏之位啊？”

“南阳张机。”

“张机？”曹操不敢相信，“那个研习医术的张仲景？”

“正是此人。”楼圭答道，“张氏乃南阳望族，刘表虽杀张羡父子，还是要用其族人。张仲景乃族中衰微支系，用此人为太守，既可借张氏之人望又不必担心尾大之事。况长沙一役吏民死伤，又逢恶疠纵横，感染伤寒而死者近半，张仲景深通医道，除治理政务之外还能悬壶济世普济众生。”

曹操却大加讥讽：“《说文》有云：‘医者，治病工也。’说穿了不过是巫医百工之流[1]，非君子所为。刘表用这么个不务正业之徒当郡将，岂能安境保民？就算他能医伤寒，难道还能医天下之苦？”

楼圭见过张仲景，绝不似曹操说的这般庸碌，却不便反驳，顺着说：“刘景升用人差矣！当初命别驾韩嵩入都拜谒天子，您表奏其为零陵太守。韩嵩回去后被刘表猜忌，责备其首鼠两端。前番官渡鏖战，韩嵩力阻刘表出兵，被刘表投入监牢至今受囹圄之苦。如此鼠肚鸡肠不纳良言，岂能得人拥护？内外诸事不过依靠蔡瑁、蒯（kuǎi）越罢了，襄阳之人皆道刘景升高堂坐啸，蔡、蒯二族才是荆州的真主人。”

曹操愈加冷笑：“当初刘表单骑赴任没有根基，得蔡、蒯两家相助站稳脚跟，杀苏代、诛贝羽、结黄祖、延揽清流名士，立下天大功劳，刘表哪还驾驭得了？我自小就识得蔡瑁，乃颇有心计之人，听说其妹嫁与刘表为续弦，结成郎舅之亲。天下社稷之坏多由外戚干政所致，用人最忌讳这一点。至于那个蒯越，当年曾在何进府中充任西曹掾，那会儿刘表还得听人家的呢！”

楼圭颇有感触：“似袁绍、刘表之流虽占据一方，却皆是靠豪强扶持而起，唯有孟德你抑制土豪自掌权威，胜败岂凭空而来！”

这句话说得曹操心里暖烘烘的。抑制土豪自掌权威，说起来容易做起来难，昔日兖州张邈、陈宫之叛令他几无立足之地，今天之强盛是历尽艰险才得来的。曹操扭头注视着楼圭，沉默半晌又道：“天下高明之论多有相通，咱们阔别多年还是心有灵犀啊……愚兄当年遇事不决就爱听听你的见解，如今也是一样。目下正有一桩事难以取舍，还劳子伯为我解之？”

“在下不敢……”

曹操不由他客套便说了出来：“仓亭战后袁绍龟缩河北，我领兵讨

① 汉代视行医为下等人所为，归为巫师术士，与工匠、商贾算作同流，不能入仕为官。在华佗、张机之前，东汉有名医费长房悬壶济世，也是既治病又捉鬼，未形成独立的职业体系。

之半载不能得胜。而刘表栖于我后，囚韩嵩纳刘备似欲有所行动。现今之际我应该北上讨袁，还是该南取荆州呢？”

“这个嘛……”楼圭意属北上却不便直言。一者方入曹营还没个正经名分，二者他自荆州而来，若坦言刘表尚不可取，难免有回护之嫌。

曹操看得明白：“说了这么半天，你还不愿与我推心置腹吗？你既是我的老朋友，就该尽朋友之责嘛。说对说错都无干系，抉择之权岂不在我？愚兄从不因言语生怨。”曹操指天为誓信誓旦旦。

楼圭见他如此表态，总算鼓足勇气脱口而出：“当北图袁绍。”

“何以见得？”

“天下之威高无过袁氏，门生故吏遍及天下；天下之殷实无过河北，光武因之而得社稷。明公与袁绍对峙数载，方有官渡、仓亭之功，正当趁此之势扫荡荆棘，岂可一旦而弃之？想那刘表身处荆襄乃四战之地，西有刘璋、东有孙权、南有山越[①]，以明公之才虽得之不难，然北方不固又何以保全？”

曹操却道：“话虽如此，然官渡得胜亦不过北弱南强，提兵强取未必轻易得胜……”其实他已经试过一次了，根本打不动袁绍。

“日推月移必有变易，我若是你便北上兖州屯兵备战，只待河北之事稍有变故，立刻提师渡河直捣邺城！”楼圭说得酣畅淋漓，根本没意识到自己又犯老毛病了。

可谓一言点醒梦中人，这几日荀攸、郭嘉都曾劝曹操先取河北，甚至连身在许都的荀彧也为此特意来了一封信。可真正打动他的还是楼圭这个计划，兖州与河北隔河而望，稍有风吹草动立刻便知，实是待机备战的最佳所在。曹操明明已定决心，却淡然道：“这个办法倒也可行。其实我早就打算去兖州，大战得胜应该抚慰抚慰那里的百姓，另外我想顺路去睢阳祭拜桥公陵寝。你来得正是时候，我再修书一封调许攸也来，咱们昔日同受老人家厚恩，理当一起拜祭。”

“两全其美，甚好甚好。”楼圭一吐高论颇觉痛快。

“时候不早了，咱们回营吧。”曹操拨转马头，“回去我就正式任命你为别部司马。不过……因与袁绍交恶士卒多有死伤，自中军以下缺

① 山越，古代南方的少数民族，现今壮族、侗族、苗族等许多民族在汉代通称山越，因为支系繁多又称“百越”。汉代时山越势力还很强大，几乎覆盖江苏、江西、浙江等地，后来才逐步被汉民族同化。

员甚多，恐怕没有多余士卒可供你调遣。你且与郭嘉等人同参军机，日后招募新军再归你统领吧！”

楼圭颇不甘心：“孟德莫非要笑？司马无兵岂不成了空头衔？”

“哈哈哈……”曹操一笑而置之，“许都建宅粮饷照发，愚兄岂能亏待你？士兵早晚会给你补上的，咱们是老朋友了嘛！”说罢打马扬鞭先走了。楼圭无何奈何，只得苦笑相随。

两人带着卫兵回归屯兵之处，离着寨门甚远，就见前方熙熙攘攘。恍惚见几个卫兵正围作一团殴打什么人，旁边还有个破破烂烂的平板车，车上坐着个衣衫褴褛之人。曹操不禁皱眉，招呼许褚道：“你去问问怎么回事，若有作奸犯科之辈送交县寺治罪；若士卒无故滋事，我要狠狠责罚。堵在大营门口打人，这成何体统！”

曹操本无暇关注此等小事，本可遣散人群回去理事。但自从官渡得胜，士卒如释重负军纪松弛，今天出了这样的乱子，正好杀几个人作法立威，因而驻马辕门冷森森盯着人群，把刚才打人的几个兵吓得直哆嗦。许褚问明缘由过来汇报：“启禀主公，士卒非无故滋事，乃是有人冒认官亲！”

“胡说！”那挨打之人听到许褚的话一跃而起，“我明明就是官亲！何言冒认？”

许褚见他嘴硬就要下令拿人，曹操举手拦住，仔细打量这个人：披头散发满脸污垢，春风料峭的时节仅穿了单衣，破破烂烂露着肮脏的臂膀，寻不到腰带系了条草绳，脚下连鞋都没有。一旁平板车坐的似乎是个老妪，白发苍苍皱纹堆垒，穿了件脏兮兮的破棉袄，吓得低着脑袋不敢看人——这分明就是一对乞丐嘛。

曹操摇了摇头：“流散之民无以生计倒也罢了，冒认官亲实在可恶，送交县寺治罪。”说罢便不再理睬了，打马就要进营。

那穷汉还欲辩解，众军兵一拥而上就要捆绑，那人避无可避索性放声大呼：“你这老儿好大胆子，我若寻到叔父一一相告，他老人家位高权重，非要了你的命不可！”

“且慢！”曹操猛然驳马，又瞅了那肮脏的穷汉一眼，这才看出此人年纪其实不大，“放开他……你说要我这老儿的命？好啊，那我这老儿倒要问个明白了，你那叔父究竟是何人啊？”

那穷汉真是被打怒了，叉着腰大言不惭：“你问我堂叔父还是问我那大名鼎鼎的族叔？”

“哦？”曹操暗自咬牙，“我都想认识认识。”

“我那嫡亲的堂叔乃是明亭侯、都护将军曹子廉，我那族叔就是当朝司空曹孟德！”

曹操差点气乐了：“如此说来你还是侯门之后喽。那你看我这老儿又是何等样人呢？”士兵们瞧出来了，曹操根本不认识他，都捂着嘴嘿嘿直乐。唯有楼圭暗暗咋舌——曹孟德啊曹孟德，身为当朝宰辅对一介小民还要锱铢必较，你怎么变成这个样子了呢！

那人听出他有意挖苦，厉声骂道：“我瞧你这老儿乃鼠肚鸡肠、阴狠毒辣、嫉贤妒能一无赖奸贼！”

许褚深知曹操易怒，这一嗓子嚷出来，此人非千刀万剐了不可。不等发话便上前按住那穷汉，喝道：“好大的胆子，竟敢辱骂曹公，不要命了吗？”

哪知那人不惧反喜，挣扎着大喊大叫：“他就是曹公……叔父！是我啊！我是休儿啊……你不记得孩儿了吗……”

曹操原被他骂得脸色铁青，忽听“休儿”二字，心中怦然一动：当年族叔曹鼎之子早丧，留下遗腹子名唤曹休，孤儿寡母惨淡度日，后来兵荒马乱逃难在外，乡里人都以为他们已经死了。莫非眼前这个年轻人真是曹休？想至此愈加仔细端详，无奈他印象中的曹休还是个小娃娃，根本辨不出真伪。

正在焦急之际，忽见那平板车上的老妪放声大哭：“放开我儿啊……你们快放开他……我的老天爷啊……”

“住手！”曹操跳下马来，三步并作两步来到车前——虽然老妇白发苍苍形容憔悴，可昔日容貌尚可辨认，果真就是那寡居的嫂嫂。

“哎呀，我的老嫂子！您、您……您还活着啊！”

妇人都吓懵了，衣袖遮面颤颤巍巍。

曹操一把扒开她手：“您看看我，我是阿瞒呢！”

“嗷……”妇人尖叫一声伏倒恸哭，“苍天有眼祖宗保佑，总算见到亲人啦……我那没有福的、不长眼的、蹬了腿儿的亡夫啊……”老太太见到曹家人，不禁想起了自己男人。

穷苦妇人不通礼数，曹操也怕旁人看笑话，赶紧劝：“老嫂子，别哭别哭，回家乡见亲人，应该高兴才对啊！”

曹休跪倒在地，以膝当步爬到曹操身前："叔父大人，我是休儿、是休儿啊！孩儿刚才无礼，给您赔罪了。"说着话就要磕头。

"苦命的孩子啊……"曹操赶忙抱住，"你们跑到哪儿去了，叫族里叔伯好生挂念。我那老叔曹景节就你这一个孙子，若死在外面，岂不断了我那老叔的后？"

曹休边哭边说："当年董卓之兵抄掠豫州，我娘带着我逃到邻县我外祖家，哪知我外祖一家人尽数遇害，连房子都叫西凉兵给烧了。又有山贼草寇趁乱剪径，我娘慌不择路跟着流民一路南逃就此离别故土。到了南阳一带，袁术又到处抓人当兵，我娘怕我遇害又沿江而下去了淮南，母子二人乞讨为生，赶上荒年连野菜都挖不到，又过江逃到吴郡。辛亏遇到个好心的官，收留我母子进了郡寺衙门，我给人家充了役童，娘亲为人家缝缝补补，不过糊口而已。"

曹操听他母子受了这么多苦，不禁潸然泪下："孩儿啊孩儿，为何不来寻叔父？"

"兵荒马乱道路不通，哪知您在哪儿啊！后来过了几年才闻听您迎接圣驾建了朝廷，可是江东之地年年打仗，想回也回不去。我母子身处他乡又不敢向旁人透露与您老的关系。"曹休说到此处越发伤情，"我那祖父在世之时何等显贵，吴郡衙门大堂影壁上还有他老人家的画像呢！我们想家的时候就跪在他画像前痛哭一场……"

曹操心头一悸，四叔曹鼎曹景节曾当过吴郡太守，可那老爷子并不是什么好官，贪污受贿屡遭弹劾。没想到他死后多年，儿媳孙子在他昔日为恶之地供人驱使苦受煎熬，还要天天对着他的画像让他看！这难道就是报应……

曹休抹了抹眼泪，咬着牙颤巍巍道："我母子忍着，直忍到孙策遇刺孙权继位，江东之地收了兵马，这才敢跑回来。千辛万苦倒也不惧，可是我娘的腿……"

曹操这才注意到，老嫂子这半天一直坐在车上，连士兵打她儿子都不曾移动分毫："老嫂子，你这是……"

"瘫了！"妇人拍着车板，"吴郡潮热水土不服，我天天洗衣干活，两条腿早残废了。这苦命的孩儿，花尽盘缠打了这辆小车，千里迢迢推着我回来的……我这孝顺的孩儿啊……"

听到此处曹操简直被震慑住了，蔫奋奋盯着曹休——虽然这孩子衣衫破烂、满面污垢，但眼神中分明流露出坚毅果敢的气质。自吴郡到谯县辛辛苦苦推着老娘回乡，这是何等的毅力，又是何等的孝心！人一生之苦莫过于离乱，去的时候娘亲抱着年幼孩儿，回来之时儿子推着残废的老娘……曹操呆立半晌，摸着曹休的头道："孩子，你是我曹家的千里驹啊！自古忠臣出于孝子，你日后必成大器！"

母子俩伏在车前痛哭多时，曹操将他们接入营中更衣贡食，匆忙叫来曹洪，叔侄相认又是一番悲喜。曹休母子背井离乡多年，其田产早已荒废，曹操索性把他们留于自己宅中，还挑了十多个精明能干的婢女伺候嫂子，又吩咐属下要以公子之礼对待曹休，一切吃穿用度与曹丕等人无二。曹氏夏侯氏两家连饮数日庆贺团聚，谯县之民获朝廷恩惠也是喜气洋洋。

旬月有余，汝南太守满宠发来军报，境内叛贼余党已尽数剿灭，刘辟、龚都之首级传往京师报功，于禁、乐进等戡乱之将班师回转。曹操的回乡之旅不得不就此结束，继而北上兖州，等候出兵河北再讨袁绍的时机。

第四章
袁绍一命呜呼，曹操少了一个心腹大患

祭拜桥玄[1]

睢阳县之北五里风景甚是怡人。树林密布松柏森森，又毗邻缓缓流淌的睢水，河水沙沙鸟鸣啁哳，来至此间令人心绪爽朗。就在苍松翠柏之间，矗立着一座陵墓，其下长眠的就是前朝太尉桥玄。对于曹操而言，桥玄不仅是他早年仕途的导师，还是一位忘年交，昔日种种恩德厚待是他一生都不会忘却的。所以曹操北上兖州的途中特意绕道睢阳前来拜祭。

地方官早将陵墓周遭清扫干净，设摆了铜鼎香案，太牢[2]祭品一一陈列。曹操亲自上香主祭，楼圭、许攸捧上贡酒，有桥玄之子桥羽一旁伺候陪祭，其他幕府掾吏、军中部将也随之磕头叩拜。曹操提前写好了一篇诔（lěi）文，命新任记室[3]刘桢陵前诵读：

故太尉桥公，诞敷明德，泛爱博容。国念明训，士思令谟。灵幽体翳，邈哉晞矣!吾以幼年逮升堂室，特以顽鄙之姿，

---

① 即乔玄，古时，姓氏“乔”写作“桥”，故《后汉书》中所记为“桥玄”，此处依旧《后汉书》。

② 古时祭祀贡品的等级。一般祭祀天子用太牢，即猪牛羊三牲；祭祀诸侯用中牢，有牛羊而没有猪。

③ 记室，起草文书的秘书官。

为大君子所纳。增荣益观，皆由奖助，犹仲尼称不如颜渊，李生之厚叹贾复。士死知己，怀此无忘。又承从容约誓之言："殂逝之后，路有经由，不以斗酒只鸡过相沃酹，车过三步，腹痛勿怪。"虽临时戏笑之言，非至亲之笃好，胡肯为此辞乎?匪谓灵忿，能贻己疾，怀旧惟顾，念之凄怆。奉命东征，屯次乡里，北望贵土，乃心陵墓。裁致薄奠，公其尚飨。

洋洋洒洒的诔文念罢，曹操将一尊酒洒在陵前："伏惟尚飨，永世感恩……晚辈还要行军，不再打扰您老人家安眠，就此别过。"又恭恭敬敬深施一礼，这才带领众人出了林子。

楼圭手捻须髯叹息道："老人家一世英名享誉朝野，到头来也只有这一片山林为伴，有时候我就在想，人这一辈子图的到底是什么呢？"

"别想了。"曹操边走边道，"天下未平岂可做这无病呻吟？还是想想如何继承老人家遗愿，如何复兴汉室安定黎庶。"

许攸一旁插了话："孟德、子远你们说说，咱们当中谁最像他老人家呢？"

"那还用问，自然是孟德喽。"楼圭脱口而出。

"也未见得。"许攸嘿嘿一笑，"若论敌对羌人带兵打仗的本事，自然孟德更胜一筹，但若论气概非凡之处，子伯兄也尽得真传嘛！"

楼圭也笑了："这么说来，那老人家诙谐性格可叫你许子远给学去了，咱们三人各得其长嘛。"

"你们还忘了一人，"曹操扭头道，"若论淡薄名利谁又比王子文更像他老人家呢？"他一提到王儁，楼圭、许攸都不说话了。论起对桥玄的孝敬，其实他们都比不了王儁，老人家的这座陵墓还是王儁与桥家一同修造的呢。只是王儁甘老林泉修身无为，在荆州武陵郡做了闭门隐士，百姓感其贤德自愿追随的竟有百余户。他非但不接受刘表任命，就连曹操假天子之命征其为尚书，他都不来。今日祭拜桥玄独缺王子文，不能不说是一大遗憾。

桥玄之子桥羽走在最后面，见他们皆有惆怅之意，凑过来道："曹公不必伤怀，刘表非称霸一方之才。有朝一日收复荆襄之地，您与子文还有再遇之期。"

"但愿如兄长所言。"曹操仰面叹息。

桥羽又诚惶诚恐道："曹公与列位大人前来拜祭家父，在下荣幸至极。不过太牢之礼乃是朝廷祭祀先王所用，今日曹公将其赐予家父，在下实在惭愧难当。"桥羽年过五旬，是个忠厚本分之人，觉得今天的祭礼僭越了。

曹操满不在乎："哈哈哈！老人家在世之时与我玩笑，说他过世以后我要是从他坟前路过，若不带上肥鸡美酒凭吊一番，车过三步就叫我肚子疼！如今曹某人发达了，老人家要肥鸡美酒，我赠他太牢大礼。'不僭不贼，鲜不为则。投我以桃，报之以李'，这也是小弟一片感激之情，桥兄必不在意。"他把僭越礼制不当回事，别人自然不敢追究，桥羽赶紧点头称是。

说话间已出了林子，大队军马早在官道上列队等候，曹丕为父亲牵过马匹。楼圭、许攸双双作揖道："请主公上马。"处在昔日故旧的位置上，背后称呼表字，人前呼号主公，他俩的尺度一定要拿捏好。

曹操挥手示意他们退下，朝曹丕点了点头："你误打误撞推荐的那个刘桢还算个人才，文章俊逸不输于路粹、繁钦，今日朗诵祭文也颇为得体。能交到这样的朋友也算你有长进了。"

曹丕几时得过曹操夸奖？高兴得眉飞色舞，搀父亲上了马，心下暗暗有了主意——父亲喜好诗赋文章，今后要多下苦功！

"下官恭送曹公！"桥羽与睢阳县众官员齐向曹操拜别。

"起来吧。"曹操又看了一眼桥羽，"我事情太多也记不清楚了，桥兄如今官居何职啊？"

"在下现充豫州从事。"桥羽虽忠厚老成，能力却不出众。

曹操想了想，忽然面露微笑道："自从那刘备叛变，任城相糜芳随之而去，现在这个职位还空着。我叫荀令君草拟诏命，桥兄就去补这个缺吧。"

从豫州属官到二千石俸禄的郡守，中间不知跳了多少级，桥羽赶紧推辞："在下何德何能受此提拔，还请明公收回成命……"

"桥兄无需推辞，您资历深厚当得起这位子。何况昔日桥公在世之时曾以妻子之事相托，这也是我一片美意。兄长家里境况还好吧？"

桥羽拱手答道："托曹公之福，一切事务都随心，只是两个小妹不得回归。"桥玄晚年曾得一对女儿，生得花枝招展，乡人唤作大桥小桥。当年二女随桥玄父子隐居江淮，赶上兵荒马乱，又被江东士卒掳去。孙策见此二女甚是喜悦，娶大桥为正室之妻，又将小桥配与爱将周瑜为妻。那孙郎周郎都是俊秀人物，桥家姐妹本流离江东之地，谁料将错就错得配佳婿倒也称心。只是孙策遇刺身亡，大桥年纪轻轻守了寡，加之南北相隔时局微妙，无法北上与兄长团聚了，守着儿子孙绍孤独过日。

曹操淡然一笑："江东孙氏已不复往日之威，待我戡定河北之地，有朝一日饮马大江替兄长迎回令妹便是……"他脑中不禁浮想联翩，当年这二位妹妹小小年纪就异常秀美，不知如今出落得何等模样？

就在他想入非非之际，后面传来一阵哄笑，回头一瞧——曹丕、曹真、曹植等公子和一大群部将正围着中军校尉王忠指指点点，每个人都乐得前仰后合。军队是大有规矩的，士兵不可以随便哄笑，曹操正欲询问，猛一眼瞧见王忠的马上拴着一具骷髅，忍不住"扑哧"也乐了。

这王忠乃是京兆人士，年纪不过三十出头，却归附曹操甚早。他原是关中亭长出身，天下大乱之际领着一支亦兵亦匪的队伍南下武关劫掠为业，只因灾害年月抢不到粮食，竟残杀流民大吃人肉。后来出武关正遇到替刘表招揽逃难士人的娄圭，他非但不从还奇袭娄圭抢了许多财物，这才转而北上投至许都。曹营上下都知他吃过人肉，刚才也不晓得谁与他玩笑，趁拜祭桥玄之时偷了他马鞍边的干粮袋，还弄了副骷髅绑在上面。众兵将见了岂有不笑之理？

王忠的脸臊得通红，眼珠子瞪得都快流出来了，跳着脚地喝骂："谁干的？有种的给老子站出来！"

曹操忙止住笑，换了一副严肃的表情："三军之中谁这等无礼，还不出来给王将军赔罪？再不出来老夫可要严惩了。"他说话时眼睛瞧着自己的儿子们——这帮小子笑得最欢，八成就是他们干的。

果不其然，曹彰、曹植笑呵呵推出一个瘦小的仆僮来。那人跪倒在地："请主公见谅，是诸位公子叫我与王将军玩笑的。"

"哼！开玩笑也要有个分寸……哪找的枯骨？"

那僮仆忍着笑答道："人有穷富瓦有阴阳，您拜祭的桥公自然是陵寝肃然，可路边白骨曝天无人照应的野冢有的是。随便捡一副有何打紧？"这小子说起话来底气十足，对曹操殊无敬意。

当下人的哪有这么回主人话的，还有没有规矩了？曹操听着有气便要叫人痛打这厮一顿，哪知留神细看，这小子似乎还不到二十岁，生得瘦小枯干尖鼻瘪腮，虽然穿着下人的衣服，却根本不是自己府里的。他愈加火起："你是谁？我怎么从来没见过你？"

那人含糊答道："小的是伺候公子的下人。"

"一派胡言！府里之人老夫岂能不识？若不招对定按细作处置！"

那小子真是铁嘴钢牙："小的不是细作，就是您府里的下人。"

"还敢顶嘴？"曹操胡子都撅起来了。

"万一是您记错了呢？"他竟还敢敷衍。

众公子知他底细，眼见事情败露此人性命堪忧，赶紧一齐跪倒："请父亲开恩，这位兄弟乃是家乡故旧，名唤朱铄。"

"朱铄？"曹操眼珠一转，猛然想起曹丕请托之事，必是他不得准许，把这小子混到仆僮堆里从谯县带出来的。扭头再看曹丕，早吓得面如土色了。曹操依旧不饶："你好大的胆子！敢在我眼皮底下干这种事，老子自有家法管你！"

曹丕还没说话，朱铄站起来了，挥着麻杆般的小胳膊，拍着排骨般的胸口嚷道："明公不必为难公子，是我没羞没臊非要跟来。您若瞧我不顺眼，一刀宰了我也就罢了，公子又没干什么犯歹的，与他有什么相干？有什么话您都冲我说吧！"

曹操自得志以来还没见过敢这么顶嘴的人，好像他还一肚子委屈似的，气得破口大骂："呸！宵小之辈也配跟老夫讲理？我先管教儿子，再宰你也不迟。"

众将一见曹操要责罚儿子，哪有睁眼看着的道理，纷纷出来讲情。连王忠都说话了："主公别生气啦，公子这不也是体恤乡里，替您行善事吗？乡下孩子没见过世面，说几句错话难免的，您大人有大量，哪能同他一般见识？您就开开恩饶了他们吧！"楼圭、许攸也讲情，桥羽也跟着说好话。

众人的面子毕竟是大，曹操怏怏瞪了曹丕一眼："刚才白夸你那几句了，到底不是个成器的东西！这件事倒也罢了，以后留神皮肉！"一番话说得曹丕躲老远，"姓朱的小子，你给我滚回家去！老夫府里容不下你这等撒野之人。"

王忠在众将中年纪最轻，这些日子与曹丕、曹真处久了也颇有些攀附之意，索性好人做到底："算了吧！这小子跟着走了这么远，别轰他走了。他是主公同乡，回去岂不折了您的面子？"

曹操瞥了王忠一眼："这小子顽劣不堪，刚才可还戏耍你呢？"

“那有什么打紧？”王忠拍拍马上的骷髅，嬉皮笑脸道，“末将以前是吃过人肉，也不怪别人笑话。一会儿行军我边走边啃这骨头，还解闷呢！”众将瞧他这死猪不怕开水烫的架势，无不捧腹大笑。

曹操也笑了，捂了捂嘴道：“老夫府里不要无礼的奴才。”

“我要我要！”王忠一把拉起朱铄，“我还就喜欢他这混蛋劲儿！在我营里当兵正合适。他连主公您都不惧，还能怕敌人吗？”大家又一阵哄笑，却没人觉察出他有阿谀曹丕之意。

“有你这样的将军，才有他这样的兵，随便吧。”曹操也不计较了，驳转马头吩咐道，“时候不早赶紧启程。”

军令次第传达，不多时前队将就行动起来，曹操也带着中军兵将前行，众夫人和公子的车马紧随其后。王忠寻了个空子一猛子自后军窜到前面，凑到曹丕身边：“公子啊，别着急了。明公素来脾气率直，骂过也就不计较了。”

“方才多多依仗将军之力。”曹丕赶忙道谢。

“末将能为公子效劳不胜荣幸。”王忠讪笑道，“那姓朱的小兄弟跟公子不错，末将岂能叫他当寻常一兵？且在我营里充个军吏，以后再找机会给他报功。我向公子保证，不出三年定保他当个司马，如此安排您看可好？”

“多谢多谢……”曹丕连连抱拳，心中暗暗盘算，若是军队里能有几个朋友，那真是再好不过了。

邺城挽歌

曹操并不知道，就在他离开睢阳前往兖州之时，他的老朋友兼对手袁绍已走到了生命的尽头。

其实自从仓亭战败，袁绍的身体就垮了，虽然这一年里他还强打精神调兵遣将，但那不过是被执着和高傲支撑着才没有倒下。等到曹操退归河南，他终于一病不起，所有的医药全无效力，渐渐病入膏肓……

建安七年（公元202年）五月的一天，卧病已久的袁绍突然感觉精神好了一些，浑身上下轻飘飘的，堵在胸中的那口闷气竟也通畅了不少。身边的姬妾、仆僮见他比平常多吃了小半碗粥都纷纷贺喜，袁绍也朝他们露出了久违的微笑。

但是笑归笑，广博多知的袁绍心里很清楚，这可能就是所谓的回光返照吧。妻子刘氏已经暗地里命人置办棺椁探勘坟地，三个儿子也偷偷吩咐仆人们裁制孝衣，以免大限到来之日手足无措。莫看袁绍倚在榻上动不了，但这一切他都知道。河北这片地盘是他辛辛苦苦奋斗来的，对于这“一亩三分地”上所有的人、所有的事他都十分了然，就像对自己的身体一样地了然。

正因为袁绍能预感到自己死后将会发生什么，所以他必须要在撒手人寰之前把一切交代明白。趁着今天精神好，他把三个儿子都打发出去，叫他们把州府、军队的要员都找来，还特意嘱咐他们说话要客气、礼数要做足。等儿子们都走了，又吩咐仆人为他梳洗、更衣，尽量恢复往日的仪态；甚至命人将卧房窗户敞开，放放屋里的药味，绝不能熏到跟他打天下的这帮老弟兄们。

逢纪、审配、郭图、辛评、荀谌、崔琰、陈琳等人都各自忙着，接到三位少主子的邀请，赶紧放下差事心急火燎赶了过来，大家心里都明白，这恐怕就是最后一面了。不到半个时辰，诸人就在幕府大堂上凑齐了，在三位公子的引领下低着头穿廊过屋，一直来到袁绍的病榻边。

“参见大将军。”大家齐刷刷跪倒在地，眼睛紧盯着膝下的砖缝，没有一个人忍心抬头看这位行将就木的主子。当初袁某人何等威严、何等英武、何等不可一世，现在又会是怎样的惨淡不堪呢？

“你们抬头……”袁绍的声音平静而轻柔。

众人颤颤巍巍抬头观看：事实出人意料，袁绍斜靠在床榻上，脸色惨白眼窝凹陷，几个月的煎熬身子早就瘦了下来，原本肥厚的一双大手变得异常纤细，颤悠悠朝他们抬了抬。刘氏夫人满面愁容坐在他身边，亲手捧着一碗水，轻轻吹着热气。但即便此时此刻，袁绍的发髻仍旧梳理得整整齐齐，似乎还抹了点油，身上还穿了一件崭新的白色绸衣。那矜持的微笑、自负的表情、肃穆的眼神与往日一般无二——袁绍毕竟是袁绍，哪怕到将死之际也要留住威严。

“主公……”逢纪只觉鼻子一酸，忧伤滚滚上涌，却不敢哭出来，强忍着把眼泪化作一阵幽咽的抽泣；审配、辛评等人哪里还忍得住，也跟着唏嘘起来。

袁绍木然注视他们一会儿，微微摇头道：“你们何必要哭呢……天下无不散之宴席，人终归是要死的……”

一听“死”字出口，刘氏哽咽了一声：“夫君你别……”

袁绍不满地瞪了妻子一眼，若不是身体不允许，他定会骂一句“男人讲话，轮不到你插嘴！”但是他现在没那么大气力了，只是无力地摆了摆手，示意她不要多口，缓了缓气接着说：“我是行将就木之人了，但是扫平狼烟统一天下之大业还要继续，我身后之事……”

听他这么一说，所有人都不哭了，撩着眼珠子注视着袁绍。此时此刻伤心固然是有的，但大家都更关心继承他位子的将会是谁，这不但关系着日后的大业，也牵扯着自己的身家利益啊！

袁绍似乎是故意在吊他们的胃口，说到这儿突然话风一转，感慨起来：“我袁氏一族，自高祖父袁安之时就颇受皇恩，故而有四世三公之贵……拯救黎民、恢复皇统乃是我袁氏应尽之责。回想桓帝灵帝之时，宠信宦竖禁锢善类……开鸿都门学，使寒微之徒登堂入室；设西园悬秤卖官，纵容奸邪小人身居高位。伦理败坏、纲常沦丧、世风不古，这天下焉能不乱？我少壮之时便有惩奸除恶之心，奈何天不遂人愿，董卓进京群小为患，终至不可收拾……”说到这儿袁绍示意刘氏喂他一口水，吃力地咽了下去，叹口气接着道，“本将军经营河北近十载，灭公孙败黑山笼络幽州旧部，原打算一举克复中原。哪知奸贼曹操……”提到老对头，袁绍的脸颊微微抽动了两下，不过马上又恢复常态，“曹操诡计多端，招诱我叛党、焚毁我粮草，使我惨败于官渡。唉……这也是天数茫茫没办法的事……”

诸人不禁垂下了眼睑——何为天数茫茫没办法的事？分明是急功近利不纳忠言，又在用兵之时迟于行、疏于备才导致的。时至今日袁绍还是顾及脸面，不肯承认失败，甚至还因为几句谗言把满腹忠心的田丰给杀了，面子真就这么重要吗？不过到了今天这个地步，无常迫命油尽灯枯，谁是谁非已不重要了。

袁绍沉默了好一会儿，突然抬了抬手：“显思[①]，你过来……”

袁谭听父亲在这个节骨眼上叫自己，料定继承家业有望，实是心花怒放，却故作抽泣，跪爬几步来到榻前，拉住袁绍的手道：“父亲，您有什么事嘱托孩儿？”

---

① 袁绍三子成年，长子袁谭字显思、次子袁熙字显雍、三子袁尚字显甫；另有幼子袁买，年纪尚小。

袁绍一改平日训教的口吻，抚着袁谭的脑袋，和风细雨道：“我袁氏乃汝南望族，本是极为孝悌的……可是自你叔父袁公路兴兵南阳，与为父公然为敌，后来又僭越自立，把咱们袁家的脸都丢尽了……人之将死其言亦善，鸟之将亡其鸣亦哀。你要记住我的话，要以袁术之事为鉴，团结兄弟厚待族人，我袁氏才复兴有望……”

在场之人多是河北豪族，平日与骄横自负的袁谭相处不睦，这会儿见他父子如此温存，冷汗都下来了，全然没品出袁绍这番话的弦外之音；刘氏夫人也坐不住了，端着碗的手直哆嗦。她本是袁绍续弦之妻，袁谭、袁熙乃前房所生，若不立她生的袁尚为嗣，以后她母子的日子可好受不了！

袁谭料想此事已是板上钉钉，按捺住兴奋，伏在父亲腿上放声痛哭：“孩儿一定牢记父亲之言……呜呜呜……”

“谭儿莫哭，为父的话还没说完呢……”袁绍出人意料地提高了嗓门，“我袁氏一族原本枝系茂盛，可恨董卓老贼把持朝政之时将你叔祖袁隗、族叔袁基满门杀害，为父每每想起此事都悲痛难抑……听说官渡对敌之时，那汝南酷吏满宠又诛戮我族不少帮支子弟，我袁家是彻底衰落了。所以今日为父将你过继给袁基，以续他那一支的后代香火。”

“啊！”袁谭闻听此言犹如五雷轰顶，眼泪都吓回去了，“父亲您不要孩儿了吗？”

袁绍抚着他头缓缓道：“你胡说什么啊……刚才为父嘱托的话没听见吗？要以你那不成器的叔父袁公路为鉴，团结兄弟厚待族人。过继到那边，你依旧是我袁家的子弟，有什么不同呢？”

有什么不同？继承大将军之位、统领四州兵马、与曹操一争天下，权力地位雄心壮志……全都没指望啦！袁谭怎么也想不通，为什么父亲只看中袁尚不看好自己。当初他受命统领青州之时，袁家在那里的地盘只有一个县，是他冲锋陷阵攻城夺地，逐田楷、败孔融、剿黄巾，辛辛苦苦为父亲打下一个州的！官渡之战更是不离父亲左右，指挥军队鞍马劳顿，可到头来父亲非但不传位给他，反而要把他过继出去。袁谭实在不能接受这样的安排，他要据理力争：“父亲您怎……”

“别再叫我父亲了。”袁绍深知袁谭的性子，今日若不把他压制住，以后难免惹出祸来，便强打精神瞪大了眼睛，直勾勾瞧着他，那严厉的目光宛若两把尖刀，“从现在起你就是过继之人，要叫我叔父……

叔父……”

袁谭还欲再问，却见袁绍的眼神冷若冰霜，那父亲加主公的双重威严把自己满腹怨言都顶了回去。他不能抗拒也不敢抗拒，想放声大哭，又不知该哭父亲还是哭叔父，便撒开袁绍的手伏倒在地呜咽着。

父子之间岂能真的无情？袁绍看在眼里痛在心头，可还是咬着牙道：“不要哭了，多少事还指望着你们呢……你现在就去前面布置灵堂吧，吊唁宾客迎来送往之事还得由你照应。丧事过后也不必急着回青州了，就留在邺城为你弟弟出谋划策……去吧去吧……”说完话袁绍把眼一闭把头一扭，再也不看他。袁谭恍如冷水浇头，连站都站不起来了，刘氏夫人立刻招呼了几个仆僮，生生把袁谭架了出去。

等到袁谭的呜咽声渐去渐远，袁绍才慢慢睁开眼睛，这番痛心处置太过伤神，但觉五内俱焚身躯沉重，无论看谁都恍恍惚惚尽是重影，情知大限将至刻不容缓，赶紧又呼唤二儿子。

袁熙二十出头，相貌颇为清秀，但为人沉默寡言，多少有些懦弱。今日眼见生离死别，他眼泪都快哭干了，哆哆嗦嗦跪倒在榻边，却一个字都吐不出来。袁绍叹了口气，和颜悦色道：“你们兄弟三人中，熙儿你是最让我放心的……以后要继续遵从孝悌之道，好好待你的兄长和弟弟。牢记防微杜渐，可千万别让奸邪小人离间你们兄弟的关系。”袁绍这席话表面上是对袁熙说的，可眼睛瞅的却是老三袁尚。

“是……”袁熙早就泣不成声。

事已至此再无什么悬念，继承袁绍事业的就是三子袁尚。以审配为首的河北士人总算长出了一口气，逢纪、荀谌等人无话可说，刘氏夫人也放宽了心。唯有郭图与辛评面沉似水——郭图是颍川士人，又与审配等人素来不睦，已与袁谭暗通款曲多年；辛评与他一样是颍川人，与本地土豪的关系也不好。

袁绍不能再等了，来不及解释什么，赶紧呼唤道：“尚儿，你过来……”

袁尚跪在审配和逢纪中间，闻听呼唤抹了抹眼泪，爬到父亲眼前。他刚刚二十岁，在三个儿子中长得最像袁绍，平日里待人温文尔雅，很有些贵族子弟的气质。袁绍凝视他片刻，忽然严肃起来，拍着他的肩头道：“给列位大人施礼。”

袁尚先是一怔，继而明白了父亲的意思，连忙转过身朝堂上所有的人深深一拜。这可把在场之人都吓坏了，审配、逄纪抢步上前把袁尚搀起来：“主公，我们可受不起公子的礼啊！”

“应该的。”袁绍点了点头，“我决议……决议……”他想说“决议把家业连同官位传与此子，请诸位排除私念鼎力辅保”，但却怎么也说不出来了，直觉喉咙仿佛被什么人扼住，动动舌头都异常吃力。审配、逄纪见此情境泪涕横流，跪在袁绍面前朗声盟誓：“皇天后土神人共鉴。我等辅保少主继承大业，一定忠心耿耿永无二心！”别人见他俩领了头，无论真情假意也只能纷纷磕头附和。

即便听了他们的表态，袁绍心里还是不无忧虑。倒不是怀疑审配、逄纪的忠诚，而是废长立幼有悖礼法，这三个儿子将来的微妙关系实在令人不放心！可他又只能这样决定，选择袁尚绝非因为偏爱，而是经过深思熟虑的。

平心而论袁谭是长子又有战功，是万万不能搁置一旁的。但袁谭为人刻薄寡恩，又缺少谋略，与河北诸多豪族之间没有处好关系，这就大大妨碍了以后的道路。袁绍统治河北的原则是重用豪族抑制百姓，与豪强共治天下，力图建立一个森严的等级秩序。若官渡得胜有了新地盘立袁谭倒也罢了，可这一仗打输了，不但血本无归内部矛盾也开始凸显，今后的首要任务是保守疆土恢复实力，这可能要三五年的努力，更要靠河北大士族鼎力扶持。袁谭与审配他们的关系处不好，人心不齐怎么能与曹操抗衡呢？至于老二袁熙，忠厚到家就是窝囊，选他为主恐怕会使河北豪族盲目扩张，物极必反将来难免尾大不掉。挑来选去可堪其位的就只剩下老三了，袁尚自小聪明又能礼贤下士，那些豪强趁他年幼搞些兼并土地之类的勾当倒无伤大雅，以他的天资加之历练，日后能处置好。只有立袁尚才能兼顾内外，把河北豪族都绑在袁氏这驾马车上。

但袁尚继位意味着废长立幼，袁熙倒也罢了，老大袁谭久在青州，既有兵马又有郭图扶持，定不肯善罢甘休。何况还有一个外甥高幹，自从掌握并州后渐渐难以驾驭，俨然已成国中之国，可绝不能再闹出兄弟相争的事了。所以袁绍要把袁谭过继出去，摘掉他身上的血统优势，并禁止其离开邺城掌握军队，唯有如此才能避免祸起萧墙。可即便这些举措都完成了，袁绍依旧惴惴的，眼下没问题，可日后怎样又有谁猜得到呢？只能尽人事，而不能知天命，智者千虑或有一失啊……

千不怨万不怨，只能怨自己急功近利败于曹操，把大好的情势给葬送了。袁绍想到这儿愈觉天旋地转，胸臆间仿佛也被什么东西堵住了，气息怎么喘也喘不匀；一瞥眼又瞅见了跪在远处面如死灰的郭图，想叫过来训教几句，又说不出话来，只能抬起手颤巍巍指着他。

逢纪何等敏感，赶紧把耳朵凑到袁绍嘴边，又点头又称是，假装听到了什么，然后转过脸朗声道："郭公则，主公有令传你。少主继位局势不稳，暂罢你都督之职，河北兵马自即日起交军师审配统领！"

郭图见他假传号令立时无名火起，但回头一望——不知何时，袁尚一派的李孚已带了十几个铁甲卫士守在门口，个个刀枪在手杀气腾腾，倘若敢违抗他们的意思，立时就有性命之虞。郭图敢怒不敢言，只得咬着牙拱手道："属下遵命……"

审配把手一摊毫不客气："公则，你把兵符拿来。"

郭图强压怒火，不情不愿地自怀中摸出虎符，递到审配手上。审配接过来在袁绍眼前晃了两晃，袁绍连点头的气力都没有了，只是眨眨眼睛——总算放心了！他的手摸索着伸到榻边，攥住一把小梳子，吃立地举到胸前梳理着胡须。

刘氏知道他的脾气，哪怕死也得死得有面子，想接过来帮他的忙，袁绍却攥得死死的不肯松开，硬是要自己来。众人见他还这样死撑着，一个个又垂下了泪水。袁绍哆哆嗦嗦梳理了几下，忽然颤抖着嘴唇，挣扎着道："都出、出……去……"

审配等人已肝肠寸断，重重磕了个头，望了主公最后一眼，呜呜咽咽退了出去。郭图愤满胸膛，但袁尚继位已成定局，现在连兵权都被人家夺去了，只能跺着脚忿忿而去。辛评也是反对立袁尚的，一者他将来必然遭受排挤，二者他总觉得废长立幼后患无穷，但事已至此就算有千言万语袁绍也听不进去了，何况辛氏与曹操的军师荀攸有亲戚关系，只要说错话难免被打成内奸，他只得唉声叹气跟着郭图走了。袁熙不是刘氏所生，又眼瞅着弟弟继承了家业，自觉呆在这里有碍，连望父亲最后一眼的勇气都没有了，颤抖着跪到了门外。

卧榻边只剩下刘氏和袁尚，袁绍眼神游离地瞅了他们一眼，又咕哝道："出……去……"袁尚还想再说点儿什么，刘氏一把将儿子搂住——她太了解丈夫了，心比天高的袁大将军绝不允许任何人看见自己断气，哪怕妻儿也不行！

母子俩撤去袁绍的靠背，让他平平稳稳躺下，赶紧哭哭啼啼往外走，脚还没迈出门槛，忽听袁绍竭尽全力嚷了最后一句话："千万别难为谭儿……"

"诺！"母子俩噙着泪答应了，这才退至外面跪着。

袁绍用尽全力喊完，听到他们答复，终于缓缓合上了眼睛。能做的他全做了，身后事怎样就是想管也管不着了，子孙自有子孙福，就由着他们去闯吧！

人都是孤孤单单来的，去时也没人送得了，最后时刻还是要留给自己。弥留之际的袁绍回忆自己一生，可谓惊涛骇浪大起大落，曾经英气勃发却又惨淡收场，但是除了官渡之败也没什么可后悔的了。细论起来他这辈子的风光超过了开辟家业的老祖宗袁安，比起父一辈袁成、袁逢、袁隗也毫不逊色——行了，对得起祖宗，对得起老袁家这个姓啦。

袁绍什么都不想了，年少时的友情、建立功业的激情、君臣情、父子情、夫妻情……一切都不曾真正装进他灵魂里，他灵魂里只有顽强的自尊。他也不再费力喘息，一动不动地躺在那里，被生命最后一刻的痛苦煎熬着，却岿然不动犹如神明塑像，竭力保持威严和矜持。这种自尊是与生俱来的，四世三公侯门之后，贵族的自尊永远伴随着袁绍。曹操可以在战场上击溃他的军队，却永远也不能击溃他的高傲。

永远不能……

兖州备战

自曹操与孙权达成默契之后，张纮被朝廷授以会稽东部都尉之职，带着所谓规劝孙氏归降的使命回到江东。与此同时孙权也放开限制，允许避难江东之士北上返乡。在这些人中，名气最大的就是王朗与华歆。

王朗字景兴，东海郯县人，是先朝太尉杨赐的得意门生，以通晓经籍而著称。战乱之际他奉陶谦之命至西京朝拜天子，被任命为会稽太守。孙策攻占江东之时他坚守顽抗终究不敌，在逃亡交州的路上被孙策擒获，虽没有被处死，但一家人自此被拘禁在曲阿，后来几经辗转吃了不少苦头。

华歆字子鱼，平原高唐人，早在二十年前就已是声名赫赫的人物，华氏家族也曾与颍川陈氏齐名。他在战乱时担任豫章太守，后来孙策势力壮大，他迫于无奈献城投降，此后被孙氏兄弟留于帐下，表面上礼数有加，其实也不过是客客气气的软禁。

这俩人都已四十多岁了，可是脱离江东来到许都，颇有脱胎换骨重获自由之感。京城一干名士若孔融、郗虑、荀悦之流纷纷前来道贺，荀令君更是大笔一挥，任王朗为谏议大夫、华歆充任议郎，两人摇身一变就成了朝廷要员。但是朝廷的实际主宰曹操未在许都，为了礼数周全两人还需再辛苦一趟，前往兖州浚仪县面见曹操。

幕府长史刘岱早把一切安排妥当，派了两架舒适的马车将二人安安稳稳送到目的地。一路上吃喝有人伺候，几乎是下了马车就踩在县寺的青砖地面上，鞋上连点儿泥都没沾。此处还有个司空主簿王必负责接待，叫仆僮伺候他们又是沐浴又是更衣，上等的吃食端到眼前，就差一口一口往嘴里喂了。这般贴体安排搞得他们都有些不好意思了，可就是见不到曹操本人。直等到第三天午后，王必才通知他们见曹操，备下两匹好马带他们出了县城。

约摸行了五六里，曹军的大营迎入眼帘。但引路的王必依旧不停，绕营而走又走了三四里，行至鸿沟[①]沿岸才勒马。浚仪以东是鸿沟分叉之处，主流顺势南下，而向东南分出的支流便是睢水。此时这里热闹非常，无数的士兵光着膀子、挥着铲子正在河口劳作，似乎是要挖出一条渠。王必对看得发愣的王华二人扬了扬手："二位大人，请这边走。"随即领着他们上了一处林荫密布的小山包。

两人放眼打量，山包周围有士兵防卫，上面搭了座简易凉亭。亭中有两个人，其中一人似是小官，正趋身捧着一张羊皮卷比比划划说着什么；另一人身穿锦衣，注视卷宗正在聆听——若不是曹操还能是谁？王必将二人领至近前，识趣地退了下去。两人看出曹操正在听属下汇报，正犹豫着该不该过去打扰，却见他一边看卷宗，一边开口道："二位大人过来坐吧。"

华歆与王朗对视了一眼，若不行礼就落座有失上下之分，可又见曹操面前已摆好了两张坐榻，情知人家早候着他们，便安然就位。那个汇报的小官年纪轻轻，长得黑黪黪的，见来了俩重要人物，赶紧住了口就要告退，曹操却道："你把话说完。"

---

① 鸿沟，又名蒗荡渠，中国历史上第一条沟通黄河、淮河两大水系的人工运河。始开于战国魏惠王时期，后又经秦、汉、魏晋、南北朝逐步完善，其支流繁多。

“诺。”那人接着道，“若按此图修成，此渠便可沟通汴水、睢水，其间百姓皆可获益。”

曹操手捻胡须：“你的预想虽妙，不过渠道绵延非一日之功，老夫说不准什么时候就要走啊。”他来兖州主要目的是调集粮草，并关注河北军报，若有什么风吹草动，立刻就要提兵北上。

“这倒无甚大碍，可招募百姓一并出工，上至浚仪下至睢阳，都是要挖的，把沿途各地的百姓都动员起来应该不难完成。”

“嗯。”曹操点点头，“你是老行家了，一切都按你说的办。只是不要过度劳伤百姓。我是来施恩惠的，不是来结民怨的，过犹不及。”

“诺。”那人收起羊皮卷，“那下官告辞了。”

“且慢！当朝二位名士在此，你这后生岂能不见？”曹操笑呵呵道，“让老夫亲自为你引荐吧。左边这位是王景兴王大人，高才博雅享誉东土；右边这位是华子鱼华大人，清纯德素名冠颍川。”

王朗、华歆惊得瞠目结舌——他俩平生从未见过曹操，王必也没过来介绍，他怎么会晓得谁是谁呢？两人暗自称奇，诧异地对视一眼，竟连那小官朝他们施礼都忘了客套。

曹操知道此二人非同一般，若不拿出些本事也难叫二人服气自己。其实他表面看文书，却一直用余光扫视着他们。华歆乃是献城投降，在孙策手下还是颇受礼遇，不愁吃不愁穿，因而皮肤光滑、毛发葱郁，脸型也稍微胖乎一些；王朗城破之际仅以身免，流离江东多受磨难，虽这几日休养得不错，但眉梢眼角略有倦怠之意，须发也干枯许多。两人虽然都是四十多岁、穿着相似，但一个曾为座上客，一个曾为流浪人，怎么可能分不出来呢！

王朗忍不住发问：“敢问曹公，您是怎么辨别我们俩的？”

曹操微微摆手笑而不答——这本是层窗纱，只要一捅就破，但要的就是高深莫测。他拉着那个年轻的官员道：“二位大人，此位是河堤谒者袁敏，精通水利后生可畏啊。”

“哦，久仰久仰。”王华二人明明不熟悉，也要跟着客套。

袁敏深深作揖，陪笑道：“在下还要谢谢二位大人，托了您二位的福，我那三哥避乱交州，也可以与许都往来通信了。”这袁敏是袁涣的小弟弟，袁家四杰涣、霸、徽、敏，如今唯有老三袁徽身在交州不得团圆。曹操与孙权达成妥协，不但羁留江东之士可以北归，连信件也可以送达交州了。

华歆说话温文尔雅："袁大人谬奖了，此乃曹公之力也。非但我等得以北归，就连庐江刘子台的旧部刘晔、蒋济、仓慈等人也被释放，刘子台之妻王氏夫人也回来了。"刘勋其人贪得无厌，却颇有些艳福。他妻名唤王宋，乃是江淮一带有名的美人，而且贤良淑惠颇得族人赞誉。

"你去忙你的吧。"曹操让袁敏离开，又客套道，"长途跋涉而归，又辗转来到浚仪，一定辛苦了吧？"

华歆微微颔首："蒙曹公和朝廷列卿关照，一路上衣食饱暖倒也无恙。"事实并不皆如其所言。华歆毕竟被孙氏奉为宾客，他启程时有江东臣僚士绅千余人为之送行，车马仆僮相随如云，自然没受什么罪。王朗可惨多了，在曲阿闻知消息，一家老小连马匹都是临时雇的，其子王肃还不到十岁，也得帮大人背负行囊，这一路上吃的苦头可不小。但华歆既然这么说，王朗也只好随之点头。

曹操其实知道其中有别，特意拍了拍王朗的手："二位大人放心，许都虽小还是能为你们安置好住处的……"又客气好半天才转入正题，"二位大人是有幸得归了，可不知江东还有何人物未能得返？"

王朗知他必有这一问，早就想好了："汝南许邵、许靖兄弟原在我处避难。后来许邵病死，孙策破城之日我逃亡被擒，许靖倒是跑到交州去了，曹公应该将其召回朝中。"

提到这对兄弟，曹操忍不住想笑，当年他设计威逼许邵给了他"治世之能臣，乱世之奸雄"这个风谣评语，曹操这个名字才在士林中陡然而亮。许邵虽然已死，许靖岂能不从兄弟口中风闻他是个什么人物？恐怕此人是不会来的。他心里这么想，嘴上却敷衍着："那就有劳景兴写信劝他回来吧。"

华歆一举一动甚是气派，手捻长须道："其实还有两人颇为可用。有个孙邵，字表长绪，乃是北海人士，孔文举任北海相时曾任为功曹。还有前任吴郡太守盛宪，字孝章，他虽是会稽人士，却与孙氏不睦，跟孔文举也是至交好友。"

"哦，可以考虑考虑。"曹操听得明白，这两个人与孔融的关系似乎比华歆、王朗更近一层。曹操平素只把孔融当个幌子，用其招贤纳士，可并不希望他真的管事。

王朗不明就里，却又道："在许都居住几日感触颇深，昔日旧友相逢共论时事倒也畅快。文举兄对我们言讲，朝廷正在用人之际，希望我们共参朝政矫正世风。我等虽没有什么治军之才，也能坐镇风雅吧？”

“是啊。”华歆欣然点头面露得意。

曹操淡淡一笑，倏然回头指了指山包后面道：“二位请看，在那乱林野草之中有三座坟茔。”

王华二人顺着他的手看去，果有三座小茔，碧油油生满杂草的坟头，前面仅有低矮的石碑，字迹泯灭难以辨认，其中一座碑已经断裂了。王朗感到莫名其妙：“曹公叫我们看着荒冢为何？难道您识得所葬之人？”

“当然识得。”曹操软声细语道，“当中那座断了碑的正是这浚仪县大名鼎鼎的人物边让边文礼，左右乃是袁忠袁仲甫、桓邵桓文林。”

王华二人闻听此言惊得一身冷汗，仿佛浑身骨头节都酥了。曹操当年为兖州刺史，诛杀边让、袁忠、桓邵三位名士，又将其满门屠戮，此事传得沸沸扬扬，天下无人不知无人不晓。哪料这家伙时隔多年无半分悔意，还坐在孤魂冤鬼切近之处谈笑风生。二人顷刻间明白了，曹操的用意很明白，只要对他有半分抗拒和诋毁，下场就与边让等人一样。这样的情势下，还谈何共参朝政矫正世风？

曹操见二人面露畏惧之色，甚是满意——朝廷大事皆出自家手笔，别人只需各司其职称颂赞扬就够了，用不着议论是非品头论足。华歆、王朗这些名人都有针砭时政的毛病，这可不利于他的施政统治。有一个孔融就够了，再不能有第二个。

华歆木讷片刻恢复了常态，满脸和善地道：“《诗经》有云‘战战兢兢，如临深渊，如履薄冰’，君子之人若能谨小慎微，何至于亡国败家？由此观之，边文礼三人还并非是十分的君子啊。”

王朗白了华歆一眼，郑重道：“天下之理多变通。君子慎行确实不假，但那‘君子坦荡荡，小人常戚戚’又是说与何人听的呢？曹公恕在下斗胆一言，此三人虽自取死路，其情还是可悯。”

曹操微然一笑，心里已经有数。华歆这厮是个老滑头，表面光滑一触即溜，其实从他投降孙策颇受礼遇就能看清；王朗毕竟是与孙策斗过一阵子，风骨更挺硬些，学问也不错。想至此曹操又道：“景兴所言也是，此三人却有些才华，我也不会忘了。边让有一门生名唤杨俊，乃河内郡人士，老夫还不是照样征辟到府里为掾属。还有前几天我族弟曹洪想要辟用此地一个叫阮瑀的人当书佐，被人家断然拒绝，我也不记恨。他不是不想为武夫效力嘛，我把他招进我的府里，这也算人尽其才吧！我记得孝灵皇帝即位之时，民间有一歌谣‘白盖小车何延延，河间来和谐’，光禄大夫刘儵推荐孝灵皇帝继位，窦武与宦官侯览从其言。后来侯览残杀了刘儵，朝廷百官无不愤怒，于是又征刘儵之弟刘郃入京担任高官，上下舆论从此和谐无事。”

昔日阉人以杀戮除异己。以邀买收人心，难道如今朝廷也要循此之道？正在二人品味之时，忽闻问安之声，兖州刺史薛悌带着一个从员来到山包下。

曹操脑子转得很快，刚才还在跟宿儒玩玄机，一看见薛悌又想起公务了："孝威啊，调集军粮之事办得怎么样？"

薛悌面有得色："东平来的最后一批粮已运到，兖州各部的粮食都已齐备。"

"嚯！好快啊！"曹操甚是满意，"任峻这几日身体不适，多多偏劳你了。"典农中郎将任峻是曹操妹夫，一直总督粮草之事，他这一病差事麻烦了不少。

薛悌拉过身边那从员道："不敢欺瞒明公，这次督调军粮皆此人之力也。"

曹操瞅了瞅那人——二十多岁浓眉大眼，身材高大体态俊美。不禁心中喜欢，笑问道："你小子叫什么名字？官居何职？"

那人跪地回禀："在下陈留董祀，蒙朝廷不弃、曹公恩典、薛州将提拔，现勉力充任兖州从事。"

曹操听他不但长得好能办事，还很会说话，笑道："别给他薛悌卖命了，我任命你为典农都尉。"

"谢曹公。"董祀还真不客气。

"莫要骄傲。"曹操敲打道，"过去枣祗在兖州屯田有功，惜乎天不假寿，以后这边差事你要接着他办好。任峻有病在身，不要打扰他静养，此番出兵老夫命李典、程昱监运军粮，你直接跟他们交差吧。"

薛悌插了话："李典还未回来呢。"曹操此番到兖州，也要安抚百姓吊祭亡故，所以派出使者往平阳县祭祀鲍信、往己吾县祭祀典韦，各赐少牢之礼。卫兹之子卫臻在夏侯惇帐下为吏，准其回襄邑祭父；李典也回乡祭祀李乾、李整等人了，他家在山阳郡，比别人离得都远。

“既然如此那就等他回来再说吧。”曹操示意他们退下，过了片刻又猛然想起什么，“且住！”

“曹公还有什么吩咐吗？”薛悌二次转回。

“鲍信忠勇一世，实在死得可惜。你写个奏章递到许都，让令君给他儿子封个侯位，要亭侯级别的。另外典韦也有个儿子，还念过几天书，叫……叫……”

“典满。”薛悌提醒道，“这孩子年纪还小呢。”

“不管多大了，也让令君照顾一下。招入太学当个童子郎，以后再慢慢栽培嘛。”曹操说罢，别有用心地看了看王朗、华歆，“他们的父亲生前都为老夫出过力，我当然不能亏待喽。”

王华二人这半天算是彻底看明白了。朝廷的局势远不似孔融预想的那么简单，现在曹操不受任何约束。一个小小从事只要他喜欢就可以提升为都尉，汉室天下的侯位由着他封，即便是太学都可以随便往里塞人。简而言之一句话——谁对他曹某人好，谁就能升官发财；反之似边让那等有才而不能为其所用的，杀了也不能让别人用。

一切都看清晰了，还有什么可说的呢？华歆矜持微笑默默不语，王朗二目空洞不置一词。曹操见他们已然服气了，又把话往回收：“二位也无需多虑，朝廷百废待举，要做的事还多着呢。前日荀令君信上说，地方课税租调之法不妥，这就是财政大事，还有钟繇也在想办法安定关中，此亦事关大局。二位大人回去后多帮他们参详参详。老夫在外面打仗，朝廷就多多仰仗列位了。”

“蒙公信赖。”华歆受制孙策多年也算有心得，起身作揖道，“《中庸》有云：‘君子素其位而行，不愿乎其外。’我等用心效力朝廷，其他无问也就是了。”

“嗯，华卿不愧谦谦君子，这样很好。”曹操挺满意。

王朗也站起告辞：“曹公军务繁忙，我等不便再搅扰，尽快回去协理政务，多为荀令君出谋划策。”

“甚好。此处河工要紧，恕老夫不能远送了。”

“不敢不敢……”华歆与王朗手拉着手，踩着棉花一般下了土山。曹操望着他们的背影心中暗笑——拥彗折节有利有弊，用好了可以天下归心，用不好也会招致毁谤，经过这番开导，他们应该不敢与孔融尿到一个壶里去了。

他呆呆地出了会儿神，忽见郭嘉与荀衍慌慌张张跑来。郭嘉年纪轻，在前面连蹦带跳喜形于色；荀衍乃是一把年纪的人了，在后面嘘嘘带喘，跑得上气不接下去——什么事叫这素来沉郁的老家伙这般着急？

曹操忽然有一种奇怪的预感，猛然站了起来："袁绍出事了？"

"恭喜曹公！贺喜曹公！"郭嘉乐呵呵蹦上山来，"刚刚得到消息，袁绍死啦！"

"是吗……"曹操倏然一阵轻松，但不知为什么，轻松过后竟还有一阵淡淡的悲凉与失落。

"千真万确！"郭嘉笑得跟朵花一样，"而且河北臣僚废长立幼，以其三子袁尚继承大将军之位。这个未经大事的孺子岂是曹公您的对手？哈哈哈……"

曹操茫茫然望着远方，一句话都没有听进去，袁绍年轻时的音容笑貌仿佛就映现在滔滔河水之上。荀衍隔了半天才气喘吁吁跑过来："袁、袁绍……死……"

郭嘉拍着他肩膀道："我都说完了，您歇歇吧。"

荀衍一屁股坐倒，白了郭嘉一眼："你这小子……"荀家在河北有些关系，这情报乃是他弄来的，却叫郭嘉听说后抢了先。

曹操捏捏眉头定定神，似乎毫无兴奋之态，冷冷道："出兵之前还有一件事要办。"

"在下知道！"郭嘉脱口而出，"需拿掉广陵太守陈登！"他简直就是曹操肚子里的蛔虫。

荀衍却道："陈元龙治理广陵并无过失啊？"

这叫曹操怎么回答呢？陈登确实没有过失，但他太不让人放心了。昔日他背叛过吕布，又与刘备相处融洽，且颇得广陵百姓拥戴，更重要的是他手握一部分兵马。有野心、有智谋、有人望、有兵马，这种人岂能不防？现在要大举北伐，万一陈登背后造反可就不妙了。

郭嘉知道曹操羞于开口，替他对荀衍解释道："后院堆了把柴禾，虽然未必会着火，可总要防患于未然吧。"

都是精明人，道理一点就透。荀衍点点头，但脸上仍显忧色："但是陈登不好动啊，以前令君想要调他入京，广陵百姓差点上万民表！"

曹操早有主张："改东城县一带为东城郡，迁任陈登为东城太守，叫他离开广陵。另外陈矫、徐宣是他的左右手，再给毛玠通个气，征辟此二人入幕府为掾，剪去他的左膀右臂。”

郭嘉提醒道：“先前刺史严象已死，若再调陈登离开，防御孙氏还要再选一人，扬州刺史可还缺着呢？”

提到前任扬州刺史严象，曹操对此人甚不满意。他赴任扬州以来几乎是脚踏两只船，一边向朝廷歌功颂德，一边向孙氏卑躬屈膝，实在不堪其任。最后死于庐江李术之手，曹操私下也觉他罪有应得，不过看在他是荀彧举荐的面子上，不说出来罢了。如今另择接替者，可要精心挑选了。曹操闭目沉思，把曾在幕府任职的掾属在脑子里过了一遍，半晌才道：“刘馥曾在扬州避难，规劝袁术部下投靠于我，此人对朝廷忠心耿耿，而且是沛国相县人，与老夫是半个同乡。就派他接任荆州刺史吧……友若兄，你现在就去给令君写信办这几件事。”

“诺。”荀衍这口气刚喘顺溜，又领命下山。

“火速修书到徐州，叫臧霸、孙观、尹礼他们继续攻打青州，牵制敌人兵力。再命钟繇密切注意并州高幹动向，有何异常报至军中。”曹操脑子里早已筹谋多日，时机到来之际下达军令滔滔不绝，“晓谕三军除河工外一律整理行囊，明日一早点卯，辰时大军开拔。夏侯惇所部回转许都戍守，其他远近各军不必来此集结，全部赶往官渡会合。命程昱先行一步押运粮草到官渡，李典回来后火速赶上。”

他说一句郭嘉便掐一个手指头，心中默念一遍，最后拱手道：“主公放心，属下立刻安排这五道军令！”

“好记性，快去吧！”曹操又冲山下的许褚招招手：“仲康替我打点行囊，派些亲兵护送家眷回许都，打仗用不着他们。”许褚想吩咐仆僮快去办，曹操却道，“你也去吧，老夫想独自静一会儿。”

所有人都走了，只有曹操一人矗立在山头。他与袁绍之间的恩恩怨怨已成过往云烟，现在只剩下对老朋友的怀念了。他隐约觉得，自己其实并没有打败袁绍，袁绍那孤傲的性格似乎是永远不可能被打败的。若论两军交锋会斗于疆场，他绝不输于袁绍，但若论附庸风雅延揽天下名士，即便他拉上一个傀儡天子也只能与袁本初争个平手。时至今日曹操还颇为在意自己是“宦竖遗丑”，可袁绍即便蒙土地下依旧却带着“四世三公”的美丽光环，世间之人都是一个脑袋两只眼，怎么身份地位的烙印会这么深呢？

他回想往昔直到夕阳余晖将至，仍久久不能释然……

第五章
进军受阻，曹操退兵缓图河北

黎阳之战

袁绍病逝之后，审配、逢纪等人拥立其第三子袁尚为河北之主，继任大将军、邟（kàng）乡（今河南省汝州市）侯，兼领冀青幽并四州牧。袁熙领幽州刺史、高幹领并州刺史，两人坐镇地方如故；身为长兄的袁谭名义上依旧是青州刺史，却被扣留在邺城，解除了一切军政权力。曹操获知变故，调集兵马再度北伐，兵锋直指黎阳（今河南省浚县）。

黎阳城不但是黄河沿岸防守重镇，还是袁氏大本营魏郡门户所在。此处一旦失陷，曹操将来往大河南北将不受制约，以后的战事会完全陷入被动。袁尚从未遇到过大阵仗，得知军报手足无措。袁谭久欲脱困自请率军御敌。他毕竟常随父征战，在军中有威望，况且袁氏一族亲自上阵有助于稳定人心，大敌当前顾不得兄弟矛盾，袁尚只得同意他前往。

袁谭信心十足抵达黎阳，调遣各部人马，原以为可以给曹操来个迎头痛击，哪知阻止曹军渡河的第一仗就被打得惨败。以后屡屡出击却连战连败，两军自建安七年（公元202年）九月始交锋，袁谭非但未能阻挡曹军，反而损兵折将一退再退，时至建安八年三月，曹军已逼于黎阳城下……

“张郃、高览这俩叛贼真真可恶，我非把他们乱刃分尸不可！”袁谭怒气冲冲回到县寺，满身尘土面带晦气——又一场反攻失败了。

逢纪见他脸色不善，赶紧亲自倒了一碗水，捧到袁谭面前：“大公子不必着恼，喝口水消消气。”

袁谭狠狠瞪了他一眼：“你叫我什么？”

逢纪赶紧纠正：“属下错了，是将军！将军请饮……”既在矮檐下，不得不低头。袁谭进驻黎阳之日自封车骑将军，逢纪明知这官号未经请奏来路不正，但既在其手下听命，也不敢公然反驳。

“哼！”袁谭气哼哼接过水来，只抿了一小口便甩手将碗摔了个粉碎。他也是一肚子不痛快，原指望打几场胜仗重树大公子的威信，没想到一败再败越发名誉扫地了。更可恶的是袁尚、审配派逢纪充任监军，明为帮忙实是监视，外有强敌内有眼线，这仗越打越窝囊。

逢纪明知他对自己恨之入骨，但局面总要撑下去，把辅佐袁绍的耐心拿出来，满脸讪笑道：“将军切莫着急，曹军不过一时得势。咱只要守住黎阳扼制要道，曹军战不能战进不能进，天长日久自然退军，到时候咱们追击于后必能得胜。以逸待劳岂不更好？”

“庸人之见！兵法有云：‘凡守城者，以亟伤敌为上，其延日持久以待救之至，不明守者也！’亏你这老儿还是追随我父多年的，连这点儿浅薄道理都不懂。”

“将军高见，老朽不及。”明明是歪理，逢纪却不敢与之辩驳。

袁谭一门心思建功立业，打好了将来便有资格与弟弟分庭抗礼，把位子抢过来也未可知，利欲熏心岂肯坚守不战？他一屁股坐在大堂上，把玩着佩剑冷森森道：“自官渡之败，曹贼猖獗日复一日，我袁氏基业岌岌可危。若不给老贼个教训，他日后必得寸进尺，河北将永无安宁之日。这仗打也得打，不打也得打，坚守不出非妥善之计，不可长敌之锐气，挫己之威风！”

逢纪素来善于揣摩人心，岂能不解袁谭是何居心？但是现在绝非翻脸之时，一者兄弟反目必叫曹操坐收渔利，二者自己还身在袁谭的刀俎之畔呢！于是不加辩驳，转而道：“将军的道理不假，但是连战数月损兵折将，如今兵不满万半数带伤，再拼下去只怕守都守不住了。”

袁谭拍拍大腿，叹了口气：“父亲在世之时河北何等强盛？即便打了败仗，曹操也夺不去半寸领地。现在他才去了半年多，冀州变成何等模样？高幹昔日落魄为父亲所养，刚刚占据并州就以怨报德不听调遣，三弟竟奈何不了他。还有！我明明担任青州刺史，却不准我回平原管辖，现今臧霸、孙观等辈蚕食东土郡县，这样下去如何得了？我观三弟年幼无知目光短浅，又未经战事不谙军务，长此以往必折辱父亲威名。真真可恼可恨……”

说来说去还不是惦记那个位子？逢纪心里清楚，口上却敷衍道：“将军莫要伤怀，事在人为嘛！《易传》有云‘二人同心，其利断金’，只要将军能与……”说到这儿他顿住了，现在袁尚继承大将军之位，袁谭又自称车骑将军，总不能说“将军与将军”吧？他想了片刻才接着道，“只要将军与主公同心协力，保守领地抚慰百姓，只需数载便可重振昔日声势。高刺史虽对调遣之事有些意见，毕竟还是咱们河北的人。至于青州之地嘛，本处大河以南，现今局势危机顾不到那里。只要保住河北之地，日后克复也是易如反掌。曹贼南有刘表、孙权，关中诸将亦未十分归心，天长日久必然有变。”

“天长日久？”袁谭腾地站了起来，“我最恨这句话，天下大事坏就坏在‘天长日久’这四个字上了。”他丧失继承大位的机会，可算有了切身体会，现在想来若是趁老爹卧病之时逼其就范，抢到了位子何至于有今天？

逢纪听出他话里有话，再不敢随便搭茬，赶紧把脑袋耷拉下去。哪知袁谭咄咄逼人：“逢元图，我命你再写一封书信，火速发往邺城，叫袁尚发兵救援！”

“在下已经接连发出三封军报了，必是援军尚在整备之中，将军再等等看。”

“呸！”袁谭揪住他衣领怒喝道，“你是发了三封军报，但是里面写了什么鬼才知道！”

逢纪一把年纪了，吓得瑟瑟发抖。他确实三次写信到邺城，也提到了援兵之事，要求却不怎么强烈。一者若是袁谭改攻为守黎阳或可保住，未必要靠后续部队；二者袁谭进驻黎阳以来，自封车骑将军，把军队将领都换成自己心腹，归郭图统一指挥，又派心腹部将严敬到临近的阴安县接管了那里的军队。如此安排下，派过来的士兵都成了袁谭的私人部曲，这样不清不楚搞下去，只怕曹操退兵之日便是兄弟反目之期，此等隐患不可不防。

袁谭左手抓着逢纪脖领，右手探至腰间缓缓拔剑：“你这老滑头，时时刻刻掣肘于后，像防贼一样防着我，当我是瞎子吗？你明着写信救援，暗里却叫三弟按兵不动，对不对？本将军今天就以扰乱军心之罪宰了你！”

逄纪握着他手腕连连告饶：“将军息怒！将军息怒！在下真的已请命发兵，此事确之凿凿。日后回到邺城一览书信便知……况且在下一样身处前敌，若不与将军同心同德，一旦黎阳失守，我这条老命不也要丧于此地吗？将军一定要相信我呀！”

袁谭听他说得倒也有理，将佩剑还匣，松开手就势一推，把逄纪推了个跟头：“你既与我同心，那就再写一份军报，叫三弟立刻发来援兵。曹操已逼近城下，待援军一到，我出城与他再干一战。”

逄纪狼狈爬起：“此事干系重大，是否等郭图回来再商议……”

“还商议什么？郭公则在敌楼指挥战事，哪似你这老儿一般鬼鬼祟祟躲在城里？我意已决，你现在就给我写！”

逄纪不敢再违拗，心中暗骂审配，非叫自己当监军，这不是与虎同眠吗？他趴在帅案上编告急文书，袁谭就揣着手在一旁盯着，哆哆嗦嗦字都写走样了。可刚写了不到一行，就见郭图急急忙忙闯进来。

袁谭一愣：“公则，有何军情？”

郭图身披铠甲面色铁青，脸上刀刻一般的皱纹微微发颤，似乎有什么事令他气愤难当。明明听到袁谭问话，眼睛却直勾勾盯着逄纪，口气冷得能冻死人：“启禀将军，邺城援军已到。”

“甚好！”袁谭精神一振，“马上传令，开北门迎他们进城。”

郭图却连腿都没动，冷笑道：“我已自作主张把他们放进来了，若再请您的令，只怕这会儿援军早被曹操围歼了。”

袁谭听这话头不对，又问：“邺城发来多少救兵？”

“一千人。”

“什么？”袁谭不敢相信，“多少人？”

郭图拱拱手，阴阳怪气道：“启禀将军，您那好兄弟就给您派了一千援军！”

逄纪听得毛骨悚然——我的三公子和审大军师啊！你们若不发兵就一人都不要派，既要发兵就该亲率大军而至。只派一千人来助阵，这不是要我的老命嘛！

他慌里慌张赶紧解释：“必是主公把数目搞错了，我这就把信写完，请将军稍……”

“去他娘的吧！”袁谭一脚将帅案踢翻。霎时间竹简砚台满天飞，墨汁把帅位的屏风都染了，泼逢纪一个满脸黑。袁谭气得双目喷火，仿佛一只饿急的老虎，在大堂上转来转去：“好啊……真好！我的好弟弟竟欲置我于死地！眼睁睁看着我吃败仗都不发兵，其实何必还叫这一千人来陪我送死，干脆给我送杯鸩酒不就成啦！他能坐那个位子还不是爹爹偏袒他，可惜老爷子瞎了眼！”

郭图更是恚怒不已：“审配这等乱国奸臣，坐拥部曲挟主自重，废长立幼败坏家邦。只要我郭某人还有三寸气在，岂能与他善罢甘休？有朝一日必将这群河北的土豹子斩尽杀绝！”他倒不是恨袁尚，而是恨审配等冀州豪强夺了他的权。

“父亲啊……您老人家何等不公，偏袒老三任意胡为，竟将孩儿过继于外人，如今受此欺凌！他们要逼我死啊……”袁谭仰天高呼，也不知哪一句真的触动了心肠，泪水竟滚滚而下。

逢纪披头散发坐在地上，瞅着这两个狂徒歇斯底里，过了半晌才斗胆道：“将军别哭了，三公子继承大位已成事实，还望您深明大义以家国之业为重啊！将军自幼熟读史书，岂不闻吴楚七国谋乱之事？孝景帝与其弟梁孝王刘武甚是不睦，可朝廷危难之际，若非梁王坐镇睢阳独抗强敌，周亚夫便有天大本领又岂能直捣贼穴力挽狂澜？平定七国之日，天下人皆道刘武是贤王，富贵皆在他人之上。现今之际将军便是主公的梁王，万不可意气用事。黎阳非不可守，愿将军坚据城池勿与敌战，只要能逼曹操退兵便是莫大之功，日后主公怎会亏待您！将军万万明鉴……”

“休要提那梁孝王之事，他的墓都叫曹操刨了！”袁谭利欲熏心不愿听他再言，“再说那孝景帝乃轻徭薄赋一代明君。他袁尚又算什么？他乃刘氏婆娘养活的狼崽子！刘氏那老母狗就不是个东西，父亲刚刚去世，她就把当初与其争宠的五个姬妾都弄死了，还要剜眼割舌断发刺面，怕她们九泉之下与父亲重逢。此等阴狠妒妇给我娘提鞋都不配，又能生下什么好种？我看河北之事非坏在他们母子手上不可！”

逢纪呆呆怔在那里，简直怀疑自己的耳朵，袁谭这番恶语真的是说继母和兄弟吗？他恍恍惚惚觉得眼前的一切都不真实，这撕破脸皮刀刀见骨的情景，像是十几年前袁绍、袁术兄弟反目的重演！他不禁悲从中来仰天高呼："大将军啊！你在天有灵睁眼看看！他们要毁你辛辛苦苦打下的基业啊！你在世时河北君臣同心同德，岂料过世刚刚半载就出乱子，悔不该一时之仁叫大公子领兵，河北难保矣……"

在袁谭听来，他说什么话都是辱骂自己，一气之下抓起逢纪："你这卑鄙小人，若非你屡进谗言何至于此？"说罢在他肚子上狠狠打了三拳，又一把推给郭图。郭公则岂是善类？抓过脖领又一记耳光："逢元图，你这无耻龌龊之徒，田丰就是你进谗言陷害致死，又假传号令夺我兵符，有何面目做此无病呻吟！"袁谭还不解气，朝他后心又是一脚，踢得他跄倒在地再也爬不起来。

逢纪被他们打得骨断筋折口吐鲜血，赤红的血液和乌黑的墨汁交织在一起，染得满身都是，恰似他这无耻谄媚而又赤胆忠心的一生。他自知今日难逃活命，迷离着眼睛瞅着袁谭，喃喃道："将军道我是卑鄙小人，可我逢纪一生忠于袁氏……就算我谗言害死田丰……那也是想身居其位给你们袁家效力，也是为了你父之脸面……想当初我与你父同在何进幕府，决心共谋天下大事，结成生死之交……非我出谋划策，你父子哪能取下冀州？你小子哪能今天这般颐指气使？我好恨……恨你这不成器的忤逆儿郎！河北基业早晚毁于你手……"

袁谭见他还辱骂自己，抽出佩剑寒光一闪——逢纪半生毁誉皆归尘土！

那郭图心肠毒辣，见一剑了结还不解恨，抽出剑来又在尸身上猛刺数下方才止住。两人激愤之下杀了逢纪，气是出了可眼前的仗又该如何？两人拄着长剑四目相对，一言不发只是喘息。

"报——"一个小校慌慌张张跪倒在大堂口，"将军，敌人大举攻城！"

"慌什么？"郭图喘着粗气瞥了那小校一眼。"你去前面传令，敌楼之上密排弓弩，给我狠狠射！曹军人马虽众还攻不下这城。"

见那小校走了，袁谭抹了抹脸上的汗水道："今日已杀逢纪，我与老三势同决裂。我看与其在此处与曹贼纠缠，倒不如舍弃此处直捣邺城，抢回大将军之位。"

"万万不可。"郭图比他冷静得多，"今曹贼大军在前，若不抗拒反而兄弟操戈，曹贼必乘势追击于后，我军必乱。即便将军侥幸夺回大位，日后还有何脸面立于河北之地？倒不如保守黎阳先拒曹操。"郭图固然怨恨袁尚、审配，却更恨曹操，夺取大位不是目的，真正的目的是辅保袁谭消灭曹操一统天下。

“哼！我若保守黎阳不出，与逢纪之议有何不同？那不还是中了袁尚、审配之计？”

郭图沉着脸想了一会儿才道：“咱们调动阖城兵马以及百姓与曹贼一战。若能得胜，将军可占据黎阳，积蓄粮草坐收民望，招青州旧部前来会合，日后再讨邺城；若不能得胜，归拢残兵回归邺城。”

“逢纪已死，咱们回去岂不是自投罗网？”

“将军差矣……”郭图嘿嘿冷笑，“两军阵前局势多变，你我将兵败之由推给这死鬼，谁能知晓实情？再者将军之父临死前过有过遗训，袁尚必不敢谋害将军受人以柄。况且邺城还有辛评等人愿为将军效力，将军又素有带兵之望，只要妥善经营积蓄实力，待曹操退兵之后再举事也不迟。那时没有外敌，不过是兄弟之间算账，夺来大位旁人又有什么可说？”

“好！就依公则之计。”袁谭收起宝剑步出大堂，对手下嚷道，“逢元图妖言惑众离间我骨肉兄弟，已被本将军处死，将其枭首示众晓阅三军！另外，给我击鼓鸣锣召集所有兵马和城内百姓，明日打开城门全力一战，誓与曹贼拼个你死我活！”

袁谭、郭图定下计谋，但实际情况没他们想象的这么乐观，河北军久吃败仗士气低靡，加之伤亡严重，已不堪出城硬战。而曹军接连取胜气势大涨，人人都似下山猛虎。两军交锋之际。河北降将张郃、高览率领所部当先突击，河北军一触即溃，丢盔卸甲狼狈逃窜。至于那些被卷入战争的无辜百姓，都命丧沙场做了孤魂怨鬼。黎阳军民死亡近万，被曹军杀得尸骨堆山血流成河。

袁谭一战惨败，仅率数百骑兵突围而走，将近邺城才遇到袁尚亲领的大队援兵。郭图诬陷逢纪离间兄弟惑乱人心，袁尚明知是假，但大敌当前顾不得私怨，顺水推舟将罪责归于逢纪。兄弟俩合兵一处回转邺城，貌合神离地商议御敌之策。但是黎阳落入曹操之手，河北门户已完全敞开。

长驱受阻

这次北伐并不似曹操预想的那么顺利，袁谭处处向战全不按章法用兵，倒叫曹操忙了好一阵子。不过真正令他头疼的并非眼前之敌，而是并州刺史高幹。

袁绍的外甥高幹自官渡以来就向西面笼络人心，通过威逼利诱控制关中诸将和地方豪强，还拉拢到司隶校尉钟繇的外甥郭援，用他与其舅公然作对，严重破坏了曹操不动干戈招诱关中的计划。在官渡之战中镇守险地的河内太守魏种已病逝，而河东太守王邑又非曹操心腹，对并州的防御整体趋于薄弱。高幹见曹操与袁氏兄弟打得不可开交，趁此机会突然发难，在关中掀起风浪。

高幹起兵攻入河东郡，擅自任命郭援为河东太守，猛攻真正的太守王邑。随之响应的不仅有地方豪强土匪草寇，甚至还包括匈奴单于呼厨泉，关中之地一片大乱。钟繇凭借威信集结已归顺朝廷的诸方势力，领兵围攻呼厨泉所驻平阳县；高幹、郭援得讯立即回救平阳，并鼓动西凉军阀马腾、韩遂反叛，随之夹击钟繇。事已至此，钟繇不但不能攻克平阳，反而要应付敌人两路救兵，陷入了腹背受敌的险境。

曹操深知此中利害，钟繇一旦失败，关中诸将必然见风使舵倒向高幹，朝廷将丧失对关中的控制，这几年来辛苦经营的成果都将毁于一旦。但他羁绊于冀州，别说无法脱身，就是临时撤退也救不了钟繇。既然后顾不得，就只有横下心来往袁氏的大本营邺城进军了。

《孙子兵法》有云："凡用兵之法，全国为上，破国次之。"曹操自然晓得这个道理，甚至还在批注时特意加上一句话："兴兵长驱深入，拒其都邑，绝其内外，敌举国来服为上，以击破得之为次也。"意思是说打击敌人就应该长驱直入，一举端掉敌人老巢。现在如果攻克邺城，冀州全境必将闻风而降，并且可能撼动河东的不利局面。

邺县自古就是兵家重镇，战国时曾为魏国陪都，西门豹担任邺令，整治不法移风易俗，引漳河之水修建渠道，开辟出大面积良田，自此邺县又成为富庶之地。但邺城所在之地距离冀州南界很近，在袁绍逐鹿中原之际是便利条件，可一旦敌人自南面打进冀州，其地理位置反而成了不利因素。因为从黎阳城出发北上，至邺城仅有一百五十里。在这区区一百五十里中，袁尚连续派出部队阻击，都被曹操击溃，时至建安八年（公元203年）四月，河北军已无力进行大规模抵抗，曹军主力深入邺县境内……

“曹公有令，继续前进暂不扎营……”传令官尖锐的呼喊声传得很远很远。

虽然已经入夏，但过酉时之后天色还是暗了不少，这样行进下去恐怕就要摸黑扎营了。好在接连打了好几个胜仗，敌人不来进犯了，甚至连零星的斥候都看不到。上至将领下至官兵，每个人斗志都很高，匆匆忙忙赶了半天路，却没有喊累的，放心大胆地在田地树林间穿行。然而中军虎豹骑保护下的曹操等人，却被焦急的情绪笼罩着。

军师荀攸、祭酒郭嘉以及许攸、楼圭都围绕在曹操身边，但这并不能缓解大家心中的疑虑，因为接下来的一步棋很难抉择。几个军中谋主都默默无言，低头看着前面的路，还是曹操先打破了沉默：“此处离邺城还有多远？”

许攸曾在河北效力近十载，简直成了此次出征的活地图，望了望远处隐约出现的村庄：“大概还有十几里吧？”

“这么大的一座城，将近十几里岂会望不到城楼呢？”郭嘉与他玩笑惯了，“您会不会记错了？”

许攸瞪了他一眼：“我他妈还能错？睁开你那睡眼好好瞧瞧吧，路东那一大片地已经是狗头军师审配的田产啦！你又不是没在河北呆过，故意跟我装糊涂吧？”

郭嘉抿着嘴嘿嘿直乐，楼圭可没有这么好的心情，抓着缰绳低声道：“天色晚了所以望不了那么远，若是我统……”他克制了一下老毛病，“我觉得咱们该扎营了。”

“不行！”曹操一口否决，“战事不能再拖了。钟繇那边没有消息，咱们只能进不能退，必须迅速制敌！”

“邺城乃河北第一坚城，即便我军至此也不能顷刻得胜，说不定还有场旷日持久的攻坚战呢。”楼圭的口气暗含一丝埋怨。曹操许诺他为别部司马统率一部军队，官封得挺快，却没有半个兵直接归他调遣。

“早到晚到一样。”许攸倒是想得开，“反正钟繇就是出了事咱们也救不了，干脆向前走吧。”

“我倒不是挂念那边，是怕咱们急着赶路中了敌人埋伏。”楼圭解释道。

许攸又顶了回来：“以我度之不会再有埋伏了，袁家有多少兵马我心里有数。狗子袁尚被咱击退数次，归拢残兵都来不及，岂能再来招惹？况且咱们已上坦途大道，不利于伏兵。”

曹操也是这么想，却回头问荀攸：“公达怎么不说话？”

这位大军师阴沉着脸，听到问话隔了半晌才回：“我有些搞不明白。钟元常做事甚是谨细，无论是胜是败总会有个交代，可至今没有平阳的消息，而且咱们后续的粮草也没送来……”

“那有何惧？咱们又不缺粮。”许攸大大咧咧。

荀攸瞥了许攸一眼，心头暗想——难怪袁绍、审配看不上你，终究是投机取巧的本事，见识还差得远呢！

曹操却一语中的：“那有何惧？军报和粮草都不到，这很不正常！审正南、郭公则都是老奸巨猾之人，岂能这么容易叫咱进邺县？一定是……”一定是河北军绕到后面封锁了河道，我军渡不过河，所以军报粮草过不来。曹操明明这么想，却不能说出口，万一叫士兵听见了，一传十十传百，嚷得全军皆知，那仗就没法打啦！

郭嘉不似许攸那般真糊涂，他心里有数表面轻松：“主公别想太多，已经留荀衍、贾信守黎阳了，真有意外他们会报过来的。咱们小车不倒只管推！”

曹操暗暗叹气，这仗真没想象的那么简单，本以为袁绍一死河北就垮了，哪知还有如此多的困难。看来袁本初的确不简单，已经把部下完全拉拢住了，立袁尚为嗣也非单纯之举，袁绍临死还留了一手……他不敢再想下去，举起马鞭再次传令：“前军不要停歇，到邺城城边扎营。”

“前军不准停歇，到城边扎营……”传令声又此起彼伏响了起来。

此番出征，曹仁居左、曹洪居右、夏侯渊在后，于禁、乐进、张辽、朱灵等将都在前阵，不过张绣、刘勋已退到了第二线的位置，充当先锋的是张郃、高览。他们是河北降将，对冀州的地形再熟不过，领的路都是最近便的。

眼看已至申末时分，天快要黑了，劳碌一天的士兵开始松懈。有的与身边伙伴交头接耳，有的哼起了家乡小曲，有的从干粮袋里抓豆子吃。往来报讯的斥候也疲乏了，加之天暗不好认路，马跑得慢多了。反正敌人已经被打得溃不成军，今晚到了邺城边上安营落寨好好睡上一觉，明天攻城可就该玩命了。

约摸又行了二三里，在最前面盘查的几个斥候发现前方出现了一群百姓。其实这也是行军中的常态，尤其现在已到了邺城附近，河北豪族居多，佃农自然更多。莫说村户茅屋，有模有样的庄园都路过三四个了，有几个寻常百姓不新鲜，一会儿他们看清状况准得吓跑——作威作福也是当先行的乐趣嘛！

哪知这几个百姓偏偏不跑，甚至还招着手呼喊。来投降的老百姓吗？斥候兵有些拿不准，有两个胆大的纵马迎了上去，还没来得及开口询问，忽见那帮百姓手里倏然多了几张弓！两个兵丁大惊失色，赶紧拨马欲逃，可是哪里跑得过飞箭？当场被射死。后面的人瞧见变故便要调转马头报讯，不料还没举起马鞭，就听弦声铮铮又来一阵箭雨——俱都连人带马变了刺猬。

张郃与高览是老搭档，带兵打仗有默契，一个督前一个押后。这会儿高览恰在先锋军前，正与心腹小校说话，忽闻喊杀声震天动地，只一错愕，洋洋洒洒的敌人已涌过来了。这些兵什么服色都有，有穿盔甲的、有不穿盔甲的、还有灰布裹头的，刀枪剑戟各种兵刃都有，乱七八糟全无阵型。但他们人数众多铺天盖地，倏然竖起的旌旗似密林一般；加之天色已晚朦朦胧胧，不知后面还有多少，光这阵势就够骇人的啦！

曹军这几日遇敌交锋，差不多将河北主力击溃了，短时间内不可能再集结起来，怎料还有这么多人呢？突然来袭全无防备，曹兵还未交手就已怯阵。高览是条硬汉子，事已至此拔剑出鞘：“跟我冲啊！”先锋军已经乱了，诸人自保且难，哪有人还敢跟他往前冲？一时间人喊马叫乱如蜂窝，曹军毫无准备就与敌人撞在一起。这帮敌人与众不同，不要命地往前闯，都没听见什么兵器碰撞声，就将先锋军冲了个稀巴烂，一个逃百个逃，丢下兵器就往后跑。张郃在后面还想阻拦呢，一言未发就被乱军撞得险些倒地。

第二部是刘勋督前队，这守财奴正打小算盘呢，光琢磨夺取冀州之后如何多捞田产，想来想去觉得凭自己昔日与曹家的交情，一定少赚不了。哪知还乐着呢，败军已经过来了。眨眼的工夫也乱了。刘勋举起大刀片子：“他妈的！不让老子赚钱老子宰他全家老幼！杀呀！”他倒是豁得出去，可只有心腹亲兵跟着他玩命。

张绣督的是后队，过申时不扎营他已经饿了，饶是凉州勇士骑术过人，一手举着肉干，一手攥着水袋，连吃带喝两腿夹着马，竟不耽误赶路。他一口牛腱子刚咬进嘴，忽闻一阵大乱，败兵已过来了。张绣把吃的东西一扔，顺手自亲兵怀里抢过银枪，一个银龙摆尾刺倒两个迎面涌来的逃兵。这枪扫过嘴里的肉也咽下去了，随即嚷道："有大军殿后慌什么？谁再敢逃格杀勿论！"可他管近管不了远，还是有逃兵自左右溃散……如此这般一队冲一队，曹军人马似被大浪席卷了，敌军与败军搅在一起，所到之处犹如乱麻。

闻听前方骚动，曹操赶紧勒马，命中军将领史涣、韩浩速调所有盾牌手、长矛兵护在中军之前——不单是防敌人，更是为了防败军，主帅部队若是乱了，全军就都乱了！毛毛躁躁慌了一阵子之后，盾牌已安排妥当，换步兵在前人挤人顶住盾牌，除虎豹骑外所有骑兵退到后面以免马匹受惊。曹休率虎豹骑围个圈子，把曹操等人护在当中，又传令给夏侯渊，叫他勒住后军不要再动。

喊杀声越来越大，天色也越来越黑，为了避免被敌人突袭，中军连一支火把都不敢点，曹操等人只能昏昏沉沉呆在黑暗中。一会儿东面有小校报告："曹仁将军前军遇袭！"一会儿西边来了消息："曹洪将军被败军冲乱阵势！"

"这是怎么搞的！"曹操气得直拍马鞍。

郭嘉接茬道："自官渡到现在，咱们没打过一次败仗，这帮武夫们难免骄傲。加之今日多走了半个时辰，士兵也懈怠了。"

"哼！当年我追袁术连赶四城，破刘备往复千里，也没一个兵敢松懈。看来得好好整顿军纪啦！"

"不着急慢慢来。"郭嘉一点儿也不慌张，"敌军阵势松散，这么摸黑打，咱乱他也乱，少时就分不清谁是谁了。"

事情确如郭嘉所料，开始时曹军是败了，但时候一久便发现敌人并不甚强，既然双方的建制已经打乱，索性就拼个痛快吧！两军士卒各寻对手捉对厮杀，嘈杂的嚷叫搅成一片。等过了酉时天色大黑，这仗实在没法再打，曹军鸣锣聚兵，河北军裹在其中乱乱哄哄往外拥，虽然大部分突出乱阵四散而去，但被曹军围歼的也不少。

待军兵渐渐安静下来，中军这才点燃火把。张绣、刘勋等将寻着亮凑过来，一个个杀得跟血瓢似的，瞧他们这幅模样，曹操也没心思责怪他们了，先下令清点死尸。许攸等瞪着满地的死尸，百思不得其解：“袁尚主力早就被咱们打散了，如今哪杀出这么多人来？而且这些人服色不一铠甲不齐，打仗连阵势都没有，倒像是一窝土匪。该不会是黑山贼张燕的兵马吧？”

“不对。”楼圭也是紧锁眉头，“刚才那恶斗，敌人没有万人也有八千，哪家草寇能有这么多人？黑山张燕与袁氏乃是雠仇，也绝不会在此时出手相援。”

荀攸思索良久，俄而环顾四周猛然醒悟：“我明白了……这些队伍不是袁氏兄弟之兵，也不是土匪，更不是黑山所部。”

“你什么意思？”曹操这会儿脑子都乱了。

“唉……”荀攸连连摇头，“主公怎么忘了，袁绍入主冀州以来扶植豪强为其效力，那些人田宅地业在此间，若是各家发动私人部曲，顷刻之间便能凑出万余兵士。”

“何止万余？单审配一族家兵佃户就有数千。”许攸也醒悟过来了，“只要那狗头军师传句话，说今年不收田租了，或者放贷的钱不要了，所有的部曲佃户都要出来打仗！难怪旗帜衣甲参差不齐呢。”

曹操闻听此言一阵悚然——好厉害的土霸王！我于官渡之战坑杀敌人将近八万，自仓亭至今连战连捷，想不到还有如此多的人能上战场。我只道袁绍纵容豪强号令不齐，不料这招原来也有好处，我攻其地虽冲着袁氏，但也触了这帮土霸王的眉头，他们岂能不与我拼命？此间豪强无数兵家充足，无休止地耗下去不知何年何月才能攻破邺城。倘若钟繇战败，我这里又迟迟不胜，那许都可就……他越想越害怕，不禁抬头眺望远方。借着朦胧的月光邺城已遥遥可见，那突兀的城池、漆黑的城墙犹如一只庞大的怪物矗立在平原之上；敌楼还有零星火光晃动，那是守城军兵在巡查，想必强弓硬弩滚木礌石早就预备好了吧！

正在曹操发愣之时，张郃满脸悲怆跑了过来：“启禀曹公，前军折损近半，高览战死乱军之中……”他与高览在袁绍帐下时就是好兄弟，投靠曹营也是并肩而战，伙伴战死怎不痛心？

在敌人家门口吃了败仗，还糊里糊涂折损一员大将，所有人都不再吭声。昏暗的火光下也瞧不清曹操的表情，隔了半晌才听他长叹一口气道：“把高将军尸首裹了好生葬埋，等战事完结我再追表其功……原地扎营，明日再议破敌之计。”

“咱们不过是小小受挫仍可再战，难道这就要撤退？既然张将军所部受损，末将愿为先锋，再遇敌人杀他个片甲不留！”朱灵第一个发起牢骚。

刘勋也咋呼道：“他娘的！死几个人算什么，我看咱们还是接着往前杀，老子就不信捣不了袁家狗子的贼窝！”

“对对对……”他俩一闹，其他将领也跟着起哄。

“放肆！”曹操瞪了他们一眼，“老夫传令谁敢不从？你们越来越没规矩了，这么松散的阵势也叫人家杀得大乱，还有脸在我面前嚷？谁再多言留神军法，回去再跟你们算账！”说罢掉转马头当先领路而去，众将也灰头土脸各带各的兵去了。

大军方扎下营寨，便自黎阳追来三份军报——原来袁尚麾下魏郡太守高蕃趁曹操深入之际绕到黄河岸边，铺开阵势切断了曹军补给；留守黎阳的贾信兵力有限，加之高蕃又有阴安守将严敬接应，故而始终不能破敌，平阳军报也传不过来。关键时刻押运粮草的李典、程昱赶到，二人以粮船为掩护突袭高蕃，这才冲散敌军防线。

高蕃一败平阳捷报也到了，原来马腾首鼠两端，虽应高幹之邀共同起兵，其实也对战事颇多顾虑。钟繇派出使者前去游说，凉州刺史韦端也修书规劝，马腾最终临阵反水，遣其子马超率部突袭高幹军，不但解了钟繇之危，西凉部将庞德还当阵斩杀了伪太守郭援，高幹败归并州境内。匈奴呼厨泉见援军溃败，只得开城投降——关中之地有惊无险逃过一劫。

但更令人意想不到的是第三份军报。曹操此番北伐之前已命徐州诸部攻战青州以为策应。而那位土匪出身的昌虑太守昌霸竟趁臧霸、孙观等人北上之际，率部占领东海诸县举兵造反。昌霸一直不愿为朝廷卖命，自被招安以来几度反复，算来这已是他第四次造反了！这个土匪头似乎身有反骨，兵力只有数千，却没完没了折腾，实在叫人哭笑不得。

行军打仗一整天曹操也累了，看罢这有喜有忧的三份军报，实在不想再讨论下去了，朝众将摆了摆手：“快到三更天了，你们回去休息吧，明日再议攻打邺城之策。”众将方挨了顿训，耷拉着脑袋都走了，荀攸、楼圭等也离了大帐，唯有郭嘉整理衣冠落在最后。

“奉孝有何话说？”曹操瞧他一步三摇不紧不慢就知道有事。

郭嘉立刻止步，灿然一笑凑到他身旁：“我军现已兵临邺城，主公可想好破敌之策？”

“不愧是年轻人，半夜还有这么大精神。”曹操打了个哈欠敷衍道，“邺城坚固难取，最好诱袁尚出来交战……不早了，明日再议吧。”

郭嘉却没有告辞之意，又问：“倘若袁尚坚守不出呢？”

“无非大军围困待其粮草耗竭。”

“今夜之败主公亲眼所见，河北豪强部曲甚多，若兵围其城势必纷纷来扰，况青州、幽州尚有兵马，倘来援救又当如何？”

曹操想了想：“兵来将挡水来土掩，围住邺城正好打援。”

哪知郭嘉接着又问：“若是袁尚弃城而走，另寻他处落脚，咱们是不是还要继续围城呢？”

这不都是废话吗？曹操这会儿累了，想打发他走，却见郭嘉满脸的坏笑，这才明白过来：“你小子跟老夫绕什么弯子，是不是有了什么鬼主意？”

“在下这点儿心眼哪逃得过主公的慧眼啊！”郭嘉还不忘了奉承，“不过在下以为，现在咱们该退兵了。”

“退兵……好不容易打到这里，轻易退兵岂不是前功尽弃。”曹操虽这么说，但刚才在路上也曾默默考虑过。

“在下试为主公析之。”郭嘉已从曹操无奈的眼神里看穿了他心思，“今我军虽至邺下，然深入敌境众兵环伺，袁氏兄弟凭借坚城不肯出战，倘幽州袁熙发来人马又需分兵敌之，身在险地攻不能取，此乃眼前一忧也。”郭嘉背着手侃侃而谈，“再者并州高幹虽败，然其势力染指关西已久，未尝不能卷土重来，若河东之地再生险情，钟繇是否还能勉强得胜？此亦二忧也。况且荆州刘表近得刘备相助，若我军羁绊于此，天长日久有机可图，发兵抢占南阳进犯许都，那时又当如何？”

曹操不得不点头：“你这三忧所虑极是，老夫也曾想过，但讨贼至此不可轻易言弃。若叫袁尚谨守河北休养生息，凭冀州之丰饶，不久必复昔日之势……”

“不可能了！”郭嘉一阵冷笑。

“你怎敢下这个断言？”

郭嘉把头探到曹操耳畔道：“请恕在下直言，假若袁谭不是出兵厮杀，主公有几成胜算？”

他这话问得曹操一愣，但是平心静气想想，郭嘉问得有道理！高蕃屯兵河上阻断了粮道，高幹又在河内大闹一场，如果袁谭再坚守城池拖住自己，恐怕这场仗的结果会完全翻转，落败的不是袁氏兄弟而是他曹某人！想至此曹操突然感到一阵后怕，越发感到袁绍余威不散，自己所取得的战果都是侥幸。

郭嘉容他考虑了一会儿才道："主公心里已经有答案了吧？可事情偏偏就这么巧，袁谭穷兵黩武急功近利，屡屡为我所败，乃至溃不成军难以再战。袁尚眼见其兄受困就是不发大军相救，最终黎阳失陷。您不觉得这对兄弟的举动有些反常吗？"

曹操仿佛被劈头浇了盆凉水，所有疲劳一扫而光，手据帅案眼光熠熠道："你是说……他们兄弟之间……"

"然也！"郭嘉坐到他身边解释道，"袁谭乃袁绍长子，拓地青州广有战功，又在军中颇具势力，然勇而无谋为人骄横。袁绍传位三子袁尚，此儿虽能求同合众安抚豪强，却未经阵仗资历浅薄。兄弟二人本就颇多嫌隙，又有郭图、审配各奉其主交斗其间，越发矛盾重重。今我军大兵压境，两方迫于形势合作互保，若我军不再攻战，兄弟得缓一时必生内斗！"

"你的意思是……"

"主公可暂时撤军，假作南征刘表之态以促兄弟阋墙，待其变乱而后击之，河北之地一举而定也！"

曹操虽觉有理，但还有些犹豫："胜败之道勿求于外啊。"

"主公何须再虑！"郭嘉斩钉截铁道，"昔日齐桓公尊王攘夷九合诸侯，到头来五子争位却将其饿死宫中，皆因嫡庶不分长幼无序。袁本初生前令三子一甥各领一州，袁谭袁尚各拥党羽争权夺利势同雠仇，此萧墙之祸折骨断筋更甚外敌！主公岂不闻前代谚语：'一尺布，尚可缝；一斗粟，尚可舂；兄弟二人不相容！'"

这一席话不亚如当头棒喝，曹操初闻之下低头凝思，俄而仰天大笑："哈哈哈……好！想当年袁绍、袁术气狭任性手足相攻，今袁谭、袁尚也要步其父辈之后尘啦。且容他们鹬蚌相争猖狂一时，老夫坐收渔人之利。即刻传令三军，明日回归黎阳准备撤退。"

"且慢。"郭嘉又笑呵呵拦住，"撤军之际还有几件大事要办。一来今年谷物将熟，主公当趁袁尚不出抢割其粮；二来邺城周匝豪强佃农居多，咱们不妨迁百姓归往河南削其劳力；三来阴安县毗邻敌我边界，若取此地与黎阳成犄角之势，咱们便可粮道通顺不受敌制。”

“桩桩件件皆依奉孝之计！”曹操愁了半日这会儿总算痛快了，“任峻抱病卧于军中，就令夏侯渊代其督办军粮之事吧。”

郭嘉补充道：“妙才将军虽平易近人但性情急躁，主公还要多加叮嘱才是。”

这又给曹操提了醒，接连得胜使军中骄傲轻敌的情绪极度膨胀，该整饬一下军纪了。他随手拿过一卷空白书简，笔走龙蛇写了道军令：

> 《司马法》云“将军死绥”，故赵括之母，乞不坐括。是古之将者，军破于外，而家受罪于内也。自命将征行，但赏功而不罚罪，非国典也。其令诸将出征，败军者抵罪，失利者免官爵。

写罢吹了吹墨迹交给郭嘉：“将此令传阅众将，叫他们都给我规矩点儿！今日之退乃为明日之进，别叫他们随便议论泄露军机。”

郭嘉心里有数——兴兵以来屡遭危难，一直是宽纵诸将以收人心，如今势力已壮大，就要黑下脸来讲规矩了！他虽这么想，嘴上却逢迎道：“主公这笔字写得实在是好……”

“奉孝劳苦功高，传过军令也早些休息吧。”曹操手捻胡须望着这个年轻人，心头说不尽的喜爱。郭嘉虽是军谋祭酒，谋略却不弱于军师荀攸，而且三十出头前途无量，日后诸多大事恐怕要偏劳于他了……

有了整饬军纪战败抵罪的教令，众将再不敢松懈怠慢。曹操回军攻打阴安之时，果然人人奋勇有进无退，张辽、乐进当先攻入城池，杀死了袁军守将严敬。

袁尚始终不敢出战，曹军趁机抢割了邺城附近的粮谷，既而威逼周匝百姓迁至黄河以南，把邺城方圆近百里变成了无人之地。之后留贾信分兵镇守黎阳，命荀衍监察袁氏兄弟动向，遣夏侯渊督办兖豫徐三州军粮，张辽往东海征讨叛贼昌豨，曹操本人带着大军回了许都。这次北伐又没能成功，不过在郭嘉参谋下一个全新的计划产生，曹操要假意兵伐刘表，促使袁尚、袁谭自相残杀……

第六章
曹操假意征讨刘表，挑起袁绍二子争权

假意南下

曹操采纳郭嘉之计，回到许都后即命夏侯惇分兵南下，摆出一副觊觎荆州的姿态，暗中却命驻守黎阳的荀衍、贾信时刻注意袁氏兄弟动向，秘密军报自黎阳至许都每日往来不断。

事情的发展果如郭嘉所料，曹操一走，这对兄弟的矛盾果然激化。袁谭提议追击曹军，向袁尚索要更多的兵马铠甲；袁尚疑心他要拥兵自重，拒不拨付军队。加之两人心腹各奉其主争权斗势，审配跳出来追究逢纪之死，郭图辛评则指责审配擅权。事情越闹越僵，进而导致兄弟二人分立幕府在邺城各行其是——兄弟之争已一发不可收拾。

这日午后又有河北军报送入幕府。适逢曹操入宫，荀攸不敢怠慢，更换冠戴携带军报进宫寻找。穿仪门过复道，在中台①、乌台②等处转了个遍也没见到曹操的影子。料是他上殿面君去了，正在无可奈何之际，忽闻阵阵欢笑之声，却见曹操领着宠儿曹冲，与尚书令荀彧、安南将军段煨、侍中耿纪、议郎周近、尚书左丞邯郸商、尚书右丞潘勖以及一个不相识的年轻官员说说笑笑自御园转来。

---

① 中台，即尚书台，是尚书等官员办公的地点。

② 乌台，即御史台，又称宪台，是御史中丞等官员公办的地点，因西汉时御史台院子里的柏树上总是落有许多乌鸦，因而常常被称为“乌台”。

荀攸把军报往怀里一揣，赶紧过去见礼："参见曹公与诸位大人。"

"什么要紧事竟把我们大军师忙到省中来了？"曹操满面喜色开着玩笑。

"倒也没什么……"荀攸出了名的嘴严，当着这些幕府外的朝臣绝不吐露军机，"西鄂县长杜袭受明公之召现已到京。"

曹操明知他说假话，却将错就错对诸人道："你们还不知道这个杜袭杜子绪吧。前年刘表趁我在河北之时袭击西鄂县城，事出突然毫无征兆，百姓也多半在外耕种，杜子绪临时只凑了五十多人戍卫县城。但就凭着这五十多人，竟然与荆州兵抗争半月有余，杀死敌军数百，当真了不得！老夫还师后刘表也收兵了，但偷袭西鄂之仇、容留刘备之罪一定要与刘景升算清楚。老夫不日就将南下征讨荆州，正好招杜袭问问其兵势如何。"他时时不忘装出兵伐刘表的姿态。

"是是是，曹公运筹帷幄卓识远见，此番南下必定马到成功，那刘表以卵击石必定束手就擒。"侍中耿纪乃中兴功臣耿况之玄孙，因祖上恩荫拜官袭爵，虽然常与荀彧参谋政务，但自知不是曹操一党，所以小心翼翼随时美言。

荀彧倒是有感而发："昔日杜袭、赵俨、繁钦三人同受征召，是在下与曹公一同接见的。我以为杜袭性刚、赵俨忒柔、繁钦失于谄媚，曹公却不以为然照例授予他们官职。这几年来繁钦打理公文兢兢业业，赵俨在朗陵县令任上以柔克刚安定豪族，如今杜袭也大有作为，看来曹公果能用人之长。我虽统理政务多年，实不及曹公远矣！"

曹操知道荀彧不会逢迎拍马，听了这话自然暗自得意，一旁那个年轻官员更是大加褒扬："其实见子若见父，曹公六七岁的儿子尚且如此聪慧，更何况父亲啦！"一句话把大家都说乐了。原来西域于阗国[①]曾进贡朝廷一头驯象，置于御园之中，之前曹操就是领着曹冲和荀彧等人去看大象了。众人都是中土人士，从没见过这么庞大的动物，曹操好奇使然想知道这大象的重量，可哪里去寻能称象的秤去？荀彧、邯郸商等人都无可奈何，反倒是小曹冲想出了办法——置象于池塘大船之上，

---

① 于阗国，汉代西域属国，今新疆塔里木盆地南沿一带。东汉名臣班超曾一度收复西域，驱逐匈奴势力，被任命为西域都护；后因长期的羌汉战争，至汉桓帝年间东汉彻底丧失了对西域的控制，但仍有部分国家与中原有友好关系。据《后汉书·献帝纪》记载，建安七年于阗国曾派使者到许都进贡驯象。

在船帮处刻划水痕位置，再取石头等重物搬到船上，使其压到痕迹的位置，反过来称这些重物，而重物的重量就是大象的重量。此法一出人人拍手称妙，都夸曹冲是少年天才。

议郎周近不但精通西域诸族语言，而且熟读经籍，跟着凑趣道："《易经·乾·象》有云'天行健，君子以自强不息'，如今曹公要南下用兵，而于阗国恰逢此时进贡大象，岂不是大吉之兆？"潘勖、邯郸商等纷纷点头附和。

荀攸全没把这大象的事放心上，只是瞅着那个陌生的年轻官员，见此人二十出头面庞黝黑，却穿着崭新的青色朝服，腰佩黑绶官印。此等年纪担任议郎之职，实在是太少有了。曹操觉出荀攸诧异，连忙引荐："公达，我来引荐。这位乃凉州刺史韦休甫之子，名唤韦诞字仲将。他奉父命陪伴于阗使者进京，刚刚被任命为议郎。"

荀攸虽未见过却有所耳闻。西凉刺史韦康膝下有三个儿子，长子韦康字元将，这两年常来许都传递公文，三子韦熊未及弱冠，这韦诞自然是那个老二。荀攸又看看邯郸商，倏然意识到曹操绝非闲来无事领这几人逛御园，刚才必有一场深思熟虑的谈话。邯郸商早在西京之时就被朝廷任命为凉州刺史，适逢三辅动乱无法成行，所以凉州刺史之职一直被韦端占据。韦氏乃京兆大族，占着这个刺史之位名义上听朝廷管辖，实际也是盘踞武威诸县的小割据。曹操把韦家人与邯郸商约到一处，必定想透过韦诞传信，叫其父让位给邯郸商，朝廷就可以直接掌控凉州事务，也不必再担心高幹从中作梗了。

曹操见荀攸一副心不在焉的样子，料定必有紧急军情，便朝段煨等人扬了扬手："御园也逛了大象也看了，咱们也该散了吧。段将军难得入朝，韦议郎又刚刚升官，今晚老夫做东，请诸位到舍下饮宴。"

老将段煨此番入京既是陪伴西域使者，也是受钟繇之托汇报关中军情。他年岁大了好热闹，又是武夫心性，听说酒宴很高兴："曹公赐宴末将不敢推辞，但只是咱们几人又有何趣？还是请您营中众将都来，那更热闹一些。"

"哈哈哈……"曹操可不想把这次微妙的宴请变成武夫大会，"老将军休要给他们好脸色，那帮将领实在是不成气候，这几日我刚下令整饬军纪，叫他们好好操练吧。您老放心，一会儿我便派人遍请京中要员都到我府，少不了陪您的人！"

“全听明公安排。”段煨满是皱纹的老脸笑得跟朵干菊花似的。

曹操话风一转：“不过老夫还有些事跟令君商议，请诸位先到我府中去吧……冲儿，你也回家去。”

段煨早看这孩子喜人，哪管身在皇宫，竟一把将曹冲抱了起来：“曹公放心，我带小公子回去。我还想听听这小家伙都懂得些什么呢！”曹冲也不怕生，揪着段煨的白胡子咯咯直笑。

辞别了诸人，曹操与荀彧、荀攸来到台阁；耿纪、潘勖都很识趣，早看出他们有私密之言，忙招呼阁内的尚书、令史都退了出去，又把大门随手掩上。荀攸这才拿出军报——原来袁氏兄弟争夺大位在邺城爆发械斗，袁谭兵少落败，与郭图、辛评等出逃城外，打着车骑将军青州刺史的幌子到处招募人马，又叫他在青州的部下快来冀州帮自己抢位子。但青州诸部多为地方土豪，只想保全私利不愿参与内斗，加之他们抵御臧霸、孙观等侵扰已有多年，实在对袁谭丧失信心。青州部将刘询在漯阴县举兵造反，只短短几日光景，举城叛乱者不计其数，唯有别驾王修、东莱太守管统有心追随袁谭，率领兵马北上响应，这场手足恶斗已无可避免。

荀攸觉得时机已经成熟，建议再次北伐。曹操却不着急：“我看还早得很嘛……打虎亲兄弟，上阵父子兵。袁氏兄弟虽已交恶，毕竟还是一家人。老夫若此刻北伐必然促使二子复合，联起手来先与老夫为敌，上次不就是教训吗？奉孝与我讨论过此事，与其强攻硬取不如由着他们手足相残，闹到损兵折将民心丧尽，咱们再坐收渔利。”

荀攸有所顾忌：“坐收渔利固然是好，但也要把握好尺度，倘若袁谭被袁尚攻灭，这渔利也就没了。”

“放心吧，我相信奉孝之言，这小子的话错不了！”曹操笑了笑，“传书臧霸、孙观等将，叫他们尽快进兵。冀州且由着他们兄弟闹，但青州可以趁乱收取，若刘询等人愿意归顺朝廷最好，若是不降一律诛灭。有劳令君起草两份诏书，命吕虔调任徐州刺史、臧霸兼领青州刺史，白送的地盘焉能不要？”

荀攸又道：“此事不简单。辽东太守公孙度依旧觊觎青州，当年袁绍在世他不敢动手，现在派人抢了沿海好几个县，还给那片地方起名叫‘营州’，要设什么营州牧！怎么对付他呢？”辽东虽属于幽州地盘，却是“国中之国”不听袁氏调遣。那公孙度东侵高句丽、西驱乌丸，甚至把扶余国[①]都吞为自己领地，将抢占的外邦土地设立为辽西、中辽二郡，最近还自称“辽东王”，简直是海外天子，现在他东北的地盘抢够了，又跨过海峡抢青州来了。

曹操一阵冷笑：“公孙度真是不知天高地厚，以为打败那些边疆小蛮就天下无敌了。奉孝前几天跟我商议此事，我决定让朝廷给他个武威将军、永宁侯的爵位，他若是识趣归降最好，若执迷不悟我就跟他干！”

“派何人去传诏。”

“奉孝推荐凉茂，我看很合适。”

荀攸虽是一把年纪的人了，但心里还是感觉酸溜溜，似乎郭嘉那一介祭酒比他这个军师更受重视。他努力忽略掉心中的妒意，转而道：“您方才邀请韦诞与邯郸商共游御园，可是为了更换凉州刺史一事？”

“不错，前番平阳之战好险啊！”曹操眼中流露出一阵后怕，“若非临时说动马腾，后果不堪设想，只怕关中之地全落入高幹之手了。”

“听说马超部下一个叫庞德的战将当阵斩杀郭援，后来钟繇认出自己外甥的人头还哭了。一家人各为其主，实在令人叹息。”

“高幹是袁本初的外甥，郭援是钟元常的外甥，想不到老夫的大事险些坏在这俩外甥手里！”曹操不怎么关心别人的感受。“马腾迷途知返也算有功，不妨晋升他为征南将军。但此事可一不可二，倘若他再拿反叛要挟朝廷还能纵容他吗？还是需要一个朝廷亲任的刺史去监控马腾，韦端毕竟也是一方割据，不会事事都向老夫禀报。”

荀攸却不这么认为：“韦氏虽然有欠公义，毕竟在凉州有些名望，若派一个外人当刺史，只怕那些将领不买他的账。再者邯郸商值得您相信吗？有了严……”他本想说“有严象在扬州失败的先例，这类事可要慎重”。但严象的推荐人荀彧就在一旁，因而把话咽了回去。

“这倒无妨。”曹操明白他的顾虑，“邯郸商乃兖州陈留人士，我已向万潜、薛悌询问了，此人忠顺严明格外可靠。另外我听韦诞说，他父亲早有离开凉州之意。咱们可以招韦端入朝授予高官，反留其子韦康在凉州继续统领部曲，这样既能控制凉州又可掌握韦氏的人质，弄好了还能给凉州武夫们作个表率，那些土豹子们，做梦都想当大官呢！”

---

① 扶余国，古代少数民族国家，在今鸭绿江一带，辖境内有多个部落，其中包括一部分朝鲜族、满族的祖先。

荀攸总觉得曹操设想得太简单了，不过河北若定便能震慑关西，这番安排似乎也无碍大局："既然韦氏愿意，此事也罢了。不过西凉之地不可马腾独大，马腾与韩遂虽盟为兄弟却屡有矛盾，何不升韩遂官职，使二人互相牵制，谁也不能独霸凉州。"

"好提议！"曹操眼睛一亮，"韩遂这人老夫早年就认得，他父亲与我是同年孝廉，他本人也曾游学洛阳，还拜会过何进呢。不过那时他还叫韩约字文遂，后来被北宫伯玉胁迫着造了反，把名字对调掩人耳目，名约字文遂变成了名遂字文约。毕竟是个念过书的，知道造反羞于见人，应该比马腾聪明得多。这样吧……马腾为征南将军、韩遂也升任征西将军，一个征南一个征西，叫他们争去吧！"

荀彧翻着案头凌乱的表章补充道："最近武威太守病故，段煨推举名将张奂之子张猛接替此职，但此人身在弘农咱们没见过，能不能予以重用呢？"

曹操笑了："昔日段颎与张奂不和，因征讨羌人之事互相攻劾，段颎依附宦官王甫，张奂嚷着为党人翻案，没想到他们死后兄弟子侄倒挺合得来。张猛张叔威乃将门虎子，段煨的眼光应该不会错，再说他兄长张昶还在朝中为黄门侍郎，不会对咱有二心。邯郸商为刺史，张猛为武威太守，就叫他们一起赴凉州上任吧，还能互相照应。"他沉默片刻，又想起件事，"令君啊，新近征辟的掾属到齐了吗？"

荀彧拿起份书札递给他："这是毛玠刚刚转过来的，这些人已到了十之七八。自广陵来的陈矫、徐宣，河内的杨俊，荆州逃归的刘廙（yì），外任召回的杜袭，还有刘勋旧部刘晔、蒋济、仓慈等人都在其列，只有司马懿拒不就任。另外我擅自做主又添了三人。"幕府属员常常变更，曹操每用一批人就会择其有才者放以地方县令，久之再晋升为郡守，如此地方要员就会被幕府之人占据，完全听命于曹操。如今老一代何夔、刘馥、袁涣、凉茂、司马朗、郑浑、徐奕等已外放，急需补充新人。

"别人倒也罢了，陈矫、徐宣我要单独见见，不知陈登是否甘心离开广陵。"曹操接过名单看了看，见末尾补了张既、杜畿、韦康仨名字："令君为何增补此三人？"

荀彧娓娓道来："张既字德容，左冯翊高陵县人，官拜新丰县令。平阳之战就是他替钟繇说降马腾的。"

"有胆有识。"曹操点点头，"另外二人呢？"

“杜畿字伯侯，京兆杜陵人士。他是个老资格，历任京兆功曹、郑县县令、汉中府丞，后因汉中张鲁作乱，在荆州避居数年最近刚回到关中，如今在京兆尹张时手下充任功曹……”说到这儿荀彧忽然笑了。

“哎呀！”曹操瞟了他一眼，“老夫几时见令君笑过？莫非这杜畿有何可笑之处？”

“不瞒曹公，我发现此人实属偶然。这杜畿与侍中耿纪乃是至交好友，前日晚间前来拜会，两人秉烛叙话聊了一整夜。在下那日正好留宿台阁，就睡在耿纪隔壁，他们的话听得清清楚楚。杜畿针砭时弊颇有见识，且与曹公笼络关中不战而定的策略不谋而合。所以昨天我就质问耿纪‘有国士而不进，何以居位？’生生要来了此人履历。”

“哈哈哈……”曹操也大笑不已，“荀令君之进善，不进不休。我看天下之人才，早晚被你网罗个尽！”

“曹公过奖了。”荀彧拱手谦让。

曹操又一把拉住荀攸道：“相较之，荀军师之去恶，不去不止。一切破敌之妙计老夫都要倚仗你。由你们二人为老夫左膀右臂，何虑大事不成？”

荀攸倒没什么，荀彧此刻却对他所言的“大事”深表怀疑，转而道：“还有这韦晃，也是京兆韦氏一族，以耿介公正著称。”

“很好，这三个人都可以用。妙就妙在他们都是关中籍贯，多用些这样的人，关中之地还愁不稳固？段煨刚才跟我说，年纪大了不想再战了，我看等平了河北就召他进京，给个九卿级的官职，也给关中诸将竖一个归附朝廷的榜样。”

荀攸却道：“段忠明之事暂且不急，以在下之见当速召河东太守王邑入朝。此人身为郡守，却对高幹僭立郭援之事毫不在意，高幹攻入关中他竟戍守城池不肯出战，这明摆着是袖手旁观，想见风使舵当不倒翁嘛！”河东太守王邑是西京时期任命的，他在天子东归时曾贡献过一批粮草，帮助流亡朝廷在安邑驻足，因此受封大司农、阳亭侯。但此人实力薄弱不思进取，白白瞅着曹操将天子迎走，他至今还带着自己那点儿人马屯驻在河东。朝廷倒也对得起他，大司农头衔一直给他挂着，侯位也未剥夺。

曹操想了想道：“早该把他调回来，不过此事要用策略办，王邑久镇河东必有党羽，若因调他而与关中豪强结怨，就因小失大了。”

“我再考虑考虑，看有没有两全之策。”荀彧又从案头拿起两份书简，“关于征辟掾属，孔融也推荐了一人，会稽盛宪……”

“不用此人！”曹操一把推开，“我听说过，盛宪与孔融私交甚笃，这朝里有一个疯子就够烦的了，不能再用此等人物！”

“诺。”荀彧咽了口唾沫又道，“另有一位我要特别推荐给明公，乃是山阳高平人，名唤仲长统，此人既通经籍又远见卓识，潜心撰写了一部《昌言》。在下已拜读过了，言辞精辟切中要害，不亚于扬雄之《发言》、桓谭之《新论》、王符之《潜夫论》，乃当世宏才！我已将他招到舍下，随时听候明公任命。”说着话又把书简塞回曹操掌中，“这是《昌言》其中一卷《理乱篇》，请您过目。”

荀彧推荐的贤才不少，但极少给人如此高的评价，竟能与扬雄、桓谭并论，这个仲长统必然有超凡之处。曹操越听越感兴趣，便迫不及待读了起来：

> 豪杰之当天命者，未始有天下之分者也。无天下之分，故战争者竞起焉。于斯之时，并伪假天威，矫据方国，拥甲兵与我角才智，程勇力与我竞雌雄，不知去就，疑误天下，盖不可数也……

只看了这么几句曹操便觉恼火！什么叫“伪假天威，矫据方国”，什么又是“不知去就，疑误天下”？这话读来读去倒像是批判他不肯还政天子。曹操心里厌恶，但瞧着荀彧的面子又不好说别的，只道：“文章虽好不一定真有才干，征召的掾属够多了，等以后有机会再说吧。”

荀彧之所以没把仲长统写到名单里就是想单独举荐，以他之见此人非小小掾属所能限量，大可以跻身庙堂为一代名臣，哪知曹操两句话就打发了，忙争辩：“仲长统确是难得之才，还请您……”

“以后还有机会嘛！”曹操不待他说完就站了起来，“今晚我要在幕府设宴，有劳令君与军师替我广邀群臣，越多越好。另外把陈矫、徐宣以及其他掾属也叫去一起赴宴，借这机会让大伙互相认识认识。老夫回去陪段煨他们，台阁之事令君多辛苦吧……”其实他还有一层用意，要把兵伐荆州的假戏做足，借这场酒宴弄得朝廷百官无人不知，京师传言沸沸扬扬，这样袁尚、袁谭得知消息才能放心内斗。

荀彧还欲再替仲长统说两句好话，却见曹操头也不回出了大门。荀攸瞅了他一眼，低声道："天下之事皆由曹公之意，即便身负大才若不和光同尘又能如何？文若啊，咱们不论进善还是去恶，也要适可而止把握分寸。"

荀彧没想到这位比自己大六岁的侄子会说出这话，呆呆愣了半晌，也只得无奈地点了点头……

文采风华

曹操对广陵太守陈登始终心存芥蒂，一来是因为他先前有过背叛吕布之事，二来更是因为他曾与刘备私交甚笃。当年孙策意欲北上，曹操急着与袁绍决战不敢节外生枝，所以权且让他留驻广陵，并加封伏波将军，用他充当阻挡孙策的盾牌。可孙策一死他就没有利用价值了，在曹操看来反而可能是隐患，所以命其离开广陵转任东城太守，并把他的左膀右臂陈矫和徐宣召入了幕府。

曹操会见诸位新任掾属，一一见过聊上几句，却把陈徐二人留了下来。陈矫早在平灭吕布时就被曹操认识了，官渡之战时还曾赶到曹营搬请救兵，曹操对他颇为赏识，今日相见格外高兴："数载未会，季弼有些发福了？"

陈矫很会顺藤爬："在下得曹公的恩信故而得肥。"

曹操却无心听他玩笑："我听说陈元龙转任东城太守之际，广陵百姓依依不舍，还有人举家带口与他一同迁徙，可有此事啊？"

"确是不假。"陈矫实话实说，"陈郡将在广陵任职这些年，秉公执法劝课农桑，剿灭海盗南御外敌，百姓安居乐业感念其德。因而听闻陈郡将迁官，父老乡亲甘愿相随，就是背井离乡到东城去垦荒，也要跟着陈郡将……其实是曹公用人有方，陈郡将才能享誉一方受民爱戴嘛。"

曹操听得哭笑不得，简直有些嫉妒陈登，但这个人名望如此之高，即便离开广陵也不能小觑："动乱年月百姓多遭离乱之苦，好不容易遇上陈登这样的好官，自然愿意跟着他过好日子。不过……"他话风一转，"各地郡县本有民籍，随便迁徙对民生之计不利呀。"

陈矫眨巴眨巴眼睛，似乎体会到话外之音，如今他已被曹操辟入公府，吃秦向秦吃楚向楚，便随着道：“广陵之地乃是蒙曹公之德才得以安定，人心向背天日昭昭，陈郡将这些年也是时常跟我们倾诉对您的敬仰。况且……”

“怎么了？”

陈矫微抬眼皮：“非是在下背德妄言，陈郡将似乎命不久矣。”

“嗯？”曹操一愣，“此话怎讲？”

“陈郡将身患气闷之症已有多年，病发之时胸中烦闷食水不进，去年春天此病又犯，胸臆痛楚面红耳赤，比以往严重许多。眼看关乎性命，便请名医华佗来调治，一副汤药灌下去，竟吐出两升虫子来，赤头红身后尾生鳞，摇摇摆摆还是活的……”

曹操听他描述便觉恶心，赶紧摆手制止：“不要再讲了，这到底是什么病？”

“华佗先生言道，此乃生食鱼肉[①]所致，而且陈郡将自幼有此癖好，患病太久已不能根除。此番虽驱出两升虫子，但五脏六腑早受其害，三年之内必然再次发病，那时就算扁鹊复生也救不了！”

曹操巴望着陈登早早下世，嘴上却假惺惺道：“元龙才智超凡却患不治之症，老天何等不公！不过世间方士巫医皆爱危言耸听，切脉之时说是疑难之症，治愈之后便自夸其能。这个华佗其实与老夫还是同乡，虽有些微末之才，但他说无救也未必确之凿凿。”

“明公奔忙在外有所不知，华佗并非江湖术士，他不单精通岐黄之术，且通晓经籍颇有才干，虽望闻问切皆按章法，却并不以此为业，一般达官贵人想寻他看病也不容易。皆因陈郡将之父陈汉瑜任沛国相时曾举他为孝廉，凭着这层私交才请得动他。”陈矫满脸认真，“在下有个建议，明公何不征辟此人留于府中，一来给他份正经差事，二来明公若有小恙也可令其化解。”

徐宣自给曹操行过礼就在一边站着，直听到此处才插话：“季弼所言差矣！子曰‘君子不器’，巫医、百工、庖厨、倡优之流，绝非士大夫所属。华佗不行正道之事，反钻研方术伎俩，岂不是本末倒置？季弼

---

① 陈登所患之症，疑似现今“肝吸虫病”，属于寄生虫疾病。根据古人尸体的解剖发现，中国自秦汉时代便有此类疾病，发于东南沿海之地，多因生食鱼虾等海产品而感染。

如今身为幕府掾吏，不向主公荐举大才之人，怎么偏偏提此左道倖进之徒呢？”他与陈矫虽都是广陵人，又皆在陈登帐下效力，共事多年却甚是不睦。官渡之战时一个借兵曹军，一个平叛海西，都为击退孙策立过功劳，才能也不相上下，就是互相瞧不顺眼。

陈矫是个洒脱俊逸之士，言谈举止比较随便；徐宣却是刻板教条之人，以德行方正著称，两人性格宛如针尖对麦芒。今天徐宣当着曹操挑错，陈矫哪里肯依，反唇相讥道：“在下举荐华佗乃为明公身体着想，哪里扯到这般大道理？徐宝坚啊徐宝坚，你真是人如其名，坚得这般不通人情！”

徐宣正色道：“君子之人不可妄言，你讥讽我名也忒过分了。”

“难道你不曾到处传扬我的家事吗……”

曹操久闻二人不和，却没料到沾火就着，眼见徐宣脸色凝重正襟而立，陈矫满脸绯红渺目侧视，真是又好气又好笑，赶紧打了个圆场：“宝坚之言虽是正理但未免过苛，其实喜好岐黄之术未必不是好事，至少可以治病救人嘛。人生在世祸福莫测，就比方他陈元龙，不过三十多岁的年纪，连江东孙策都被他挡回去了。哪知只因爱吃几口生鱼，就把一生葬送啦！”

正说话间王必进来报事：“启禀主公，列位大人前来赴宴，已到大门口。”

“哦，快快有请。”曹操忙起身，带着陈徐二人下堂。杜畿、刘晔、仓慈等新来的掾属都在院子里站着，见他出来赶紧一齐行礼。曹操挥手叫他们平身：“少时宴客你们也不要回避，我命人在院子里设摆桌案，你们随便聊聊，日后共事也当互相了解。”

“谢主公赐宴。”众人异口同声。

曹操刚要走，又见曹丕也站在人堆里：“你怎么也在此处？”

曹丕出列道：“回父亲的话，植儿去寻丁家兄弟了，冲儿玩了一天这会儿回去睡觉了，彰儿嚷着出去骑马，我不放心叫子丹兄陪着他去了……”

“我没问他们。”曹操一瞪眼，“我说你怎么不在后面念书，跑到这儿胡溜达什么？”

“兄弟们都不在，孩儿便与刘桢、阮瑀他们讨论诗文，听见外面人声嘈杂，所以过来瞧瞧。”曹丕边说边往后退。

“别走了！为父宴客，你留下来跟着支应吧。”

“唉！”曹丕总想在人前露脸，这次总算如愿了。

幕府门前车水马龙，应邀的诸位大臣已自行按朝班排好了次序，自司徒赵温以下共来了三十多位，个个衣裳齐整冠履端庄，拱手寒暄如沐春风。曹操率领众掾属出来迎接，每个人都是再三揖让才迈入府门——在曹操家他们敢不客气吗？

这会儿阖府的家丁仆僮也忙活开了，设摆桌案搬运酒坛，另有些乐工安置编钟瓦缶丝竹管弦，预备着伴宴。曹操一把拉住司徒赵温：“来来来，赵公与我一同上座。”

赵温乃蜀郡成都人士，早年初入仕途曾有狂言：“大丈夫当雄飞，安能雌伏！”以后几十年官升得倒是很快，自西京时期就已位列三公，不过当初有李傕、郭汜乱政，如今是曹操独揽大权，飞是飞不起来了，只能老老实实伏着。他年近七十，这些年当幌子也当出心得了，加上一嘴软绵绵的蜀中口音，说起话来珠圆玉润：“曹公是主我等是客，老朽不敢以客欺主啊！”说罢也不等曹操再让，一屁股坐到了东首头一席上。他算给别人做了样子，后面孔融、华歆、王朗、郗虑、耿纪、荀悦、周近等都依次坐了，唯有荀彧坐镇中台没有来；西边倒不那么拘束，丁冲、董昭都是曹操心腹，另有黄门侍郎张昶、议郎金旋等关西籍贯的人陪着段煨、韦诞入席，即将赴任的邯郸商也插到了中间。至于幕府的众掾属不过是沾沾喜气，在院子里为他们另外列席。唯有曹丕是个稀罕物，左右都靠不着，在廊庑之下设了个独座，倒是里里外外都能瞧清楚。

曹操当仁不让坐了主位，吩咐动乐开宴，又一眼打见贾诩在堂下与许攸同坐一席，赶紧招呼刘岱：“把贾文和请到堂上来，他是当过尚书令、执金吾的人，又是凉州籍贯，理应与段将军他们同列。”

少时饭菜如行云流水般摆上每个桌案——五味脯[①]、八合齑、青蔬果菜，另有西域使者进贡的葡萄、青州诸将献来的鳆鱼，饮的是赊店陈酿、浓香老醪；丝竹乐工各司其能，单演阳春之曲，真是钟鸣鼎食，富贵无边！

《礼记》有云：“夫礼之初，始诸饮食。”幕府平日饮食倒也寻

---

① 五味脯、八合齑，汉魏时期著名的菜肴。五味脯，是用牛、羊、鹿、野猪、家猪的肉脯制作的主菜；八合齑，是用蒜、姜、橘、梅、栗黄、粳米、盐、醋一起捣碎制成的佐餐酱汁。中国在汉末时期还未出现“炒”的烹饪方法，多以蒸、煮、烤、腌制菜品为主，而且一般配有佐餐的酱汁，与西餐饮食颇为相似。

常，今天可特别费了一番心思。酒食菜品确是一流，无奈寡宴薄饮无人谈笑。西边大多是有差事之人，低声嘀咕讨论关中局势；东边都是摆模样的官，正襟危坐无话可谈，只一个孔融随随便便；至于堂下那般掾属更不敢随便多言了。曹操平生喜欢吃鱼，这会儿却也提不起兴致，只要一伸筷箸就想起陈登腹中那两升虫子，索性举起酒来没话找话："伏国丈与杨公怎么没来啊？"

众人听他提起伏完与杨彪，还以为他有意责难，赵温干笑道："伏国丈这几日犯了痰气，卧于病榻来不了；杨大人还是足疾的老毛病，出门不方便。他们未来还望曹公见谅。"

伏完患病是真的，杨彪的足疾可是自罢免太尉之日就有了，乃是不问世事的借口。曹操也懒得计较这么多，只道："最近时令不好，侍中刘邈卧病在床，我那妹夫任伯达也病着呢。"刘邈也算是曹操的恩人，虽然在玉带诏之案时闹了些别扭，但曹操还是挂念老人家的，如今年逾古稀，也是快入土的人了。至于任峻的病也不轻，最近连屯田的差事都不得不放下了，曹操请御医为他治病，又将其转任为长水校尉，让他留在许都安心休养。

只说了这么两句又冷场了，曹操干脆叫曹丕上来给列位大人敬酒。诸人哪敢劳烦这位曹大公子，真有几位朝廷大员不顾身份避席还礼，倒把年纪轻轻的曹丕弄得一脸尴尬。曹操见这帮人实在无趣，灌了盏酒道："今日老夫设宴，一为酬劳列公辅保朝纲劳苦功高，二也是因南征荆州向大家辞行。这般冷清成何样子，谁能吟首诗歌助助酒兴？"

众大臣被他说得面面相觑，却无人敢于站出来。曹操索性一摆手："既然如此，先叫我府下的掾属抛砖引玉吧。繁休伯、路文蔚，你们打这个头阵如何？"

繁钦就坐在堂口，闻听召唤与路粹对望了一眼，赶紧出席跪倒："启禀主公，我等行文录事多年，这把年纪也没有什么别致的才情，且叫年轻人出来显显身手吧。"他说的年轻人是新近入府的阮瑀与刘桢。他们才二三十岁，却皆以诗文见长。曹操素爱附庸风雅，将他们由书佐[①]提升为记室[②]，拿着令史一级的俸禄，却很少草拟表章，多是

---

① 书佐，公府一般的文书佐官，地位在掾属、令史以下。
② 记室，全名为记室令史，是三公、大将军身边专职草拟表章的，地位较书佐要高。

陪着曹丕等公子吟诗作赋。

“也好……”曹操莞尔，目视刘桢道，“公斡！你小子快快作出一首为列公助兴，难道还要老夫下去拿你吗？”

刘桢为人诙谐又甚好卖弄，满心要酝酿一首佳作，听见招呼却不肯出列，笑嘻嘻拱手道：“请主公恕罪，在下一时不济，还要再思量思量……不过元瑜兄是文思泉涌之人，且叫他打头阵吧！”他又把这贴膏药粘到了阮瑀身上。

曹操嘿嘿直笑：“不愿第一个出来又不直说，你小子心眼还挺多的。那元瑜就来作一首，少时他若不及你，老夫命人灌他酒。”

阮瑀无可奈何只得离席上堂，给在座之人作了揖道：“敢问主公，要一首何等题材的？”

“今日非是会文，不过为列公佐酒，哪有这许多讲究？你随便作出一首便是。”

阮瑀心中暗想：今天这般阵仗，不知又要作出多少诗文。我是头一个被点将的，若是上来就铆足了劲，刘桢的诗再精彩也品不出滋味了。倒不如规规矩矩作上一首应景的，但求中庸也好做人……想至此手捻胡须慢慢吟道：

阳春和气动，贤主以崇仁。布惠绥人物，降爱常所亲。
上堂相娱乐，中外奉时珍。五味风雨集，杯酌若浮云。

“不错不错……”华歆就是个老好人，第一个开口称赞。他一说话别人都跟着响应，叫好声一片，气氛马上热闹起来，曹操也点头而笑。

群声嘈杂之中，孔融提高嗓门嚷道：“不好不好！这等平平淡淡的东西怎能说是佳作呢？”

老先生挑刺本不该辩白，但阮瑀只当是逢场作戏哄曹操一乐，便斗胆走到孔融面前：“敢问孔大人，在下这篇哪里不尽如人意？”

“从头至尾皆不如意。”孔融吃了尊酒，微笑道：“先说这第一句‘阳春和气动’，敢问元瑜，现在是几月天呢？”

“大人指摘的是，不过咱们作诗之人图的是意境，今日大家欢聚一堂共赴盛会，岂非人情暖过春意？”阮瑀振振有词。

“也罢，老夫且饶你这一错。”孔融乐呵呵还有话说，“第二句又是什么‘贤主以崇仁’此言谬矣！所谓贤主乃是当……”

华歆听这话头心怦怦直跳，孔融竟要把“贤主”是曹操还是皇帝分辨明白！他赶紧举起酒来，不待其把“当今圣上”说出口，便起身敬酒：“列公请饮……”他是个老滑头，第一个先敬丁冲。丁幼阳这醉猫就是贩夫走卒敬的酒也要喝，随即嚷道：“来来来，诸位同饮！”众人纷纷相敬乱了半天，硬是把孔融后面的话给盖下去了，等到人声稍歇，只听了后半句：“这‘五味风云集’说他做甚？难不成你要把佳肴写个遍？若容你再编下去，只怕‘海阔鳆鱼跃，葡萄满堂飞’都要出来了！”这话逗得大伙直笑。

“古人曰‘五行配之五味’。故烹饪者，做熟也，调和五味之谓也。此中大有深意，老大人岂能不知？”阮瑀背着手有问必答。

“牵强啊牵强……”他二人还在你来我往争论不休，忽听身后有人赞道：“好字！真真妙笔！”原来韦诞能写一手好字，在西州颇得人喜爱，他又年纪轻好卖弄，在阮瑀吟诗之际找刘岱要了一大张蔡侯纸[①]，随着词句就写了下来，这会儿举起叫大伙观看，众人无不赞誉。

“请曹公过目……”阮瑀接过纸来，快步捧到帅案前。

曹操定睛观看——这幅篆字写得铁画银钩一般。虽不及那位大名鼎鼎篆字名家梁鹄，但年纪轻轻有这样的笔法也很不凡了。曹操连连颔首，赞道：“后生可畏啊……若是再加勤勉，日后之造诣不可限量。”

“多谢明公夸奖！”韦诞这小伙当仁不让。

“这幅字老夫收下了。”曹操招手唤刘岱，“你去叫人取一条玉带赠予韦公子，权作交换之礼……哦，再拿些绢帛笔墨赠予元瑜。”

刘岱也跟着凑热闹道：“我替主公拿个主意，搬一箱子绢帛过来，后面不知还要作多少诗，干脆一并赏了吧。”

“好好好，由着你去办！”曹操这会儿高兴，干什么都行。

曹丕看得眼热，突然有了主意——我若也在人前作首诗，岂不是人人夸奖，父亲也要高看我一眼？随即也道：“烦劳也给我拿卷书简来。”他不敢公然夸口，打算先酝酿酝酿，写出来再说。

刘桢早在堂下准备好了，待阮瑀出来，还不忘客气客气：“多谢兄长口下留情，给小弟留余地了。”大步流星迈上堂道，“诸位大人，在

---

① 蔡侯纸，即东汉蔡伦造纸术制造的纸。中国造纸术发明虽早，但使用并不广泛，东汉仍以竹简、绢帛、羊皮等为主要书信载体，做工精细的纸张是很宝贵的。

下也有了一首，请大家指点！”说罢甩起大袖边歌边舞：

鸣鸢弄双翼，飘飘薄青云。
我后横怒起，意气凌神仙。
发机如惊焱，三发两鸢连。
流血洒墙星，飞毛从风旋。
庶士同声赞，君射一何妍！

他不到三十岁正值韶光，又生得相貌英俊，长袖善舞衣袂翩翩，时而摇摆仰俯，时而状若射鸢，真真精彩绝伦，引得堂上之人无不抚掌欢笑。曹操正喝了一口酒，听到“发机如惊焱，三发两鸢连”不禁“噗”地一口全喷了出来，继而仰天大笑——这小子何等伶俐？袁尚、袁谭兄弟阋墙，老夫要的正是箭射两鸢啊！

“好！”西首众人又举起幅字来，乃是黄门侍郎张昶所书。想那张家父子两辈子的狂草，这般家学凤舞龙飞一般。曹操双挑大指：“诗好字更好，妙哉妙哉！”

张昶已是年近七旬之人，站起来谦虚道：“老朽献丑，诸位实在过誉。若先父、家兄在世，不知比我这两笔强多少！”这倒是实情，他父张奂张然明，不但仗打得好，草书也是一绝；而他兄长张芝下笔如神天下无双。张昶也有几下子，却远不如父兄，不过是张奂、张芝都死了，显出他的本事来了。

段煨那老兵痞就坐在张昶身旁，一把拉住他手道：“老兄弟，这就够他们瞧的了！今日关东人吟诗，关西人写字，他们是文的，咱们来武的……喝酒吧！”

众人顿时一团哄笑，曹操乐得前仰后合，头巾都坠到菜里弄湿了。刘岱也会做人，取了双份的绢帛递与刘桢，给张昶的不仅有玉带，还有一柄雕饰精美的玉如意——反正是官渡之战得来的，曹操又不用，敞开来送也是替他买人心。

曹丕琢磨了半天，可就是一个字也写不出来，写得雅致似阮瑀，写得豪放像刘桢，想自己别具一格作一首，丁冲、孔融、段煨这几个大叫驴一嗓子接一嗓子，把他脑子都搅乱了。磨叽了半天才想出一句，还没落笔又见孔融站了起来：“段忠明，你这老兵痞，是不是笑话我关东没有豪迈之士啊？老夫就来作一首，叫你竖起耳朵好好听听！”他这一放话，在场之人就连曹操都安静了，全知道他是此中魁首。但见孔融拾起筷箸，轻击杯盘，仰天高歌起来：

岩岩钟山首，赫赫炎天路。高明曜云门，远景灼寒素。
昂昂累世士，结根在所固。吕望老匹夫，苟为因世故！
管仲小囚臣，独能建功祚？人生有何常，但患年岁暮。
幸托不肖躯，且当猛虎步。安能苦一身，与世同举厝。
由不慎小节，庸夫笑我度。吕望尚不希，夷齐何足慕！

“哈哈哈……”这诗作得狂狷霸气，不少人听得喷饭大笑。段煨笑得上气不接下气：“真有你这老狂夫的，岁数越大狂得越没边了。‘吕望老匹夫’‘管仲小囚臣’，我看你如此不服老，别在堂上坐着，干脆下去与那帮后生小子同列[①]吧！”

众人都笑，曹操非但不喜反而心有恚意：这胆大包天的孔老鬼，竟敢当着我的面诵这等诗篇！‘吕望尚不希，夷齐何足慕’，太公吕望都看不起，伯夷叔齐全不值一提，这话究竟冲谁说的？难道他诽谤我有意谋朝篡位？但看着又不像……算啦，喝酒吟诗算不了大错，况且现在老夫还用得着你。不过这桩事我且记下，你道管仲只是小囚徒，休怪将来一日我叫你当囚徒！

这堂上有的是细心之人，郗虑、王朗、荀悦等人都听出弦外之音，全拿余光暗暗注视曹操脸色。渐渐地所有人都感觉到气氛不对了，一会儿工夫大堂竟安静下来，唯有孔融满不在乎还在笑。董昭轻拉贾诩一下，捂嘴嘀咕道：“文和，曹公似乎生气了……”贾诩却好似没听见，低头照吃照喝。

正在冷场之时，坐于上位的司徒赵温突然开了口：“诸位大人，今天这鳆鱼羹炖得真是鲜美啊！”

华歆赶紧接过话：“是啊，西域的葡萄也很甘甜。”这俩老滑头倒是一唱一和，打破了尴尬局面，其他人也赶紧没话找话，这也就对付过去了。

---

① 曹丕日后著有《典论》，其中将孔融、刘桢、阮瑀以及后来归附曹操的陈琳、王粲、徐幹、应玚并列，推崇他们七人的诗赋文章，被后世称为“建安七子”。

可能曹操也感觉出自己失态了，渐渐挤出一张笑脸，站起身朗声道："今日列位高才皆有佳作，老夫也来凑个热闹，步乐府古韵歌一曲《善哉行》，还请列位雅正。"一听主角要开唱，大堂上下无不抚掌逢迎，两旁的丝竹乐工早有准备，赶紧拨转宫商各司其妙。曹操绕出帅案，一边环视众人，一边引吭高歌：

古公亶父，积德垂仁。思弘一道，哲王于豳。
太伯仲雍，王德之仁。行施百世，断发文身。
伯夷叔齐，古之遗贤。让国不用，饿殂首山。
智哉山甫，相彼宣王。何用杜伯，累我圣贤。
齐桓之霸，赖得仲父。后任竖刁，虫流出户。
晏子平仲，积德兼仁。与世沈德，未必思命。
仲尼之世，王国为君。随制饮酒，扬波使官。

他嗓音宽洪嘹亮，诗句立意高远，将古公亶父[①]、太伯仲雍[②]、伯夷叔齐、仲山甫[③]、管仲、晏婴[④]、孔丘几位先贤的仁德一一唱出，真君子正道之歌！在座大臣有多半不是曹操心腹，但听着这慷慨激昂的大雅之韵，谁还能怀疑他辅保汉室的真诚？不过细心之人都能听出，前番孔融指桑骂槐贬损古人，曹操却避实就虚褒扬先贤，两人立意实是针锋相对。

孔融听出这是冲自己来的，心中暗笑——贬者未必是贬，褒者也不一定就出自真心，歌颂圣人哪个不会？看人不能听其怎么说，关键要看怎么做。

其他人可顾不了许多，赶紧避席跪倒："曹公文采超凡德追先贤，我等望尘莫及。"

"哈哈哈……"曹操得意洋洋，想再向大家敬酒，忽见主簿王必急急忙忙跑上堂来，谁都没理径直奔至他身边耳语了几句。

---

① 古公亶父，周文王之祖父，率领周族由豳地迁往岐山，使周室自此兴旺。
② 太伯、仲雍，两人是古公亶父之子，让位于周文王之父季历，兄弟远走山越建立吴国。
③ 仲山甫，周宣王时期名臣，总揽王命品德高尚
④ 晏婴，字平仲，后世尊为晏子，春秋齐国大夫，经历灵公、庄公、景公三朝，才智过人治国有方。

“可恶的大耳贼……”曹操满脸笑意顿时消失得无影无踪，“老夫有些军务要办，诸位大人随意。公仁、文和，你俩随我来！”

“诺！”董昭、贾诩连忙起身，快走几步跟着他转入后堂。

他们这一走，大堂的气氛立时沉寂下来。谁有心思在这里饮酒赋诗，不过都是逢场作戏。华歆、王朗等人低头不语只是用餐，段煨与张昶、邯郸商小声议论他们的事，至于堂下刘桢、阮瑀和新招来那帮掾属更不敢随便议论什么，唯有孔融大说大笑挥洒自如。

这一静下来曹丕反倒文思泉涌了，他一手托腮一手信笔，不紧不慢地还真写出一首自己满意的诗来，本想等父亲回来再献上讨巧，哪知闷坐多时也没动静。过了好一阵子，刘岱忽然从外面走上堂来，作了个罗圈揖朗声道：“我家主公突有要务，不能陪各位大人饮宴了，请诸位大人恕罪。主公还道，请大家吃喝随意，千万不要拘束，少时若要离开也请自便。”

主人不出来，这酒还喝什么？司徒赵温第一个起身告辞。曹操不在他的官最大，他要离开满堂的人都要跟着送，似段煨、张昶等辈也就趁机走了，华歆、孔融、王朗等名士揖揖让让联袂而行。其他官员喝口酒、吃口菜、闲谈几句也散了，掾属们三三两两离去，最后连抱着酒壶不撒手的丁冲都走了，临出门差点儿叫装绢帛的箱子拌个跟头。杯盘狼藉的大堂中最后就剩下曹丕一个人，这当众展示才华的机会又错过了，为何总不能如愿呢？他深深叹了口气，抓起刚写的那首诗，茫茫然下了大堂。

“公子！”刘桢送客回来，与曹丕走了个迎面，“刚才我看你搦管凝思，不知有何佳作啊？”

“什么佳作不佳作，就是这么个玩意儿。”曹丕举给他看：

> 东越河济水，遥望大海涯。
> 钓竿何珊珊，鱼尾何簁簁。
> 行路之好者，芳饵欲何为？

“噫！”刘桢惊呼一声，“惜乎惜乎！方才没能拿出与大家共赏，此首乃今日之魁首也！”

“哼！”曹丕只当他是献殷勤，“你莫要拿我取笑，这寥寥几句也值得大惊小怪吗？”

刘桢摇摇头：“在下并非奉承公子，您的这一首确有高明之处。《诗经》有云：‘箬（ruò）藋竹竿，以钓于淇。岂不尔思，远莫致之。’此乃世间相思之态。这一句‘钓竿何珊珊，鱼尾何簁（shāi）簁’可算尽承其美了。佳作……佳作……”

“其实我自己觉得也不错。”曹丕瞧他摇头晃脑如痴如醉，似乎不像是安慰之言。

刘桢沉吟半晌，笑道：“方才元瑜那首《公宴诗》不过小试牛刀应景而已，我那一首《射鸢》歌大风赋猛士，贵在一石二鸟，为大家取个乐。孔融那老儿狷狂不羁盛气凌人，不过也是他生平志向所在，嬉笑怒骂皆成文章，别人真还比不了！至于主公那首《善哉行》乃是彰显先贤之仁，自不敢望其项背。通盘看下来唯有公子这一首最妙，袅袅轻轻正合心境。想来公子年近弱冠，必是情窦已开，思慕美人乃世间男子之常情啊！”

“休要拿我取笑，”曹丕脸色微红，心下并不赞同他看法。这首诗写的并不是相思之情，合了《诗经》之语其实是误打误撞。但刘桢乃此中高手，他若真心说好那必定是不错，日后寻个机缘巧合再拿给父亲瞧瞧，肯定能得一番赞誉。想至此他连连道谢，又闲话几句打算回转后堂，哪知还未走到二门，忽听一个陌生的声音自背后呼唤道：“公子请留步。”

曹丕回头一看——是新征召来的一个掾属。此人不似刘晔、杜畿等那般出众，刚才在人堆里坐着，不显山不露水半句话都没说，曹丕连他名字都不晓得，便搪塞道：“先生有事吗？”

那人恭恭敬敬作揖道：“恕在下冒昧，能不能将您手里那篇诗文给在下瞧瞧？”

曹丕不知他意欲何为，上下仔细打量：此人二十四五岁，说话略有些兖州口音，个子不高脸庞白皙，五官相貌皆不出众，留着刚蓄起的毛茸茸的短须，身穿一袭普通掾吏的皂色深衣，没有冠戴仅是一根黄杨木的簪子别顶——不过就是个平凡的小人物。

那人见曹丕不搭言，忙解释道：“公子莫要误会，在下只是听说您颇有文采大笔华翰，想要亲眼瞧瞧您的诗作罢了。”

曹丕料他是个阿谀倖进之徒，若不给看必定纠缠不休，便没好气道:“你看看便是，不过我后堂还有要事，你快着点儿！”

那人接过竹简，低着头猫着腰一身谨慎之相，小声默念了一遍，遂将诗文递还，赞道:“好诗好诗！‘行路之好者，芳饵欲何为？’这世上之人纷纷攘攘追求名利，却不知那仅是芳饵钓钩。人之一生犹如大江东去，争来争去最终为的又是些什么呢！”

“你……”曹丕大吃一惊，心下暗暗称奇，这才是此诗的原意呢！方才刘桢没有品味出来，他还以为自己功力不够，现在却叫此人解了个明明白白，当真人不可貌相。他赶紧收起公子哥的做派，正襟拱手道：“敢问先生高姓大名仙乡何处？”

“不敢当。”那人规矩还礼，“在下吴质，陈留定陶县人。”

“久仰久仰！”其实曹丕根本没听说过，但听其解诗便觉他是个人物了，“方才我与刘公幹言谈，他道这诗仅是相思之意，我还以为自己功力不够弄巧成拙了呢！还是先生心明眼亮。”

吴质不但会解诗，更会解人情:“刘公幹非不能深解其意，而是整天操书弄札少了几分平和心境罢了。恕在下直言，公子这诗文非是您这样的身份轻易能作的，此感慨之言必是有感而发，莫非公子有何不如意之事？”

曹丕脸一红，这话怎么能轻易吐露呢？摆摆手道:“不过稍有些惆怅之意，没什么要紧的，情之所至偶得此诗。”

“哦。”吴质并不反驳，又默默吟诵了一遍，低声道，“有两句话在下姑妄言之，公子姑妄听之，若说得不对还请见谅。在下风闻曹公亦颇喜诗赋，精通《诗经》深谙音律，但似公子这般年纪时也未必能写出这样的作品，公子已青出于蓝，不过……”他话说一半突然蹙眉而止。

“不过什么？”

“在下为公子考虑，这篇诗文万万不要让令尊过目。”

“啊？”曹丕一愣，“为什么？”

吴质的声音越发低沉:“公子已是舞象[①]之年，《周礼》有云‘舞象者，舞武也，谓用干戈之小舞也’，公子这个年纪还是前途正盛好勇争强之时，游猎骑射控弓走马，思慕英豪壮志凌云，怎好做此无病呻吟？曹公天生意气超凡，公子的兄弟们又多，个个一表人才，曹公若是见到

---

① 舞象，指男人十五岁至二十岁之间。

您做这样的诗，恐怕……嘿嘿……”牵涉萧墙之内的话他就不说了。

一言点醒梦中人，曹丕不禁打了个寒战——父亲鼎盛春秋，前日小妾李氏又添丁进口产下一子，取名唤作曹整，这大大小小各房兄弟们也有十多个了。冲儿受宠自不必说，就是彰儿、植儿、彪儿他们也不次于我，父亲见了这篇诗文，若误以为我不思进取整日哀怨，岂能瞧得上我……他猛然醒悟，真有相见恨晚之感，赶忙再次施礼：“多谢先生指点，承教承教！”

吴质始终保持笑容：“得见公子诗文，果真名不虚传，在下大饱眼福三生有幸。天色不早公子还有家务，在下就此别过。”

“先生慢走。”曹丕想留下他再说几句，但是众仆僮来来往往有碍推心置腹，又见校事官赵达、卢洪溜溜达达走过，此等隐秘之言岂能叫这两个小人听去？

吴质恭恭敬敬连退数步，这才转身而去，刚走了几步忽然又扭头道：“对啦！公子既然喜欢诗赋一道，何不多做些行军阵仗类的作品呢？若有一日父子相伴出征，三军将士高唱公子之凯歌，那该何等雄壮啊！哈哈哈……”

第七章
袁尚袁谭同室操戈，曹操坐收渔人之利

郭嘉献良策

曹操派夏侯惇分兵南下，乃是假意讨伐荆州，不料刘表不明其意玩起了真的。他闻知夏侯惇率部离京以为大战将至，马上授以刘备兵权，令其抢先攻占南阳诸县，屯兵博望县（今河南省方城县西南）以北阻挡曹军。夏侯惇、于禁、李典与刘备连连交锋，战事竟渐渐不可化解。

建安八年（公元203年）八月，与曹军僵持多日的刘备利用地势巧设伏兵，自行烧毁营寨假装撤退。夏侯惇、于禁率部追击陷入重围，多亏留守营寨的李典及时救援，二将才勉强得脱，但兵马折损严重不得不转攻为守；刘备率部挺进至叶县，眼看就打入豫州界内了。曹操迫于形势只得假戏真做，率领大军进驻西平与刘备对峙。

而南边的战事打响，袁氏兄弟的内斗也变得无所忌惮。袁尚亲自率部攻打其兄，袁谭一败再败只得逃奔青州平原县归拢残兵，袁尚乘胜追击，将平原城团团包围猛烈攻打。此时袁谭前线战败后方造反，已陷入绝境，与郭图等人筹划再三，只得派辛评之弟辛毗向曹操投降，恳请兵发冀州救其脱困——袁氏兄弟自相残杀之甚，竟到了与虎谋皮的程度。

辛毗奉命闯出重围，几经波折来到曹军前线，先寻到军师荀攸，恳请其在曹操面前力促此事。而此时前有刘备为患，后方出现良机，曹军又面临着两难的抉择……

中军帐里已争论半天了，始终没个定见，但是绝大部分将领觉得袁氏已乱，相较而言刘表才是大敌，主张先破刘备直捣荆州。先前吃了亏的夏侯惇、于禁更是力促此议，只有许攸、郭嘉、楼圭等少数人同意接受袁谭投降回军北上。

曹操端坐帅案皱眉凝思，也久久不能抉择。在他看来袁尚固然是心头之患，可大耳贼更是令人头疼的角色，直捣荆州的想法他还没有，可是绝不能让大耳贼趁虚而入，一旦主力调归北上则豫州边界空虚，若再来一次博望之战那样的惨败，许都可就危险喽！刘备非不能战，只是十余年来未有立身之基，如今他有刘表为后盾，甲胄充足粮草不缺，可就不能小觑了。

荀攸瞧着许攸、楼圭与诸将辩理，始终紧锁眉头不置一词——此事虽是他包揽，却不方便多言。只因辛家与荀家同为颍川大族，两家有联姻关系。荀攸的姑母嫁与辛氏，其子辛韬与辛毗论起来还是同族兄弟。辛毗闯出平原后忌于交战多年不敢面见曹操，先去了趟许都寻辛韬接洽，是拿着荀攸姑表弟的引荐文书找过来的，而且此番请降还牵扯着辛氏几十口人命呢！这公事里面掺着私情，不少人有所风闻，倒叫荀攸不方便表态了。

曹操早就注意到荀攸今天有些反常，几度欲言又止，便抬手止住众人议论："军师有何高论？"

荀攸拱手道："此事颇多隐晦，又涉及在下亲眷……"

"唉！为国举贤尚且不避其亲，何况军务，你但言无妨。"

荀攸站了起来："在下以为先取河北乃主公本愿，不可轻易废止，还是出兵北上为妙。"

话音未落夏侯惇便反驳道："军师请恕末将无礼。河北之位袁绍本已传与袁尚，袁谭自号车骑将军谋害其弟，此人连手足之情都不念，又怎会真心投降我军？况青州之地尚未全境克复，王修、管统皆与之同谋，固然我军此番北上可以袭破袁尚，那袁谭招诱其部乘势做大，反收袁尚之地抗拒我军，咱们岂不是又空劳一场？除一敌而立一敌，到头来又像前两次一样无功而返。"

于禁也随着道："眼下之困非在后而在前，若不能将刘备击退，只怕想回军也办不到……"

"你等休要插嘴！请军师把话讲完。"曹操皱着眉头呵斥道。

“多谢主公。”荀攸暂把胸中顾忌抛开，款款走到大帐中央，“天下方有事之时，群雄无不操干戈兼并邻地，唯刘表坐保江汉之间，假张绣、黄祖、蒯祺等外藩御敌，其无四方之志可知矣！袁氏本据冀青幽并四州之地，带甲者十余万，袁绍以宽厚得众，又借豪强而自固。倘若袁谭、袁尚二子和睦以守其成业，则天下之难未息也。而今兄弟交恶竞夺大位，此势不两全之仇！袁尚之势大，若纵其剿灭袁谭则河北之地复归一统，其力亦专，力专则难图也。主公不可坐视不理，正该趁此时机将其兄弟一并殄灭，则天下可定矣……在下之言还望主公与诸位将军详思。”

这番话正说到曹操心坎里，但于禁所虑也对，眼前的问题是怎么甩掉刘备这个包袱，便转脸又问：“公仁、文和，你们有何高见？”

董昭与贾诩是曹操特意调至军中的。董昭虽不以军谋见长，却曾在河北当过魏郡太守，可以凭其人脉发挥作用；贾诩素来善于计谋，但身负祸乱长安之罪、计害曹昂之仇，自从归顺以来凡事三缄其口，唯恐招曹操猜忌。这会儿两人都是闷坐杌凳，低着头一言不发，听到问话也仅是摇头——一个想说无话，一个有话不说。

曹操感觉脑袋有些发蒙，最近他身体不太好，可能过于操劳了，此刻实在拿不定主意，便踱至帐外透了口气。楼圭悄悄尾随到他身边，低声道：“孟德，天下之势暂且不论，咱们奔忙多年已将近知天命之时了。我若是你……”话说一半情知犯了老毛病，赶紧收了口。可这半句话在曹操听来却已如炸雷相仿。眼看已快入冬了，遍地草木大半枯黄，这一年又要过去了，曹操也即将踏入五十岁，安定天下的路还很遥远，这时候必须要搏一搏……想至此他突然转身道：“就依军师之计，准许袁谭归降，择日开拔北上！”

这个决定一出口，在场之人都在叹气，有人感觉庆幸，有的人却是无奈。于禁抱拳道：“主公！前敌之事如何脱身……”

“会有办法的，容老夫再思再想。”曹操一甩衣袖，“我意已决，散帐吧。”他话未落音，就见曹洪自辕门快步而来，离着老远就嚷道：“他娘个蛋的！大耳贼又他妈来骚扰前营，张绣已跟他们干上了。大伙也别愣着，快带兵帮忙啊！”

现实是不能无视的，这种状况根本无法收兵。夏侯惇、于禁又望了曹操一眼，见他还是没有半分更改之意，只得摇头而去。其他人也陆陆续续走了，荀攸想再说两句，但是碍于事态却不便多言。贾诩也一步三摇往外走，却被郭嘉叫住："文和兄，请暂留一步。我有计策献于主公，有劳您一同参详。"

曹操回转帅案摆弄着正在注解的兵法，待旁人走了，才问郭嘉："你小子又有什么话说？"

郭嘉满面谄笑："我观主公之意虽决，但仍忧于眼前之敌，特与文和兄为您解忧。"

曹操抬眼一瞧——贾诩是留下了，却慢悠悠往角落里一站，耷拉着脑袋只给个耳朵，便道："你不要牵扯旁人，有什么破敌之策赶紧说！"

"南阳诸县已落入刘表之手，大耳贼又只是每日分兵缠斗，不肯列阵交锋，我军虽众，欲速取亦不可得，但或可令荆州自行退兵。"

"哼！"曹操斜了他一眼，"你该不会是想联合孙权出击江夏吧？那根本行不通，江东正有山越作乱，我还听说刘表之侄刘磐屡次自南路侵扰，孙权自顾尚且不暇，哪还有工夫帮咱们？"

郭嘉方要辩解，又见帐口处跪倒一个斥候兵："启禀主公，张辽将军自东海回军，监军武大人要即刻面见您。"监军武周与张辽脾气不和，又常在用兵策略上发生争执，刚开始两人吵架还有点儿原因，后来就没具体问题了，就是互相瞧着不顺眼，动不动就跑来告状。

"知道了。"曹操露出不耐烦的神色，"我叫张辽去平昌霸之乱，他又跟武周顶起来了。前半个月他俩就发来书信各自说理，全是芝麻绿豆的小事，我都懒得管了。你看于禁与监军浩周[1]，有苦同吃有酒同饮，俩人从来没红过脸。怎么张辽与武周就不行呢？实在不行就把这两头倔驴分开吧。"

郭嘉却不赞同："张辽脾气直，不似于禁那般会做人，与诸将的关系处得不好。武周是个耿介之人，有他在一旁约束，张辽多少还能收敛一些，我看把他俩拴在一起是对的，吵吵闹闹不至于犯大毛病，分开未必是好事。"

武周脚底下真快，斥候刚走他便气哼哼闯进来，扯着嗓子就喊："启禀主公，那张文远拒不服从主公之命，竟私会昌霸准许其投降。我接连劝阻他都不听，不但违反军令还把昌霸带到这儿来了，请主公狠狠

---

① 浩，作为姓氏念（gào），现今此姓已极为罕见，相传周武王分封西北地区有浩国，后世以此为姓。此处提到的于禁监军浩周，字孔异，就是上党人士。

惩办这个目无军法之徒！”

曹操无奈地摇了摇头——张辽草莽之气难脱，还是舍不了跟昌霸那帮人的义气。军法明明规定围而后降者不赦，他竟全不放在眼里。但是张辽毕竟是曹操器重的大将，当初为了收服他没少花心思，昌霸不过是一方小寇，因为这点儿事处置张辽实在不忍心。曹操抚着帅案苦笑道：“伯南辛苦了，张辽之事就交给老夫办，你这几天鞍马劳顿又受了委屈，回帐休息去吧。”

武周情知他又要和稀泥，厉声道：“主公不能这样啊！您得秉公而断！张辽也太……”

“好啦好啦，我都知道了。”曹操不想听他说了，“张辽乃是一介武夫，不晓得什么规矩法令，你不要与他一般见识。等他来了我好好劝劝他，一定叫他给你赔罪。”

“在下岂为区区意气之争？”武周连连拱手，“前日主公也曾发下教令严申军法，今日张文远若能任意胡为，那明日满营众将都不听主公调遣，长此以往怎么得了？况且那贼徒昌霸，已是第四次造反，若还宽恕便是纵容，天下不法之徒以为主公处事宽纵，必然稍有不顺便要举兵，举兵不利便要投降，如此循环往复天下必乱啊！”

武周所言句句在理，曹操叫他噎得说不出话来。郭嘉接过话头：“伯南兄说的固然不假，可昌霸与臧霸、孙观、尹礼、吴敦同是徐州之将，又都是莫逆之交。昔日主公扫灭吕布，划东土诸郡归他们自治，如今臧霸等将广有功劳。现在这时候治死昌霸，岂不是寒诸将之心？张辽将军大事化小也是一片苦心，伯南兄就不要过苛了。”

“对对对！”曹操赶紧就坡下驴，“奉孝说得有理，伯南你放心，这些事老夫心里都有数，你就不要再挂怀了，等张辽来了老夫亲自为你们和解。”张辽是勇猛善战的爱将，武周是效力多年的心腹，手心手背都不能伤。

武周还欲反驳，却有小校来报：“张辽将军告见！”他听罢此语竟一甩衣袖扬长而去，恰与张辽走了个迎面，俩人错身而过就好像互相都没瞧见一样——这对将军和监军，简直是冤家对头。

张辽进了大帐匆忙跪倒：“末将参见主公！”

曹操正琢磨怎么教训他，随口答了一声：“起来吧。”

张辽却依旧跪着：“末将没有按军令行事，请主公治罪。”

明知是违抗军令还要坚持自己的做法，这等人拿他怎么办？曹操叹口气：“叫我说你什么好？算了吧……一会儿你回营给武伯南道歉，下次他再告到我这儿，老夫绝不饶你！”

张辽在曹营也不是一天两天，早料到是这个结果：“谢主公宽恕，在下以后一定谨守军令。”这话说了无数遍，说完两人该闹还闹。

“昌霸在哪儿？”

张辽手指帐外——曹操并未见过昌霸，这会儿但见有一大汉袒胸露背自缚双臂跪在大纛之下。此人生得虎背熊腰肚大十围，浑身都是黑黢黢的汗毛，一张紫微微的大胖脸，满脸横肉阔口咧腮，大耳朝怀翻鼻虬髯，二目突出眶外。绑是绑上了，但仰着脸撇着嘴毫无请罪之态，两只大眼珠子转来转去东张西望。

“难怪这厮诨号叫做昌豨[①]，果然是头无法无天的野猪！”曹操不禁冷笑，“你是怎么劝降他的？”

张辽拱手道：“末将与夏侯将军兵围三公山日久，巡视之时发现昌霸总在山上注视我们，他的兵戍守山头放的箭也越来越少，我了解这厮的脾气，定是见我军势大心中犹豫，不知该战该降。我便伪装成信使上山与之洽谈，他便投降了。”

他说得轻巧，曹操惊得汗流浃背：“此非大将之法啊！”

张辽满不在乎，憨笑道：“无碍的，我与这厮也是老熟人了，到他家喝了一顿酒，还见着他婆娘孩子了呢。”

曹操连连咋舌：“文远啊文远，可真鲁莽，舍弃兵士独入虎穴，若是那厮翻脸无情把你害死在山上，你叫三军将士听谁指挥？活该武伯南骂你！”

“主公无须多虑。”张辽笑道，“谁不知主公之威信著于四海，奉天子以讨不臣。末将依仗主公之威便如奉诏行事，那昌豨胆子再大又岂敢害我。”

郭嘉一旁暗笑——张文远也学坏了，会拍马屁啦。

果不其然，曹操听了他这番“大道理”顿觉面上有光，换了张好脸色：“话虽如此，不过以后万万不可再行此举。”

“诺，末将日后一定以大局为重。”张辽连忙应承，又替昌霸说情

① 豨，野猪之意。

道，“昌霸既已到此，念在他主动归顺，主公是不是……”

“是不是可以从宽发落？”曹操哼了一声，“老夫举兵以来遇敌无数，就没有一个似他这般难缠的，若造反一次也就罢了，这已经是第四回了。即便他没多少人马，老夫也不能光跟他耗费光阴啊！从古至今哪朝哪代有人谋反四次而不诛？”

张辽毕竟与昌霸是朋友，又道：“这次他真的是诚心归附，还带来两个儿子，愿意留在京师作为人质，求主公再饶他一次吧。”

“这……”曹操又望了一眼帐外那个愣头青，“好吧，将其二子留在军中，念他在东土有些名望就不撤他的职了，裁去一半兵马放他回去吧。”张辽可算松了口气，便要招手唤他进来，却被曹操拦住了，“不必了！他一个草莽之徒岂配与我说话，你转告他，这次全看在你张文远的面子上，叫他从今以后服从调遣，再敢胡作非为老夫随时取他性命！”

“末将替昌霸谢过主公。”张辽再次跪倒。

“罢了，松开绑绳叫他滚……你回去休息吧。”曹操饶恕昌霸全是为张辽，这员将为人最是义气，若能成全这番仗义，以后张辽征战疆场时必定加倍出力。

张辽果真感恩戴德：“既然有敌当前，末将岂敢休息？安顿昌霸之后我便带兵屯驻前营，与张绣共御刘备。”

“好样的！这才像个真正的将军！”曹操治军最大的特点就是对那些武夫不吝褒奖，总能把人哄得高高兴兴为其卖命。

等张辽走了，郭嘉提醒道：“我观昌霸相貌非是善类，此人日后必定还要造反，文远因私义而误公事矣！”

曹操点点头：“昌霸可不可信无足轻重，此人一再造反早把信誉失了，以后谁还愿意与之共事？他那点子兵裁撤之后还剩几百，即便再闹也闹不出什么花样了。他既愿意献子为质，老夫就给张辽、臧霸他们个面子，但愿这厮能从此安分。”

郭嘉却道：“《易经》有云‘过涉灭顶’，一为过，二而涉，三次不改便要灭顶。如今昌霸已闹到第四次，即便主公饶恕他又心中何安？一个人若是能造反四次，也就不在乎再有第五次了。此乃天性使然……”说到这儿他话归原题，“这就好比刘备与刘表，大耳贼自举兵以来弃公孙、反吕布、叛主公、逃袁绍，这种人还能指望他忠于刘表？

反之刘表其人生性又过于谨慎，与主公和而战，战而和，这次他还是要和解的。”

“你有这么大的把握？”曹操不甚赞同这种人性之论。

郭嘉又绽出一缕得意的笑容：“主公若是不信，还请文和兄道破此中玄机。”

“嗯？”曹操都把贾诩忘了，这才注意到他还在大帐角落处站着，双手插袖低头看地连大气都不出一声，说了半天话，仿佛这大帐里没他这人一样。曹操不禁笑道，“文和，奉孝请你说说荆州之局势。”

“呃……”贾诩往前走了两步，还是低着脑袋，“在下实在不知奉孝所指何事……”

郭嘉也真放得开，一把揪住贾诩胡子：“你这老滑头装的什么糊涂，说两句话主公还能吃了你？方才当着众将我给你留面子，现在也该开口了，说说当初你跟张绣在南阳的时候，刘表是怎么对待你们的吧。”

“哦哦哦。”贾诩一副恍然大悟的样子，慢悠悠道，“当年在下与张将军寄居南阳，屡次与……主公请恕罪。”提起往事他还不忘请罪，“屡次与主公交战，刘景升既怕主公南侵，也惧张将军在南阳坐大，故而提供军粮辎重皆是适可而止无有剩余，刚够养兵而已。”他说到这儿就不往下讲了，默默后退一步。

“主公还未了然？”贾诩不说，郭嘉却要把话挑明，“当年刘表助张绣屯于南阳，不过是以其为盾阻挡主公兵势，现在刘备亦如是。想那刘备再三反复信誉远逊于张绣，刘表非是失目之人岂能不知？他意在占据南阳保护襄阳，本无征战北方之志，如今南阳已经到手便可见好就收。若是容刘备继续北上染指汝南，或是进一步兵进许都，那刘表又有何好处呢？若事不可解刘备战败，主公顺势而下，战火将至襄阳，他必受其殃；若刘备侥幸得胜，则趁机自立与之反目，他岂不是方去一敌又树一敌？”

“此言有理！”曹操猛省，“既然如此当如何处置？”

郭嘉早把办法想好了：“可遣一使者越过刘备直接找刘表议和，将南阳一郡暂且让与刘表，仅留叶县为日后南下通路，他必定立刻叫刘备罢战回屯，眼前战事可解。”

“嗯……”这办法似乎行得通，不过叫曹操低头去向刘表求和，这也太损一贯的威名。

恰在此时贾诩顺口嘀咕了一句：“其实刘景升挺多疑的。”

郭嘉闻听此言心头豁亮，马上改口道：“主公也不必低头求和，可遣人至襄阳散布谣言，就说刘玄德之威势不可挡，主公您大有撤退之意，那刘表必定主动来找咱们议和。”

“好！就依奉孝之计。”

贾诩拱手道：“既然主公之意已决，在下就此告退。”

“有劳文和，你去吧……但要谨守此计不可泄露。”

“诺。”贾诩低着脑袋驼着背，小心翼翼退出帐外。

曹操捋髯而笑：“这个贾文和，总是这么如履薄冰。不就是怕人重提他兵犯长安之事吗？当初定计害死我儿我都没有追究，为何不能推心置腹坦诚相待呢！也忒多虑了吧，你说是不是？”

郭嘉低头不语心里有数：坦诚相待谈何容易，如今您是不拿他当罪人，谁知道日后会不会变卦？刚才他那一句刘表多疑分明就是提醒我，成竹于胸却不多言，此人大智若愚啊……

“奉孝！”曹操一声呼唤打断了他的遐想，“你曾在河北为吏，可认识那个辛毗？”

“自然识得，此人便是辛评辛仲治之弟。”

“原来是他？哼哼……”曹操不禁冷笑，“当年许都方建，令君多用你们颍川同乡为谋，老夫也曾假天子之命征辟过辛氏兄弟，他们却信誓旦旦忠于袁氏，恐怕没想到会有今日吧？”

郭嘉却道：“辛评虽附庸袁谭，然其为人坦荡，非郭图那等刚戾顽固之徒；就是这辛毗也能言善辩颇具才干。”

“我不放心的就是这能言善辩颇具才干！若袁谭并未困笃，他在这里夸大其词，老夫贸然出兵袭破袁尚，岂不是一场辛苦皆为他人？元让方才那番话还是很有道理的。”曹操还是不乏顾虑，“袁谭虽受困平原，但他在青州还有多少别部还搞不清楚。你既与辛毗相识，不妨再去摸摸底。”

郭嘉灵机一动：“我与荀衍、董昭虽曾在河北任职，但转投主公多年，现在袁氏帐下的士僚并不熟悉。即便略识一二，也不可能知道此时此刻邺城之内的状况，主公此番北上需不需要联系内应之人？”

“那自然是求之不得。”如果联系到内应，可鼓动二袁麾下临阵倒戈，弄好了里应外合拿下邺城也未可知。

郭嘉把手一揣："主公不必四处去求，我看就是这个辛毗啦！"

"奉孝愿劝降此人？"曹操不大相信，"此人敢闯重围来为袁谭搬兵，可见是袁氏死党。"

"哈哈哈……"郭嘉仰天大笑，"辛家兄弟确对袁谭忠心耿耿，不过却有一件难事握在咱们手里，非主公出力不能解决。"

"什么难事？"

郭嘉却笑而不言，只道："主公若信得过我就给我几天时间，并叫军师暂避辛毗一时。在下凭三寸不烂之舌，定叫他归附主公帐下，不但对主公吐露实情，而且还要心甘情愿为您开山辟路联结内应！"

曹操初时只当戏语，但又一琢磨，自官渡以来件件事都不出郭嘉所料，便信了八九成："能说降此人最好，但莫要拖延日久。"

"办这事用不了几天。在下可以保证，在荆州使者到来之前必叫此人归顺，绝对误不了您的大事。主公就等着好消息吧。"说罢郭嘉深施一礼，笑呵呵退了出去……

辛毗投诚

辛毗字佐治，颍川阳翟人，董卓乱政之际他与兄长辛评前往河北避难，被当时的冀州牧韩馥录用，转而归属袁绍帐下。曹操奉迎刘协迁都许县之后，以荀彧为尚书令，因为军中几任谋主戏志才、荀攸、钟繇、郭嘉都是颍川人，所以也曾想拉拢他们至自己帐下。无奈辛氏兄弟对袁绍忠心耿耿，根本就没理睬什么司空辟令。但岁月流转本末舛逆，现在轮到辛毗觍着脸来求曹操了。

最近几日辛毗心中急如火焚，曹操明明已答应回军北上，可一连数日丝毫拔营起寨的动静都没有。荀攸也避而不见，只弄来个郭嘉陪着他东拉西扯，今天观观士卒操练，明天逛逛附近山川，却对发兵之事丝毫不提，可把辛毗急坏了——救不救袁谭倒也罢了，这还关系着辛氏几十口的身家性命呢！

原来袁谭逃出邺城之时情势危急，郭图是早有准备了，已把家眷秘密迁至军营，可辛氏兄弟单单跑了一对，满门老小来不及转移全被审配扣押了。辛毗之所以敢闯重围搬请曹操，一是救袁谭脱困，二来也是想借曹操之力，或逼袁尚放人，或打破邺城救出家眷。因怕事情难办，他还特意托了辛韬与荀攸的人情。曹操拖延一日，全家人就在牢里多受一天的罪；若袁尚攻克平原灭了袁谭，辛氏满门也必然以同罪论斩。再这样拖下去可怎么得了？

直熬到第五天头上，眼瞅着红日西落又是一天，辛毗实在憋不住了，索性硬闯中军大营嚷着要见曹操。守门军兵哪肯依，横住刀枪死活不让进。辛毗直喊了半个多时辰，没惊动曹操却把嘻嘻哈哈的郭嘉给闹出来了："这大晚上的谁在这儿搅扰啊……哟！佐治兄不在客帐好好休息，怎闹到中军大营来了？莫非是伺候的小军有所怠慢？哪个敢小觑您，只管告诉小弟，同乡人为你出气。"

辛毗一见他，气就不打一处来："姓郭的！你少要敷衍，快带我面见曹公面议出兵之事。"

郭嘉大大咧咧打了个哈欠："佐治兄何必这般着急啊，主公已经答应援助袁谭，不过是战事吃紧，一时抽不开身罢了。"

"哪里有什么战事吃紧？"辛毗横眉立目怒不可遏，"一连数日曹公坚守不战，倘若如此只令偏将把守关隘便可，何必还在这里耗下去呢？我看曹公必不相信我此番诚意，故而叫你假意搪塞于我，这件事一定要当面说清楚！"

"何必呢。"郭嘉一副稀松态度，"此乃曹公与袁氏之事，又不关咱们痛痒。"

"这……这……"辛毗心中叫苦，又不便当面道破家事，想了想才道，"身为朝廷宰辅就当言而有信，岂可弃诺言于不顾？"

"哟！您还真是振振有词。想当初官渡之战时，袁绍命陈琳修撰檄文遍传天下，辱及曹公祖父三代，左一个奸佞右一个悖逆的，怎么这会儿又拿我们曹公当朝廷宰辅了？"郭嘉咯咯直笑。

"你、你少说废话！"辛毗不与他饶舌，"快带我去见曹公！"

郭嘉倏然收起笑容："你当真要见？"

"一定得见！"

"好吧……军兵闪开道路，叫辛先生去见主公吧。"郭嘉说着话也退到辕门边。辛毗总算闯过一关，不过怎么说动曹操才是更难的，他整理整理衣冠，便思虑说辞迈步往里走，却听郭嘉在一旁叹息道："长胳膊拉不住短命鬼，不听良言非要找死，我又能何如啊？唉……小弟与你也算同乡，我在这儿等着给你收尸吧。”

辛毗猛回头：“郭奉孝，你说这话什么意思？”

郭嘉把手一揣，挑着眉毛道：“佐治兄一进此营死在临头，难道还不知道？”

“胡言乱语！”辛毗甩袖便去，可走了两步又禁不住回头看看，见郭嘉抱着肩膀莞尔而立，丝毫没有跟过来的意思，实在耐不住好奇，“你方才言我将死，究竟是何意？”

郭嘉乐呵呵走上前：“咱们两军相争各为其主，有些话本不该说。但我与兄长又是同乡，还是想提醒你几句。”

辛毗咽了口唾沫，耐着性子道：“你说吧，愚兄洗耳恭听。”

“兄长岂不闻‘烛之武退秦师’之事？袁氏与曹公本为雠仇，今袁谭一旦受困求救于外，救与不救于我家曹公有什么好处呢？袁尚、袁谭乃是兄弟，皆可为河北之主。若曹公助袁谭而破袁尚，日后收归冀州的还是袁家人，一场辛苦又为谁忙？”

辛毗连忙狡辩：“我家将军并非借兵，乃是诚心投降……”

“别来这套纵横捭阖之辞啦！”郭嘉努努嘴，“这话骗得了谁呀？今日说句归降，明日破了袁尚就该跟我们翻脸了。”

“若曹公不信，袁谭可遣人质。”

“人质？”郭嘉仰天大笑，“你们那个车骑将军，连手足之情都不念，如此狼心狗肺之徒，区区人质又算得了什么？”

一句话把辛毗问得哑口无言，好半天才搭茬道：“那还有……还有青州等河南之地，也可、可让与曹公。”

“辛佐治！你死就死在这句话上啦！”郭嘉把眼一瞪，“青州之地除了平原、乐安皆已叛乱，臧霸、孙观日日攻城夺地，青州早晚必属我家曹公，何劳袁谭相赠？况且这天下十三州哪里不是汉室天子的？曹公奉天子以讨不臣，就是要扫灭狼烟归为一统，你胆敢说这样的话，岂不是认定青州之地姓袁吗？曹公不杀你还等什么！”这番话把辛毗吓得面如土色。

郭嘉见他有所动容，便又和缓下来，“曹公明智睿断非同等闲，兄长那般说辞连小弟都说服不了，怎能撼动他老人家呢？若再一时激动言辞失当，曹公恼怒将你处死，那你这满腹才志一世富贵岂不付诸东流？

你一人死倒也罢了，可怜辛家数十口性命也都没指望喽！”

“你……”辛毗见他捅破窗纱大吃一惊，既而又想到荀攸这几日避而不见，料是早就跟郭嘉说明白了，哭笑不得长叹一声，“原来你已知其中隐情。”

“岂止我知道，就连曹公也知道。”郭嘉自然而然攥住辛毗的手，一边摩挲一边道，“其情可悯其仇可恨，无奈当此乱世这样的事太多了，曹公即便仁义也爱莫能助。不过小弟倒能给兄长一些建议，要想说动曹公回军北上，救家眷脱苦海倒也不难，但不能基于袁谭之利益，当为曹公而谋啊！”

辛毗默然点头，可转念一想——不对！受袁谭所托却为曹公谋，这岂不是背主投敌了？他抬头欲争辩，却见微微火光下，郭嘉的笑容宛如春风一般友善，竟一时无言可对。

“佐治兄，有句话从你一来我就想说了。昔日光武爷中兴之时，麾下大将马援有云‘当今之世，非独君择臣也，臣亦择君矣’。有道是良禽择木而栖，良臣择主而仕。袁绍在世之时虽不能胜过曹公，却也兼并四州成一方之英豪，那时兄长抗拒征辟不肯南归实属当然。换言之即便袁绍已死，其诸子若能谨守孝悌休养生息，继续辅保他们也说得过去。但是袁尚、袁谭兄弟阋墙，同室操戈，视亡父基业如草芥，累万千将士死于内斗，河北之民饱受其苦，就是袁本初生前重用的那些豪族也没得着什么好处吧！如此昏聩之辈保他们作甚？”

这些道理辛毗岂能不懂？不过一则他保袁氏已久颇有顾念，二则卖主求荣遭人唾骂，三则其兄辛评辛仲治乃袁谭死党，是万万不可能转投曹操的。

郭嘉已看穿他心事，又软语道：“请兄长再思，何人扣押你家族老幼，还不是袁氏兄弟吗？以小弟之见你与袁氏非是主臣乃是仇人！若非他们兄弟不睦，何至你们兄弟之家眷蒙囹圄之灾？方今之计唯有助曹公破袁氏夺邺城，才是复仇之正途！”

“自古忠义不得两全，我兄弟既保了袁谭便顾不得许多。”辛毗依旧振振有词，但底气已不足了。

“佐治兄若真无贪恋家眷之意，岂会托荀攸为你说情？”郭嘉又使出激将法，“恕小弟直言，今日你若不改投曹公麾下，只恐日后遭天下人耻笑。”

辛毗也是性情中人，一闻此言火往上撞："笑我何来？"

"嘿嘿嘿，笑颍川辛氏兄弟有眼无珠错保庸主，日后曹公扫平河北，我们这些同乡做高官骑骏马，你家破人亡还要披枷带锁受辱军中！"

"可恼！"辛毗气得红头涨脸，背着手在辕门怒冲冲转了好几圈才慢慢停下脚步，但口风已经变了，"若能救一家老小脱难，我个人之名节倒也罢了，当年陈登受吕布之使反为曹操而谋，至今也无人说他什么不好。但我临来之时兄长再三嘱托，若我归降曹操，日后有何颜面见兄长仲治？"

郭嘉摆摆手："凡事都有通融嘛。想荀令君之兄荀谌，不也是在邺城为官吗？就是那十头牛拉不过来的郭图，论起来还是我同族呢。辛韬与你也是同族，各为其主有什么相干？他日曹公平定河北之后，念及你的功劳也不会亏待仲治兄。天下大势如此，佐治兄不过早到了一步，令兄早晚也要步您的后尘。好好思量一下吧，袁氏兄弟相争，害的不仅是亡父之基业，还有帐下之士大夫，还有三军之儿郎，还有千千万万无辜百姓啊！你们兄弟那点忠心与这些相比孰重孰轻，掂量掂量吧。"说到最后，郭嘉几乎就是央求。

在幽暗火光照映下，人影修长犹如鬼魅。郭嘉直勾勾望着辛毗，而辛毗紧锁眉头只是冥思，守门卫士更是连大气都不敢出，辕门之下寂静无声，连草丛夜虫的鸣叫都能听见。过了好一阵子，辛毗才缓缓吐出口气，以低得几近幽咽的声音颤巍巍道："事已至此……那愚兄也只得……只得……"他不好再说下去，这就算是委婉投诚了。

郭嘉不叫他犯难，赶紧深施一礼："佐治兄，深明大义日后必得朝廷倚重！"说罢拉着他便走。

"上哪儿去？"辛毗愣住了。

"哈哈哈……曹公早就等着你呢！"

辛毗到此方悟——他们早就串通好啦！可话已出口反悔无益，也只能咬牙认命了。

中军大帐灯火通明，曹操早备下酒菜，歪在那里边饮酒边看书呢，对面还空设了一张坐榻。郭嘉带着满面含羞的辛毗进来，曹操很自然地点了点头，似乎已料到会是这个结果。

郭嘉推了辛毗一把，可辛毗抱着拳头实不知是该叫"明公"还是该叫“主公”，一时呆立无语。曹操也不为难，亲自满上一盏酒道：“辛先生，千里奔波效命朝廷，老夫先敬你一盏。”

辛毗双手接过这小小酒盏，感觉真有千斤之重——此酒当然沉重，“千里奔波效命朝廷”这酒未喝之前保的是袁氏，一旦过了咽喉主子就是曹孟德啦！情势如此辛毗不敢再想下去，猛地仰脖灌下去，连这卖主之酒是何滋味都没敢细品。

“请坐吧。”曹操指着对面早已设好的坐榻。

酒都喝了还装什么忠臣？辛毗也不退让，一屁股就坐下了。

曹操手捻胡须笑道：“老夫只问你一句话，袁谭投诚是真是假？该不会假老夫之手破袁尚，他自己坐收渔人之利吧。若是有诈老夫且叫他们兄弟再自相残杀一时，我趁此机会先定荆州。”

“是真是假又有何异呢？”辛毗此刻已拿定主意，既然为曹操而谋，就得显出些真本事，不能叫郭嘉等人小觑了，索性放胆道，“明公无须问是真是诈，只论情势便可。”

“哦？”曹操不禁皱眉，“此话怎讲？”

辛毗娓娓道来：“袁氏手足相伐，非他人离间所致，兄弟二人都以为夺得大位天下便可定于己也，同室操戈全不识天下之大体。今求救于明公，可知其何等昏聩。袁尚虽困袁谭而不能克，此乃力竭也。兵革败于外，谋臣诛于内，兄弟阋墙国分为二，连年战伐，甲胄生虮虱，加以旱蝗饥馑并臻，国无囤仓行无裹粮，天灾应于上，人事困于下，河北之民无论愚智皆知土崩瓦解，此乃天亡袁尚之时也！”

曹操万没想到辛毗竟能讲出这么一番大道理，赶紧为他再满一盏酒。辛毗不退不让仰头就喝，接着又道：“兵法有云‘有石城汤池带甲百万而无粟者，不能守也’。今明公往攻邺城，袁尚若不还救，邺城必失无处可归。若还救，袁谭则将追击其后。以明公之威，击困穷疲弊之寇，无异于迅风之振秋叶矣！老天赐袁尚与明公，明公不取而伐荆州。荆州丰乐国未有衅。仲虺[①]有云‘乱者取之，亡者侮之，推亡固存，国之利也’。方今二袁不务远略而专务内斗，可谓乱矣。居者无食行者无粮，可谓亡矣。朝不谋夕民命靡继，明公此时不取欲待何年？若袁尚灭了袁谭，再逢来年五谷丰登，又改悔前失休养生息，明公岂不是错失了

① 仲虺（huī），又名莱朱，殷商时期的名臣，曾辅佐商汤，与伊尹并为左右相。“乱者取之，亡者侮之”之语见于《左传》引述。

良机？如今出兵乃袁谭相请，名正言顺利莫大焉。况且四方之寇莫大于河北，河北平则三军盛，三军盛则天下震，天下震则明公扫灭狼烟统一四海大业可成矣！”

辛毗一口气将天下局势和盘托出，曹操听得连连拍案——好个辛佐治，此人非泛泛之辈啊！他一把攥住辛毗的手：“老夫受教匪浅啊！有佐治前来搬兵请降，无论真假老夫一律准降。”

“那出兵之期呢？”辛毗连忙追问。

“这……”曹操又顿住了——这边是没问题了，未知刘表、刘备是否还要纠缠。

正在此时就听帐外一声报事，王必匆匆忙忙跑了进来：“启禀主公，刘表派荆州别驾刘先前来议和！”

“议和？哈哈哈……”曹操心里的大石头总算落地了，拍拍辛毗肩膀，“我看一两天内便可回军。”

公事已说私事尚存，辛毗虽羞于开口，可还是忍不住央求：“望明公早日克复邺城，救我满门老幼脱囹圄。”

“那是自然！”曹操起身吩咐王必，“去跟刘先说，南阳之地老夫不争了，且叫大耳贼速退，老夫也尽快收兵。咱两家就此罢战！”

王必都听糊涂了：“他若问咱们为何无故攻伐荆州呢？这场仗可是咱们挑起来的啊！”

“哼！这乱世之中老夫想打谁就打谁还要什么理由吗？”他说罢又觉自己失口，这么回答太失当朝司空的身份，便又改口道，“他若真这么问，你就说天子责刘表久不遣使朝见有失臣子之道。至于要议什么，不在这里谈，叫他随老夫回到许都，到天子金殿上说去。明白了吗？”

“明白！”王必口称明白，心里糊涂着呢，上支下派怎么吩咐就怎么办呗。

曹操伸手拉起辛毗：“老夫之言你都听到了，来日回转许都奏明天子，咱们立刻兵发黎阳解袁谭之围……到时候，可还有劳你之处啊！”

辛毗知他说的是带兵引路、联结内奸之事，连忙应承：“明公放心，在下竭尽所能。”不为曹操还得为家眷呢。

“天色不早，我送佐治回帐安歇。”郭嘉拉着辛毗谈笑风生而去。

曹操望着郭嘉背影不禁暗叹——刘表之退辛毗之降，一切皆如奉孝所谋。使老夫成大业者，必此人也！

第八章
天子的反击，曹操被吓得魂飞魄散

许都备战

建安八年（公元203年）十月己巳，这是一个平凡而又不平凡的日子，虽然未发生什么变故，但这一天是立冬，许都朝廷恢复了废止十五年的立冬大礼。尚书令荀彧为此筹划已久，曹操也特意脱离军队提前赶回许都参加典礼。

按照礼制的规定，此日夜漏未尽五刻（即太阳升起之前），满朝文武都要换上皂色礼服，到都城黑郊（北郊）迎接第一缕北风，然后回府换上绛色礼服入宫朝贺，这红衣服一直要穿到冬至，还要在皇宫演八佾之舞、总章之乐，整个仪式才能结束。在此期间朝廷各个署衙都暂停理事，皇宫也不进行朝会听政。

曹操是前一晚赶回许都的，来到幕府根本没来得及合眼天就快亮了，赶紧换好了红色礼服登车出城，随着百官的队伍来到北郊行礼。这样重大的场合他不能不参加，因为谁都清楚，没有曹操亲临的典礼是根本没有意义的。而之所以恢复这种仪式，就是向天下证明，大汉朝还是大汉朝，一切规矩礼法还在。

行过迎气之礼，天还没有大亮，曹操赶紧把荀彧叫到自己马车上。

"曹公要去哪里？"荀彧捂着嘴直打哈欠，看来昨晚也没有睡踏实。

"立刻入宫。"曹操却显得精力旺盛，"我只能在许都停留一日，明早就得领军北上，所有事务都要在今日之内处理完。”

“按礼制咱们必须换上绛色吉服，还是先回府吧。”

“不必，我已命王必取来送至省中了，连你的那一套也叫他去办。荆州别驾刘先还在我府里等着朝觐呢。”

“哦。”荀彧有些怏怏不快。按照礼制规定，行过迎气之礼就不能再进行朝会了，曹操这是自己恢复礼制，而又亲手破坏。

曹操哪有心思考虑这些，满脑子都是打仗的事：“钟繇的奏报我已经在路上看过了。河内太守王邑拒不入朝，其手下范先、卫固假借民意要求挽留，一定又是高幹搞的鬼！这小子与袁家兄弟是一窝狼，我若出兵河北，他必然还要在关中作乱，恐怕会比上次更厉害。据闻崤山一带的黄巾余寇屡屡与高幹往来，这支人马也不可小觑。”崤山的黄巾首领张晟（shèng），因惯骑白马绰号“张白骑”，手下有匪徒一万多人，因为关中势力不一，这支黄巾余党不但没有被剿灭，近些年反而不断壮大，俨然成一方割据，与弘农众多土豪互为表里，私底下还和刘表勾结。这支部队若再被高幹染指，南北之敌将会串通一气。

反常的是荀彧却一点儿都不着急：“情势不同了，高幹已掀不起风浪了。”

“哦？”曹操极少见到他这般乐观。

“民心向背已然分明，天下战乱已久，关中百姓氏族都企盼安定，即便有几个好乱者又能如何？王邑并无野心，只是贪恋实权不肯入朝，范先、卫固那些人不过是跟着瞎闹，至于黄巾张白骑，也不再是喊着‘苍天已死，黄天当立’的太平道徒了，全是为了一己私利。以朝廷之威明公之武，这帮小敌根本不值一提。前番郭援攻河东，绛邑县长贾逵宁死不肯投降，郭援将其投在枯井里，只一夜的工夫就被人放走了。您说这是为什么？”

“为什么？”曹操很想听他的高论。

“因为人心思安，士庶皆知朝廷威信，不想再打仗了。前日弘农郡竟遣来功曹孙资入朝呈上计簿[①]，北方战乱十五年了，终于重见地方计吏啦！这证明咱们的努力没白费，明公若一举扫平河北，荆州刘表何足挂齿？天下就要平定啦！”荀彧格外激动。

---

① 汉代地方每年向朝廷上报政治、经济、司法报告唤作“上计”制度，负责递送的人称“计吏”，所递送的汇报材料叫“计簿”。

曹操连拍大腿："借令君之吉言，老夫必定旗开得胜马到成功！给贾逵、孙资升官，在朝廷表彰他们！"但是嚷过之后他又渐渐冷静下来，"话虽如此，但高幹之变不可不防。关西诸将恃山川险要战马精良，公然征讨势必生乱。张晟寇崤山、渑池间，南通刘表北连高幹，卫固这帮人又跟着闹，这也足以为害一时。河东背山带河四邻多变，乃当今天下之要地也。令君还应为我举荐一个萧何、寇恂那样的才智之士接管王邑领地。"

荀彧微然一笑："这个人选我早已引荐给曹公了。"

"谁？"

"就是杜畿啊！"

"杜伯侯……"曹操真有些舍不得。那杜畿很被看重，虽然才进幕府几个月，论恩宠却超过了所有的掾属。曹操很重视京师舆论，而先前任命的赵达、卢洪等校事人品猥琐遭人唾恨，所以又设司直一职，作为司空下属专门监察朝廷百官，命杜畿充任了这一职位；此后没过多久就转任护羌校尉，跻身朝廷大员；曹操驻军西平之际，又升县为郡，让杜畿领西平太守监察诸军——数月之间连升三级，自幕府建立以来，还没有一个掾属蹿升这么快。

"就是他！"荀彧连连点头，"此人勇可当大难，智可应猝变，又是京兆人士，熟悉民情人脉广博，镇守河东非他莫属。"

"好吧，让杜畿当河东太守，召王邑速速入朝不可抗命。"说罢曹操顿了一会儿，似乎漫不经心地问，"令君是不是对老夫设立司直官有什么意见啊？"

又是校事又是司直，搞得许都百官缄口不言，荀彧怎能没意见？可他也不好当面批驳，只委婉道："当年孝武皇帝雄才大略，只因重用江充那等挑拨是非的小人，才落得太子冤死、轮台罪己，明公当引以为鉴。"

曹操也不反驳，却说："你若不提孝武帝杀子之事倒也罢了，若细说起来当初还是丞相司直田仁打开城门，放跑太子刘据的。可见这类官员也是有好有坏的。如果说校事官是江充，那司直官就是田仁，君子与小人老夫都要用，还都要用好。"

说话间已到皇宫门口，马车就不能继续前行了，曹操与荀彧携手揽腕入端门，穿仪门来到御园中。因为冬至罢朝，四下里静悄悄的，无论朝臣还是郎官都回府邸了，只有零星的羽林虎贲把守各个宫门，二人去至中台更换了绛色礼服，又来到玉堂殿下。许都皇宫也在一步步修缮扩大，今年又增了几座宫阙，殿前的青铜刻漏也是重新铸造的。这会儿太阳才刚刚升起来，照得这些精美的铜器熠熠生辉。

荀彧虽折腾了半宿，但心情还不错，好久没跟曹操畅谈意趣了。他漫步在皇宫庭院中，望着簇新的刻漏、日晷[①]道："我记得昔日洛阳南宫有一对浑天仪、地动仪。"

"没错，孝顺帝朝太史令张衡亲自督造的，据说为了制造这两件东西他花费了将近四年。惜乎最终毁于董卓那场大火了。"曹操语气中竟有几分嘲讽。

"我想召集博士和工匠重铸这两件东西。"

"重铸？"曹操笑了，"这两件东西有什么用呢？就说那地动仪吧，张衡造它之前就地震，造它之后依旧地震，不能救民于危难反倒给朝廷添乱。自从有了这地动仪，三公罢免又添了一条地震，庞参、王龚都是那时候的辅弼良臣，不也是因为地震罢免的吗？就是孝顺帝也不得不下罪己诏。张衡奏疏里写得明白，'妖星见于上，震裂著于下，天诫详矣，可为寒心。今既见矣，修政恐惧，则转祸为福'。他本想铲除奸佞报效君王，结果却误伤良臣到处结怨，满腹忠心反办了错事，最后因为谗言迁往河间任国相。说他坏话的不光有小人，也有君子，都怕他以灾异之事上书弹劾啊！董仲舒说'视前世已行之事，观天人相与之际'。我朝这天人感应之说实在是厉害。"

"您信这些吗？"

曹操摇摇头："我从来不信什么天意天命！"

荀彧双目炯炯望着他，不知该说什么——不信天命的人固然不会被谶纬迷信之说所迷惑，但不信天命也意味着什么事都可以做！最最可怕的是现在不信将来却信……荀彧不敢再往下想了，岔开道："张平子的奏章你竟记得这般清楚，实在不简单。"

曹操白了他一眼："令君当我是何人，自小就是鲁莽武夫？当年我任议郎，也没少在洛阳东观博览群书。记得那年御园里跑进一条顶着冠戴的狗，我还与陈耽联名上书，扳倒了宦官一党的太尉许馘（yù）。

---

① 刻漏、日晷，古代计时装置。刻漏以滴水刻度的方式计算时间，把每天划分为100刻，每刻大约15分钟；日晷是凭借影子估测时辰。

世事多舛，想不到如今……”他低头看着自己的手，那双曾经光滑圆润的握笔杆子的手，如今因为岁月流逝和战事奔波早已经变得粗裂，每一道皱纹里不知饱含了多少血腥和人命！

荀彧也叹了口气：“我当年担任守宫令，只管为天子保存笔墨，如今是尚书令，天天指挥尚书、令史舞文弄墨了。”

“令君当年未成名之时，何颙（yóng）就说你有王佐之才，有今天这般位置乃是理所应当的。”

“王佐之才……”荀彧一阵苦笑。王佐之才确实不假，不过佐的究竟是谁呢？

曹操忽然想起件事：“我南下之前曾上书请封十几个人的侯位，别人都具表谢恩了，怎么令君不肯接受呢。”他这次表奏的都是当年协助举兵的功臣，有的已经在朝为官、有的是将军、有的是掾属。表夏侯惇为高安亭侯、荀攸为陆树亭侯、钟繇为东武亭侯……荀彧名列榜首，请封为万岁亭侯。

荀彧默然望着宫阙，从袖子里掏出卷竹简：“您是说这个吧。”

“你没将它呈递天子？”曹操接了过来，果然是自己亲笔写的：

> 臣闻虑为功首，谋为赏本，野绩不越庙堂，战多不逾国勋。是故曲阜之锡，不后营邱；萧何之士，先于平阳。珍策重计，古今所尚。侍中守尚书令彧，积德累行，少长无悔，遭世纷扰，怀忠念治。臣自始举义兵，周游征伐，与彧戮力同心，左右王略，发言授策，无施不效。彧之功业，臣由以济，用披浮云，显光日月。陛下幸许彧左右机近，忠恪祗顺，如履薄冰，研精极锐，以抚庶事，天下之定，彧之功也。宜享高爵，以彰元勋。

“遵照明公之意，天子要看的文书岂能不经我手……”荀彧话中带了几分无奈。

“令君也忒自谦。”曹操把表章递还给他，“我这上面写的哪一条不是令君的功劳，一个小小的亭侯你都不愿意接受吗？还是将他转奏天子吧。”

荀彧呆呆地摇了摇头：“一者在下不过是因明公之信赖才能主持朝

政，算不得什么天子亲命，不敢说有什么功劳……”

“胡说八道！”曹操一甩衣袖，“你为尚书令难道没有天子诏命？莫非又是孔融那厮疯言疯语？”

荀彧不说是，却也不说不是：“即便没这样的闲话，在下也不敢领受。您提到的这个封邑，乃是新郑县万岁亭，轻易不与外臣。荀某何德何能，敢僭越这‘万岁’二字？”

“不过就是个地名，无须考虑太多。以令君之功就是封在那里又有何不可？如今朝廷辅弼乃是你我，老夫征战于外，令君辅政于内，享其功劳理所应当。你若实在过意不去，不妨也学学老夫，三让而后受之嘛！”曹操不禁大笑。

荀彧万万不能理解，曹操为什么还笑得出来？这些年来他与曹操之间似乎多了一堵无形的墙壁，再也找不回在兖州创业时的亲近感了。他收起表章沉默了片刻才道：“还有些事情我早就想跟您说了。陈群守孝期满回朝后，头一件事就是参奏郭嘉，指责他聚敛财货不治行俭，家族群小在外面胡作非为！还有在您家乡任县令的袁涣也上书称丁斐以权谋私聚敛民财，借拨发屯田耕牛之机中饱私囊，许子远、刘子台也不遑多让。还有……”他不好意思再提曹洪敛财之事了，已经说过无数遍了。

曹操挠了挠头，有些不好意思，可还是觍着脸皮道：“他们都是有功之人，出生入死受过罪，也不便管得太苛嘛……陈群回来是不是带着他那同乡邓展？此人颇有武艺，令君表奏他一个官职吧。”

荀彧见他故意转移话题，接过话茬又问：“表奏之事自然要办，可那几个不法之徒您怎么处置？”

曹操拍拍荀彧的手：“有劳令君劝劝陈群、袁涣他们，给大家留个面子，也是给老夫面子嘛！我也再去狠狠训他们，叫他们规矩一些，聚敛来的财物该还的就还，咱们息事宁人为妙。”

这纯粹是和稀泥，丁斐、曹洪那帮人都是上古的貔貅转世，从来都是只进不出，吞下去的财货岂能往外吐？至于郭嘉不治行俭，那些糊涂账可怎么算啊？荀彧见他这般态度也无可奈何，叹息道：“暂依明公之言吧。不过治律者不可犯律，否则受损的乃是朝廷，丧失的乃是民心，还望明公三思。”

“是是是，老夫记下了。”曹操又点头又哈腰。

“还有，关于征辟盛宪之事，孔融再三向朝廷诉说。是不是可以考虑一下啊？”

“唉！孔融那厮真是可恨，凡事都要给老夫找麻烦。”

“明公不要怪他，他也是为朝廷着想。那盛宪曾任会稽太守，与孙氏有些嫌隙，您若不征他入朝，只怕将来他丧于孙氏之手。明公若见死不救，岂不有损威名。还有那孙邵，虽曾为孔融的故吏，但也是一方才士嘛……”

“好好好！”曹操摆了摆手，“就依孔融之意，咱们暂且图个耳根清静。”

“还有仲长统……”

“不行！此人绝对不行。”曹操一口咬定，“老夫不否认《昌言》乃一代奇作，可若依此法治国是根本行不通的。乱世不可循常规，眼前打仗才是最重要的。若不能平定河北、扫灭荆州，一切都只是不切实际的空谈。”这固然是一个理由，但更重要的是曹操断章取义读到仲长统那句“拥甲兵与我角才智，逞勇力与我竞雌雄，不知去就，疑误天下，盖不可数也”，给他留下了恶劣印象。

荀彧早料到他会反驳，早想好了说辞：“明公莫要把这仲长统当白面书生，他也曾游历四海，而且还曾为并州座上客，高幹格外看重此人，而他却以为高幹难成大事，故而弃走京师的。您若是把他带入军中，若并州有变，随时都可以请他参谋啊。”

“哦？”一提到有益于军情，曹操的态度马上变了，“那就……征他为掾属。”

“不行不行！‘风之积也不厚，则其负大翼也无力’，一般掾属怎能尽其才？”

“依令君之意呢？”

“最小也得给个参军！”荀彧一口咬定。

“不过是参谋并州军务，岂能一入幕府就为参军？”

荀彧恳切道：“明公若能取下冀州，此人必有大用……”

“大用？也罢！就依令君之言。辟仲长统为幕府参军，即刻至行辕报到，明日就随我一同北上出兵。”曹操来了精神，“还有鲜于辅、田豫、董昭等所有跟河北沾得上关系的人全都随军出征，老夫要一举勘定四州之地！”

“愿明公一战成功。”荀彧见他肯用仲长统，颇感欣慰。

曹操扫了眼刻漏："已过了辰时，天子也该梳洗过了，老夫不能再耽搁了。"说罢他快步走到殿前黄钟畔，吩咐宫役速速敲钟。

皇宫上至卫兵下至杂役都是沛国谯县籍贯，哪个不识得曹操？赶紧晃动击锤敲响大钟——钟声乃是召集朝会的信号，只要钟声一响，哪管什么冬至夏至，所有朝臣必须火速进宫。曹操只在许都停留一天，必须要把荆州刘先的朝觐对付过去。

那悠扬的钟声传得好远好远，荀彧也不敢怠慢，回中台去取上殿用的笏板了。曹操望着荀彧消瘦的背影，不知不觉竟叹了口气，他也觉得自己与荀彧离得越来越远了，似乎已经有了某种摸不透的隔阂。不过这些事他并未深思，觉得只是一个主军一个主政，军政之间无法避免的小摩擦罢了，完全没把这些分歧与他专擅朝政的所作所为联系起来。

毕竟，如何打好眼前这一仗才是曹操想得最多的……

魂飞魄散

如果不是亲眼所见，满朝文武谁也不会相信眼前发生的这一幕。曹操给他们的印象素来是专权跋扈犹如猛虎，可今天的表现简直像只绵羊。荆州别驾刘先奉刘表之命来到许都，一来是朝觐天子，二来也为和解交兵之事。

哪知刘先代刘表献过表章之后，便开始历数曹操之过。什么假借圣命攻害诸侯，无故兴兵侵犯荆州，把此次南阳之役的责任完全推给曹操，而且公然称南阳郡本来就是荆州之地，理应由刘表管辖。别驾不过是州刺史手下佐官，若无特殊原因根本无权上殿，这位刘大别驾非但见了天子，还敢当殿谤击当朝宰辅，满朝文武都瞧得目瞪口呆，皆以为曹操定会取此人性命。哪知他竟手捧笏板一言不发，不论刘先说什么都忍气吞声，甚至答应了放弃南阳的要求。

刘先这番咄咄逼人的举动莫说曹操一党，就是素不相干的大臣都有些看不下去。玉堂殿本是庄严之地，诸臣却忍不住交头接耳，有人见他抨击曹操暗暗称快，有人视此事为朝廷的奇耻大辱，倒也有人为曹操愤愤不平。光禄勋郗虑乃是兖州山阳人士，素与曹操一党亲善，见此光景出班插言："方才刘别驾所言皆属虚妄，南阳一郡虽在荆州，然更属天子，难道刘荆州如此抢占朝廷之地非是悖逆吗？”

刘先在荆州也是个响当当的人物，见识非比寻常。他早把南阳之战的始末揣摩了个八九不离十，料定曹操急于回军北上，在这个紧要关头提出再苛刻的条件，曹操也是非妥协不可的，趁着这机会得痛快就痛快，故而才敢当殿大言不惭，没想到半路上会杀出个郗虑。普天之下莫非王土，这是无法争辩的理由，虽说曹操专擅朝政，但只要把天子抬出来做幌子，一切理由都会不攻自破。饶是刘先脑子快，略一思索强辩道：“昔日刘使君单骑赴任，有定宗贼、逐袁术之功，故而西京之时朝廷加封其为镇南将军、荆州牧，封成武侯，有假节之权，既有假节之权便能节制一州。下官若没记错曹公亦有假节之权，节制的恐怕还不止一州吧？”

曹操虽然面无表情，但心里早已火冒三丈了，只是迫于形势不能发作罢了。这会儿郗虑出来辩驳，他也是暗暗希望能给刘先点儿颜色瞧瞧，哪知人家却给自己丢了过来，他实在是按捺不住了，冷笑道：“不错，本官确是身兼兖州牧之职。不过国家大事唯祀与戎，刘使君在荆州私自郊天，恐怕这就不在假节之权了吧？”

臣子郊天是为僭越，曹操以为这句话能把刘先压制住，哪知人家依旧有词：“刘荆州汉室肺腑，处牧伯之位，而遭王道未平，群凶塞路，抱玉帛而无所供奉，修章表而不获达御，是以郊天祀地，昭告赤诚！”

刘先这句“王道未平，群凶塞路，抱玉帛而无所供奉，修章表而不获达御”分明是指责曹操挟天子以令诸侯，阻塞王道悖逆天下。群臣闻听此言马上安静下来，所有的眼睛都偷偷地瞄向曹操。大殿上霎时一片寂静，连殿外刻漏滴水的声音都能听到。曹操手捧笏板一动不动，二目中已渐渐显出杀意，咬着牙一字一顿道：“刘别驾所言‘群凶’为谁？”

“举目皆是！”刘先也不知是恐惧还是满不在乎，就是不肯抬眼正视曹操。

“举目皆是？”曹操终于站起身来，出班一步道，“本官有熊罴之士步骑十万，奉辞伐罪谁敢不服？刘别驾把群凶列举出来，我愿替天子剪除国贼。”说这话时他左手执笏，右手已紧紧攥住剑柄——宫殿之上本不能携带兵刃，但曹操凭迁都之功，已获剑履上殿之权。但若是在御驾面前行凶，那他一手炮制出来的尊王礼制就荡然无存了。

刘先蓦然转过脸，对着曹操一揖："汉道陵迟群生憔悴，无忠义之士翼戴天子绥宁海内，使万邦归德。岂不闻恃兵则民残，民残则众叛？当此时节不能使百姓安民守业，反而穷兵黩武，只怕蚩尤[①]、智伯[②]之事又要复见于今啦！"众人听他竟拿战败身死的蚩尤、智伯比曹操，都吓得真魂出窍，全把心提到了嗓子眼，连瞄都不敢再瞄曹操一眼。

哪知隔了半晌，曹操竟慢慢松开了佩剑，狰狞的面孔挤出一缕微笑："好……好……老夫就依刘别驾之言，安民守业不动干戈。也请您转告刘荆州，请他也不要再行无益之事，咱们就此罢兵吧。"

"诺。"刘先深施一礼——他心里也打鼓，面对曹操这样的人物，即便嘴上再硬，心中又岂能不惧？

荀彧在一旁看着，手里都攥出汗来了，见事态有惊无险赶紧出班跪倒："臣奏请天子，刘别驾乃是外臣，今供奉朝觐之事已毕，可令其退至馆驿，改日再加封赏。"

皇帝刘协不过是个傀儡，荀彧之言岂有不依之理？但还未及开言，曹操忽然厉声打断："令君所言差矣！刘先千里迢迢来至京师，不辞劳苦觐见天子，此忠义之举何待来日再赏？不妨现在就赐刘先为武陵太守。"武陵郡亦属荆州界内，别驾晋为太守，这已是很大的升迁。

刘协细若游丝般轻叹一声，摆摆手："就依曹公之言吧。"

"谢陛下。"刘先跪倒谢恩，"臣愿陛下万岁永康！"起身又朝曹操拱了拱手，"也多谢曹公。"这才整理衣冠慢慢退至殿外，心中暗自思量——我凭停战之事顶撞曹贼，他非但不怒反升我官职，这厮有刚有柔倒是条好汉，刘景升论才论智都比之不及，只怕荆襄之地终要落入这厮之手啊……

殿上文武眼瞅着刘先迈着四方步不紧不慢下了玉阶，提了良久的心才渐渐放松，半晌无人再发一言。荀彧考虑到曹操违例召集朝会，若冷了场甚是不妥，便出班再奏："臣禀奏陛下，青州刺史臧霸前有捷报递来，北海、东莱等郡已被王师克复，还请诸位大人商议，该以何人权领两郡政务。"

---

① 蚩尤，上古传说中的九黎族部落酋长，因侵犯黄帝部落，被炎帝、黄帝在涿鹿之战时联手击败。

② 智伯，即荀瑶，春秋时晋国末期的六卿之一，智氏剿杀了中行氏、范氏，在晋阳之战时却被赵氏、韩氏、魏氏共同击败，自此晋国分为韩赵魏三国。

刘协挥了挥手，面无表情道："那就议一议吧。"

其实谁都知道议了也是白议，最终拍板的还是曹操，这不过象征性地走走程序。司徒赵温手捋白髯笑道："青州新近克复，当选德高望重之人为郡将。光禄勋郗鸿豫乃郑康成之门生，在北海为人敬仰又颇受曹公青睐，不妨任他为郡守矫枉一时。"赵温是出了名的圆滑，搬出郗虑这个人选，既不失朝廷的威严又不伤曹操的面子。郗虑就坐在赵温下首，听他举荐自己，虽明知必不能如愿倒也觉得有面子。

哪知此言未落，对面的少府孔融就驳斥道："赵公所言差矣，统辖一郡文修武备，非郗鸿豫所长也。"他也真拉得下脸来，当着人家的面如此批驳，非但得罪了郗虑，弄得赵温也下不来台。

满朝文武皆知郗虑亲善曹操，孔融如此不留情面哪个敢再议下去。正在此时天子却不冷不热发了话："统辖一郡非其所长，那鸿豫何所优长呢？"话语间竟有一丝幸灾乐祸的口气。

孔融回道："以臣下观之，郗鸿豫可与适道，然未可与权。"所谓"可与适道"就是说郗虑和光同尘随波逐流，除了攀附曹操没有什么真实才干。

那郗虑也是郑玄门下高足，口舌之利不输孔融，岂容他这般奚落？立刻高举笏板反唇相讥："臣下才力不逮，可与适道未可与权。然孔文举昔任北海相，政散民流兵败城失，其权安在也？"汉廷朝臣最讲求礼仪，孔融说长论短已是忌讳，他这般冷嘲热讽更过分，殿上之人无不尴尬。唯有曹操心下称快，他早就对孔融不满了，郗虑这番驳斥也算帮他出口恶气。不过他只是暗暗冷笑，不想却有人忽然放声大笑——不是别人，是御座上的天子。

刘协左瞅瞅右看看，见这两个九卿大员犹如斗鸡，心里已凉到了冰点——好啊，真好！就是这么一群无能的臣子，国难当头权臣擅政，非但不能同心协力拥护朕，还互相诟病内斗不休。就凭你们这帮不成器的臣子，我大汉社稷焉能不亡？曹操老儿焉能不夺朕的江山……想至此不由仰天大笑："哈哈哈……哈哈哈……"那悲凉的惨笑萦绕在雕梁画栋之间，把所有人都惊呆了。

荀彧心下越发忐忑，赶紧奏道："朝会诸事已议，请陛下散朝吧。"

刘协兀自狂笑，不知不觉间已有两滴泪珠潸然滚落，所幸有冕旒冠遮挡。他只是无力地扬了扬手："走吧……快走吧……曹公且留一步，朕还有话说。”

这般公卿大臣大多是陪衬，哪里有半点儿抗拒曹操的胆量，终于盼到这场唇枪舌战的朝会结束了，赶紧起身辞驾，似一群老兔子般仓皇而去。孔融与郗虑木然对视良久，各自挤出一丝冷笑，随着朝班也退了。荀彧知天子一肚子委屈，今日先是失态大笑，又要单独留曹操，实在是对他们君臣不放心，不声不响也留下了。曹操倏然觉得这气氛有些诡异，跪倒在丹墀道：“不知陛下留老臣还有何吩咐。”

刘协呆呆地看着他，心不在焉道：“荀令君退下。”荀彧不禁皱眉，但王者有命臣子不得不尊，与曹操对视一眼，也缓缓退了下去。

刘协又指指当殿伺候的黄门官、虎贲士：“你们也退下吧。”这些人虽然为天子近侍，却是曹操选拔的乡人，猛然听到天子的这般安排竟不知该去该留，瞪着两眼瞅曹操，见他微微点头，这才窸窸窣窣退下。

清冷大殿上只剩下君臣二人，你看着我我看着你，许久未发一言。不知为什么，曹操渐渐感觉这气氛沉寂得令人窒息，特别是隔着王冠珠帘观察不到天子丝毫神色，忍不住开口：“陛下留老臣所为何事？”

刘协闻言不答，又呆坐了好一会儿，忽然亲手摘下了皇帝的冕旒冠。大臣是不能轻易仰视天子的面目的，曹操也不敢破这个规矩，连忙低下头去，却听他道：“曹公，你抬头来看看朕。”

曹操觉他这话冷得像冰一样，连忙请罪：“臣不敢仰面视君。”

“不敢……”刘协似乎笑了一声，“朕恕你无罪，你只管抬头看看朕吧……”

天不怕地不怕的曹操这会儿竟微微颤抖起来。明知这个天子毫无实权，可还是忍不住畏惧他的一言一行——这就是皇权的威慑，也是一个臣子的道德底线。

曹操颤颤巍巍抬起头来，轻轻扫了一眼这青年皇帝，赶紧又低了下去——刘协面庞白净清癯，相貌颇为英俊。而与之不协调的是，他眉梢眼角间多了几分优柔惆怅，那双又圆又大的眸子似乎已没有一丝光泽，宛如干枯的古井；尤其令人不忍目睹的是这个二十四岁的年轻人，鬓边竟已有了几缕白发！

刘协的表情既非愤怒也非幽怨。他曾将眼前这个权臣恨入骨髓，意欲杀之而后快，也曾经因董贵人之死悲痛欲绝肝肠寸断……但到了现在，已经都麻木了，天下人已不再记得他这个皇帝了，满朝文武唯曹操之命是听。他早就没了期望和痛苦，所剩的只有茫然的现实：“曹公有多久没来见寡人了？”

这个问题曹操答不出来，他真的记不起自己有多久没有面见天子了。整日南征北战劳碌奔忙，耳边所闻多是歌功颂德赞美之言，仿佛天子只有在他冠冕堂皇招降纳叛时才真的存在。他伏在那里木讷良久，始终回忆不起上次面君是几个月前的事，便请罪道：“老臣征战在外久不朝见，实在是记不清了。但臣之辛劳乃为陛下之江山社稷，待臣殄灭叛贼大功告成之日，再……”

“朕不想听这些。”刘协打断了他的冠冕文章。

曹操听这话头，以为刘协又要发泄不满，赶紧顶了回去：“老臣一定要说。”

“那你就说吧。”刘协无奈地摇了摇头。

“诺。臣之所作所为或有失当之处，然一心所为陛下。倘能殄灭叛贼统一天下，则汉室之社稷昏而复明，上可告列祖列宗历代先皇，下可慰黎民百姓芸芸众生。臣明日还要领兵北上征讨逆臣袁尚，还愿陛下能……”曹操说了一半猛一抬头，不禁呆住了——刘协根本没在听他讲话，而是抬头仰望着宫殿的雕梁，完全是漠不关心的神情。

曹操见他如此模样，心中甚为不满。若是别人敢这么无视自己，他不把那人宰了也要痛责一番以泄恨，无奈这个人是皇上，总要恪守些臣子之道，只得阴森森试探道：“莫非陛下对老臣有何不满？”

刘协似乎全无惧意，依旧抬着头淡淡道：“没有……朕不怨你，朕谁都不怨……朕只是在想，这座宫殿闷得叫人透不过气来，就像只囚笼一样，把朕捆绑在这里，全然不知一年四季花开花谢……还记得《庄子·逍遥游》有言：‘夫列子御风而行，泠然善也，旬有五日而后反。彼于致福者，未数数然也。若夫乘天地之正，而御六气之辩，以游无穷者，彼且恶乎待哉！’朕真的想摆脱这憋闷的一切，去一个无所羁绊的地方……”

曹操突然自脊梁后面升起一阵凉意，感觉这空灵的话语如此鬼魅，简直不知该如何答复，磕磕巴巴道：“陛下若、若是觉得气闷，何不带着皇后皇子们到御园中散散步。”

又是一阵令人煎熬的沉默……刘协忽然晃悠悠站起身来，手指着龙书案直勾勾看着曹操，咕哝着嘴唇道：“曹爱卿，你若真愿意全心全意辅保朕，就请让朕乾纲独断吧。若是不愿辅保朕，请君高抬贵手放我走吧……我甘愿永居林下世代为民，这个位子你来坐！”

曹操闻听此言犹如五雷轰顶，惊得汗流浃背跌坐在地。

刘协竟露出一阵春风般的微笑，兀自手指着龙书案，口气平淡得犹如清水一样：“你只管来坐这个位子，朕只想要……要自由。”

霎时间，曹操被这个年轻人彻底击溃了！倘若他是抱怨、是辱骂、是咆哮，以曹操的性格都敢以牙还牙。可是他竟要把皇位拱手奉赠，这等伦理纲常的变故岂是凡夫俗子能承受的打击！莫说曹操还不曾有这样的念头，即便夜深人静时在被窝里偷偷想过，也不敢这么做啊！况且天下尚未平定，曹操自诩奉天子以讨不臣，若是他自己先不臣，还凭借什么去征讨别人？还有何脸面立足世间？岂不千夫所指，归为王莽一流，被天下人的唾沫淹死！

曹操突然打了个寒战，感觉如芒在背五内俱焚，脑子里出现的唯一反应竟是逃跑。逃吧……天不怕地不怕的他此刻仿佛一个打败仗的逃兵、一个被人家发现的窃贼。他连辞驾的勇气都没了，慌慌张张连滚带爬出了玉堂大殿，哆哆嗦嗦只下了一半玉阶，猛然脚底踩空——自七八级玉阶上滚了下去。

“曹公摔倒了……”十几个殿前武士边叫嚷边跑过来搀扶。

“别过来！”曹操的冠戴磕掉了，足下一履不知甩到何处去了，额角也被玉阶磕得红肿，却迅速跪爬起来，擎剑在手厉声断喝，“谁也不准过来！谁敢过来……老夫就杀了他！老夫杀他全家鸡犬不留！”他那声嘶力竭的声音沙哑得都走样了。

众武士不明就里，只得怵生生向四下散开。

曹操瞪着布满血丝的眼睛环视着这群人——虽然他们都是夏侯惇选拔的，都是沛国谯县的同乡，但他们手中依旧有武器。汉家旧制三公掌兵权者，入见天子时当有虎贲士护从。此时此刻曹操内心充满恐惧，眼前的一切都叫他感到不安。即便这些人不想谋害自己，可若是他们手里的武器没有拿稳，碰到自己身上又何等可怕啊！太恐怖了！每个人都如此恐怖！

逃吧！继续逃吧！许都皇宫，以后再也不要来了……想至此曹操愈加喊叫，直等到亲眼看着那些不知所措的虎贲士退回到殿门，才举着利剑深一脚浅一脚地向宫门方向而去。就这么哆哆嗦嗦跑出去好远，才见许褚督率幕府的心腹部从迎面而来。

许褚本在仪门伺候，是听到叫嚷赶过来的，一见曹操五官扭曲状若中邪，也吓了一跳："主公为何此等模样？"

曹操一头撞在许褚臂弯间，只是不住晃脑袋，沉沉地喘着粗气。众卫士也吓坏了，揉前胸的揉前胸，拍后背的拍后背，为他收起宝剑整理衣冠，许褚见他这副惊魂未定的模样，焦急询问道："莫非有人意欲行刺主公？"

"没有……没有……"曹操瞪着惊恐的眼睛咕哝着。

"宫中若有变故，主公不便提起，何不向令君诉说？"

这句话才算把曹操拉回到现实中。他眼睛一亮，又渐渐黯淡下来——如此暧昧之事如何向荀彧开口，若再传扬出去岂不闹得沸沸扬扬？他把牙一咬，掐住许褚臂膀，恶狠狠道："今日之事不许向任何人提起……你去告诉丁冲、郗虑，把今日当值的侍卫黄门全部杀掉！"

"为什么？"

"不要问为什么！杀掉！"

许褚还算心地良善："他们都是咱沛国同乡，若无罪诛戮，您日后何颜面对家乡父老。"

"那……那就撵出京师永远不许再入许都！"

"诺。"他不肯明言，许褚也不敢再问，只得搀扶他慢慢吞吞出了端门。许多有差事的掾属见他久不出来，都已在宫门外等候了，曹操直至坐上马车才渐渐不再颤抖，闭上眼睛愁眉不展，只一个劲儿叹气。陈矫小跑着来到他身边禀道："主公，刚从东城传来消息，陈元龙七日前病发而亡。果如华佗所料，恰好是三年啊！"

陈登之死在曹操看来本是件好事，但此时他却打不起精神，只是摆摆手："我知道了。"

恰在此时忽听一阵马蹄声响，自正南奔来三骑，乃是曹丕、曹真和曹休。这小哥仨今日格外精神，身披武服头戴皮弁，腰里跨着佩剑。曹真当先驰至车前，跳下马来跪倒在地："恳请父亲带我一同出征，为朝廷效力！"一言未毕曹丕也到了："子丹之言亦是孩儿所思，孩儿已过舞象之年，该追随父亲建功立业了。"曹休也说："我母子蒙叔父恩养，正该上报天子下报叔父之恩，请您带我效力疆场吧。"

曹操蔫奄奄坐在车上，看着这三个孩子——天下父母都是一样的，他也并非不看好曹丕。只是这些年人们都在议论他曹某人，他可不愿让儿子过早染指朝廷仕宦之事，一者为避口舌，二来怕他们自恃身份有专横跋扈之举。如今这一切都不同了，此时此刻他只想把整个家族武装起来，让子侄在身边保护自己……曹操一反常态伸手拉住曹丕："既然你们愿意，到中军虎豹骑挂名，为父不能假公济私厚此薄彼。但你们要住在我的中军营里，一定要带兵保护好为父的安全！"

曹丕既感兴奋又觉诧异，父亲今天的口气与平日大不相同。未及多问，又见王必挤进人群扑倒车前："启禀主公，刘老常伯薨了。"刘老常伯乃侍中刘邈。

曹操闻言又是一阵叹息——刘邈虽因玉带诏之事为保梁王一族与他闹得不快，一番胡搅蛮缠硬是把王子服勾除了宗籍，改易为李氏之后草草结案。但是老人家毕竟是对他有恩之人啊。忽然想起玉带诏，曹操刚刚放下的心又紧张起来，那张血淋淋的绢帛似乎又浮现在眼前——"诛此狂悖之臣耳！"末尾那个"耳"字殷红的一竖拉得很长，似乎还在滴血。

王必跟随曹操以前曾是刘邈的属下，铁铮铮的汉子这会儿哭得泪人一样，见曹操一脸茫然，还以为他也在伤感刘邈之事，跪爬几步抓住车沿："刘老常伯无后，恳请主公准属下留在许都为老大人发丧，已报故主知遇之恩。"

曹操讷讷地点了点头："此番出兵你留下，给刘邈发丧之后，你把家丁部曲聚起来，再招募些亲族子弟，给我另组一支人马。"

"再组一支军队？"王必很诧异。

"对！老夫要你带领这对人马时刻保护幕府和家眷的安全！"

"属下明白。"

曹操揉着额头又嘱咐道："你替我转告元让，叫他小心戒备许都周匝，千万不要大意。"

"诺！"

"还有……告诉卢洪、赵达，要把满朝文武都给我盯得死死的，任何风吹草动速报我知。再把那个精通剑术的邓展叫到军中保护我，不用再跟毛玠打招呼了，马上叫他来！"

"诺！"王必不明白他为何突然变得这般小心，但还是件件照办；曹操这才稍觉安心，歪着身子靠在车上。

众人都瞧出曹操这会儿脸色不对，以为他头痛的老毛病又犯了。陈矫插言道："我观主公气色不佳，那名医华佗已离广陵多日，听说在彭城一代游历，何不将他招来为主公调理一番？"

"老夫没有病！"曹操疲倦地倚在车上，"即便有也是心病，绝非江湖术士能医得好的……"

曹丕却道："父亲莫要拒人于千里，那华佗善医顽疾天下皆知。您还记得去年暴死的那个老军李成吗？当年华佗为他治病，说他十八年后旧病复发，至去年病逝不整整是十八年吗？"

陈矫也道："陈登、李成之断皆应验，主公不妨召他随军听用，即便您身体康健，为众将治治创伤也是好的。"

曹操也乏了："由着你们办吧……走！"

许褚凭轼高喊："主公起驾，回幕府。"

"不不不！"曹操连连摆手，"不回幕府，马上出城去行辕。"

"明日出兵北上，主公不在府中休息一晚吗？"

曹操眼里竟流露出一丝惊恐："不要等明天了，今晚就走！越快越好！"不知为什么，他觉得这个由他亲手缔造的许都十分可怕，似乎随时都会有人冲出来要他的性命。他再也不愿在这个地方多呆了，还是快点儿投入战争吧，两军交锋的战场也比这里安全得多。

自这次事件之后，曹操至死再没单独觐见天子……

第九章
旧疾复发，华佗治好了曹操的头痛

与狼结姻

曹军进驻黎阳，袁尚唯恐邺城有失，舍弃平原回救，因急于撤退反被袁谭趁势追击，折损了不少兵马；其部将吕旷、吕详战场失利，又痛恨他们兄弟不成器，失望之下率数千兵马向曹军投诚——曹操开始坐收渔人之利啦。

时至建安九年十月末，袁尚所部已尽数龟缩邺城不敢再战，袁谭还靦着脸皮跑到黎阳拜见“大恩人”。曹操也真对得起他，莫说设宴安抚，连城门都没让他进，还在城下列摆兵阵以作防备，只带着诸谋士在敌楼上与其会面。

惨淡的日光下一切都是白蒙蒙的，袁谭带着人马来到城楼之前。昔日袁绍统帅的威武之师已不复存在，取而代之的是袁谭东拼西凑的杂牌军。这支队伍根本谈不上阵势，松松垮垮拖了将近二里地，有些连铠甲都没有，受困数月粮草不济，面黄肌瘦无精打采。自城楼放眼望去，满眼都是猥琐不堪的景象，潦倒的将领、疲惫的士卒、羸弱的战马、生锈的兵刃……唯一醒目的只有那面“车骑将军”的纛旗，在料峭秋风中招摇着，就像他的主人一样兀自感觉良好。

当局者迷旁观者清，曹操只打量这支部队一眼就料定袁谭必亡，他手扶女墙亲自喊话：“哪位是车骑将军，请出来与老夫一叙！”

过不多时只见两匹快马自人群中闪出——前面驰的是袁谭，后面跟随郭图。虽然兵势衰弱，但袁谭这车骑将军的面子还要讲，他头戴红缨兜鍪，身穿镔铁铠甲，外罩猩红战袍，依旧透着潇洒气派。郭图也还是那副阴狠刻薄的模样，布满皱纹的脸上一丝表情都没有，只是鬓间又新添了几缕白发。袁谭快马疾驰，眼看要到曹军近前，郭图恐曹操突放冷箭，忙把他叫住，距城池一箭之地与曹操对话。

“末将袁谭参加曹公！”袁谭马上拱手面有得色。

事到如今竟还不知羞愧，曹操暗暗冷笑。许攸也在城楼上，一见昔日逼得自己投敌的冤家落魄至此，心里说不尽的痛快，扯着尖嗓子嚷道：“大胆袁谭！你已归顺朝廷，还不下拜更待何时？”

曹操瞥了许攸一眼：“子远何必这般苛求，老夫不过官拜司空，人家可是车骑将军啊！”这席话说得楼上众人掩口而笑，可是一低头，却见袁谭真的跳下马来，规规矩矩跪倒在地。

眼见此人拜伏于地，曹操心头一悸，既觉可笑又觉可悲——固然他与袁氏是雠仇，毕竟早年与袁绍有朋友之义，想当年同朝为官共抗阉党，袁本初意气风发桀骜不驯，现在看着这个不孝儿屈膝于敌丧尽亡父颜面，四世三公之族由此而衰，心中岂能不悲？

曹操真有乱箭射死这个败家子的冲动，却不动声色攥紧拳头，嘴上安抚着：“许子远不过戏言，袁将军也忒多礼，老夫可不敢领受你这一拜，快起来吧……”

袁谭非但不起，反而向前跪爬了几步：“若非曹公相救，末将死无葬身之地！下跪见礼乃出自真心，曹公活命之恩末将铭记在心。生我者父母，活我者曹公！”说罢摘去兜鍪连连叩首。

天下的蠢人都以为自己能轻而易举欺骗别人，殊不知越是夸张的表白越失败。曹操知他是虚情假意，也跟他玩起了虚伪：“将军太过客套，老夫不过遥作声势，是将军勇猛过人刚毅果断才将袁尚击败！老夫与汝父同殿为臣相交深厚，也曾征讨董卓并肩而战。当年我入主兖州之时也颇得汝父相助，至今每每忆起感恩不尽，如今将军有难，老夫焉能坐视不理？”其实这话假得不能再假了，难道官渡之战坑杀八万就是曹操对袁绍的感恩吗？

袁谭撅着屁股趴在那里，一副狗对主人献媚的摸样，信誓旦旦：“末将归顺曹公，自当肝脑涂地效死以报。”

"非是归顺老夫，乃是归顺朝廷，从今以后咱们同为天子效力。"这番话曹操不知说过多少遍，以前每次出口都兴致盎然，可今天再说却味同嚼蜡。

袁谭还是不肯起来，撩着眼皮试探道："末将既已是朝廷之人，不敢再僭越名号，请曹公另赐官爵。"

曹操听他主动要官，不禁皱起眉头——袁谭这个车骑将军是自称的，青州刺史是暂领的，并无正式名分，倘若假朝廷之命给他一个，日后再领兵剿灭他岂不是自己打自己脸？而他光脚不怕穿鞋的，破罐破摔想翻脸就翻脸，这个官还是不能给。曹操正思虑如何应对，一直趴在女墙边的郭嘉先喊开了："袁将军，任命官职非等闲之事，我家曹公需修表请奏朝廷。你被庶弟所逼失却侯位，若是朝廷恩准，可将汝父之爵尽数转赐与你，我家曹公日后还要请你助一臂之力共讨袁尚。如今你且暂领青州刺史，待朝廷批奏之后再正式授你官职！"

袁谭半信半疑，说把父亲的一应官爵都给自己，似乎不太可能，但是曹操既要借己之力讨袁尚，也说不定会大发慷慨。他思量一会儿还是乐呵呵道："多谢曹公一番厚赐。"这才慢吞吞爬起来。

曹操瞧他这副狼狈相，简直厌恶到了极点，可还得微笑着把事办完："袁将军，听说你有个女儿？"

袁谭也预料到他可能会要人质，赶紧答复："劳曹公关照，小女年纪尚小，不过四五岁。"

"嗯。"曹操点点头，"老夫恰有一子，名唤曹整刚刚两岁，将军若是不弃可否将爱女嫁于吾儿？"

这样荒唐的孩童联姻其实就是人质约定，不过有话不明说，也算给袁谭留了面子。袁谭哪里还敢拒绝，赶忙两次跪倒："在下贱女得配曹公虎子，荣幸至极！"

"哈哈哈……咱们已做了亲家，岂能再行此大礼？"

"曹公说得是。"袁谭也是满面堆笑，"小女就在军中，在下这就遣人送至城内，不知曹公可需三媒六证之人？"

"我看辛佐治便可，老夫将他留于帐下，我与将军一干事务皆由此人经手，日后若有差失老夫也要向此人问罪！待咱们破了袁尚之后，我再将其归还将军帐下。"其实辛毗已被表奏为议郎，根本不可能再回去，曹操这么说是为了迷惑袁谭。

“也好……”袁谭不明就里，还在为曹操扣留他一个智囊而惋惜。

“将军首战告捷，还需安抚郡县，老夫就不留将军多呆了。还望你速回平原整顿兵马，来日共讨袁尚。”曹操希望他赶紧走，回平原整备人马接着跟袁尚互相残杀。

其实袁谭也不想留，也愿意尽快回去召集兵马囤积粮草，日后先灭袁尚再战曹操恢复河北之地，彼此心照不宣：“既然如此，末将告辞了。”

“亲家一路珍重，日后灭了袁尚我帮将军夺回乃父官爵。将军若想重领四州州牧已是不可能了，不过只要将军肯为朝廷出力，这冀青幽并可以任取其一，老夫可令将军划地而治！”曹操说这般鬼话连眼都不眨一下。

袁谭跨上战马假惺惺道：“在下为朝廷效力，为曹公尽命，安定天下不求一己之荣。”

若不求一己之荣何至于跟弟弟争得你死我活？曹操并不戳穿：“将军深明大义，真是国家之福、百姓之幸、乃父之荣耀……”这话实有挖苦的味道。

“末将一定不负明公所期，日后好好报答您！”袁谭也意味深长地回了一句，拨马欲去。可刚扬起马鞭又想起件事，赶紧回头，“还有一事相求曹公。末将所部粮草吃紧，可否……可否……”

连粮食都没了，还没完没了厮杀。曹操心里嘲笑，脸上却装出副犯难的样子，咋着嗓子对身边的人说：“哎呀！袁将军缺粮，咱们有富裕粮食吗？”

都是聪明人，见其明知故问就知道该说什么，卞秉挤眉弄眼道：“启禀主公，我军也没有余粮啦！大军方至黎阳，辎重粮草还没到。不怕列位笑话，末将现在还饿着肚子呢！”卞秉就是管辎重的，他在这儿站着岂能没粮？

“唉……袁将军真是大幸，能找咱们求粮，可不知咱们的粮食寻谁去借。”郭嘉也跟着起哄。

董昭见他们都充黑脸，便出来扮白脸：“话虽如此，袁将军既然张了口，若颗粒不给岂不失了朝廷脸面？再者倘若袁将军无粮，如何回平原布兵呢？”

曹操手捻须髯假意沉吟，仿佛下了多大决心似的，这才一拍女墙答复道："袁将军切莫见笑，老夫军中尚且乏粮。但你既然开口相求，也不能坐视不理。就在军中今日粮草中匀出一百斛相赠，另外还有些麦屑糠皮一并给你了，先拿去解燃眉之急吧。"这点粮食不过是曹军的九牛一毛。

"这就感恩不尽了……"袁谭再三道谢，方驰马而去。

曹操望着袁谭马蹄扬起的烟尘不禁冷笑——袁本初，这就是你养的好儿子！你一生爱惜脸面，留这样的不肖之子在世上岂不是耻辱？老弟可要抢你的河北之地了，这不单是为我自己，也算是老朋友帮你清理门户……他尚在遐想，又见郭图还愣在城下，正仰头怒视着他，那双鹰隼般的眼睛犹如利刃一般。

曹操被这目光瞪得浑身难受，赶紧转过脸去："老夫很讨厌郭图这个人。方才借粮那番欺瞒之语，只怕骗得了袁谭，却难骗此人。"

郭嘉斜了自己的同族远亲一眼，笑道："郭公则不能求同合众，当年我归附主公之时曾有意劝他同来，他却道追随袁本初别无二志。现在祸到眼前还不醒悟，袁谭作乱有一半是他挑拨出来的。他也算个聪明人，行事却如此偏激，八成是疯了！"

楼圭笑呵呵挖苦道："说来巧得很，昔日桥公家传的《礼记章句》中引《大戴礼》一句话，我看说郭图与袁谭正合适。'富恭有本能图，修业居久而谭[①]'，只不过他俩图者不图，谭者不谭，倒像是一个疯子保一个傻子，郭图不能富恭守本，袁谭也休想修业久存！"众人闻听无不莞尔。

荀攸却摇头叹息："我与郭公则也算旧交。当年南阳名士阴修为颍川太守，以钟繇为功曹、荀彧为主薄、郭图为计吏，又举我为孝廉。当年大家在一处谈天论地如同兄弟，现在他却离我们这么远，谁能想到啊……"眼望着郭图愤恨一场无奈而去，他越发沉吟不已。

"老夫与袁绍何尝不是至交？"曹操捻髯苦笑，"事到临头又能如何？这天下人情忒薄，就是……"就是天子也未必能竭诚相待，这想法再强烈也不能当众说出来。

其实千难万难，最难的还是辛毗，他已经暗通书信给兄长辛评了，可是辛评不但不考虑归降，还回书骂他叛国投敌有辱辛氏家门，今天袁

---

① 谭，广大，宏大。意为业安居于久而自大也。

曹相会，辛评竟连面都没露，实在是不愿意认他这个弟弟了。辛毗心头犹如刀割一般，望着渐渐散去的袁军呆呆出神。

“佐治！交给你的事情办好没有？”

辛毗听到问话，赶紧回过神来：“启禀主公，在下已联络到邺城将领苏由。此人颇受袁尚重用，可于我军攻城之际举兵内应。”

“很好。”曹操拍拍他肩膀，“封官许愿老夫不在乎，尽可能拉拢些人。‘百足之虫，死而不僵’，要扫平河北全境还需多费心机。”

“诺。”对于辛毗来说，现在扫平河北固然要紧，更重要的则是救家人脱苦海，审配之偏执也不逊于郭图，家眷在邺城如在虎口。

这时忽听许褚粗暴的吼叫声：“站住！你们什么身份？竟敢硬闯敌楼还有没有规矩啦！”他手持长矛守在楼阁口，不准任何闲人随便登楼。

“仲康！”曹操叫住许褚，“为何喧哗？”

“降将吕旷、吕详吵着要见您。”

“现在同为朝廷之将，你何必计较他们身份？叫他们进来吧……”把朝廷二字挂在嘴边不知不觉已成了曹操的习惯，但是自从出了金殿之事，他再提及这两个字却感觉酸溜溜的。

许褚闪开道路，吕旷、吕详也自知是降将，早把佩剑摘了，一出阁门就拜倒在地：“我等向主公请罪！”

“何罪之有？”曹操见他俩每人手中都捧着只锦囊，“这是什么？”

吕旷战战兢兢道：“刚才袁谭命部从送其女入城，有个仆僮模样的人找到我们兄弟，说袁谭希望我们继续做袁氏之臣，不保袁尚可以去保他，还留下这两枚印。”

“哦？”曹操打开锦囊观看，原来是两枚四四方方的将军金印，大小倒有四寸许，分量着实不轻，便不再多看放回吕旷掌中，“既然是袁谭送你们的，那就收着好了。”

“不敢不敢！”吕旷吓得金印脱手，匆忙顿首，“我二人已经归顺明公，岂肯再为袁氏卖命。河北之民深受其苦，河北之兵皆遭其害，我二人视袁谭已如雠仇。明公若不信我们诚意，我等就……就……”

曹操屈膝拾起金印，固执地塞进他们怀里：“老夫几时怀疑你们了？那袁谭不修恩德痴心妄想，仅凭两枚金印就想拉拢两员大将，天下哪有这般容易之事？你们既然肯来上缴，那老夫照旧赐给你们，另外我再给你们每人加一颗玉印。”

“玉印？”二吕对望一眼。

“老夫念你们投诚有功，表奏你二人为列侯。”

“啊！”二吕呆了半晌，忽然齐声表态，“我兄弟肝脑涂地誓死追随主公！”这吕旷、吕详虽称不上什么名将，但曹操有意千金买骨，只要厚待这两个人，就不愁其他河北之人不来投降。

“哈哈哈……”曹操仰面大笑，瞧着二人下城而去，又对众人道，“我早料到袁谭乃是诈降。他打算让我攻袁尚，然后得以趁这个时机招募兵马抢占地盘。等我破了袁尚以后，他也准备得差不多了，再趁我军疲弱之际对老夫下手。可他忘了一点，袁尚若破，我军士气旺盛，有何疲弱给他利用呢？此真无用之计！”

许攸此番抱着复仇的心态而来，早就迫不及待，搓手道：“阿瞒兄，咱们下手吧！先灭了袁尚狗子，然后再把袁谭除掉。”

“不必着急。”曹操沉得住气，“袁谭想坐收渔人之利，可是老夫何尝不想，看谁最后得逞！兄弟之争再甚也是家务，可袁谭向我屈膝如同叛国投敌，他们兄弟之仇恨愈烈，袁尚岂能再容这叛徒做大？这哥俩都是宁予外敌不予家奴，等着瞧，我料他们势必再起干戈，咱们只需坐山观虎斗，择机而动便可……传令各营，明日一早全军南撤。”

“主公有意收兵？”众人面面相觑。

“既来之则安之，并不是收兵。”曹操微然一笑，“淇水[①]正经黎阳以南，咱们引水注入白沟[②]，日后我军粮草可直达邺城。‘工欲善其事，必先利其器’。作好一切准备，就等着时机到来！”

“明公高见，我等不及！”

曹操已把朝廷里的不愉快抛到一边，仗虽未打却已胸有成竹。他眺望着远处的山峦，长长地舒了口气——忽然有一阵歌声隐约传入耳中：“你们听，这是什么歌？”

正说话间那歌声越来越清晰，似是首激昂的军歌，众人低头找寻，但见城下将士各司其职，铡草的铡草、喂马的喂马、运粮的运粮，可无论干什么都高高兴兴哼着歌。一人唱百人唱，声音越来越齐，最后终于汇成了震天动地的歌声：

---

① 古黄河支流，在今河南省北部。
② 即现今卫河的上半段，远在太行山区。汉时古白沟已几近干涸，曹操这次工程使淇水向东北注入白沟，一直通向海河，在天津市入海。

千骑随风靡，万骑正龙骧。
金鼓震上下，干戚纷纵横。
白旄若素霓，丹旗发朱光。
追思太王德，胥宇识足臧。
经历万岁林，行行到黎阳。

“妙啊！妙啊！”曹操格外兴奋，回头扫视众人，“这诗大长我军士气，是何人所作？”

众人纷纷摇头，记室刘桢从人堆后面挤了过来：“启禀主公，此乃大公子所作。”曹丕自那日得吴质点拨，早就盼着展示才能的机会，一路上连着写出三首军旅之作，安排曹真、曹休、王忠、朱铄等人四处传唱，几天下来连火头军都会了。

曹操听说是儿子写的，明明心里已乐开花，却装出一脸挑剔：“词句粗陋了些，不过教给当兵的唱还凑合。”说罢扭脸朝着城外，不叫旁人看出自己的喜悦。

刘桢也是曹丕的好友，赶紧趁机美言：“这几日公子甚是用心，不单是写了诗，这会儿还在城中抚慰百姓呢！”曹操的儿子哪个能不夸？刘桢开了这个头，其他人纷纷赞誉，都说他们是父子英雄一脉相承。

董昭低着头凑到曹操身边夸道：“贤愚相较高下立判，袁本初之子皆是无能庸才，曹公之子乃是人中英杰。”

“过誉啦，不过一首诗嘛。”曹操目视远方微然含笑。

“得佳儿以传祖业乃人生一大快事。”董昭边说边注意着他的表情，“本朝父子俱为名臣的为数不少，昔日李郃、李固两代贤良，周景、周忠父子三公，那杨家一门四代宰辅更不用说，我看曹公之子也是大有可望！试想将来大功告成，您还政天子退归林下，再观公子辅保朝纲大展雄才，岂不是美事？”

曹操初时还挺高兴，但听到“大功告成”“还政天子”，脸上的笑容不禁凝固了——天子尚幼我已半百，况且他如此忌恨于我，倘若我退归林下大权奉还，岂能容我儿孙再立朝堂？只怕那时连我满门老小的性命都……一想到日后之患，曹操便觉脑中隐隐作痛，笑容愈加收敛了。

他脸上的微妙变化早被董昭瞧了个清清楚楚。

神医华佗

黎阳的会面使曹操完全看清了袁谭的嘴脸，虽与其结为亲家，却依旧按兵不动，坐视他们兄弟自相残杀。另一方面在淇水河口下枋木以筑堰，使河水流入干涸的白沟，保障了直通邺城的粮道，一切就绪只等袁氏兄弟再次交恶。

乱世之中永远不乏蠢人，袁绍在世之时独霸河北名动天下，两个儿子却连他半分明智都没学到，还把父亲临终嘱咐他们兄弟要和睦的话都当做了耳旁风。哥哥袁谭为了兄弟内斗不惜投靠外敌与虎谋皮，而弟弟袁尚明知外敌在畔还想侥幸消灭兄长。

至建安九年（公元204年）二月，袁尚见曹军在黎阳毫无动静，而袁谭在平原招募人马颇有复振之势，便留军师审配、大将苏由镇守邺城，亲自率领大军再赴平原与兄长拼命。曹操见机会已到，即刻领兵向邺城进发。那守将苏由早与辛毗私下串通好了，要在城内举兵以为内应，不料机密泄露仓促举事，被审配所部击败，逃至洹水与曹军会合。但因为这场乱子，审配错失了阻击的时机——河北重镇邺城竟一仗未打就被围困了。

曹军堆砌土山、架设云梯、挖掘地道，想尽一切办法攻城。袁尚与袁谭交战正酣，无法领兵回救，派沮授之子沮鹄驻守邯郸、武安县长尹楷驻军毛城，保护邺城通往幽州、并州的要道，等待两路救兵和粮草。曹操岂能容他得逞？立刻将兵马一分为二，命曹洪继续围困，自己则率部连战，先取毛城再陷邯郸，就此切断了西北两路的救援。冀州人心撼动，易阳县令韩范、涉县县长梁岐举城投降，被曹操加封为关内侯。不到三个月的工夫，各处营屯无不望风归降，邺城已俨然一座孤城了……

但邺城乃袁绍根基所在，毕竟非寻常之地可比，加之军师审配又是块极难啃的骨头，想要拿下城池绝非一日之功。好在辛毗、董昭、许攸等都曾效力河北，由他们轮番上阵策反劝降，每天都有官员士兵坠城投降。这样一边打一边劝，邺城的势力逐步削弱，粮草也在不断消耗中。战事进行得异常顺利，曹操也渐渐忘了许都的不愉快，每日除了寻查营寨，就是在帐中批注兵法，一边观望袁谭、袁尚的动静，一边等待邺城情势的变化，可谓是以逸待劳。

今天与往日一样，荀攸与郭嘉、楼圭在大帐筹划下一步的打算，辛毗、许攸又举着白旗到城下喊话去了。曹操反倒浑身轻松，优哉游哉整理着自己注解的兵法，当看到“佚能劳之，饱能饥之，安能动之。出其所必趋，趋其所不意”，此语倒像是说眼前的战事，他感觉如获至宝，不禁提笔注道：“绝粮道以饥之。供其所必爱，出其所必驱，则使敌人不得相救也。”写罢又一边默念一边微笑。

路粹正帮荀攸打理书简，见他面露喜色，赶紧凑过来逢迎：“主公近些年抄注的兵书可真不少，《三略》《六韬》《司马法》《尉缭子》《孙子》《墨子》《孙膑》，足足有十三大箱，稍微总结筛选一下，便是从古至今最为绝妙的兵书啊！”

曹操抚摸着这一摞摞的书简，摇头微笑道：“老夫昔年曾有志向，要编纂一部《兵法节要》。可如今天下不仅狼烟四起，黎民百姓嗷嗷待哺，绝非一部兵法就能解决问题的，还要有复兴社稷、经世济民、拯救苍生的长久之策。前日仲长统对老夫说了一番话，可谓至理名言，‘国之所以为国者，以有民也；民之所以为民者，以有谷也；谷之所以丰殖者，以有人功也’。自黄巾之乱以来，百姓死亡荒疾纵横，天下户口不及当年三分之一。即便老夫扫尽狼烟归于一统，以后的路还长着呢。”他本对仲长统有些芥蒂，但接触的日子久了，竟对他的政论渐渐产生了兴趣。

荀攸忽然拿起一份奏报递了过来：“主公请看，这是令君自许都转来的，江东孙权出兵江夏了。”

“哦？”曹操以为自己听错了，赶忙拿过来看——原来孙权自承接父兄之位以来励精图治，短短三年多的时间竟重振了声势，进而再次兴兵攻打江夏，欲擒黄祖报杀父之仇。可更值得主意的是，孙权出兵之前竟将朝廷刚刚决定征辟的前会稽太守盛宪给杀了，而另一位避难名士孙邵却被孙权任命为长史，心甘情愿留在了江东。这无异于发出信号，孙氏与曹操之间的短暂妥协已经终结了。

曹操一阵皱眉，手指轻轻敲打着这份奏报：“难道孙权这小子真想跟我翻脸？”

路粹讪笑道：“孙权打黄祖可是好事！他与刘表再起争执，主公正好专务河北……”

“住口！”曹操瞪了他一眼，“你晓得什么，做好你自己的差事！”在他眼中，路粹、繁钦、刘桢这帮人再有才华也是刀笔吏，只能充当他的口舌，是不能对重要军机发表个人意见的。

果然，荀攸也不认为这是好事：“孙氏原本善战，黄祖却已年迈，我恐非是其敌，若令其占据大江东西之险，日后必复成大患。当早作防备啊。”

“防备嘛……”曹操想了想，“可令刘馥在合肥修缮城池以作防戍之策，只要能稳固淮安之地，老夫日后便可收拾孙权孺子！”新任扬州刺史刘馥无法到孙氏占领的丹阳赴任，便在合肥落脚，最近招募流民兴治芍陂[①]，颇有些建树。

郭嘉在一旁插了话：“属下有一计，可助主公保守淮南无碍。”

“快快道来！”曹操现在越来越看重郭嘉的计谋了。

“主公既在中原兴民屯，何不在边镇之地兴军屯？属下保举仓慈出任典农都尉，此人本就是淮南土人，又担任过郡吏。令他回去招募百姓训练兵马，边耕作边戍守，自给自足加之合肥建城，定可保江北之地无虞。说不定还能给主公练出支善战之军来呢！”

“妙！妙啊！”曹操不禁抚掌而笑，“就派仓慈打理此事，不过不要让他当屯田校尉了，既是军队屯田，理应有所区别。老夫另给他个官职，就叫‘绥集都尉’。绥集者，保境安民也。”

“主公立意深远，我等望尘莫及。”什么时候出主意，什么时候拍马屁，郭嘉早掌握得炉火纯青。

曹操笑了片刻，又想起另一件事：“孙策方死之时，刘表之侄刘磐常自负其勇骚扰江东，为何最近非但不见动静，反叫孙权转守为攻了呢？”

一旁面无表情的董昭也插了话：“我曾听华歆言道，孙权任命东莱太史慈为建昌都督，此人精于骑射，帐下之兵也颇为骁勇，刘磐几番败于他手，已不敢再东去挑衅了。”

“东莱太史慈……”曹操早知道这个人，当初孔融为北海相，被黄巾围困城中，就是太史慈凭借箭术闯出重围搬来的刘备救兵。后来孔融调回许都，太史慈辗转投至已故扬州刺史刘繇麾下。孙策与刘繇为敌之

---

① 芍陂，春秋时楚国令尹孙叔敖始建的淮河水利工程，后人又称其为“安丰渠”，在今安徽寿县以南。汉末刘馥对芍陂进行了修复和扩建。

时，他只率领一兵出外巡哨，恰与孙策及其部下一十三骑遭遇，竟还撒马一战。孙策夺去太史慈护背短戟，太史慈也挑了孙策兜鍪，两人倒是不打不相识，日后刘繇落败，太史慈却被孙策收到了帐下。如今孙权不仅留住了孙邵等避难士人，也留住了太史慈这样的勇士。孙策兵势鼎盛之时，江东父老称其为“小霸王”，看来孙权也不比他那个霸王兄长逊色，果真是一门英杰啊！现在虽然不能分身，但也要想办法剪除孙氏的羽翼，似太史慈那样的勇将，若能招回朝廷为己所用该有多好啊。

他正思考制约孙权之法，忽见许褚飞跑进帐：“启禀主公，现有任峻族弟任藩来至军中，急着面见主公。”

“他来做什么？莫非……”曹操脑子里嗡的一声，不祥的预感猛然涌上心头。果不其然，转眼间便见任藩身穿孝服、哭哭啼啼跪倒在帐前——任峻病逝于许都！

任峻任伯达不仅是曹家的女婿，而且是曹操的重要膀臂。他早在讨伐董卓之时就在曹操身边，是从最艰难的时候闯来的，官渡之战主持运输粮草，河北军数次企图抄绝曹军粮道，都被他一一化解。而他更大的功劳在于推广了屯田之法，支撑起朝廷逐渐庞大的武装，使曹操可以放心大胆地征伐天下。屯田之议始于枣祗而推行于任峻，如今这两个先后而逝，曹操岂能不悲？

眼望着报丧的任藩以膝当步爬到他跟前，曹操实在控制不住了，泪水似断线珠子般止不住地往下流；众谋士与任峻相交多年，也有几人大放悲声。曹丕、曹真、曹休就在旁边的帐篷里，听见哭声赶紧过来劝，东一句西一句说了半天，曹操才渐渐止住哭声，他拉着任藩的手再三叮咛：“伯达正值壮年不幸病故，人虽不在了，但是功绩尚在爵位尚存，你速速奏请朝廷将他的封爵世袭其子任先。老夫征战在外顾不上伯达丧事，先儿年岁又小，还劳你与族中诸兄弟多多费心。”

“在下自当尽心……”任藩早已泣不成声。

楼圭唯恐他再在这里待着惹曹操伤怀，赶紧搀扶起来好言好语拉着去了。曹操兀自唏嘘不止，正难过间又觉脑中隐隐作痛，眼前恰似天旋地转般，看东西竟渐渐模糊起来。他以为是泪水迷眼，狠狠揉了几下，哪知非但不见好，连身旁的人看着都有重影了，不禁害怕起来：“我的眼睛……我的眼睛……”

“主公！”众人瞧他神色不对，也顾不得难过，一股脑儿围过来。

曹操只觉眼前一片昏花，什么都瞧不清楚了，张开双手一阵乱摸，不留神把帅案上的表章推了个稀里哗啦，既而又抱住脑袋打起滚来：“啊！我的头……啊……痛煞我也！”

众人见状吓得脸色煞白——他自玉带诏那一年落下头疼的病根，虽时常发作，却极少闹到今天这般程度。大家唯恐他磕伤，一拥而上拉胳膊的拉胳膊、掐人中的掐人中。郭嘉眼疾手快，扒开嘴给他灌了一大碗温水，依旧没有半分缓解。但见曹操二目眯缝宛若失明，额头的汗水顺着发髻往下淌，不住喊叫呻吟。

楼圭早就瞧出不好，已寻了军中一老一少两个医官来。这俩人见曹操如此光景，也是格外诧异，一个切脉一个翻眼皮，立刻诊治起来。过了半天老医官才把曹操的手放下，捋髯道：“主公血气不和，又有头疼之症，似是风寒所致。”

另一个却连连摆手：“怒伤肝，悲伤肺。主公可能是痰迷了，悲情过度乃至眩晕头疼。”

“不对不对……若按你所论之症，不至于如此厉害。”

年轻的也不服气：“我看是你老人家错了，五月天气何来风寒？”

这两人是在宫中给皇上看过病的，这会儿却各执一词争论不休，迟迟拿不准病因，众谋士越想越害怕。曹操闭着眼睛一个劲摇头，只嚷着头疼眩晕也说不出别的什么。有道是父子连心，曹丕急得直跺脚：“父亲……您究竟怎么啦？”

曹休背着手转了两圈，忽然猛拍脑门：“哎呀呀！华佗先生不是被陈季弼召到军中了吗？何不请他来看看呀！”

一句话算给曹丕提了个醒，两人联袂出帐寻找，直跑到后营大帐才看见陈矫——正拿着算筹与程昱、卞秉等清算军粮呢。二人说明曹操病势，本以为他马上就会叫华佗来治疗，哪知陈矫面露难色：“华佗其人脾气怪诞，他虽至军中却不愿为医，恐怕……”

曹丕真急了：“这等时候岂能耽搁，快把他找来。”

陈矫啧啧道：“若要请他相救，恐怕还须公子亲往。”

“好好好！只要他肯来医，便叫我作揖磕头也成啊！快些带路！”曹丕不由分说拉着他便往外走。

华佗又名华旉（fū），字元化，虽然是曹家的同乡，彼此间却从未有过交往。他自幼熟读经史，又曾游学徐州，被陈登之父沛国相陈珪

（guī）举为孝廉，但因通晓养性之法、岐黄之术，又善待穷人疗民疾苦，做学问的才能反而被行医的名气掩盖。沛国乡民都说他是神仙再世，任何疑难杂症皆能药到病除，以至以讹传讹，说他曾刮骨疗毒、断肠洗胃、劈脑取虱，甚至生死人肉白骨，可断神鬼阴阳。

不过华佗本人从未以行医为业，仅将其视作爱好，因而陈矫召他入营为医，他满心的不愿意，但又迫于曹操之威没有办法，只好屈身前来。陈矫敬重华佗之才，又素知曹操轻慢巫医之人，便在后营专门为他立了一座小帐，派两个小兵每日伺候，他心情好的时候便给受伤的将士瞧瞧病创，不高兴了就把帐帘一撂，任谁也不理。

这会儿真是不巧，那位华先生又把帘子撂下了，只打发一个仆役模样的年轻人在外面给兵丁包扎伤口。曹丕哪管许多，不顾陈矫阻拦，驱散帐口之人迈步便往里闯。一掀帐帘顿觉药味扑鼻，又见书简成札药匣堆积，当中睡榻之上卧着个白发白须的长者，手中攥着一卷书简，正遮住脸面，看得有滋有味呢。

“你可是华佗？”曹丕满腹焦虑，全然忘了礼数。

哪料那长者竟浑似没听见，翻了个身，头朝里继续看书。曹丕乃侯门公子，几时见过这等无礼之人，气得正要叫嚷。曹休在后面一把拦住，陈矫毕恭毕敬朝长者背影作了个揖：“打扰华先生安歇了，曹公子特来拜会您。”

华佗头也未回：“在下鄙陋，不敢劳贵人多礼，公子请回吧。”他说话的声音轻灵缓慢，可在曹丕更觉无礼，已是火往上蹿，陈矫一边捂住曹丕的嘴一边道：“曹公子此来是恳请先生为主公治病的，烦劳先生辛苦一趟。”

华佗依旧未动，只是淡淡问道：“曹公哪里不适啊？”

陈矫礼数有加：“曹公罹患头痛症已久，在京之时曾请御医调治，却还是时好时坏。今日发作愈疾，双眼视物不清，还请先生相救。”

“头痛症？”华佗竟哈哈大笑起来。

曹丕一把推开陈矫的手，怒冲冲道：“先生既奉征辟来至营中，就当竭力服侍我父。身为军医非但不去医治，闻知主帅病重竟还幸灾乐祸，究竟是何居心？”

“公子差矣。”华佗依旧脸朝里躺在那里，不紧不慢道，“在下非笑曹公病重，乃是笑军中庸医不谙病理。浅而近者为头痛，深而远者乃头风。头痛猝然而至，易于解散；头风发作不休，愈发愈烈。罹患此症多为忧愤恼怒所致。怒而伤肝郁而化火，气火俱逆于上以犯头顶。若风气逆乱甚疾，则头晕气闷目不能明……请恕在下直言，曹公此番用兵并未有困，近来数日也未曾辛劳，恐怕离京之先便已有郁怒在胸，冬春交构又逢虚火，今日必是遇到焦急之事勾起老毛病来了吧？”

曹丕闻听此言惊得呆呆发愣，满腹恚怒丢得一干二净。那日许都皇宫之事虽不明详情，但想来就是曹操郁怒之源，而任峻之死岂不是病发之因？这些并未告知华佗啊！此人单听症状便可推断个八九不离十，难怪被喻为神医，又想起陈登、李成生死之事，越发觉得太怠慢他了，赶紧整理衣衫深施一礼：“晚生曹丕给先生见礼，刚才慢待先生了。”

“公子多礼了……”华佗这才翻身而起。曹丕仔细端详——但见他身高七尺骨骼清奇，穿一身湛青粗布衣衫，鬓须如雪枯枝别顶，虽是年高之人却面庞白皙不见皱纹，隆准口正细眉长须，眼窝深凹二目炯炯；那双精细修长的手攥着一卷书简，既非《内经》①《本草》②，亦非《难经》③《素问》④，却是六经之一的《春秋》。举手投足仿佛都那么轻飘飘的，果然是仙风道骨气质非凡。沛国百姓讹传此人乃神仙下世，甚至说他已经活了一百多岁，此言虽荒诞可笑，然而他修身养性鹤发童颜却是不假的。

曹丕越看此人相貌越喜，料定他熟知病源必能医治，赶忙二次施礼：“烦劳先生施展岐黄之术治愈我父之病，在下必当重谢。”

“言重了。”华佗微笑着托住他手腕，“在下虽不曾拜谒过曹公，亦知他是喜怒不定性情中人。但人之喜怒哀乐，过之皆有损伤，怒则气上、喜则气缓、悲则气消、恐则气下、惊则气乱、思则气结。令尊日理万机忧怒于心，又长年奔波不得休养，加之年至五旬疠气愈重，筋骨脾胃亦不似昔日那般健旺，染上头风这等毛病也属正常。只要他收摄心神缓和气息，日常不忧不怒勿急勿躁，此症必能有所缓解。”

“缓解？可是……”

华佗不等曹丕说完又道：“这样吧，在下开个药方，请曹公身边的

---

①《内经》即《黄帝内经》。
②《本草》即《神农本草经》。
③《难经》即《黄帝八十一难经》。
④《素问》即《皇帝内经素问》。这四部医书是先秦至东汉之前古人编纂的重要医书，也包含了生理学说、阴阳学说。

医官再加参详便是。”说着便要取笔简书写。

陈矫觉出他有搪塞之意，连忙伸手拦住华佗：“华先生且慢，曹公病症甚急，还是请您亲往一趟吧。”

华佗微然一笑道：“曹公身边的医官想必也是供奉天子之人，虽然未必手到病除，也属此中高人。在下不过是山野游医，岂敢在高人面前造次。”

“先生此言差矣！”陈矫赔笑道，“您奉征辟而来，便是曹公掾吏。如今主上有疾，岂有推脱之理？纵然有御医照应主公，他若用令调您，您焉能不往？况且还要看在公子这一片孝心的面子上呢！”

华佗面上浅笑心中犯难——他本是通晓经籍有志仕途之人，原想跻身朝堂效力于天子，但逢此昏乱之世，有道是“春秋无义战”，既不能混迹于割据之徒，精研医道悬壶济世也罢了。领曹营这份差事其实是被逼无奈的，若真给曹操治好病，被他看上留于身边怎能再浪迹九州治民疾苦？况且他现在又正计划编纂一部医书，若被曹操拴在身边，可就顷刻不得空闲了。再者，通过陈登调任之事，他便知曹操乃是固执猜疑之人，能不能遵从医嘱把病养好还在两可呢！万一治不好又是何等下场？

陈矫一再说好话：“先生素有仁爱之名，曹公乃当今朝廷之宰辅，身系天下万千子民。先生若治愈曹公之病，便是救了无数黎民，此等厚德之举安可不为？有道是‘危而不持，颠而不扶，则将焉用彼相矣’！医者，父母心嘛……”

华佗眼瞳深邃得犹如幽谷一般，手捻银髯良久才道：“贵者处尊高以临臣，臣者怀怖慑以承之。曹公乃当今天下极贵者，在下不过是一山乡野老，恐难以逢迎周全。”

“哎呀！”曹丕又给他作了个揖，“我父症急头晕目眩，先生既然悬壶济世，岂能见疾而不救？”

华佗一介布衣竟受了曹丕三次礼，顿觉于心不忍，皱着眉头道：“要在下小施伎俩倒也可以……不过，我平生有‘五不医’。”

“愿闻其详！”曹丕毕恭毕敬道。

华佗正色道：“自用意而擅改药方者，不医；将身不谨难养其病者，不医；骨节不强不能使药者，不医；好逸恶劳小病大养者，亦不医。”

曹丕边听边点头，也觉他说得有理。这几条都是指病人不听医嘱延误病情的，似华佗这般百治百灵的人物，若是有一个患者不听话而病笃，岂不是坏了岐黄妙手之名？但掐指算来却只说了“四不医”，忙问：“还有何种人不医呢？”

华佗一阵苦笑，叹息道：“公子岂不闻扁鹊见齐桓公[①]之事？固执多疑讳疾忌医者，万不能医！”

曹丕犹豫都没犹豫便道：“华先生，我父乃当朝宰辅，通情明理礼贤下士，非是讳疾忌医的田午。况疾在我父之身，痛在我父之体，岂能不从先生之言？您莫要再顾虑了，快快随我来吧！”说罢拉起华佗便走，陈矫、曹休也是左推右拽。

华佗实在没办法：“但愿能如公子所言……列位且慢，待小徒带上医用之物。”原来那仆役模样的年轻人，乃是替他采药的弟子李珰之。

曹丕三人簇拥着华佗回到中军大帐时，曹操已不似方才那般叫嚷，却兀自倚在那里呻吟不止，眼神还是恍惚游离。众谋士急得团团转，宛如热锅上的蚂蚁，那两个医官依旧一筹莫展，还在争论病源何在呢。

既来之则安之，华佗也不再客气了，绕开医官三步并作两步来至曹操身边，仔仔细细打量一番，便叫弟子点燃一盏油灯。华佗自怀里掏出一只布包，从中摸出四枚银针，在灯火之上稍加炙烤，便要伸手扳曹操的头。许褚正托着他腰，见这白须老者手持针砭之物，忙一把护住：“大胆狂徒，竟敢在当朝司空头上动针！”

给曹操治病谈何容易？莫说他本人，就是身边之人都不好通融。曹休一把扯开许褚：“这位是华佗先生，刚招募来的医官……先生莫怕，请速速用针吧。”

华佗见旁人不再啰唣，就迅速扳起曹操的头，让他在榻上坐好，又轻探臂弯拆开他顶上发髻，只说了声：“在下得罪。”两枚银针已迅速刺入——一在两眉正中、一枚立于头顶心。

两个医官看得目瞪口呆，也不再争论了，痴痴道：“《素问》有云，‘头痛及重者，先刺头上及两额两眉之间[②]中出血’此等应急之法咱们怎生忘却了，这位先生好快的身手！”

这两针下去曹操深深出了口气，华佗扶着他后颈和风细雨问：“敢

---

① 此处的齐桓公，并非是春秋五霸之姜小白，是战国田氏齐国的第三代君主田午，因田午曾迁都上蔡，故而某些典籍也称其为“蔡桓公”。

② 百会穴、印堂穴，医头痛，东汉尚无具体穴位之说。

问明公，眼前昏花是何情状？”

曹操眯缝着眼睛，浑浑噩噩道：“细碎如雪……”

华佗又下一针，在后颈左边[①]。此针刺完他招了招手，叫曹真、曹休帮忙架起曹操双臂将其扶稳，他则一边按摩着曹操后脑一边说：“我为明公找寻病处，若有痛感便请告知。”

曹操头晕眼花也不知何人正为自己诊治，只无精打采应了一声，任他在自己头上按压找寻，忽然感觉钻心之痛，不禁放声大呼：“啊！是这儿……”言还未毕，华佗毫不犹疑便在那里下了一针，痛得曹操左摇右摆，亏了曹真他们拉得紧才没有伏倒。

帐中之人都吓坏了，医官更是怒斥道：“头痛医头脚痛医脚，此乃庸医所为！”

华佗却微然一笑：“岂不闻‘以痛为输’[②]之法？宣发患处，通络止痛也。”他边说边轻轻捻着四处银针。

说来真有如神助，不过片刻功夫，曹操竟觉痛楚减轻，也不哼哼唧唧了，慢慢睁开眼睛，看东西也清晰多了，四个下针之处麻麻的，还渐渐有了热感。华佗示意众人快快放下帐帘，避免他受风。

那两个医官看得双挑大指：“先生好手段……真是针到症解……我等受益匪浅啊……”

许褚狠狠瞪着他们：“现在都明白了，要你们有何用？还不快滚！”一句话吓得二人抱头而窜。

曹操脸色好转，渐渐有了笑容，缓缓开了口：“多谢先生医治。”

华佗却道：“我观明公气色尚佳、体质尚壮，故而急于用针暂解痛楚，还请明公恕在下唐突。不过此乃治标，非能除病，少时还需为明公诊脉探源。”

董昭也精通一些养生之法，听他这么说，连连拱手：“望而知之谓之神，闻而知之谓之圣，问而知之谓之工，切脉而知之谓之巧。先生神圣工巧俱全，必定是位了不起的名医啊！”

曹操这才想起，让人家治了半天都没问人家名姓。陈矫在旁详细引

---

① 天柱穴，医目眩眼花，《针灸甲乙经》记载，因眼花程度不同，针刺左右有别。

② 以痛为输，见于《黄帝内经》即后世所谓“阿是穴”，此穴不固定，乃是指在痛患之处左近下针，因找寻此穴时病人因疼痛喊叫“啊……是”，故而得名。

荐，方知是故乡之人。华佗乃是孝廉之身，又系名臣陈珪所举，比之寻常巫医身份高出万倍，众人不免与他寒暄客套。过了片刻，拔了曹操身上之针，为之换上干净衣衫，华佗又叫他躺下，坐在一旁为之切脉。

曹操这会儿俨然无碍，躺在榻上不禁想起了头疼以前料理的事务，深深叹了口气："老夫真真悔矣！若知华先生之灵妙，就该请您至许都为任峻诊疗。倘有先生妙手，伯达何至于英年早逝……子丹、文烈，你们去看看任藩走了没有，替老夫多加抚慰。"曹真与曹休依命而去。刚放下这件事，他又想起了江东孙权，赶忙嘱咐郭嘉："你替老夫至书孔融，叫他与张纮通信，凭私下关系问问孙权出兵之底细。也怪老夫急于求成，当初错放了张子纲，想不到此人真就放胆保了孙权，实在是可恼……"

华佗看病从来是人家求到家门口，头一遭遇到曹操这等三心二意之人，提醒道："请明公收摄心神静默一会儿，不要心挂旁务。"曹操自以为症状已消便没大碍了，原不甚相信他这一套，不过碍着方才救过自己的面子没有多言。

正在此时又闻外面人声嘈杂，有兵丁隔帘来报："启禀主公，有邺城守将冯礼掘开突门[①]放我军进城！"

"什么？"曹操一把甩开华佗蹦了起来，"进来！"

那兵丁这才进帐跪倒："张绣将军所部三百余人已从突门攻进去了，可是审配从城上以巨石坠击，洞口又堵死了。"

见曹操一脸关注，郭嘉赶紧拦住："三百多人未必能杀关夺门，主公安心看病，在下去看看。"说罢慌里慌张跟着那兵丁去了。众人又搀扶曹操坐下，这会儿早忘了什么病，一半心思飞出去了，议论半天才想起伸手叫华佗接着切脉。

"不必了，刚才已经差不多了。"华佗手捻白须道，"果不其然，明公之病起于心肝之间。"

"哈哈哈……"曹操笑了，"先生莫非故弄玄虚，老夫乃是头痛，何言病及心肝？"

"《内经》有云：'行气血，营阴阳，决生死，处百病。'百病之

---

① 突门，古代城墙的一种暗门。只留城墙外侧薄薄的一层墙壁，内侧掏空再安排伏兵，守军推倒薄墙突然袭击可以杀攻方一个措手不及。而这种暗门只有城内才看得见，使用后又可以完全砌死，所以攻方不易发觉也无从下手。在战国时期就有这样的防御活动门，《墨子·守城》里有相关记载。

源皆在脉络血气。气为血之帅，血为气之母；气无血不存，血无气不行；气行血则行，气荣血则荣；血行风自灭。《素问》又云，‘心主血脉，诸血者皆属于心。’主公血不养心，心神不宁，则发惊悸，此其病之一也。”华佗恐他不懂，又道，“昔日大禹治水，乃行疏浚之法，水流通常自然无恙。血脉如同其理，痛者不通，通者不痛。”

曹操只当他是个医者，没料到竟还举出史事来了，更觉好笑。

华佗却一本正经：“明公平日动辄恚怒，故而肝络有损，气逆行上于头，阻于脑络，故头风眩晕目不能明。脑为髓之海，此病若不除根日后危及周身百脉啊！”

曹操实在憋不住了，冷笑道：“先生方才施救，老夫感恩不尽。但我自以为周身强壮，年至五旬尚未怠于骑射，不至于似先生所言吧。”

华佗叹了口气，耐心解释道：“急则治标缓则治本。在下不治便罢，既然治病便要除根。只要明公加以调养再服用在下调治之药，数年之内必有起色，不过切忌忧思动怒啊！”

曹操虽不信他说得这么严重，但也当他是一片好心：“先生不必多言了，老夫依从你便是。”说罢亲自拿过笔墨书札。

医官再有本事毕竟是卑微之流，不能用主帅的几案，曹操肯亲手递他笔墨已经是很大面子啦。华佗双手接过，退到一旁书写药方，又招呼弟子李珰之取过药匣，单选川穹、当归、葛根、蜈蚣等物，另教士卒起火打水准备熬药。众人这才又围到曹操身边关切询问。

曹操平生未有大病，瞧着那满匣子的药材甚是好奇，见一物状若枯藤蟠虬，上面还有手指般的五个分叉，竟忍不住自李珰之手中夺了过来，笑道：“这是何物？生得如此奇特？”

李珰之一脸的忠厚相，也未遇到过这么大的官，未说话先磕头：“此药唤住当归，乃神农氏所尝，能驱温虐去寒热，还可以给将士们治愈金创呢。”他虽不会治大病，但长年伴着师傅制药，于药理药性一道已是高手。

“当归……当归……”曹操默念两声忽然眼睛一亮，“奉孝！速取一小匣来，将当归置于其中，选派妥善细作南下扬州建昌县，把此物交与太史慈！”

董昭初始一愣，继而恍然大悟——太史慈是北方青州人士，辗转流落南方归于孙氏，而此药恰唤作“当归”，岂不是隐喻他应当归来之意吗！哎呀主公，身在病中仍有此等细心，真非常人可及！

说话间郭嘉也回来了，后面跟着辛毗、许攸，还有个浑身是土的陌生人。

“情况如何？”曹操腾地站了起来。

郭嘉连连摇头：“审配已将突门堵死，进城的三百兵士和冯礼都战死了……”

“唉！”曹操一拍大腿，“就差一点儿……好可恶的审配！”

许攸拉过那个浑身是土的人道：“快快快！来拜谒曹公。”

那人跪倒便拜：“在下魏郡功曹张子谦，归降来迟，死罪死罪。”他是趁乱坠城来降的河北官员。

“免礼免礼！城内情势如何？”曹操双手相搀——张子谦这一介小吏不算什么，他关心的是城内讯息。

张子谦开门见山：“邺城实在难打。审配恐城中士卒二心，所以调集部曲家兵登城协助戍守，又叫子侄接管了各门的防务，看来是要跟曹公抗拒到底啦！”

“城内还有多少粮草？”

“粮草即将告罄，百姓苦不堪言。但审配战前已调集了不少牛马牲口。”张子谦直言不讳，“审正南这人是袁氏死党，又生性偏执，即便断粮也要抵抗到死。而且袁尚前几日遣人送来消息，说袁谭连连败绩，他可能很快就会回来救援，明公当早想对策啊！”

曹操紧蹙双眉：“我本有意围城打援，但若是审配与袁尚串通一气里应外合，战事还有变数。得想办法切断邺城内外的联系，大家有什么计策？”

邺城方圆近四十里，即便有三五万人也不可能围周全，各处营寨力量分散，袁尚与审配来往通信总是可以渗透，想要做到滴水不漏，根本不可能——荀攸、董昭等纷纷摇头，就连郭嘉都沉默不语。曹操见他们都没办法，微微叹了口气。

“咳！”这时许攸重重咳嗽了一声，“就这点儿小事还至于叫明公与诸位愁成这样？”

“嗯？”曹操回头瞅了他一眼，见许攸摇头晃脑得意洋洋，紧着捋他几根稀稀疏疏的小胡子，心知他必然有了主意，“子远有何办法？”

许攸把手一揣，尖声尖气道：“阿瞒兄！你可真是聪明一世糊涂一时，当初怎么擒的吕布难道忘了？”

他仗着与曹操的老交情直呼其小名，众谋士都觉厌恶，曹操急于问计也没往心里去：“当年掘泗水以淹下邳才拿住吕奉先，此处虽有漳河之水，奈何邺县乃是大城，怎么还能用水淹之计？”

“不能水淹，可以用沟堑困死他们啊！”

曹操笑了：“我说许子远啊，邺城方圆四十里，要围城挖一条壕沟岂是寻常之事？审配不可能坐而受困，倘若出来袭击为之奈何？”

“哎呀！我的司空大人，你可真急死我喽！”许攸竟凑过去一把揪住曹操耳朵低声道，“白天咱们……到了晚上再……”

曹操眼珠一转，不禁拍手大笑：“好！好！好！”连叫了三声好，便伸手招呼许褚，“速速为老夫备马，再叫上一队卫兵，随我去漳河勘察地形。”

“主公的身体……”荀攸等人意欲劝阻。

曹操一摆手：“老夫已然无事，敌人未灭我焉敢得病啊。”说着话顶盔贯甲便往外走，早把刚才的病痛忘了个干净。

华佗赶忙拦住：“明公稍待一时，用过药再去。”

曹操觉他小题大做，笑道：“草药煎好暂且置于帐中，老夫回来再用也不迟嘛！”说罢绕过华佗出了大帐，又回头道，“华先生之针既能解老夫之痛，即日起就挪到中军来，随时为老夫调治！你放心吧，老夫位极人臣亏待不了你……”

华佗见他不听医嘱又如此安排，心中暗暗叫苦——从今往后恐怕是要拴在曹某人身边了。方才他虽未直言，却明明不信我所言病理，只未把那句“医之好治不病以为功”说出来罢了，加之喜怒无常动辄激奋，又不用心调养，只想凭针砭之术速愈……老天啊老天！非是我华佗无能，曹操这病虽不重，但实在是难以除根啊！

第十章
围城打援，曹操赶跑了袁尚

来去自如

建安九年（公元204年）五月，曹操闻知平原战事有变，一改对邺城的强攻战术，铲平土山填塞地道，另行挖掘壕沟将邺城围绕一周，用以断绝邺城与袁尚的联系。挖掘之时曹操小施伎俩，只命士兵挖得又窄又浅；审配在城上望得清楚，心想这样窄的壕沟一跃可过，也未及时派兵出来破坏，反嘲笑曹军白费力气。哪知曹操计中有计，趁守军懈怠之际下令全军将士连夜赶工，仅仅一夜之间就绕邺城挖出一道长四十里、宽两丈、深两丈的沟堑，并掘开邺城以西的漳河，将滚滚河水引入沟堑之内。审配欲救为时已晚，邺城与外界完全隔绝，非但军报无法传达，粮草也几乎告罄，每天都有百姓死于饥饿。审配被地形所困无法突围，唯一希望就是期盼袁尚快些回军救援。

曹操也已有了决战的准备，一面派斥候往复打探袁尚军情，一面沿沟下寨封锁要路。邺城乃河北第一大城，规模绝不亚于许都，四围墙高将近三丈，仅外郭城门便有七道之多，其中城南就有凤阳、中阳、广阳三座城门，是攻守双方对峙的重点。曹操为了确保这一路的防守，不但把中军大营设置在了南面，还沿沟构建寨门，分派士兵日夜把守，传令各部将校司马每日都要亲自巡查，严防袁军细作混入包围圈……

这些日子郭嘉除了到中军帐参研军机，只要有空就主动下到各营巡查。皆因前不久有家人从许都传来消息，陈群弹劾其不治行俭聚敛财货之事已不了了之，他料到必是曹操对荀令君有所美言，故而愈加感念曹操之恩，做起事来也更加尽心。他一改平日那派文士的作风，身着武服头戴皮弁，亲自体察将士疾苦，每逢遇到部将修葺辕门运输粮草，还主动派亲兵过去帮忙，倒也颇受大家的爱戴。

这日晌午华佗来给曹操扎针灸，曹丕、曹真、曹休也在一旁伺候。见他们父子谈笑风生其乐融融，郭嘉不声不响退出大帐，又带着亲兵沿着营间马道前去巡查。这次北伐格外顺利，士兵们也是举重若轻既轻松又不失纪律，各部将领司马依照命令出来巡查，往来如穿梭一般严密。不知不觉已到了正午，各处的火头军都在埋锅做饭，缕缕炊烟青云直上，郭嘉忽然闻到一股扑鼻的稻香味，也感到腹中咕咕作响，便拨马向北回营用饭。哪知刚过了两道寨门，又见大群军兵围在一处看热闹。

郭嘉命亲兵驱散人群，但见两个小兵正光着脊梁跪在地上受鞭刑，一旁正有员督将身披铠甲手拿令箭，坐在马上骂骂咧咧：“打！给我狠狠地打！这等顽劣之徒不好好教训，上了战场可怎么得了！”他手下三个亲兵听命行事，把鞭子挥得似轮盘一般，将那俩受刑之人打得皮开肉绽连连告饶。军中虽然纪律森严，但也不能用刑过苛，似这般堵在马道上鞭笞士卒实在是不多见。

“住手！为何动用酷刑？”郭嘉赶忙喝住。

那员将赶忙跳下马来拱手道：“末将参见郭祭酒，请恕甲胄在身不得施以全礼。您老人家巡查营寨多多辛苦，这般时候还不用饭，叫末将心里怎生忍得？”他鞭笞士卒时凶得像头老虎，见了上差却恭顺犹如绵羊，郭嘉明明才三十多岁，竟称其为老人家。围观士兵听了他这番马屁话，都不禁嗤之以鼻。

郭嘉本想好好斥责他一顿，却听他脱口叫出自己，还一个劲说好话，张手不打笑脸之人，郭嘉也客气了不少，翻身下马问道：“你是哪一部将领，为何在此鞭打士卒？”

“启禀郭祭酒。”那员将凑近两步道，“末将是张绣将军麾下司马，奉我家将军之命巡查营寨。”说着口气一变，指向受刑之人，“这两个小子把守寨门，刚才见火头军把饭做好，竟抛下大门去偷食战饭，若叫袁军细作混进去那还得了！您说他们该不该打？”

“不敢不敢！我等实在没有擅离职守……”那俩小兵被打得血肉模

糊，连连向郭嘉磕头辩解。

“还敢不承认！”那员将把令箭往脖领间一塞，揪起其中一人顺手就是一记耳光，打得那兵趴在地上直哎哟；另一人马上改了口：“将军恕罪，我等知错了，下次不敢啦……下次不敢啦……”

那员将啐了一口，气哼哼道：“郭祭酒，您看到没有，这就是俩癞骨头！方才我教训他们几句，他们还敢顶嘴，这不打不成啊！”

郭嘉一直在打量这员将——见他岁数正值壮年，宽额大脸，隆准阔口，一张黄焦焦的面皮，颔下没留胡须，这几日寻营从未遇到过。但这张面孔看着又是如此熟悉，况且人家一口一个“郭祭酒”叫着，好像还与自己很熟。军中各部将校甚多又屡有迁调，有些面熟叫不出名字倒也不稀奇，此人想必以前有过接触。郭嘉倒觉释然，抬头看看寨门上的大旗，不禁笑了：“这里是夏侯渊将军的营寨，你乃张将军麾下，到这门口处罚士卒，人家当然不服了。”

哪料那员将竟还一本正经：“曹公治军一视同仁，无论哪位将军属下，违反军纪都应处罚。末将既然走到这里，看见了自然要管！”

郭嘉听他振振有词，也不好碍了他一片好心，只道：“要管倒也罢了，只是做事不要忒苛。处罚士卒是为贯彻军法，不是为了泄私愤，你抽几鞭子便是了，这样没完没了打得血肉模糊，他们还如何上阵？你看看四下里多少人瞪眼瞅着，这样恣意而为岂不有碍军心？”

“是是是，您教训得对。末将一介粗人哪有您这般见识啊？承蒙你老人家的教训，末将受益匪浅。我军有您这样的仁义之士，实在是三军幸甚，何虑邺城不破袁氏不败……”那员将点头哈腰连连夸赞。

郭嘉见他这副谄媚相，忍俊不禁，打断道：“好啦好啦！你别在这儿恶心我了，快放了这两个人，接着巡你的营吧。”

那员将对他分外恭敬，可一转脸立刻又摆起那媚上欺下的架势，大喝道：“看在郭祭酒的面上，本官把你们放了，但罚你们不准用饭，继续把守寨门。你们若不服只管找你们将军诉苦去，有什么话叫你们将军冲我来说吧！”那俩小兵不敢还口，忍着痛诺诺而退。

郭嘉一旁冷笑——好个不知死活的家伙，夏侯渊岂是轻易招惹的，既是亲眷又是大将，你一个小小营司马敢发这等狂言，以后有你小子受得了！郭嘉忍着笑二次上马准备回营，那员将又凑过来：“末将恭送郭祭酒，战场之事瞬息万变，还望您好自为之。”说罢微然一笑，与手下三个亲兵也上了马。他刚才鞭挞士卒的狠劲不少人都看见了，这会儿见他举着令箭过来，都避得远远的，而他却鸡蛋里面挑骨头："你们是哪一部的，都给我精神些……马道之上不准埋锅造饭，快快挪开……你们几个是瞎子吗？在栅栏边起灶，若是引起火来你们担待得起吗……"他大模大样看见谁管谁，指指点点一路向东而去。

郭嘉又好气又好笑，也不便插手多管，领亲兵接着走自己的路。可不知为何，那个司马的脸庞却总在脑海中映现，似乎那个人的名字呼之欲出，可就是想不起究竟是谁，便回头问亲兵："刚才那个司马你们认识吗？"

"小的也不认识，想必是刚刚提拔小人得志，瞧他那副横样儿！最讨厌这等媚上欺下的东西，他哪像张绣将军的属下啊，这做派倒似于禁调教出来的人。"这亲兵也是什么都敢往外说。

"住口！这等话岂是你该讲的。"郭嘉虽嗔怪，心下也觉好笑。

"属下知罪……那人拍了您那么多马屁，难道您也不认识？"

郭嘉苦笑摇头："他识得我，我却不认得他……却也不是不认得，就是想不起名字来。"

亲兵也笑了："说来也不怪先生，张绣将军麾下都是关西子弟，忽然窜出来个中州口音的司马，必是别处新调来的。"

郭嘉猛然勒马："怪哉！此人确是中州口音，张绣乃前军劲旅，又是归降之人，部曲调动焉能不报知主公？刚才他向我施礼，说战场瞬息万变，叫我好自为之，这话是什么意思……"他越想越觉奇怪，竟嗅到一股诡异的味道，"不行！我要回去看看！"

几个亲兵都以为他太过多虑，却哪敢多言，跟着他回转曹洪营寨附近——那员将早就没影了，只有刚才受刑的两个小兵还倚在寨门处哼哼唧唧。

郭嘉点指二人："刚才责打你们的那个司马呢？"

这不问还好，一问这俩倒霉蛋，二人连滚带爬伏倒马前："请郭先生为我们做主啊……我们真的没有擅离职守啊……"连眼泪带鼻涕全下来了。

"究竟怎么回事？"

那俩小兵边哭边诉："我二人奉命把守寨门，那个司马硬是要往里闯，我找他要令箭。他非但不给还问我们认识他吗？我们哪知他要什么滑头，就实话实说不认识，他说今天叫我们认识认识！他手下的亲兵也不问青红皂白，抓住我们就打……他官职大，我们也不敢还手……"

"可恶！"郭嘉也回忆起那人向他回话之时把令箭插到脖领里，并未交来验明，"你们蒙冤被打，为何不报告你家将军？"

"我家将军奉主公之命押运粮草未归，不在营里啊！"

郭嘉恨得咬牙跺脚："事情不会这般凑巧，那人必是袁尚派来的细作，要混入包围圈去邺城报讯！"

旁边亲兵插了话："那他怎么认得您呢？"

这句话可给郭嘉提了醒，一想到袁氏麾下，那张宽额大脸又浮现脑海之中，这次他立刻辨出那人是谁——冀州从事李孚李子宪！

官渡之前郭嘉曾到南阳劝张绣归降，恰逢袁绍也派李孚去游说，两人还在张绣面有一番舌战。那时的李孚文质彬彬大袖翩翩，今天不过是剃去胡须、染黄面孔、换身衣装罢了，可举动俨然就是一个作威作福的武夫。郭嘉暗暗惊心此人改扮手段之高，不敢怠慢分毫，一面差派亲兵直奔沟边辕门报信，一面马上加鞭直奔营寨中军大帐。

曹操刚拔针灸还在用饭，郭嘉急急忙忙闯帐而入："启禀主公，河北从事李子宪闯围送信！"华佗正收拾药匣抬眼瞅了郭嘉一下，立时惊愕——此人有疾！

"什么？"曹操却未发现，只是关心军情，"他带多少人马来踹我营，为什么斥候不来禀报？"

"只有四个人。"郭嘉来不及解释清楚，"主公快快下令彻查营寨，稍有迟缓他就……"

话未说完外面一阵大乱，韩浩跌跌撞撞跪倒帐前："主公！有敌人混入军中作祟，已闯出寨门涉水往邺城而去！"

曹操大吃一惊，赶紧抛下饭碗奔出去看。郭嘉、许褚、曹丕等带着亲兵紧紧跟随，一路往北直来到邺城南面壕沟寨门边——但见辕门四敞大开，守卫的那些兵丁倒是都在，却都被绑在栅栏之上，嘴里塞了个严严实实。放开众人才问明，都说刚才来了个举着令箭的司马，指责他们嬉戏闲话守门不专心，叫手下的三个亲兵把他们绑了起来，要行鞭笞之刑以示惩戒。哪知刚刚绑好还未用刑，那四人竟打开辕门扬长而去。曹操得知其情气恨得咬牙切齿，这时候又听邺城之上欢呼动天——李孚已顺利进城了。

千小心万小心还是叫敌人混进去了，曹操气上心头，不顾众将和儿子的劝阻，命士兵搭设便桥，要亲往邺城城下一窥。人多好办事，众士卒搬运木板辕车不多时就在沟上搭好浮桥，许褚、邓展、韩浩、史涣一干心腹率领亲兵保着曹操到了切近，城上一举一动瞧得分明。邺城被困已五月有余，今日可算得了袁尚的消息，每个士兵都兴奋得喜极而泣，还有人挥动旌旗向曹军招摇炫耀。

曹操不禁大骂："好个李孚贼子，竟敢耍此卑劣手段！老夫一定要……"此语未毕只闻"嗖"的一声，竟有支冷箭擦着他耳畔而过，正射中身边一个亲兵的喉咙，那兵当即栽倒坑中丢了性命。

"好厉害的弓箭手！险丧吾命！"曹操又吃一惊抱头而退，众亲兵慌慌张张掩护；城头的袁兵正在兴头上，一片喊杀之声，乱箭齐下犹如飞蝗，不少亲兵被射死在沟中，韩浩、史涣各自带着箭伤才保着曹操退过浮桥逃回辕门。

这时营中诸将闻讯都来了，曹洪焦急禀道："刚刚有斥候来报，袁尚舍了平原回军救援，一路急行军而来，离邺城只有三十里了！"

"哦！"曹操没想到袁尚会来得这么快，"袁谭动向如何？"

"袁谭并未在后追击，率兵北上似乎要攻打渤海诸县。"

"嘿嘿嘿。"曹操不禁苦笑，"这小子果然居心叵测，想要袁尚与老夫二虎相争，他趁机扩大地盘。可惜小聪明挽救不了他的颓势。"

曹洪却很紧张："袁尚所部一万有余，装备精良多有骑兵，分派各处的队伍还在逐渐聚齐，请主公速下决断！"

"不用着急。"曹操回望城上，"他既然派李孚进城，必是想约会审配里应外合夹击我军。进去就还得出来，你等各归营寨留心把守。老夫亲自在此坐镇，我就不信千军万马抓不住一个李子宪！"郭嘉却摇头不已——当年官渡之战，李孚能偷过豫州直奔南阳，眼前这连营又算什么？人家既然敢进去，想必就有把握出来。

众将领命而去，曹洪却不肯走，又建言道："袁尚此来兵势甚大，我军四散包围力量分散。军法有云'归师勿遏'，不如暂且闪开道路让袁尚进城，咱们再回师力战，将其一并困入城中。"

"不忙，"曹操冷笑道，"且令斥候再探详情。"

曹洪有些着急："袁尚兵马离我军只有三十里了，倘若……"

"老夫自有主张。他远道而来不可能马上动武，况且约定之人也未出城，等探明了动向再说吧。”

曹洪怏怏而去。有人搬来张杌凳，曹操在辕门内大摇大摆一坐。中军将士列阵于门外，一个个守在沟边拉弓搭箭，只要李孚出来立刻被射成刺猬。而且为防止敌人大举突围，军令早已传到各营，沿壕沟一周四十里，每处关卡都作好准备。

三军将士严阵以待，约摸过了一个多时辰仍不见敌人动静，可派去探听消息的斥候却似流水般跑回来禀报：

“袁军离城二十五里！”

“袁军离城二十里！”

“还有十九里……”

不论来人说什么，曹操都是一句“再探！”便打发了，直到天色渐晚灯火初明之际，有人来报：“袁尚大军停于十七里外的阳平亭，准备安营立寨。”

曹操的脸色倏然凝重，竟从杌凳上站了起来，把那个报事的斥候叫到眼前亲自嘱咐：“阳平亭是官道大路，侧面有西山滏水之险，你再去仔细探查，袁尚是在大路扎营还是凭借山势扎营，回来速报我知！”

那斥候领命而去，曹操却渐渐紧张起来。他再也不坐了，在辕门处绕来绕去，时而絮絮叨叨自言自语，时而双手紧握作祈祷状。又过片刻忽闻接连几声巨响，邺城南面凤阳、中阳、广阳三道大门竟同时打开；曹军早就铆足了劲头，可是未及放箭所有人都呆住了——出来的不是李孚，也不是袁军，而是数不尽的百姓！

城池被困五个多月，断粮已久，这些百姓早就饿疯了，全都面黄肌瘦骨瘦如柴，出了城门以为死里逃生，像三股洪流般推推搡搡往外涌。有的举着白旗高喊投降，有的拿着火把照亮道路，有的什么也不顾只想逃出战场。曹军先是一阵错愕，又想起军令未变，紧跟着层层箭雨马上射了出来。

袁曹相争黎民何罪？可怜涌在前面的百姓都做了箭下之鬼。可是后面还有人不断涌出，而且多为老弱病残，拥挤间又听轰隆巨响——三道城门复闭，竟把数千无辜之人扔到了战场上。

前有雄兵后退无路，这些百姓都红了眼，会水的就跳进壕沟死命往外扑腾，刚摸到岸边就被曹兵的大刀剁掉手指。更多的熙熙攘攘涌上浮桥，又被曹军枪刺箭射，死尸成片地栽入沟中。惨叫声、求饶声、咒骂声、哭爹喊娘之声震天动地，眨眼间已有几百人丧于曹军之手，连沟堑的水都染成了血汤子。

曹操万没料到事情会到这一步，被这残酷的景象惊得呆立不动。荀攸跑过来拉住他袍襟苦谏道："主公快快放路啊！倘残杀无辜百姓，朝廷之师威信何在？"

"唉！"曹操讷讷地瞅着眼前的屠杀，"李孚必定藏身其中，倘若不杀尽这些百姓，他就会趁乱跑去给袁尚送信。可若是杀尽这些百姓，非但老夫脸上无光，邺城内军民鉴于此恨更要抗击我军了。这真是左右为难啊……也罢！攻城为下攻心为上，当此时节不可与民结怨。速速传令，我军不得阻拦，让开道路叫百姓出城！"

士兵渐渐停止放箭闪开马道，曹操也退回中军大营，但是四十里壕沟岂是片刻就能尽皆得令？不知有多少无辜之人丧命！老百姓惨绝人寰的呼号声笼罩着整个连营，每个营帐都听得清清楚楚。曹洪逆着奔逃的人流挤进中军："主公快快下令盘查，李孚必定就在其中。"

郭嘉无奈摇头："天色晚了，大海捞针岂能找到？让他去吧……"

曹操微合二目紧锁眉头："我忒轻河北之士了，袁本初坐镇冀州近十载，手下高人数不胜数。李子宪进出我营游刃有余，还不知袁尚究竟在何处下寨呢？"这才是他现在最关注的。逃亡百姓多有失散，娘找孩子弟寻兄，直哭闹了小半个时辰才渐渐安静，各营间马道上到处都是血迹、尸体、包裹行囊，曹操目睹这凄凉的景象越发焦急，向着营外望眼欲穿。

众将从未见过他这般紧张，连双手都在不住颤抖。

不知望了多久，天已经黑了下来，忽闻一阵嘚嘚的马蹄声，那个斥候的身影在火光中渐渐清晰。曹操实在按捺不住关切的心情，竟不顾身份迎了上去，一把抓住那兵的马缰绳，厉声问道："袁尚扎营在大路还是在山麓？"

那兵被他吓了一跳，怵生生道："沿、沿西山扎营。"

曹操似乎不信："再说一遍，在何处？"他声音中竟有一丝颤抖。

那兵倒沉住气了，拿出尚武精神，跳下马来单膝跪地，鼓足底气朗声回答："启禀主公，袁尚在阳平亭山麓扎营！"

曹操深吸口气倒退两步，似乎如释重负，摆摆手打发斥候走了。曹洪见他不紧不慢的，急得嚷了起来："咱们赶紧撤围吧，袁尚大军已落寨，李孚也溜了，再不撤可就叫人家夹击了！”

“对啊！”众将纷纷附和。

于禁素来受曹操器重，也苦口婆心道：“兵法有云‘归师勿恶’。我军包围邺城兵力无法集中，若袁尚全力以赴攻我一点，审配在内接应，里应外合中间开花，这几个月的战果可就毁于一旦了。”

“嘿嘿嘿……”曹操一直在笑，开始时是莞尔一笑，听了众将的话转而仰天大笑，“吾事就矣！袁尚覆灭已成定局，老夫赢了！我曹某人已经拿下冀州啦！哈哈哈……你们不信吗？”

于禁与曹洪对视了一眼，不明白他何以如此断言。荀攸、楼圭、许攸却都露出了会心的微笑，郭嘉更是凑趣：“恭喜主公！贺喜主公！冀州入手，扫灭袁氏近在眼前。”

曹操见众将还满脸懵懂，笑呵呵背起手来：“等着瞧吧，马上就会应验。”说到这儿他竟叹息一声，“本初啊本初，你这两个儿子却都不争气啊！即便有审配、李孚之辈，不能尽其才又有何用？这么容易就把你辛苦争来的地盘拱手相让……败家子可恨啊……”

曹洪呆呆瞧了他半晌才问：“那我军现在如何应对呢？”

“给我日以继夜紧盯邺城，不出三日敌人必全力突围。审配困兽犹斗千万要小心。”

“倘若袁尚……”

“不用理那个败家子！”曹操不耐烦地撇下一句，便溜溜达达回大帐了。

痛击袁尚

就在袁尚驻军西山的第二天子夜，邺城守军在审配的鼓动下作好了里应外合全力一战的准备。

数千兵卒集结在城南的空场上，一色的白布裹头以便辨明敌我。前几排的敢死士身披重铠，推着辕车、突车、平板车，以备填塞壕沟搭建便桥。为了准备这些材料，他们把城内民房都拆了，已作好奋死一搏的准备。列于中间的是审配精心调教的弓弩手，他们早搭弓上箭铆足了劲儿，只要冲出城门就给曹军一个下马威。后面的大队伍除了袁尚留下的部队，还有审配的部曲家兵，甚至还有不少百姓自愿加入。管他什么枪矛戈戟、锄头棍棒、斧头镰刀，只要是能杀人的家伙都拿起来啦。

所有人都静静地站着，各种兵刃在幽幽火光照耀下闪着阴森的微芒。战争还没开打，将士却已同仇敌忾，透着杀气又略带些恐怖和悲壮。审配就屹立在城头上，他也是身披软铠头裹白布，手里紧紧攥着佩剑。为了这场仗他把宝物财货甚至连姬妾都赏给将士们了，身为冀州第一豪族，他要誓死捍卫袁氏统治。秋夜的凉风凛冽吹来，他那紫微微的脸膛在火光中忽明忽暗，却一动不动凝望着城外。

曹军连营黑黢黢静悄悄的，透着一丝幽深莫测的沉寂，似乎曹操和他那帮将领已经睡熟了，只有壕沟辕门还留下卫兵巡哨。那些插在寨墙边的火把每隔十几步才有一支，断断续续沿着壕沟围成四十里的大圈子，颇像一条首尾相衔的火龙在盘睡，从城楼上望去还挺温馨的。但审配心里清楚，一切都是假象，以曹操之老谋深算绝不会如此松懈，那平静的漆黑中不知藏着多少伏兵呢！即将到来的必是一场硬仗……忽然，那突兀的山影隐约间闪了几丝火星，又转瞬即逝，过了一会儿点点零星逐渐清晰起来，继而越聚越大成了一片映天的火光。

审配等待这一刻已经等了五个多月了，事到临头他没有任何做作的豪言壮语，只是回头向亲兵咕哝了一声："时候到了，行动吧。"

轰隆隆……城门开启声犹如闷雷击碎了深夜的宁静，而紧接着那河北军的呐喊声更似瓢泼大雨骤然而起，敢死士、弓箭手自南门倾泻而出，疯癫般扑向曹军的防御。但是正如审配所料，对面幽暗的连营马上沸腾了，眨眼间无数火把冲天而举，把邺城四围照得白昼一般，战鼓齐鸣势如奔马，营寨间条条马道上的士卒都往壕边涌，川流不息好似成群的蚂蚁。

河北弓箭手一齐放弦，飞蝗般的箭雨立时向曹军寨墙飞去，射得守门军士连连倒退，曹军后队的箭马上又还击过来。敢死士哪管前面有多少敌人，只是推着车低着脑袋往前冲，有些人干脆大吼一声，连人带车一并蹈进壕沟里，为后面的人垫路。大队军兵紧跟着一拥而上，可只有少数人能冲过便桥，其他会水的不会水的都往沟里扑腾，踩着填塞物和死人往前扑。

"守住！守住！"曹军督将尖厉的叫嚣声仿佛是从后脑勺挤出来的，兵卒在弓箭掩护下举着长戈大戟贴到寨墙边，只觉面前火光闪耀水声拍击，眼花缭乱什么也看不清楚，干脆把家伙探出栅栏一通比划；没几下就被城上袁军的箭稀里糊涂刺死，后排的兵赶紧从死人手里接过家伙，把尸体往脚下一踩接着冲锋——无论突围的还是防守的，此刻都疯狂了。

曹操早就出了中军大营，在战场外数丈之地观望，即便是这样的距离还瞧不清楚，却能听到喊杀中夹杂的铮铮箭声。有了上次的教训，他可算明白审配的弓箭有多厉害了，轻易不敢向前半步，就在原地聆听亲兵往返探报。即便如此众将还是很担心他的安全，外层由曹纯督率虎豹骑围了一个大圈子，里面还有许褚、邓展等人举着盾牌挡在他前面。荀攸、郭嘉等人也都穿了铠甲，却是自己举着盾牌，手心都攥出汗了。

正看得焦急之际，张绣麾下监军王选带着亲兵赶来："袁尚军自南面攻打我营。"

曹操连头都没回一下："叫他攻吧，他啃不动张绣那块硬骨头。"

"主公不调兵抵挡吗？"王选有些错愕。

"放心吧，袁尚军心不齐打不进来。"曹操一边探头一边道，"你替老夫到各处传令，除了最外围的寨子留人，其他兵都调到这里来防守，今夜不管袁尚就打审配！"

王选都傻了："这、这是不是太冒险了？"

郭嘉瞥了他一眼："叫你去你就去呗，啰嗦什么！"

王选怏怏而退，众人继续凝视战场。约摸打了小半个时辰，审配军依旧奋勇，曹军有寨墙为据，邺城的弓箭手就竖起辕车作掩护，躲在后面放冷箭；那些冲锋的兵士更是不顾死活前仆后继，冒着流矢与曹军恶斗。忽然间就听一阵轰隆隆巨响，南路的整座寨门都被河北军掀倒了，曹军被拥得不住倒退，后面的兵不明就里转身欲逃，竟自相践踏起来。

眼见战事告急，曹操拔出佩剑喝道："后退者斩！"

传令官跟着呐喊起来，将士们再三用力，前推后搡总算把敌人又逼了回去。但战事依然胶着，跃过沟壑的袁军已经与曹兵肉搏起来，枪矛刺出一道道血泉，大刀削得断臂横飞。曹兵顾及同伴不敢再放箭，可是邺城突围的兵都是抱着必死之心而来，城上的弓箭手不管敌我只是一个劲猛射。

有亲兵跑回来禀报，南面的寨墙全塌了。曹操啧啧连声："好个审正南，真要跟老夫玩命啦！"

荀攸提醒道：“以攻为守逼敌自退。”

“好！反正这仗打得这么狠，我料他也无力再来一次了。”曹操朗声传令，“告知全军将士，推倒寨墙一齐攻城！”

传令官一传十、十传百，不多时邺城周匝四十的内寨墙全被曹军自己推倒了，将士们就拿它们当桥攀过壕沟向里冲。有些眼疾手快的人架住云梯就往上爬，虽然这样攻城力量分散不能得逞，却把审配的突围计划打乱了，城头守军赶紧放下弓箭搬石头往下砸。一时间东面、西面、北面处处告急，唯有南面还在搏杀。

这时又见西面拥来一支小队，为首的是监军浩周：“启禀主公，袁尚军攻张绣不下，转而西移攻于禁将军营寨。”

“哼！”曹操不禁冷笑，“你告诉于禁，守住寨门稳扎稳打。就让袁尚在外面转悠吧，东西南北哪边他也进不来。

“诺。”浩周领命而去。

战场局势渐渐起了变化，在曹操以攻为守的战术下，河北军终于被逼得后退了。东西两面的曹兵涉过壕沟都往南边来增援，虽然河北军三面受敌斗志不减，却已无力再翻转局面。杀乱建制的两军将士互相刺着、砍着、劈着，火光照耀下似乎每人都是血肉模糊狰狞可怖。忽然自头顶上响起一阵沉闷的锣声——审配终于被逼得鸣金了。

可是杀到这个份上哪是想退就能退的？似乎有火把引燃了辕车，凤阳门前竟冒起了浓浓黑烟，茫茫之中士兵为了自保胡乱挥着兵刃，什么敌人同伴都倒在血泊之中，所有人都杀红了眼、挤成了堆、滚成了团……又是轰隆隆的巨响，凤阳门已经关闭。曹兵攻不进去了，但还有百余名河北勇士也被拒之门外，紧接着又闻一阵梆子响，自城上落下数不清的滚木礌石，一阵烟尘腾过，什么声音都没有了——所有在城门前奋战的两军将士都完啦。

曹操举目环视火热的战场，东西两面攻城战还在惨烈地进行着。他揉了揉肩膀道：“到此为止吧，不用再打了……”

“报！”又见监军武周气哼哼而来，“袁尚攻于禁营寨不下，转而又攻我营，张辽不听主公之令，竟打开寨门出去应战了！”

“嘿嘿嘿……”曹操反倒笑了，“伯南，这次是你错了。有道是‘一鼓作气，再而衰，三而竭’，袁尚军两攻营寨不下，还能掀起多大风浪？等着瞧吧，一会儿文远准有好消息。”

战场的喧闹声渐渐平息下来，众人保护曹操小心翼翼来到掀翻的寨墙前——两军士兵的尸体数不胜数，已经把壕沟填平了。而邺城门前的惨状更是震撼人心，射死的、砸死的、战死的各种各样的尸体都被滚木礌石压得稀烂，残肢断臂鲜血脑浆铺满了大地，在那幽幽火光衬托下就像是鬼府地狱。

曹操正要吩咐收尸，又闻梆子声响，城上又要放箭了，赶紧退回连营："审配果真是条硬汉，事到如今还要继续抗拒。可惜他那主子不成器，连老夫的寨子都进不来，白白叫他奋战一夜。"

果不其然，武周满面喜色又回来了："启禀主公，袁尚已撤退。他们看着人多势众，张辽出去一打，他们反倒撤了！"

曹操欣然点头："袁尚救援不力，自此军心撼动，想战也战不下去了。传令全军将士，回营休息一阵，待天亮之后分兵一半随我去战袁尚，老夫要痛打落水狗！"

袁尚本想里应外合，结果来了个里外受挫，灰溜溜逃回阳平亭，又恐曹军追击连夜拔营起寨，转而退到漳河沿岸下寨，想再商议下一步的对策。哪知曹操一招得手步步紧逼，丝毫不给他喘息的余地，次日午时就率兵追到了漳河岸边，立下营寨就开始叫阵。

袁尚军围着曹营转了半宿攻不进去，又撤退立寨明显示弱，到了这会儿哪还提得起士气。可是曹操惹也惹不起、躲也躲不起，袁尚不出来就下令全军攻寨。曹兵都在兴头上，一个个挺抢射箭就往里攻，打得袁尚只有招架之功全无还手之力。从午时一直闹到傍晚，最可气的是曹操还弄来几十面战鼓没完没了地敲，又声称要包围袁尚大营，吓得河北军人人自危，再这样下去连守都守不住了。袁尚眼前被曹操所逼，非但邺城救不了，其他地盘又被袁谭攻打，无奈之下只得恳求停战，命阴夔、陈琳为使者到曹营请求投降，以为权宜之策。

"前番是袁谭请降，现在袁尚又来请降，你们叫老夫怎么相信啊？"曹操眯缝着眼睛打量着过营请降的二人。

阴夔是个懦弱之人，见了曹操连句整话都说不出来，只知道哆嗦。陈琳比他出息得多，双手捧出一卷竹简："这是我家主公的亲笔降书，还请曹公接纳。"

许褚一把抢过降书递到帅案前，哪知曹操接过来连看都没看，甩手扔进了炭火盆里："不必看了，不准他投降！"

陈琳急得直跺脚："那是我家将军亲笔……"

"亲笔？"曹操哈哈大笑，"当年袁绍征讨我的檄文也是亲笔？"

陈琳吓得半个身子都木了——官渡之战时他奉袁绍之命草拟讨伐曹操的檄文，把曹家三代人骂了个狗血淋头。说曹操的祖父曹腾是奸邪宦官，与五侯狼狈为奸迫害忠良；说曹操的父亲曹嵩是乞丐携养的野种，巴结宦官品德败坏；说曹操是王莽、董卓一类的奸贼，偷坟掘墓无恶不作……这个仇可还没完呢。

陈琳曾在何进府中为掾属，与曹操也算老相识了，多少知道点儿他的脾气，越是软蛋越没好下场，索性跪倒在地朗声道："在下与曹公之怨另当别论，但是我此来为的是军国大事。还望曹公怀宽厚之德饶我家主公。"

"我凭什么饶他？"曹操猫戏耗子一般盯着陈琳。

"袁氏占据河北十年，素有士人之望。曹公若能不计前嫌饶恕我家主公，则河北之士无不感激，天下割据纷纷效仿，统一大业可成矣！"陈琳这番话纯粹是捭阖之士那一套，统一天下岂能这么容易？若真的光靠仁义就能得天下，古今多少英雄都白活了。

曹操就是想戏弄他，阴森森道："袁氏无情无义，兄弟之间尚不能和睦，怎可能与老夫推心置腹。今日准降明日必反。"

陈琳拱手道："我家主公不是已经被您击败了吗？"

"袁尚靠山扎营我就知道他必败无疑！"曹操猛然变脸，"若是在大道安营则怀救亡根本，统帅不顾生死，将士自然尽命。可袁尚却是循山而来，仗还没打就想凭险自保，他若能胜才真见鬼呢！袁绍为他留下偌大一个冀州，到了危难关头他都不能鼓舞士卒拼命一搏，此等无用之辈我要他何用？有这等无能的主子，我都替审配寒心，替昨夜白白送死的突围将士寒心！"

陈琳本人又岂能不寒心？听敌人口中说出这种话，真想找个地缝钻进去。但他职责在身，只能再次央求："非是我家将军不愿奋战，实乃将士离心不能凝聚，所以……"

"所以想摆个阵势吓吓老夫，叫我知难而退？"曹操一阵冷笑，"可惜我曹某人不是吓大的，是刀尖上滚过来的！将士离心是他自作自受，兄弟阋墙同室操戈，当兵的哪还愿意为他们卖命？"

陈琳欷歔不已，连连磕头："请明公网开一面，就准许我家将军投降吧，就算看在我家先主的面子上。”

“不准！”曹操凶巴巴道，“你陈孔璋当年草拟檄文之时可曾给过我面子啊？”

这一句话问得陈琳无言以对。

“回去告诉袁尚，叫他洗干净脖子等着受死吧。我替他老爹清理不肖之子，这就是最大的面子！”曹操一挥衣袖，“普天之下只能由我曹某人说得算，袁氏兄弟绝不能留，我要他们死他们就得死！没什么可说的，走吧！”这算明明白白把老底端出来了，再无挽回的余地。

阴夔伏在地上涕泪横流：“袁本初！先主大将军啊……属下无能保全不了幼主，有负您临终嘱托……呜呜呜……”

曹操见他哭得凄惨倒也动容：“虽然懦弱倒也算个忠臣，念在你那点儿忠心，老夫也不加害你们，派人把你们安安全全送回大营。但明天一早还要继续攻打，刀枪无眼你们好自为之吧！”说罢一摆手，有亲兵闯上来架起二人就往外推。

“且慢！”于禁跨出一步，“姓阴的可以放，陈琳不能走。当初草拟檄文辱及主公祖父三代，岂能便宜了他！”

“对！对！把他乱刃分尸！”众将厉声呐喊。

曹操抬手拦住：“两军交锋不斩来使，何况今日他乃求降之人？等着瞧吧，袁尚之溃近在眼前，老夫与他马上还要重逢，到时候再算檄文那笔账。”陈琳听得毛骨悚然，还未及多言就和阴夔一起被推了出去。他俩一出去，曹操赶紧又吩咐：“告诉前军将士，只要他二人进了营就继续给我敲鼓，狠狠敲他一夜，要把袁尚狗子的胆吓破！”

这会儿华佗煎好一碗药，亲手捧到曹操面前：“主公这几天都没好好服药，现在仗打赢了，赶紧趁热把药喝了吧。”

曹操全没在意，兀自向众将夸耀：“老夫这一番威吓，袁尚求降不得必定连夜逃窜，只要一逃人心溃散各自逃生，以后想聚兵也聚不起来了。”说着话他一拍华佗肩膀，“此所谓病在骨髓，司命之所属，无奈何也！”

华佗一哆嗦，碗儿脱手落地摔得粉碎，半日心血又白费了。曹操沉浸在自己的喜悦里，哪管别人花多少心思，瞅着华佗无奈的窘相，竟哈哈大笑起来……

第十一章
策马夜谈，董昭怂恿曹操谋取天下

大势已去

建安九年七月，袁尚救援邺城失败，在漳河沿岸被曹操打得狼狈不堪，派使者请降又不被允许，惊恐之下连夜奔逃至祁山[①]驻扎。曹操追打落水狗，如催命鬼使一般尾随而至，又将袁尚营寨包围起来，二话不说就是一通猛攻。

河北军眼望着漫山遍野攻来的曹兵，吓得浑身颤抖，连武器都举不起来了——其实若不跑，袁尚鼓舞人心还可勉强自保，一逃再逃，疲于奔命，军心溃散，斗志没了，士气没了，人心没了，连抵抗能力都没了。有人吓得抱头鼠窜，有人放下兵刃跪倒请降，还有人投降心切干脆掉转枪头奔着袁尚大帐就杀……袁尚部将马延、张顗（yǐ）临阵倒戈，营寨立时被曹兵攻破，河北军全线崩溃。袁尚眼见大势已去，将士兵、粮草、辎重乃至印信符节都扔下了，只带了几个亲兵趁乱而逃。

将怀必死之心士无贪生之念，如今一军统帅都跑得没影了，士兵又岂能为这样的主子卖命？狼烟散尽，战场上一片萧索，昔日袁绍麾下威风凛凛的河北军彻底完了，只剩下一群惊魂未甫跪地乞活的可怜虫，燕赵勇士的慷慨骁勇早已随着袁氏家族的没落而丧失殆尽……

① 祁山，古籍记载又名蓝嵯山，在今河南省安阳市，与诸葛亮北伐屯兵之祁山并非一处。

曹操立马山下，眼望着败落的袁军营寨，喜悦之情已溢于言表。这一仗打下来，袁尚的家底算是彻底输干净了，无兵无粮就让他逃吧。幽州袁熙兵微将寡，并州高幹远隔重山，曹操不用再管袁尚了，就叫他那个视为雠仇的兄长去收拾他吧。

士兵检索袁尚抛下的东西，辎重器物竟还有十好几车，其中不乏珍宝珠玉之类，曹操不禁讥笑："当初袁绍战官渡就带着一堆乱七八糟的东西，袁尚还真像他爹爹。惜乎不谙军务，比他爹差得远呢！"

马延、张顗丢下武器，在虎豹骑的监视下来到曹操马前，双膝跪倒放声高呼："我等归顺来迟，望明公恕罪！"

"无罪有功，快快请起。"曹操见这俩倒戈之将人高马大、虎背熊腰，想必也是骁勇之人，不禁啧啧道，"袁尚有你们这样的勇士，却不能奋力作战，真真可笑可恨。"

马延是个粗莽之人，不禁破口大骂："不瞒明公，我早就不愿意跟着袁尚干啦！兄弟仇杀窝里斗算他妈什么东西？见了敌人就知道逃，这仗打得真他妈窝火！去他娘的，老子投靠曹贼，不给他卖命了！"他光顾着说话痛快，竟习惯性地把"曹贼"二字带了出来。

曹营众人见他这么说话当即就要拔剑翻脸，曹操却笑呵呵拦住："不碍的不碍的，老夫于他们无恩，叫一声贼又怎么了？以后老夫善待河北士人，他们还会拿我当贼吗？哈哈哈……"

张顗比马延有涵养，跪倒道："明公请恕罪，我等之所以现在才来投奔，非是怀侥幸之心，也非跟随袁尚执迷不悟。而是我等起于草莽，受袁绍提拔身归行伍，应报已故先主的知遇之恩呢！怎知袁尚兄弟这般不争气……"七尺高的汉子说到这里竟虎目带泪，马延也是惆怅不已。

曹操心中思忖——袁本初啊袁本初，你果然是我曹某人之劲敌，即便死了，还有这么多人怀念！虽有官渡仓亭之失，若非你早早地一命呜呼，我也不可能这么容易就拿下冀州。说句凭良心的话，我根本没彻底击垮你，而是欺负你那俩傻儿子才成功的啊……想至此曹操越发感觉到笼络河北人心是何等重要，忙端出一副袁绍故友的姿态："老夫曾与袁本初同朝为官抗击阉竖，深知其英伟之处，我此来不仅是为了将河北之地收归朝廷，其实也是为他教训不孝之子啊！"其实这话假得不能再假，但哄骗马张这等草莽武夫倒也有效。

二将止住悲声，各自从怀里取出一枚锦匣，恭恭敬敬递到曹操面前。许褚、邓展恐其中有诈，抢先接过打开检查一番才捧给曹操看。但见是一枚金印、一枚铜印。

金印乃是袁绍的大将军印。当年曹操逢迎天子建立许都，自任为大将军，以袁绍为太尉，袁绍耻为曹操之下意欲以此发难，曹操不敢招惹，赶紧把大将军的位置让给他，还命孔融给送去这枚金印。现在印在人亡可谓物归原主了。再看另一枚铜印，也是镌刻虎纹，上雕着“诏书一封，邟乡侯印”八个篆字，乃是袁绍私造，早年举义兵号令天下所用，当初曹操就是看到袁绍把玩这枚印，才决心与他分道扬镳的。想来袁绍还曾展示过一枚罕见的无暇玉璞，似乎有意在大功告成之日将其刻为玉玺，抱着它身登大宝，可是到头来却是竹篮打水一场空，那玉璞也不知坠落到何处尘埃了……

曹操摆了摆手，叫路粹替他收了，回去贡献朝廷。这时又听一阵欢笑之声，张绣骑着高头战马神情肃穆而来，身旁有一群小兵还扛着几个大物件——金钺、白旄与纛旗。丢了金钺就丢了生杀予夺之权，失了白旄便失了设立军队的名义，没了纛旗一军统帅的威严何在？

今日之战又是张绣率先杀入敌营夺取旗帜，曹操不禁拱手：“张将军劳苦功高啊！”

张绣下马拜贺：“全仗明公神威赫赫！”正因为他与曹操有杀子之仇，所以打起仗来格外卖力，而且不敢居功自傲。

曹操连挑大指：“将军不愧是老夫的好亲家！老夫要请奏朝廷，再给将军加千户封邑。”

可把张绣吓得不轻。他已经是千户侯了，再加一千莫说曹营众将比不上，满朝官员除了曹操无人能出其右。张绣摆手推辞：“末将不敢接受……”说着话摘去兜鍪就要叩首。

郭嘉在一旁心明眼亮，赶紧过来搀扶，趁机凑到他耳边低语道：“您与主公有仇，主公反而给您高官厚禄，这是做给天下人看啊！若是不接受，岂不有碍他大公无私之美誉？”

张绣这才醒悟，但受了这份厚赏心里依旧惴惴，他不愿再提此事，回头摆了摆手：“小的们，把主公的仇人推来！”

伴着一阵喝骂，众亲兵把陈琳推了过来。这会儿他已万念俱灰，披头散发双臂被绑，肩头架着长矛，两眼空洞地瞅着地，脚步踉跄得如同梦游，前番替袁尚乞降曹操没跟他算旧账，这回绝对在劫难逃，新账老账一块儿算吧。

曹操微微含笑瞅着他："陈孔璋，咱们又见面了，果如老夫先前所言吧？"他早就传下军令，见到陈琳一定得捉活。

陈琳还有什么可说的，只是低头不语。

"阴夔怎么没与你在一处？"

陈琳低语道："已死于乱军之中。"阴夔可不似他这般受"优待"，撞见曹兵当场就被宰了。

"寻找阴夔尸体，忠臣要好生安葬！"曹操冷笑一声，却又道，"生者未必欢，死者未必悲。战死了或许是便宜，活着可更受罪……嘿嘿嘿……"

一阵奸笑听得陈琳直打寒颤，不知曹操要用何种极刑折磨自己。他想开口求饶的，但毕竟也是一把年纪的人了，当初又与曹某人同在何进府上为宾，若低三下气乞活非但让曹操看不起，连自己都看不起自己了。他心下着急，低着脑袋暗暗思考如何应对。

果不其然，曹操阴笑片刻倏然把脸一变，厉声断喝："陈孔璋！老夫与你何怨何仇？撰写檄文竟把我曹家骂得那样不堪！即便两国交锋互相诋毁，又与我祖、我父何干？今日你若不给老夫说个明白，我把你碎尸万段寸磔（zhé）军前！"

千刀万剐近在眼前，陈琳也来不及多想，前趋一步跪倒在地："檄文之事乃是箭在弦上不得不发。"

"你说什么？"

"箭在弦上，不得不发！"陈琳这个回答看似轻描淡写，其实大有深意。他以箭自比，那控箭的弦就是袁绍，袁绍叫他写檄文他只能照办，这就如同弦发箭而箭不能自制。

曹操听罢此言一时无语，微微回了下头，只见路粹、繁钦、刘桢、阮瑀等人都在他马后垂手而立。他若有所悟——若这事反过来，我若要路粹他们写文章骂袁绍，他们又岂敢不写？彼此还不是一样嘛！陈琳的身份比他们高多了，何进秉政之时就是幕府主薄，也算小有名气之人，如今正是笼络河北人心之时，我何必非要置他于死地呢？马延、张顗为将，在战场杀我的兵都可以原谅，何必难为一个以刀笔为剑的文人呢？算了吧……

曹操渐渐收起怒色："松绑吧……好一个'箭在弦上不得不发'！

既然袁本初可为你之弦，老夫有何不可？我任命你为记室，自今以后为我掌管文书。老夫要你这支箭射谁，你就给我射谁！”

“谢曹公宽宏……”陈琳死中得活，泪水在眼眶里打转。士兵为他松开绑绳，荀攸、陈矫一左一右搀起——想当年荀攸与他同为何进府中掾属，而陈矫与他是广陵同乡，天底下当官的跑不出一个圈子，私情厚着呢。

这时掌管军械的卞秉来了，一手夹着账簿、一手攥着算筹，离着老远就哈哈大笑：“主公，这一仗打下来咱们可发财喽。袁尚把家底全给咱扔下了，光是铠甲、兜鍪就有两万副，还有长矛、弓弩、盾牌不计其数，足够您再装备几支人马啦！”

曹操高兴之余又有几分惊惧。他所带领的部队是有朝廷正经名分的王师，可也不曾有这么多的铠甲兜鍪，许多偏师还在用布帕包头，人家袁氏乃一方割据，竟有这么多精良军械，这还是在官渡丢了一半呢！曹操不得不承认，袁绍十年来积蓄的实力非他所及。想至此愈觉战事不容耽搁，即刻拨马传令：“我军在此休息一晚，降卒暂交与朱灵、张郃、马延、张顗等河北旧将统领，明日回转邺城与曹洪会合。”

“诺！”众将齐声领命，那响亮的声音直冲天际，曹军之威已是天下无人能及。

回军之际曹操又向朝廷修下表章，夸耀自己的功劳：

> 臣前上言逆贼袁尚还，即厉精锐讨之。今尚人徒震荡，部曲丧守，引兵遁亡。臣陈军被坚执锐，朱旗震耀，虎士雷噪，望旗眩精，闻声丧气，投戈解甲，翕然沮坏。尚单骑遁走，捐弃伪节钺，大将军邟乡侯印各一枚，兜鍪万九千六百二十枚，其矛盾弓戟，不可胜数。

这份表章在曹操看来也不亚于震慑袁尚的战鼓，只不过它这次所震慑的却是天子刘协……

玄而又玄

曹操回师邺城，将缴获的节钺印绶用长枪挑着给城上的士兵看，守军见袁尚已败没人再来救他们，士气就此崩溃，更多的人坠城投降。但河北军师审配是个宁折不弯的人物，还是不肯开城投降，内无粮草外无救兵也要抗争到底，甚至又击退了曹军两次攻城。

袁尚溃逃之后去了故安，袁谭连连吃亏总算逮到个报复的机会，马上率领兵马前去追杀，袁尚一蹶不振无法抗争，只能舍弃城池继续逃亡，这次索性跑到幽州投靠二哥袁熙去了。袁尚一离开，冀州算是彻底没希望了，各个县城投降的文书似雪片般飞入曹营，袁谭在名义上已经降曹，剩下的就只有这座茕茕孑立的邺城了。面对如此情势，曹操决定不再攻打了，只把军队围绕邺城密密麻麻屯驻，就拿恐惧和饥饿充当武器去跟审配最后一战吧……

眼看已经到了七月底，审配已经垂死挣扎半个多月了，还是没有投降的动静。但邺城的守军已经陷入绝望了，还没到夜晚士卒的哭泣声都传得很远很远，只是慑于审配之威不敢叛逃罢了。

这是个漆黑的傍晚，天边只挂着一弯新月，云层又阴又低，仿佛世间万物都被扣在一只大碗下，昏昏沉沉幽幽暗暗。曹操骑着马一路向南巡视营寨，陪在身边的只有董昭和许褚那般卫士。也是胜利在即心中欢喜，一行人渐行渐远竟脱离了连营，来到邺城以南的荒原上。

借着微微的火把和朦胧的月光，众人举目四望，眼光所及之处皆是落败景象。邺城周匝过去也是人烟稠密百姓众多，可是打了半年多的仗一切都面目全非了。老百姓或已逃亡或躲入城中，阡陌荒废了，民房都被曹军拆去立寨墙、搭浮桥了，豪强的庄园土垒早被曹军捣毁，所有景致都是破破烂烂的，不闻鸡鸣犬吠之声，反而能听到远方夜狼的嚎叫。

曹操的好心情似乎受了些影响："前几日得到军报，公孙度竟把我送与他的永宁侯印绶给了他儿子公孙康，还扣押了使者凉茂。这个狂徒不识抬举，还真要与我翻脸。"

"边鄙之徒坐井观天，早晚是主公刀下之鬼。"董昭和颜悦色。

"得业易守业难，即便拿下邺城，要恢复往日之貌恐怕还需数载之功啊！”

董昭却没放在心上：“主公奉天子之命征讨四方，黎民自然爱戴敬仰，战事已毕劝课农桑屯田惠民，用不了多久自然人烟稠密车水马龙，这邺县民殷国富根基厚，重新发展不是什么难事。”他说话之时举目四顾，见不远处一座不甚高的土坡，指道，“主公骑马累了吧，咱们登上那土坡，去望望邺城的动静如何？”

“也好。”曹操这几天坚持服用华佗的药，头疼的毛病已大有好转，这会儿一点儿也不困，索性活动活动回去好睡觉。

这个荒土坡实在没什么特殊的，登上去也是索然无味，只是借着高度能看邺城看得更清楚一些。但见城上黑压压雾蒙蒙的，只有几盏零星的灯火，似乎守军已丧失了生活的期望，纯粹就是在等死。董昭似乎随口叹息道：“为了争夺这座邺城，不知有多少人为之血染疆场，又有多少人抱憾而终啊！”

曹操觉他无病呻吟：“公仁啊，你是大风大浪闯过来的人，为何也作此书生之叹？自古帝王将相之功皆由人命换来，虽白骨蔽野血流成河，也必为后人敬仰。”

“在下并非叹千古功业，叹的是邺城这祥瑞之地。”

“祥瑞之地？”曹操甚是不解。

“这邺城非寻常县城能比，可助成万世之霸业！”

曹操笑了：“哦，你说的乃是齐桓公之事。当年桓公尊王攘夷，筑五鹿、中牟、邺等九座城池拱卫华夏之邦。”

董昭沉默了片刻，又解释道：“明公错会在下之意。我说的不是春秋之霸业，乃是当今天下之霸业！”

曹操愣了一阵，继而又放声大笑：“公仁啊，你在给我说笑话吧。哈哈哈……神神秘秘作此方士之态。”

董昭用余光扫了他一眼，觉得他这次笑得很不自然，继而又道：“笑话也罢闲谈也好，不过让明公开心解闷，整日忙于军务也够操劳的了。在下曾在袁本初麾下当过魏郡太守，熟知此地一些掌故旧闻，明公可有兴趣听听啊？”

“好啊，你说吧。”曹操望着董昭雍容的脸，预感到他要讲出件不平凡之事。

董昭清了清喉咙：“明公熟读诗书通晓经籍，上古久远之事在下就不说了，想必您也都读过。在下就说那黄巾的首领张角……”

曹操赶紧打断：“咳！公仁怎么提起反贼来了？”

“反贼也罢英雄也罢，俱是作古之人，此处又不是朝堂金殿，咱们说说又有何妨？”董昭见他不再反驳，继续道，“那黄巾张角本是巨鹿人士，也曾读书为吏，精修奇书《太平经》，能书符念咒为人治病，门生徒众本乡最盛，但起兵之日却舍近求远偏偏在邺城举事，兵势骤起先攻真定，不南下反而北上，明公可知其中缘故？”

曹操渐渐听进去了，不禁蹙眉摇头：“此事诚不可解！当年张角之徒马元义在京畿遭擒，被先帝车裂于洛阳市集，我也曾亲眼得见。张角闻知此事仓促举兵，纠合天下八州之众，是想要倾覆大汉社稷。按理说要行此非常之事，该火速进兵河南，他不但不急着南下，反而起于邺城北取真定，此举不合乎常理啊！”

董昭捻髯而笑：“明公若依用兵之道自然想不通，但听音辨意也就不神秘了。邺城举事先取真定，其实就是取义‘大业可定’嘛！”

听他这么一说曹操便明白，倒觉一阵释然：“这张角毕竟是江湖术士，凭这等手段愚弄百姓，又能成什么大事？”

不料董昭又道出一句更加意味深长的话：“张角是个愚民之贼，但袁本初、袁公路兄弟可不是江湖术士哦……”

“这与袁氏又有何相干。”曹操慢慢收起笑容。

“此中干系非同小可，倒与一句谶语有关。”董昭说到这儿突然戛然而止，转而建议道，“邺城审配尚有少许兵马，若发现主公在此窥探，偷开城门派兵突袭可大为不妙。还请主公将火把熄灭吧。”

曹操觉得董昭的顾虑有些多余，邺城缺兵少粮已是囊中之物，怎么有能力突破重围来这儿突袭呢？不过又见董昭二目炯炯望着自己，情知其中似有什么缘故，便抬了抬手道：“也好！把火熄了吧……”许褚一直在后面伺候着，赶紧叫卫兵把掌中火扔到地上踩灭。

今夜是阴天，火光一熄马上黑了下来，四周静悄悄的了无声息，远处邺城敌楼上的几个亮点似在空中悬浮一般。安静了好久，董昭才轻轻呼了口气，缓缓道：“刚才在下说到一句谶语，其实明公也一定听说过，就是《春秋谶》所言‘代汉者，当涂高’。①”

---

① “代汉者，当涂高”是中国历史上流传时间最长、影响最大的谶语，出自《春秋谶》，也载于《汉武故事》，并于《后汉书》《三国志》《晋书》中多次提到，解释方式不一。

黑暗中任何人都瞧不见曹操的表情，只听他缓缓道："仲康，我与公仁有些事情要谈，你们暂且回避。"

"诺。"许褚不敢多问，料这僻静之处也不会有什么危险，董昭也不至于谋害主公，便领着人摸黑下了山坡。

待那窸窸窣窣的声音渐远，曹操才又开口："我以为你要说什么，原来还是那句害人不浅的话，当初袁术因此语僭位，落得个什么下场，公仁不会不知吧。"

"那是袁公路解得不对，'当涂'之'涂'可通'路途'之'途'是不假的，却绝非他名字里有个'路'字就可以应天命。这句话其实另有深意。"

曹操既觉好奇，又有一丝负罪感，讨论这个话题是太过悖逆，因不便开口相问，便揶揄道："谶纬[①]之学老夫素来不信，可不似袁绍那般用心于此。"当初官渡之战，曹军夺取河北军大营，在袁绍军帐中就缴获了大量谶纬图书。

"信与不信本没什么不同，有人即便弄懂了，不是天命所归又有何意义？其实谶维之学本出于河图洛书，《易经》有云'河出图，洛出书，圣人则之'。昔日伏羲氏偶见龙马衔甲，赤文绿字，甲似龟背，袤广九尺，上有列宿斗正之度，帝王录纪兴亡之数。孔子虽精研此中奥秘，然不敢改先王之法，于是阴书于纬，藏之以传后王。谶纬之学与《易经》相合，又谕《洪范》五行之理，可见也不是全无道理的。"

曹操见他强辩，冷笑道："古人之学高深莫测，可今人之谶纬乃牵强附会曲解文意。安能与河图、洛书相提并论呢？"

"也不尽然吧。"这茫茫黑夜给董昭壮了不少胆子，不再看曹操脸色说话，"虽有王莽崇信谶纬伪造符瑞，然不可因一人之故而尽非其学。我朝光武帝乃一代中兴英主，也颇信此道。他在南阳起兵，鉴于'刘氏复兴，李氏为辅'之说；其登基称帝，则奉赤伏之瑞[②]；祭告天

---

① 谶纬，古代图谶和纬书的合称。谶是方术之人编造的预示吉凶的隐语和图画，纬是附会儒家经义衍生出来的一类书。文中提到的《春秋谶》、《河图会昌符》都是两汉间八十一部谶纬书的名目。谶纬是儒家学说衍生的迷信产物，没有科学依据，但其中一小部分也逐渐演变为主流的传统文化，例如"君为臣纲，父为子纲，夫为妻纲"的三纲理论就出自谶纬。

② 赤伏之瑞，刘秀几度被臣下劝进都不肯称帝，直至有人自谶纬中抄录了一张"赤伏符"，上写，"刘秀发兵捕不道，四夷云集龙斗野，四七之际火为主"，刘秀看后自以为得天命，继而称帝。

地，皆援谶语为言；他用孙咸为大司马，王梁为大司空，亦以谶文所选；云台二十八将，上应群星列宿；只因夜读《河图会昌符》，而封禅泰山；又设立灵台、辟雍、明堂[①]，宣布图谶于天下。若依明公之言，难道光武爷这些做法都是错的吗？”他把开国皇帝的“成功经验”搬出来，曹操如何反驳？

曹操只是哼了一声，什么也没说，心中却有无限感慨——若是一年之前问我，我会直言光武帝迷信谶纬是错的，但现在不这么看了。一个人若从平头百姓跻身帝王，那是何等逾越之事？若不借天命相助，何以役使世人？天命说到底还是人意罢了……

“代汉者，当涂高。”董昭半天听不到他回话，便不温不火解释道：“在下曾听太史、博士私下议论，其实‘当涂高’说的是魏阙[②]，这大路两侧又高于路途的自然是这件东西，而魏阙又有朝堂之意。如今明公脚下就是魏郡之土，邺城就是魏室基业发祥之地。若按此论而言，得魏者既得朝廷、得天下。”

说到此处曹操才插话：“魏阙本是楼阁，其实与朝堂无干，不过是《庄子》所云‘身在江海之上，心居乎魏阙之下’，此后书生言之便道其是朝堂。”

哪知董昭却笑了，反问道：“此言具体出自《庄子》哪一篇，明公可知晓？”

“有何不晓，乃是《让王》篇。”这名字出口，曹操倏然沉默了。

“让王……”董昭低声沉吟着，“这天下也是可以相承相让的。‘重生，重生则轻利’，只要有德于天下苍生，谁在那个位置上又有何不同？只是世人冥顽不灵，纷纷舍本逐末，不修文德功业，只是一味追求谶纬名目，所以才纷纷败亡。袁术妄自尊大，张角、袁绍自以为得邺城就可以得社稷，殊不知楚王问鼎，在德不在鼎。能够身登九五安享天下者必须是德济苍生之人……”他说到这儿稍定片刻，又补充道，“换言之，只要是德济苍生之人就有权身登九五安享天下！千古际遇若电光火石稍纵即逝，若不能抓住便只能叫后人扼腕叹息喽。”

---

① 灵台、辟雍、明堂，都是古代的礼制建筑；灵台是用于观看天文星象的；辟雍是用于讲授礼仪的；明堂是用于发布政令的。但是王莽、刘秀时代的这三个建筑，都用于宣布图谶，是国家性质的谶纬传播机构。

② 魏阙，又名阙、双阙，古代礼制建筑，指宫门两侧的瞭望楼。

这样露骨的暗示曹操岂能听不出来？但不知为什么，他一点儿反应也没有。董昭心里格外忐忑，虽是出己之口入他之耳，但谁知道他能否赞同。刚想偷眼瞧瞧他脸上神色，恰逢一阵更阴暗的乌云飘过，把那最后一丝朦胧的月光也给遮住了，四周一片漆黑，连人影都看不见了，漆黑之中只听曹操轻轻问道："你……说完了吗？"

"没有。明公还想继续听吗？"董昭又把问题抛了回去，却良久不闻他答复，于是壮壮胆子道，"在下姑妄言之，明公姑妄听之。"

一切都沉寂在黑暗中，两人相对而不相视，董昭的话渐渐深邃起来："在下曾听到些传言，当初天子被李傕、郭汜所迫，兵败曹阳之时本打算乘船循河向东，到兖州或者冀州安身。可是太史令[1]王立说太白经天、荧惑逆行，天象不利于天子沿河东下，所以才改道北上，渡河过轵关驾幸安邑。"

"真是无稽之谈！"曹操一阵冷笑，"这件事的经过丁冲跟我讲过。当时杨彪反对乘船而下，说弘农有大小滩涂三十六座，河汉交错不利行舟。侍中刘艾曾当过陕县县令，比较熟悉地形，也不同意走水路，皇上是听了他们建议才决定渡河去安邑。这跟天象根本扯不上干系！"

"诚如明公所言，的确有河道的原因。"董昭并不反驳，"可是到安邑之后，天子立即郊祀上帝，若不是天象有变，皇上未脱大难何故急着祭天呢？"

曹操没有说话，似乎是被他的话问住了，发生异相天子祭天，这是完全合乎道理的。董昭见他半天无法作答，继续道："在安邑落脚之时，王立私下对刘艾说，天象变幻无可更改，可避一时但不可避一世。太白经天、荧惑逆行[2]，两者早晚是要交汇在一起的，而火金相遇乃是革命之象。汉室国祚……国祚……"

"如何？"

董昭压低声音道："汉室国祚将终，魏晋之地必有新天子将立。"他说到这里只听曹操发出一声叹息，并无其他反应，便越发放开胆，"后来王立又对当今天子说，天命去就五行不常，汉室天下属火德，代

---

① 太史令，也简称太史，是古代掌管编写史书、天文历法等事务的官员，隶属于太常寺之下，地位不高。

② 太白，即金星；荧惑，即火星。所谓"太白经天、荧惑逆行"，其实是指金星与火星在天文观测上出现重叠，从现今角度来看，不过是行星运动的正常现象。

火德乃是土德，承继汉室的乃是……”董昭的心都提到嗓子眼了，不知后面的话说出来曹操将有何反应。如果他不幸动怒，那自己一门九族尽皆死于屠刀下；可是若他不怒，那自己日后的富贵就是铁定的啦！董昭虽已决心赌上一把，但话到嘴边还是不禁顿住了。

隔了好半天，曹操又阴沉着嗓子道：“你把话说完。”

“请明公准在下一事，在下才敢说完。”

“什么事？”

董昭磕磕巴巴道：“请明公许诺，在下说完之后，无论明公是喜是怒，都不可加罪在下。”

“嘿嘿嘿……”曹操突然挤出一阵阴森的笑声，“董公仁，这里漆黑一片伸手难见五指，老夫即便答应你这条件，无人目睹无人见证，日后反悔你又能奈我何？”

董昭一激灵打了个寒战：我错了！曹孟德一生何曾受制于人？天子有无尚在他手，当今世上没有任何人可以制约他！我虽可以进言，却没权利与他谈条件……想至此董昭双膝一软瘫倒在地，明知曹操看不见，还是咚咚磕头请罪。

“木已成舟无可挽回，就凭你刚才说的话我就可以杀了你！”

董昭哆嗦得如同风中的树叶：“明公饶命……”

“为人臣者有可道之言，有不可道之言。倘行错一步，便是获罪于天无可恕也……”曹操的声音似冰雪般寒冷，不过这话却一语双关，似乎是在指责董昭，而又像是提醒自己。

祸到临头须放胆，事到如今只能死中求活。董昭十指狠狠扣着沙土，把牙一咬把心一横，猛然昂头道：“既然说一句是死，都说了也是死，下官满腹忠心为了明公，索性都告诉您吧！天象所示人心所归，承继汉室江山的乃是魏国社稷，日后得天下者必定姓曹……”

“放肆！你妖言惑众！”

董昭只觉颈间一凉，似乎有把利剑已经贴在了脖子上，四下黢黑看不清楚，他再不敢轻举妄动，不顾一切辩解着：“此事千真万确！在下当年奉张杨之命到过安邑，并非道听途说！那太史令王立现还在许都，侍中刘艾为当今圣上记载起居，在下岂敢拿他们造谣……”

“住口！”曹操断喝一声。

这夜晚如死一般寂静，万物都融化在阒阒无垠的黑暗中，没有一丝生息。董昭瘫在地上，感觉自己坠入了无底深渊，瞪大了眼睛却只有满目漆黑，霎时间恐惧如颈间利刃紧紧慑住了他。他一动也不动，等待着命运的审判。

也不知过了多久，忽闻远处传来曹操浑厚的声音：“今夜可真黑啊，咱们都成了睁眼瞎，这等时候说的话才真叫瞎话呢！古人又云‘君不密则失臣，臣不密则失身’，这些不着边际的话聊聊也就罢了，以后不可再提。”

原来他已经悄悄走远……

清风袭来乌云散去，皎洁的月光又重新铺满大地，一切又都渐渐清晰。董昭真有一种劫后余生的庆幸感，仿佛全身的力气都已耗竭，趴在地上喘着粗气。他呆呆望着曹操带着众卫士远去的背影，依旧感到颈间凉飕飕的，伸手摸了一把——哪里有人把剑架在他脖子上，那不过是偶然吹来的一阵凉风。

董昭笑了，笑自己太过小心，也太过多余。人总是会随着境遇而改变，万事都是水到渠成。世上根本没人能引领曹操的心志，一切都要靠他自己去想……

第十二章
邺城失陷，曹操攻破袁氏大本营

邺城失陷

转眼已到了深秋八月，天地间一片肃杀之气，凛冽的西风席卷着枯叶败草奔向无垠的远方，一去不回。不知有多少无助的生灵将在这个残酷的季节里终结它们的生命。哪怕它们曾生机勃勃，曾摇曳多姿，曾毫无顾忌地向这个世界展示自己，但到头来终究逃不过死亡。正如这座曾经辉煌又饱经磨难的邺城，再强硬的抗拒也改变不了陷落的宿命。

粮食吃完了，马匹杀光了，树皮剥尽了，草根挖绝了，唯一能充饥的办法只剩下人吃人啦！可是以邺城现今的情势，恐怕连人都不能再吃了。被曹军围困半年之久，百姓和士卒饿死者、病死者、逃亡者不计其数，为了掩护李孚出城送信又放出去一大批，突围一役之后更是没活着回来几个，若是再肆无忌惮地纵容吃人，只怕连守城兵力都不能保证了，那还怎么抵抗曹军？虽然濒临崩溃，但为数不多的河北军依旧继续坚守，不过大家心里都明白，内无粮草外无救兵，失陷只是早晚的问题。如果说袁尚战败之前邺城尚存一丝希望的话，现在已没任何盼头了，所有人都是为审配的忠诚和固执而战。

这位河北的大军师已连续在城头站了三天三夜，不吃不喝不休息，早被风霜折磨得不成人样了。他须发凌乱面如枯槁，由于饥饿和疲劳站得都有些打晃了，但仍手扶女墙兀自坚持着。他那布满血丝的红彤彤的双眼依旧犀利，还在凝望城外期盼着奇迹发生：或许袁尚还会领兵回来，或许大公子袁谭能浪子回头共御曹贼，或许荆州刘表将发兵奇袭许都，或许豫州后方会有人叛乱，甚至或许会有个霹雷从天而降恰巧击死曹操，或许再或许……但这一切都是不切实际的空想罢了。

蓦然一阵凉风拂过，夹着阵阵腐臭的气味，把审配从游离的思绪拉回到现实。城边壕沟中都是河北将士的尸体，他们是为突围而战死，因为处在两军弓箭射程之间，过了半个月也没人敢去收尸，现在已经腐烂、发臭。遭受这样的厄运并非是他们作战不力，而是那位来接应的少主子根本攻不进曹军营垒，这才白白葬送了他们的性命。自从袁尚败走，曹军的营垒已越来越向邺城集中，四面八方围得水泄不通，而曹操缴获的白旄、金钺、军旗就悬挂在辕门处，时刻冲击着守军的心理防线。审配不得不面对残酷的现实——袁氏即将败亡。

“邺城将士听真！罪臣袁尚已抛弃尔等逃亡幽州……速速开城门迎接王师……曹公有令，若尔等主动献城朝廷概不论罪，若抗拒到底城破之日邺城鸡犬不留……邺城将士听真！罪臣袁尚已抛弃尔等逃亡幽州……”曹军每天一次的劝降喊话又开始了，这次来的是辛毗，骑在马上高举白旗，所带的几十名士卒抻着脖子使劲叫嚷，个个都是得意洋洋的表情。

审配一见此景气上心头，自腰间摘下画雀弓，习惯性地随手摸箭，意欲射辛毗落马，但摸来摸去箭囊中空空如也，这才想最后一批箭也已射光了。便随手捡起一块石头使劲砸去，那石头不过轻轻地画了一道弧线便坠落到城下的尸堆中，离着辛毗还八丈远呢。审配怒火兀自不消，趴着女墙破口大骂：“辛佐治，你这个厚颜无耻的小人！食袁氏之禄反而谄媚国贼，卖主求荣败坏家邦，你这人面兽心的东西有何脸面见河北父老？我恨不得食尔之肉、寝尔之皮！”

辛毗隐约听到了他的喊话，赶紧策马凑前几步仰首喊道：“正南兄别来无恙啊？连日守城辛苦不少，恐怕城内什么吃的都没有了吧！小弟有几句良言奉劝审兄。”

“呸！”审配又骂道，“休要废话！你这卖主求荣的龌龊之徒，花言巧语还能骗谁？”

卖主也非辛毗本意，但事已至此恰如黄泥巴抹在裤裆上，不是屎也是屎了。辩解毫无益处，他只得厚着脸皮劝道：“审兄道我是卖主求荣之徒……也罢！小弟暂且承认，我是出卖了大公子，但袁氏兄弟昏聩暴戾，此等无道之主保他作甚？识时务者为俊杰，曹公乃奉王命征讨，降之未为不义！”

“一派胡言。”审配故意冷笑，“曹贼乃狭天子以令诸侯的僭逆之人。攻城夺地所为一己私利，大丈夫就该敢作敢为，此等冠冕堂皇之言岂能欺瞒世人？你当天下之民都是傻子吗？”

辛毗见他固执不听，索性又看着城上的士兵喊道：“城中的百姓和将士苦若倒悬，审兄难道就狠心叫他们活活饿死吗？谁没有父母，谁没有妻儿，难道就不为他们考虑了吗？”说着他扔掉白旗拱手一揖，“小弟愿替邺城百姓请命，愿审兄以苍生为念开城投降……”

这席话正触到守城兵士的心思，众人无不凄然，有两个眼窝浅的当场落泪。审配见此情景不禁恐惧——想要玉石俱焚为袁氏殉节看来并不容易。弓箭已射光了，滚木礌石也没了，现在守城用的是自民房拆下的砖瓦和兵卒的尸体。曹军只要再猛攻几日，这座城池肯定失陷，但人家偏偏不攻了，根本不屑于耗费军力，只需用饥饿和恐惧做武器就足够了。绝望感就像可怕的伤寒，只要萌生就会迅速蔓延开，当初信誓旦旦保卫袁氏的将士都被传染了，每天都有人坠城投降，而辛毗、董昭、许攸等还在想方设法招降纳叛。人总是会有求生欲望的。如此下去必然哗变……怎么办？究竟该怎么办？

审配咬了咬牙，猛然断喝道：“住口！少在那假仁假义，你岂是为邺城百姓请命？你为的是你家的亲眷，乃是一己私心！”他甩脸呵斥军兵，“来人呐！把辛氏满门给我押到城上来！”

辛毗闻听此言颜色陡变：“你、你要干什么？”

“干什么？嘿嘿嘿……”审配笑得恐怖狰狞，“我要您好好体会背信弃义卖主求荣是何种下场！”

辛毗瞧他那笑容吓得毛骨悚然：“你、你若敢动他们一根毫毛，城破之日我饶不了你！”

“哈哈哈……”审配仰天大笑，“我根本就没打算活着！”

他们这一吵一闹惊动了曹营，不少兵士围拢过来。但见片刻工夫城楼上拥拥挤挤站满了人，有老有少有男有女，都身披枷锁哭哭啼啼。审配卖狂道：“辛佐治，我恭喜你，你那结发之妻已饿死狱中了！”

辛毗闻听这刺心之语一阵感伤，十几年来夫妻恩爱，想不到她到死都未能见上最后一面……还未缓过神来，又见审配抓过一中年妇人按到女墙之上——乃是他兄长辛评之妻。那妇人早就吓得涕泪横流，伏在墙头瞅着兄弟呜呜地哭。

“嫂夫人！”辛毗喊得声嘶力竭青筋暴起，“审正南，你这疯子意欲何为！”

“我意欲何为？哈哈哈……”审配二目流出凶残之光，朝身边的士卒轻轻挥了下手——但见寒光一闪鲜血狂喷，那妇人的头颅已坠落城下。

“嫂夫人……”辛毗恨得连拍马鞍，又见城上士兵推搡过来一位老人，“叔父大人！审配你快住……”话未喊完那颗白发苍苍的脑袋已经掉下来了。

“啊……”辛毗大叫一声坠落马下，狼狈爬到城边，抱住那血淋淋的人头放声痛哭，“叔父啊……我要为你报仇……”

审配兀自狂笑：“你要寻我报仇吗？糊涂啊糊涂，若不是你出卖河北之地，岂会害他们身首异处？”他原本是想借杀人立威防止士卒投降，但此刻却被一种强烈的泄恨感所纠结，行事越来越扭曲。城上众家眷见此情景都知大限将至，大人哭孩子闹，有人要逃脱却被死死摁住动弹不得。行凶的都是审配的私人部曲，不单城下曹兵瞧得撕心裂肺，连城上的守军都被这残忍的景象吓住了，不少人扭过头不敢再看。

审配劈手给身边一个吓哭的士兵一个大耳刮子：“睁开眼睛给我看清楚，背主投敌就是这等下场！接着给我杀！”虎狼之士毫不手软，又抓过辛毗的爱妾，把脑袋往女墙垛口一架，二话不说就是一刀。

温香暖玉的美人头颅坠地，辛毗疼得肝肠寸断，抱着满是血污的人头哭得昏天黑地。正在悲伤之时又听得一声闷闷的碰撞声，回头来看——年仅四五岁的侄儿被活生生丢下城来，摔得骨断筋折当场丧命。抬头再看，审配又举起他那刚刚两岁的儿子，辛毗惊得魂飞魄散，再不敢咒骂，跪在地上连连磕头：“你不要动我儿……饶了他！饶了他吧……我求求你，求求你啦！”

“我饶了他？你怎不饶了袁氏呢？哈哈哈……”审配把孩子往城下死命一扔，继而仰天狂笑，那凄厉的声音宛如号哭。

辛毗连滚带爬扑过去，抱起坠落的孩儿来看，跌得肚破肠流早就一命呜呼了。父子天性痛彻心扉，他哭得肝肠寸断，仰天大呼：“审正南，你是个畜生！袁氏兄弟相争与我辛氏一门何干呐……你也别张狂得意，你杀我妻儿老小，城破之日我也要杀你妻儿老小！”

“哈哈哈……呜呜呜……”审配说不清是笑还是哭，“杀我妻儿老小？我两个儿子在官渡时就被曹军俘虏了，到底被坑杀在哪里你去问曹贼吧！至于妻妾早被我杀光了，她们的肉都给士兵分食干净了！哈哈哈……呜呜呜……接着杀！杀啊！”

颗颗人头似下饺子般三三两两坠下城楼，辛毗抱了这个抱那个，溅得浑身是血，最后尸横遍地辨也辨不过来，干脆伏在地上哭得死去活来。为了解救亲人背弃袁氏，想不到反害得全家人惨死。审配喉头格格作响，笑得前仰后合："还想杀我妻儿，我早就家破人亡了……哈哈哈……”无论城上城下的将士，都是几度出生入死，可谁也没目睹过这样的人伦惨剧，都低着脑袋捂着耳朵，不忍再看再听。

转眼间几十口人命丧刀下，连辛氏的家奴都未能逃过一劫，最后只剩下辛毗十四岁的女儿，闺名唤作宪英。审配识得这丫头，当初与辛家交往，还曾夸这孩子聪明呢。如今却要亲手置她于死地。辛宪英眼看满地都是汩汩流血的空腔子，也顾不上难过了，吓得瑟瑟发抖。审配依旧不饶，一把将她抱起，举过女墙想给辛毗看。却见辛毗已哭得昏死过去，被几个兵抬着回了大营。

审配似乎有些失落，倏然止住了笑声，摸着宪英的脸颊柔声道："多好看的丫头啊，惜乎赶上这世道，又生在辛氏门中。你娘她们都死了，我也不想留你在世上受罪，这就送你去见她们吧。”说罢抽出佩剑要亲手杀这女孩。

“住手！”一声断喝响彻敌楼，众人抬眼观瞧，只见有一人踏着血迹登上城来。三十多岁，身高八尺开外，面似银盆目若朗星，一副虬髯甚是潇洒——来者是曾在袁绍麾下充任骑都尉的崔琰（yǎn）。

崔琰字季珪，乃是清河望族之后，早年也曾受业于经学泰斗郑玄，与郗虑、国渊悉属同门，被袁绍任命为骑都尉。袁绍死后二子争位，袁谭、袁尚都千方百计想要拉他到自己身边。崔琰左右为难辞官索性不做，哪知这对兄弟惹也惹不起、躲也躲不起，袁尚一气之下将他打入囹圄，多亏阴夔、陈琳等再三求情得以脱难，现在虽居于邺城，却已是一介布衣。

审配慢慢放开孩子，面无表情地瞥了他一眼："你来这儿做什么？谁放你上来的？”他知崔琰是个义士，因此话语中并无嗔怪之意。

崔琰从腰间掏出一枚令牌晃了晃："我奉夫人之令而来，命你赦免辛氏兄弟家眷！"袁绍之妻、袁尚之母刘氏也被困城中，听说审配要杀辛家满门吓了一跳——若容他做出这样的事，将来城破之日袁氏满门还能活命吗？赶紧派人请崔琰出来阻止。

审配见他为此而来，手指满地死尸咯咯笑："都在这儿……"

"这这这，唉！"崔琰一阵叹息，"瞧你干的好事……快把他们收尸成殓。"

"哼！有没有人给我收尸还不一定呢，我还给别人收尸。"审配啐了口痰。

崔琰见他一副玉石俱焚的架势，忙端出教训的口吻："你听着，主母叫我跟你谈谈……"

"到现在还有什么可谈的？你回去告诉主母，我已决意与邺城共存亡，定不负先主知遇之恩，其他无益之言不必再说。"审配已猜到那妇人有贪生之心，眼见救兵无望，八成是动了投降苟活的念头。

崔琰厉声喝问："审正南，你还不醒悟吗？"

审配木然盯着城下的曹兵，过了良久才喃喃道："我也知道事已至此无可挽回，但先主创业不易，征战河北多年岂有半日轻闲？可如今……"他一度哽咽，又转而挤出一缕凄凉的惨笑，"少主领兵救援，连影子都没看到就叫曹操杀败了。嘿嘿嘿……完喽……可即便大势已去，我也不愿苟且偷生。我审某人受先主厚待，唯有抗击到死以报知遇之恩！"

哪知崔琰听了他这番发自肺腑的表白，非但没被触动，反而发出一阵轻蔑的冷笑："你若要殉节我绝不拦阻，但被你残杀的辛氏族人何罪？城中百姓又有何罪？这半年来死人已经够多了，你还要拉剩下的人陪你一同殉葬吗？别忘了夫人和主公的家眷还在城里呢，你希图成就忠义之名，难道不怕累及妇孺受戮吗？"

在审配看来这一切似乎都是理所应当的，只是淡淡地道："昔日田横为齐殉节，死者五百余众，无人讥他固执，反道他是一代烈士！为妻者尽节，为子者尽孝，这又有何话讲？我杀辛氏满门就是杀他个不忠不孝！"

"好一个为妻者尽节，为子者尽孝！"崔琰越发冷笑，"先主过世未及周年，袁谭、袁尚兄弟就反目成仇同室操戈。袁谭不但叛国投敌，还在居丧期内与曹操结成姻亲；袁尚苦苦逼迫其兄，可遇到曹操却畏惧如鼠，大敌当前不能全力挽救父亲遗留之城，又使生身之母身陷险境。你还指望他们做孝子吗？你怎不杀他们个不忠不孝啊？”

审配一时语塞，沉默良久又道：“他们当不当孝子我不管，但我要做忠臣！”

“忠臣？我看你是沽名钓誉，要以死博取烈士之名！”

这句话正挖到审配痛楚，他恶狠狠瞪了崔琰一眼，却忍耐着没有发作：“随你怎么说，我意已决要与邺城共存亡，你一介布衣休要多事。来人呐！把这个妄论军机之人给我哄下城去，若敢再来定斩不饶！”

“我有主母所赐大令，谁敢……”

崔琰话未说完，令牌就被审配一把夺过，随手往城下一丢：“这里我说的算，都是快死的人了，还听什么大令？轰下去！”

两个亲兵架住崔琰双臂就往后推，他却大呼道：“审配啊审配，你身负三条大罪，即便死了不过贻笑千古，成全不了忠臣之名！”

“且慢！”审配火往上撞，举起剑来逼视崔琰，“叫他把话说完，这般大言不惭，我倒要听听我究竟身负何罪。已经杀了这么多人，再多一个也无所谓。”

好个不怕死的崔琰，踏着死尸三步两步走到审配面前，任那剑锋对着自己胸口，指着审配的鼻子喝道：“袁氏四世三公蒙受国恩，先主举兵为的是造福天下，解黎民倒悬之苦，你为全一己之名滥杀无辜，又置百姓生死于不顾，本末倒置谈何忠臣？此乃一罪也。你不管主公家眷之难，行此险事招致滔天大祸，连累袁氏满门都要随你一并身死族灭，不能保全主公妻室谈何忠臣？此乃二罪也！”

审配根本听不进这些话，把牙咬得咯咯直响，将佩剑架到了崔琰脖子上，似乎待他说完就要结果他性命：“好啊，你还敢说这第三宗罪吗？”

“我当然要说！”崔琰毫无惧色朗朗而言，“河北之所以有今日，你姓审的难辞其咎，败坏家邦有你之罪，有何脸面自诩忠臣？”

“信口雌黄！”审配揪住崔琰衣领，“我赤胆忠心报效两代主公，何谈败坏河北基业！”

“你好大忘性！”崔琰一把推开他手，“若非你与郭图各拥一主自相残杀，河北岂会落到这步田地？主公要你辅保袁尚休养生息，可没叫你挑拨是非排除异己！你觉得那些投降之人猥琐不堪，可你又比他们强多少？国破家亡已在眼前，还不知错吗！将来你若与先主重逢九泉之下，有何脸面见他！”

哐啷！审配一阵悚然，宝剑应声落地。他倒退两步倚到墙上，瞪着一双惊恐的眼睛，不停地摇脑袋：“不对……不对……我是为了河北安定才这么做的，我还写了一封信给袁谭，劝他赶紧罢手兄弟和好，千叮咛万嘱咐托李孚亲手交给他……”

崔琰不容他狡辩：“大错已然铸成，祸到临头才知补救，晚矣！废长立幼国之大忌，当年你就不该鼓动先主为非。你身负大罪根本就死不足惜，希冀忠义之名倒也可悯，却叫无辜之人陪你一同受难，这岂不是错上加错？”

审配沉沉地低下了头，似乎后悔之意，但他生性执拗，随即又咬牙切齿道：“罢罢罢！忠义之臣也好，死不足惜也罢。错一步是错，满盘皆输也是错，木已成舟悔又何用？士兵听令，给我准备柴草积城内紧要之处，倘若曹军攻入马上放火，绝不能给曹贼留下片瓦。”崔琰对人的态度够强硬了，审配不仅硬而且狠。

“诺！”那帮死士爪牙领命而去。

崔琰左遮右拦也阻挡不住，急得破口大骂：“明知是错死不悔改，真乃独夫民贼所为！”

“独夫民贼我也认了，反正我要与曹贼周旋到底！”说罢审配拾起佩剑，又恢复了一脸凶相，揽住辛宪英脖子就要杀。这时忽闻城外一阵骚动，放眼望下去，见曹军熙熙攘攘自营寨奔出，无数旌旗齐往东面涌去，“怎么回事！城东怎么了？是幽州救兵吗？主公带兵杀回来啦！”他竟由此萌生出幼稚的期望。

袁尚溃不成军怎么可能回来，有兵卒慌里慌张跑上城楼：“大事不好，东门戍卒打开城门放曹军进来啦！”

审配脑子里嗡的一下子——完啦！

正错愕间觉左手一疼，小宪英狠咬他一口，挣开手臂便逃。城上士兵猝闻大变，脱战袍的脱战袍，扔武器的扔武器，一哄而散各自逃生，小孩往人堆里一钻就不见了。

崔琰不知是该哭还是该笑，喃喃道：“打仗打仗，年年打月月打天天打！打到最后别连为什么而打都忘了。是生是死正南兄自便，我得回幕府去，以后就要靠他曹孟德庇护河北百姓了。咱们各行其是，各自珍重吧……”他向审配深深一揖，脚步蹒跚而去。

“终于完了……”审配愣了片刻，竟渐渐感到解脱的轻松，不慌不忙向左右道，“可有忠义之士愿随我一同殉节？”

主公都逃得没影了，众将士不过慑于审配之威不敢跑，现在曹军都进来了，大伙也算趁机解脱，都去顾老婆孩子了，哪还有心思管他？士卒四散而尽，只剩下几十个审氏的部曲，有一员家将喊道：“兄弟阋墙猪狗不如，我才不管袁家的事呢！但我们这些门客吃审家的、喝审家的，审家对我等有高天厚地之恩。大人既愿为袁氏殉节，我等也愿为您而死！”

“好！”审配提了口气抖擞精神，“尔等随我尽忠！”众门客各持兵刃悲凉呐喊，冲下敌楼逆着逃跑的人流冲入曹军阵中……

审配死节

建安九年八月二日，河北重镇邺城陷落，围城战历时六个多月，旷日持久伤亡甚重，累及丧命的无辜百姓更是难计其数……

东门校尉审荣迫于形势开门投降，于禁、乐进等部率先冲入城中。在袁尚落败之后又拖延了一个月之久，邺城的守军早没了抵抗之心，只有审配一党拼命搏杀，最后几乎尽数被曹军杀死。不过他们有的是因为感念先主袁绍而战，有的是为审配尽忠而亡，究竟有没有人为袁谭、袁尚兄弟殉葬，恐怕没人能说清楚。

短短一个时辰之后，曹军已占领邺城各处冲要，剩余河北军尽数投降。为防止反复生变，所有俘虏一律押解出城。这些兵都已缴械，双手被绳索捆绑着，几十个人拴成一串被曹兵像牵牲口一样牵出来，经过这半年多的抵抗，所有人都已骨瘦如柴神情萎靡，脚步踉踉跄跄，就像一具具行尸。

曹操早就出了大营来到城下，望着俘虏队伍还有落入自己手中的坚城，渐渐压抑不住心头的狂喜，回首对众谋士夸耀道：“老夫举兵以来战无不胜，深以为忌者唯河北兵多势众，如今总算是除了这心腹之患，自此之后天下再无强敌也！”

“主公神威，天下无敌。”众人齐声附和。

“哈哈哈哈……哈哈哈哈……”曹操张开双臂仰天狂笑，那声音在空旷的门洞中回荡着。

荀攸心头一悸——公然自诩战无不胜，难道忘了兖州之乱、宛城之失？曹孟德似乎有些飘飘然了。

许攸却在一旁摇头晃脑道：“阿瞒兄！若非老弟我献出漳河围城之计，焉能攻下邺城？当初官渡之战通风报信的是我，如今攻打邺城立下首功的还是我，我这老朋友够义气吧？”他公然声称自己功劳，旁人听了不禁嗤之以鼻。

曹操这会儿高兴，全没放在心上：“不错不错，子远功劳卓著。”

许攸毫不客气：“我立下这般功劳，阿瞒兄还不赏我？昔日我在河北本有产业，乃被豪强侵夺，别的赏赐老弟也不敢奢望，请阿瞒兄多分我一些田地，老弟也学学那审正南，做一方的大财主也好啊！”

曹操的笑容慢慢收敛了：“许子远，你真是不长进，半辈子的老毛病就是改不了，你在许都纵容家仆强占民田以为我不知吗？若要治你的罪，十次都治了！”

许攸本想捞实惠，不想没吃到羊肉还惹了一身骚，瞧他变脸只得诺诺而退。曹操见许攸老实了，也不好一点儿情面不顾，又大度起来：“说你几句记在心里就行，有功我还是要赏的。等邺城的事情处理完，少不了你的好处。”

“多谢阿瞒兄！”许攸闻听有钱又高兴了。

“嗯！你叫我什么？”

许攸私下里说话爱称呼他的小名，但当着众人就不该这么叫了。方才他正在兴头上，许攸叫了两声全没当回事儿，现在又追究起来，吓得赶紧改口：“多谢主公……”

“这还差不多。”曹操又看了看楼圭，“子伯随军有功也该升赏，即日起自别部司马晋升为校尉。”

“谢主公。”有许攸的教训，楼圭可叫不错了。想他当了这两年的别部司马，手底下半个兵都没有，现在升为校尉了，应该可以带兵了吧？他想开口询问，却见曹操早把脸扭过去了，根本没下文。

说话间但见刘勋带着几个亲兵正鞭笞摔倒在地的河北士卒。原来俘虏中有一些是常年随军的老兵，见曹军如此押解吓得三魂出窍——早听说官渡之战时曹操就是这么押解俘虏的，结果贪夜之间坑杀七万多人。想至此吓得腿肚子直打颤，越走越害怕一个趔趄摔倒在地。大伙的手都被绳子连着呢，有一个摔倒全都倒，又累又饿，越想越怕，倒下了就爬不起来。刘勋正押着队伍，以为他们是故意捣乱，抡起鞭子便打。

荀攸见状一阵皱眉，赶紧向曹操谏言："昔日主公曾坑杀士卒，故而河北军民有畏惧之心。如今已得冀州当宽厚待民以收人望，万万不可再行当年之事。"

董昭也凑上一步，别有用心道："军师所言极是，邺城绝非一般城池，主公的人望最重要啊！"

曹操知道董昭指什么，忙传下将令，不准打骂河北降卒，禁止进城士兵抢劫民财，袁氏家眷及一应官员都要予以保护，如有冒犯者就地正法。传完令他还想亲自上城在百姓面前露露脸，却被众谋士拦下了，理由是刚刚夺城若有歹人暗藏行刺可就麻烦了。正在这时又听得一阵刺耳的喝骂声，曹洪带着一队兵把五花大绑的审配推出城来。

审配的兵死伤殆尽，可本人却没有死。他本想为袁氏英勇殉节，但是家兵护主心切把他藏到了枯井里，想叫他逃过曹军搜查，再设法逃出邺城继续追随袁尚，可惜还是被发现了——坐守孤城抗拒半载，岂能这么容易叫他死了？兵丁把审配捆得结结实实，用绳子牵着拉出城。

这家伙到了此刻依旧戾气不减，上身被捆得动弹不得，下面还拖着一条伤腿，可还是骂不绝口："尔等狂徒休要猖狂，我河北之主还未死呢，他会回来找你们算账的！生有何欢死有何惧，是好汉就给我来个痛快的……"

许攸一见昔日的冤家对头沦落至此，心中大快，策马迎上前挖苦道："哟哟哟，这不是咱们河北的大军师吗？方才还在城上卖狂杀人呢，这会儿怎么就捆得跟粽子似的？"

审配想啐他一口，却被兵丁押着怎么也抬不起头来，便反唇道："原来是贪财害民、卖主投敌、仗势欺人的许子远啊！你还有脸回到邺城来，不怕遭人唾骂吗？"

"你这疯子爱说什么就说什么，反正我现在是高官得做，你不过是阶下囚徒。"

审配斜了许攸一眼："我乃河北忠臣，你是卖主小人。我虽死在眼前，又岂会羡慕你这摇尾乞怜之辈？看在昔日同为袁氏效力的面子上，我还想劝你一句呢。"

"我不劝你也就罢了，你这死囚还要劝我？"

“当然要劝。”审配一阵冷笑，“我劝你这不义小人快扒了这身当官的皮找个山林避祸去，免得损阴丧德不得善终！”

“你……”许攸被骂得气上心头，抡起马鞭要打。哪知又来了个火更大的，斜刺里飞来一骑直奔审配，到近前连缰绳都没勒，自马上纵身一跃，顺势一脚将审配蹬翻在地，抡起马鞭照面门就抽——正是辛毗辛佐治。

辛毗闻知守军献城，不顾军令飞马驰入，上得城楼但见死尸满地，除了女儿辛宪英，满门数十口尽皆被害。父女抱头痛哭一场，之后便疯了般瞪着眼睛寻审配。仇人见面分外眼红，辛毗狠抡皮鞭边打边骂：“千刀万剐的老杀才，你的死期到啦！”几鞭子下去，抽得审配头破血流，顺着眼角往下淌血。曹洪吓坏了，叫他打死如何交差？忙招呼亲兵拉胳膊夺鞭子，抱住辛毗又是劝又是哄。

如此深仇大恨岂是劝得好的？辛毗已被士兵拦腰抱住，兀自跺脚喝骂：“你这畜生，今天我非杀你不可！”

“嘿嘿……”审配被痛打一顿，躺在地上满脸是血，依旧冷笑，“你这狗贼，冀州之败全因你们这帮不忠不义的东西，你想要杀我，我还恨不得杀你呢！”

“我要杀了你！”辛毗面庞狰狞两眼冒火。

审配双臂被缚想站都站不起来，斜眼瞪着辛毗：“你这逐臭之夫如今跟了曹贼，岂有擅自生杀之权？我之生死还轮不到你做主。嘿嘿嘿……”他边说边阴阴地笑，故意气辛毗。

大仇人近在咫尺，已手无缚鸡之力，辛毗却还不能置其于死地，他恨得咬牙切齿。曹洪劝道：“先生不必气恼，且叫这厮苟延片刻，待见了主公自有处置。”说罢回手揪住审配发髻，生把他从地上提了起来。

曹操早就带着众谋士溜溜达达过来了，上下打量着这个被绑之人。他只知审配是先朝太尉陈球[①]的门生，又是河北出了名的豪强，不想却是如此执拗刚烈之士。这会儿见他披头散发血肉模糊，强自昂头撇嘴不服不忿，倒也佩服其胆量：“你就是审正南？”

审配猜到眼前这个子不高的老将就是曹操，把脸一扭故意不理。

“跪下！”左右兵士叫道。

---

① 陈球，汉桓帝、灵帝两朝名臣，也是陈珪的从父、陈登的叔祖。在文献记载中，陈球碑文有审配作为门生的署名。

审配兀自不跪，辛毗正在他身后，趁这空子窜出人群照定他后背又是狠狠一鞭——这回不但跪下，而且趴下了。许褚见状，一把夺过皮鞭：“主公有发落，不准私自动武！”

曹操叹了口气道：“给他松绑。”

“主公……”辛毗看出曹操竟有留他活命之意。

“佐治不必悲痛。”曹操摆了摆手，“你的家眷乃为国事而死，我赐钱帛将他们厚葬，还要奏明朝廷表彰你辛氏功绩。”人都死了，再怎么厚葬、表彰又有何用？辛毗不禁掩面而泣。

士兵给审配松了绑，他哆哆嗦嗦爬起身来——倒不是因为害怕，而是伤痛。他竭力想摆出一副大义凛然的样子，却因为伤疼直不起身子，伤腿也在剧烈颤抖，只好把脖子梗起来以示不屈。远远看去他那前挺后撅的姿势甚至有些滑稽。

曹操心肠够硬的，可眼见此人这副模样还是触目惊心，心下暗暗盘算——虽说审配做事偏执，但能在内无粮草外无救兵的情势下坚守孤城半年之久，何其刚烈！城破之时不少人甘愿为其死节，又足见他威望之高。昔日袁绍至河北，礼聘的首任军师是卢植。审配既能步卢植的后尘，岂是寻常之辈？若能将其收于帐下，即便只当个摆设也可坐收河北民心啊……想至此曹操微微冷笑道：“你可知献城之人是谁？”

“呸！”审配吐了一口血唾沫，“乞活之辈不知也罢。”

“献城的是东门校尉审荣，他是你侄子吧？”

想不到自己拼死拼活这半年，就为了当个无愧于心的忠臣，最后开门的竟还是自家人。审配又痛又恨：“小侄不争气，才弄到这个地步！”

“那日我窥探前敌动静，你放的箭可真多啊！”因一旁有辛毗，曹操不便直接开口留活命，所以用这话给审配个台阶，他若能说一句“幸而未伤及明公”之类的软话，后面的事也就顺理成章了。

哪知审配却怒吼道：“我还恨箭少，没射死你这奸贼呢！”众将见他还敢顶撞，举鞭又要打。

“慢！”曹操抬手拦住，死死盯着他的眼睛，“你放箭是因为你效忠袁氏，所以不得不与老夫为敌，对吗？”言下之意——你若不是保袁氏，保我曹某人也一样忠诚。

审配闻听此言心头犹如刀绞——此贼真乃知己！我审配此生一错

再错啊！当初辅保袁绍或许已错，自恃威望怂恿人家废长立幼又错，为袁尚出谋划策致使兄弟反目更是错，困守孤城连累无数百姓丧命是错上加错。倘若我保的是他曹孟德，岂有今日之辱……审配的眼睑慢慢垂下了，可就是一刹那，他又忽然睁大了眼睛——不对，自古忠臣不事二主，好马不配双鞍。我审正南仰慕的是忠义烈士，豫让击衣刺赵襄，田横自刎殉齐国，他们难道就保对了主子吗？自古成王败寇，以错就错不过一死，低头乞活不是我姓审的所为。

曹操初始见他似有动容，可转眼间又摆出那副凛然的架势，不禁皱起眉头，心知这是个直脾气的人，索性把话挑明："你降是不降？"

审配咬定钢牙："生为袁氏臣，死为袁氏鬼，不降不降！"

一句话落定，辛毗扑倒在地连连叩首："在下恳求主公，念在下有领路破敌之功，速将此贼处决，以慰我辛氏数十口亡魂……呜呜呜……"话说一半已是泪流满面哽咽难言。

自关羽走后曹操已有教训，能为己用不计前嫌，若不为己用宁可杀了也不能叫他为别人效力。况且辛毗也是河北降臣，若因审配而不为辛氏报仇，更会让手下寒心……想至此曹操眯起了眼睛，痛下决心道："老夫成全你做个忠臣，也为辛氏报仇雪恨！杀！"

"哈哈哈……"审配一阵狂笑，"谢谢你这虚伪奸贼，来世投胎姓审的还来找你！哈哈哈……"他的声音如此狰狞扭曲，虽已是将死之囚，却扰得人心绪不宁。众兵士一哄而上，押着他到城门下开刀。

曹操转身搀起辛毗："佐治切莫悲伤，待来日破了袁谭，再叫你兄弟团圆。我命你为监斩官，你去亲自下令取仇人性命吧！"说着掏出支令箭塞到他手里。

"谢主公……"辛毗这句谢谢，透着无尽的辛酸、幽怨还有无奈。

"放开我！"审配又挣扎着大吼起来，他手被士兵掐着动不了，就蹬着双腿死活不肯走，"曹孟德！曹孟德！老子叫你呢！"

"住口！老实点儿！"众士兵死劲撕掳着。

曹操真有些怵这个偏执狂了，听他撕心裂肺的喊叫感觉如芒在背，索性亲自搭话："还有什么可说的？"

审配气势汹汹道："我生是袁氏臣，死是袁氏鬼！我主如今身在北方幽州，我死也要面朝北方！"

天下斩刑都是面南背北的，但审配到死都要面朝北方对着袁尚的方向，这不仅是表现自己是忠臣，也是对投降苟活之人的鞭笞。曹操暗暗嗟叹——燕赵之地义士如此之多，袁绍焉能不兴？有此义士而不知珍惜，袁尚焉能不亡？他扬了扬手：“就准你面北而死。”

审配终于如愿以偿了，再不说一句话，直挺挺面北而跪；刀斧手高高举起大刀。曹操实不忍看下去了，干脆转过头去。

令箭不落审配命在，令箭落地一命呜呼，而手举令箭的辛毗却突然颤抖起来——刚才还慷慨激昂的审配面对死亡闭着眼睛如此平静，他一家性命之丧难道就完全怪这个狂人吗？但若不怪他，又该怪谁？是怪自己，是怪致使他全家被擒的袁谭，还是怪攻打邺城的曹操？究竟谁才是这场悲剧的责任者，或许谁都不是，要怪就怪这令人癫狂的世道吧……辛毗不敢再想，两眼一闭把令箭使劲往地上一摔，继而仰天恸哭……

“用刑已毕。”郭嘉凑到曹操耳边低语了一声。

曹操还是没有回头：“好生埋葬吧。”直过了好一阵子，估摸着士兵已经把尸体拖走了，他才慢慢转过头来。审配的满腔热血染红了城门前的大道，这也是曹操拿下邺城的最后一次杀戮。从今以后这个拥有“代汉者，当涂高”的神秘预言，承载着张角、袁绍遗恨的城池又迎来了新主人。

这时于禁、张辽二将纵马自城里奔出，近前施礼：“城内已搜查完毕，请主公进城！”

“好。”曹操深吸一口气平复了心情，“诸位与老夫一同进城，先往幕府看看。袁氏家眷保护得还好吧？”

于禁有些尴尬，强笑道：“已经有人进了袁府。”

“什么！”曹操生气了，“老夫已传下军令，不准搅扰袁氏家眷，谁这么无法无天？把他抓起来就地正法！”

于禁与张辽对视了一眼，两个厮杀汉一反常态，以低得不能再低的声音咕哝道：“是、是几位公子……”

该明白时明白该糊涂时糊涂，曹操的子侄违反军令，众谋士扭脸的扭脸、低头的低头、聊天的聊天，都假装没听见。

第十三章
曹丕抱得美人归，曹操赦免袁氏旧僚

甄氏夫人

邺城大将军府已是满目狼藉，曹军一进城就先扑奔这里，莫说现在袁家没个主事的男人，有也不顶用了。谁不知道曹操屠戮徐州五城、坑杀七万士卒之事？前堂的掾属、令史都慌了手脚，躲的躲逃的逃；还有些因城内缺粮食不果腹，连逃都逃不动了，干脆坐下等死。还真有些忠实的袁氏家兵，吵吵嚷嚷上阁楼放箭，还有的爬上屋顶揭瓦往下打，希图凭此高墙大院最后一战，最后都被曹军射成了刺猬。

后宅比前堂还热闹，大难临头谁还顾得上谁？各处的仆僮、佣人都跑了，空着手跑的就算厚道，还有人趁火打劫浑水摸鱼——反正袁氏兄弟都不在，什么金银财宝琅瑶琮璧，抓一把再溜。丫鬟仆妇都惊了，抱着脑袋满院乱窜。刘氏夫人也弹压不住了，只能与诸女眷抱在一起放声痛哭——听天由命吧。

不多时曹兵就攻进了府门，霎时间各处廊庑堂阁尽数抢占，吵得沸反盈天。可说来也怪，那些士卒喊归喊闹归闹，冲过复道到后院廊檐下就不动了，只把后院困了个严严实实，呼喊声也渐渐平息了——曹操有军令，不准侵扰袁氏家眷。

刘氏毕竟是将军夫人，早年袁绍怎么攻城夺地多少也知道一些，眼见曹军封住后宅，院外的枪戟若隐若现，远处阁楼上的曹兵伸着脖子往这边望；心里已凉了一半——若被获遭擒绝没有好结果。曹操打的是奉天子讨不臣的旗号，八成要明正典刑以彰国法，年纪大的来个一刀之苦倒也干脆，年轻再有几分姿容的被抓去配与披甲之士，后面的日子连想都不敢想。现在早没什么主仆之别了，丫鬟、仆妇、歌伎也都凑到后堂，哭哭啼啼商量对策……

也不知过了多久，忽闻远处一阵说笑声越来越近，众女眷拭去泪水，隔着窗棂向外张望，自院外溜溜达达来了一群人，都身穿软甲、头戴武弁、腰挂佩剑，众星捧月般簇拥着一位年轻将官——此人身高七尺，也是软甲皮鞭，却披着件猩红的大氅；面如冠玉，齿白唇红，一对浓眉斜插入鬓，一双鹰眼炯炯有神，元宝耳、鹰钩鼻，颌下腭上方有些毛茸茸的胡须，两鬓的汗毛倒很浓重，都朝上打着卷。诸女眷还不知道，这位潇洒的青年正是曹操之子曹丕曹子桓。

曹丕今天可算大长见识，进了邺城真有眼花缭乱之感。他虽久居许都，自以为天子脚下首善之地，可一比才知道，人家袁氏的邺城比许都阔绰多了。虽然打仗毁了不少房舍，但那宽敞开阔的街道、鳞次栉比的府邸是掩盖不住的，只要稍微翻修，这就是当今天下最繁华的地方。他与曹真、曹休并辔而行，又有段昭、任福、吕昭等左右护卫，进了城门顺着南北大道一直走，不知不觉就到了大将军府，举目一看——好贵气的一座府邸，东西宽阔门楼高耸，比自家的司空府大好几倍，简直就是一座小宫殿。三位公子哥商商量量就要进去，若别人驻守还得费些事，正赶上王忠带着朱铄守门，哪还能拦着？

到里面一看更欢喜了：连阁雄伟飞檐翼然，瓦当饰纹斗拱雕兽，锦绣华堂全都是椒泥涂墙，门庭左右栽有常青之木，院中的香鼎铜兽光亮闪闪，影壁上画的是袁氏历代祖先名臣，就连井台都是一色青砖垒的。朱铄这几年颇得王忠另眼相看，年纪轻轻就晋升为君侯，亲自领路带着几位公子哥瞎转悠。曹家子侄往里走，当兵的哪敢拦？不知道的还以为给主公打前站的呢。所有院门、阁门、堂门任意通行，糊里糊涂就进了袁氏后宅。

诸女眷一见来了人，现在保命最重要，真有几个忠心耿耿的婆子、仆妇自告奋勇，冲到近前一跪，抱着这帮人的脚脖子就哭："诸位好心的将军开恩，饶了我家主人吧！"磕头磕得山响。

曹丕格外诧异，他们几个虽在虎豹骑中，却算不上将官，怎么这帮女人都叫自己将军呢？他年纪轻轻，又不谙民情，殊不知离乱之民看见当兵的都叫将军。

段昭、任福是公子的护卫，虽说眼前的都是女流之辈，可还是丝毫不敢怠慢。他们赶紧脚下用劲，嘴里喊着："闪开！再敢过来把你们宰了！"那帮婆娘被踢得四仰八叉，再不敢上前，只是跪在地上哭。

曹休最先瞧明白了："我看咱是误打误撞，进了后宅吧？"

吕昭乃曹氏家僮出身，最知晓曹操脾气："还是赶紧走吧。主公有令不可犯内眷，咱逛了大半日了，趁着他老人家没到快出去。"

朱铄却道："虎毒不食子，曹公军法虽严，又怎会怪到公子头上，咱们只管逛咱的，有什么祸我扛着！"

吕昭白了这小子一眼——小小一个军侯，你扛得住吗？

曹丕自出兵以来，编写军歌、礼遇华佗都得了父亲的认可，现在不免有点儿飘飘然了，笑呵呵道："我父与袁绍本是故人，分道扬镳也是世事使然，我身为晚辈见面又有何不妥？父亲若问起，我自能解释，也用不着你们哪个承担。"说完背着手往前走。曹真、曹休怕犯军令可又好奇，磨磨蹭蹭半天，倒也亦步亦趋地跟着。

朱铄眼睛不大，眼神却很尖，瞧地上有一枝小巧的镶宝玉如意，赶紧拾起来举到曹丕眼前："这是样好东西，公子快收着。"

"哪来的？"

"树倒猢狲散，谁知哪个兔崽子偷出来掉地上了。咱捡着就是咱的！"朱铄说完就往曹丕怀里塞，低头又捡起一块无瑕玉佩，却揣进自己怀里了，又驱开那帮婆娘不住四下张望。

吕昭一见可吓坏了——若是曹操肯下令，杀人放火挖坟掘墓他都敢干。可现在没将令，私自夹带叫人搜出来可不得了！赶紧呵斥："小子！财货入公再行赏赐，你这可是偷大伙的！"

"嚷什么？"朱铄一瞪眼，"有本事你也拿呀！袁家今天就完了，这都是灭门产，不拿白不拿！"那些跪着的女人原本已不哭了，听他道出"灭门"二字，又呜咽起来。

曹丕瞧他这副贪婪嘴脸，笑骂道："不成器的东西，这点儿黄白珠玉之物就把你美坏了。"

朱铄闻听此言灵机一动，扔下手里的东西谄笑道："公子对这些东西当然看不上眼，可还有更好的东西您可就没见过了。"

“哦？什么好东西，带我去瞧瞧。”

“好啊！”朱铄回头揪起一个仆妇，“带我们去见你家夫人！”

那婆娘吓得都直不开腿了：“就、就在……堂上……”

“哼！”朱铄一把将仆妇推倒在地，又回头换了张笑脸，“公子，跟我来，咱看真正的宝贝去。”

众人一听都心慌了，段昭他们自不用说，曹真刚娶的妻室，曹休出征前也订下婚约，朱铄说的什么好东西早猜个八九不离十。唯曹丕年方十八，也不知是真不明白还是装不明白，竟嘻嘻哈哈还跟着往里走呢。曹真一把拉住想往回拽，他却挣道：“子丹不必担心，看看便走。”

朱铄狐假虎威已进了后堂，众女眷一见吓得尖叫不已，他拔出剑往门框上一戳叫道：“别闹了！谁再敢出声，老子剐了他！”那些女人过惯了深居简出，养尊处优的日子，哪见过这等狂徒？只吓得捂着嘴不敢哭出声，有眼泪也得往肚里吞。

曹丕摇头晃脑上了堂，抬眼观瞧——但见堂上摆设精美，家私华贵，连幔帐钩子都是铜的，几案上摆着楠木瑶琴、翡翠投壶，香鼎不知烧的什么兰蕙瑶草，扑鼻的清香。可再往下看就太惨了——十几个女人哆哆嗦嗦瘫在地上，披头散发钗裙凌乱，有的弄得满面乌黑，也分不清主仆，而幔帐底下、屏风后面还藏着几个，也是吓得抱着脑袋不敢抬头。

段昭、任福、吕昭哪敢随便往里进，拉出军刃在外面候着，巴望这位大公子快出来，怎知曹丕早有算计。十七八岁的大公子，又常年没有父亲管着，整天跟刘桢那样的风流文人厮混，岂能不通男女之事？府里的侍女丫鬟已然偷了不少，现下就是想看看堂堂袁府私藏了哪些绝色佳人。他本想找几个中意的带回去充侍女，但这会儿见了这般女人的惨相不免大失所望。

朱铄自从军以来就跟着王忠，那王忠当年在关中杀人抢劫吃人肉，什么恶事不通？朱铄也算近朱者赤，凑到曹丕耳畔低语道：“好东西都得洗干净看。”

曹丕笑而不语，只是点头。

朱铄似得了圣诏一样威风，扯着嗓门道：“你们这些贱婢蓬头垢面也忒无礼，都把脸给我洗干净！我们这位公子乃是当今司空曹公之子，你们开罪得起吗？”

刘氏就坐在这堆女人中间，听说洗脸，心头一颤，她半老徐娘自然不怕，可那些儿媳、丫鬟怕被抢去凌辱，故意把脸弄脏的呢。等知道此乃曹操之子，又萌生一丝希望。现在哪还管什么身份、辈分，她连爬几步跪到曹丕面前："公子恕罪，我乃袁大将军未亡妇刘氏……"

"去去去！"朱铄一脚把她踢开，"现在哪还有什么大将军？快叫她们去洗脸！"这位大将军夫人几时挨过打？今天竟叫一个无赖踢了，虎落平阳遭犬欺，左右丫鬟赶紧搀扶。

曹丕也没斥责朱铄，只是淡淡地道了句："你们不必害怕，只要肯听话，自不会难为你们。我父子乃是宽厚有德之人。"吕昭在后面一阵冷笑——真是养儿随父，睁着眼睛说瞎话，进人府邸逼人女眷，谈何宽厚有德？

那些丫鬟眼见祸不旋踵，哪敢再抗拒？赶忙到后面端了铜盆来，哆哆嗦嗦水洒了大半，往地上一放赶紧躲开。朱铄手指眼前一个女子："你过来洗！"那女子岂敢过去，倒退着爬了几步。"不识好歹！"朱铄一猛子扑上去，扯住那女人头发按在盆中，呛得那女人手刨脚蹬死命挣扎。"洗"了那么几下他又一把将女子拉起来，掐着下巴给曹丕看；见曹丕默然不语，回手就是一巴掌："滚一边去！那个穿红的过来！"有了先前的例子，后面的再不敢抗拒，哭哭啼啼爬过来，捞着水在脸上擦。朱铄骂了声："给老子快着点儿！"又抓住发髻往下按……

曹真实在看不下去了，对曹丕耳语："这小子太过分了吧？"

曹丕却只轻描淡写说了句："你轻着点儿。"便继续打量其他年轻女子。

刘氏瞧得肝胆俱裂，甚至怀疑自己置身噩梦之中——袁绍身死之日，她曾把五个与自己争宠的侍妾断发毁容折磨致死，可现在看来她如今的下场恐怕还不如那五个女人呢！刘氏真想一头撞死在堂上，可有个儿媳正扑在她怀里紧紧抱着她的腰身，想动都动不了。

曹丕正一眼打见那个女子："夫人怀中抱的何人？"进来这半日，他才算开口叫一声"夫人"。

刘氏似有不忍，却只能无可奈何道："此乃吾儿袁熙之妻。"

"让她抬起头来给我看看。"曹丕话说得轻佻冷淡，仿佛支使的不是一位贵夫人，而是一个妓女。

刘氏满腔屈辱地扳起儿媳的头给曹丕看——只见一张年轻的瓜子

脸，虽故意抹了不少灰，却依旧难掩年轻俊秀。朱铄见曹丕亲自挑选，忙扔开手里的丫鬟，上前扯过袁熙之妻，抓住发髻就要往盆里按。

“慢着！”曹丕一声断喝，上前抓住那女子手腕，端详了片刻，“我自己来……水已经脏了，再去换一盆。”

朱铄又冲着众丫鬟嚷：“听见没有，快换一盆。”

“我叫你去！”曹丕瞪了他一眼，“把盆刷干净了，给我打一盆清水来。”

朱铄耍了半天威风，这回挨了训，却连大气都不敢出，拾起铜盆奔院里井台，刷了又刷洗了又洗，才端来满满一盆。有了先前的教训他可就不敢往地上放了，亲自举到那女子面前。这位大公子挽起衣袖，亲自捧着水为女子净面。这位少夫人生平哪遇见过这等事？左躲右闪又羞又怕。曹丕干这事还真有耐心，非但不恼，还饶有兴趣轻轻柔柔地洗遍她脸上的每寸肌肤。独忙坏了朱铄，端着盆忽左忽右地跟着转悠。

洗毕一时寻不到擦拭之物，这位大公子竟扯起自己的大氅为她拭干。这时再看，无论堂内堂外的男儿尽皆惊叹——她面色晶莹肤色如雪，小巧的鼻梁玲珑有致，眉如墨染眼含秋水，唇若点樱下巴微翘；虽秀发凌乱，却更添妩媚；虽衣衫不整，却胜似窈窕；虽饱受离乱之苦，却难掩绝代芳华；当真是一朵未施粉黛便傲立群芳的出水芙蓉！

众人瞠目结舌呆立半晌，忽听院外又有脚步声。朱铄第一个反应过来：“公子，咱们……”

“滚一边去！”曹丕哪还有心思理朱铄，他的目光一刻不离那美人，左观右观越看越喜，亲手为她捋了捋鬓发；那美人要躲，却被他抓住了肩膀，顺着手臂往下摩挲，最后紧紧抓住她的小手。曹丕早已看痴了，口中默念：“有艳淑女在闺房，室迩人遐毒我肠。何缘交颈为鸳鸯，胡颉颃兮共翱翔！凰兮凰兮从我栖……”

这时一个厚重阴沉的声音接到：“得托孳（zī）尾永为妃。”

曹丕觉着声音耳熟，这才回过神儿来，回头再看——曹操正怒目横视站在堂口，后面荀攸、郭嘉及许褚、韩浩、史涣等中军将校挤了一院子；吕昭、段昭、任福不知何时被上了绑绳，被几个兵押在堂下，曹真、曹休正跪在地上磕头请罪。至于刚才那位作威作福的朱军候，早就脚底抹油溜得没影儿啦。

美人脸上一阵羞红，赶紧挣开双手，藏到刘氏身后。曹丕才觉害怕，也赶紧跪下：“孩儿参见父亲。”

段昭瞥了他一眼，嘀咕道：“大公子啊，喊了半天‘主公来了’您都不理我，您真行！”一句话说得大伙想笑不敢笑，闭着嘴直吭哧。

曹操恶狠狠瞪着儿子：“为父在城外忙军务，你在这里凤求凰。你这个儿子当得好啊！”

“孩儿不孝！”

“你单单是不孝吗？”

“孩儿有罪！”

“哼！”曹操愈加狞笑，“老夫传下军令，无论何人不得犯袁氏内眷。如今儿子犯了法，若不惩处难服三军将士……来人哪！”

“诺。”堂下众将官齐声应承。

“把子桓、子丹、文烈三人上绑，拉出去各抽三十背花①！”曹操自牙缝里挤出这句话。

“且慢！”郭嘉第一个跪下说情，“公子首次从戎为吏，不谙军中之法，还请主公宽宥。”他起了这个头别人赶紧随声附和，都是在曹家混饭吃的，以后低头不见抬头见，哪位好意思看公子们挨打？就连荀攸也道：“子桓年少无知，暂且饶了这次。”

“不行！”曹操厉声断喝，“今天饶了他，明天别人饶不饶？就是要明明军法！别人打三十，子桓打五十！”不劝还好，越劝打得越多。

曹丕跪爬几步凑到曹操脚畔，仰头道：“父亲打也打得、骂也骂得，但孩儿有一事相求。”

“讲！”

曹丕站起身来，三步并作两步，来至袁氏女眷中拉起那个美人，扯着她到堂口再次跪倒：“孩儿要取此女为妻，请父亲应允。”

此言一出满堂哗然，天下哪有随便抢个女子就成亲的？就连曹真、曹休和绑在堂下的吕昭等人都吓一跳，原来只当他随便找个女人玩玩，竟然来真的！

曹操初到之时被儿子气坏了，并没注意到此女相貌，这会儿闻听此言不禁暗笑——你小子出娘胎才几年？没吃过没见过的多了，瞅见一个就当好的。

---

① 背花，旧时刑杖之刑。

曹丕又信誓旦旦："若得此女，孩儿此生心愿无憾。"

曹操又气又恼，当着这么多人说这种话，太给曹家丢脸；可瞧了一眼被他拉着手跪在一边的女人，秀发乌黑可能确有几分姿色，便强压怒火道："你抬起头来！"

袁熙之妻委委屈屈"诺"了一声，倒似燕鸣莺啼般，只一抬首间，曹操倒吸一口凉气，连退了好几步，顿了片刻随即仰天大笑："此真吾儿妇也！"众人好奇释然在外面抻着脖子争相目睹，都是"噫"的一声赞叹。

曹丕松了口气——无憾矣。

跪在不远处的刘氏也松了口气——不忧死矣。

军师荀攸却满面惭愧，对曹操耳语道："是不是先安置刘氏夫人再议他事？"

一句话给曹操提了醒："哪位是刘氏夫人？"

刘氏跪了半日这才插上一句："民妇乃袁本初未亡之妇。"这会儿已不敢再说自己是大将军夫人了。

曹操有心询问此女来历，又碍于旁人太多，扭头望了一大圈，见王忠站在人群后面极远处，赶紧伸手招呼："王忠！老夫命你将堂上所有女眷一律带进侧院回避，好生照看不准侵扰，只留下大将军夫人。荀军师暂留一步，其他人退至前堂各司其职，若无要事不准进来。"

"诺。"这番安排传下去，院里可就热闹开了。大伙不敢多问纷纷退去，只曹丕满心神往，跟在袁熙之妻身后转去侧院，片刻也舍不得离开。至于被绑的段昭三人，早有人解开了绳子，曹操不再提，这就算没事儿了。大伙乱乱哄哄折腾了好半天才渐渐安静。

曹操见没有别人了，这才向刘氏深施一礼："嫂夫人受惊了。"他早年呼袁绍为兄，故而这般称呼。

"民妇不敢。"刘氏再次见礼。

曹操别的不提先打听那女子，刘氏娓娓道来。原来她乃中山无极人士，已故上蔡令甄逸之女，芳名唤作甄宓（fú）。聪明貌美，喜读诗书，配与袁熙为妻。因为袁熙出镇幽州，甄宓留在邺城伺候婆母，算来比曹丕大五岁，现年二十三。

荀攸在一旁坐着，越听越觉尴尬："此女已有丈夫，配与明公之子恐怕不妥吧？"只因太碍名声，军师也管起家务事了。

曹操倒不以为然："老夫听说那袁熙倒是个谨慎之人，惜乎兄恶而弟骄，他处其间又不能居中调和。古人云'修身正行，不能来福；战栗戒慎，不能避祸'。早晚也是老夫刀下之鬼，他死了还谈什么丈夫不丈夫？我儿既爱娶之便是。怎奈中山路远，就借贵府一用，三日自此迎娶入营！"

"诺。"刘氏跪在那里岂敢多言，心里却是忧喜参半——忧的是袁氏之妇竟归仇人，曹操还当着自己面说要弄死袁熙，可见袁氏男子当无遗类；喜的是自此与曹家添一段姻缘，自己的命算是保住了。

果不其然，曹操道："袁家之妇既转嫁我儿，老夫也不难为你们。凡袁氏女眷继续居住府中，不准任何人来骚扰。"实际就是软禁。

扔下这句话曹操便领着荀攸下堂了，刘氏望着他的背影又是一拜，心里已谈不到什么痛苦不痛苦，更不敢奢望与儿子能再相见。能平安活着就很不容易了……

曹操满面欢喜，荀攸却闷闷不乐——进了幕府未理政务，先抢人家儿媳，这事办得也太不地道了。当年曹操纳张绣婶娘、收秦宜禄之妻，如今曹丕又抢袁家的媳妇，曹家父子好门风啊！

哪知对面又走来王忠："启禀主公，有三个人想请您见见。属下已安排他们在东房等着呢！"王忠是机灵人，曹操叫其看管女眷他就明白了——贼不走空，绝色佳人被儿子抢去了，他也不能白来一趟，这是叫我给他物色美人呢！

"你很会办事。"曹操满脸凝重矜持不笑，"带路吧。"

三人边说边走又到了东面一处院落。荀攸不明其理还只当是发现什么贤士，到地方才知道又是女色之事，干脆不进去了，气哼哼在外面等，王忠也找了个由头留在外面。曹操一人入内，但见房里规规矩矩站着三个少女——两人花枝招展、环佩叮当宛若富贵仙子，还有一个相貌清秀未施粉黛，似乎是个丫鬟。

那俩浓妆艳抹的一个姓赵、一个姓刘，是袁府歌伎，刚才见甄氏得公子青睐，另抱琵琶倒也是个好归宿，总比落在当兵的手里强，便有心见贤思齐。何待王忠物色？早就再梳鬟发重涂脂粉，把平日舍不得戴的首饰簪环都挂上了，见曹操进来赶紧上前施礼自报家门。

曹操见这俩女子虽不及甄氏之貌，却也是相貌俊美豆蔻年华，便直截了当道："你二人可愿从老夫？"

二女齐声称是，尤其那个姓赵的小嘴比吃了蜜还甜：“我们姐妹出身卑贱，能跟着大人乃是几辈子修来的福分啊！”曹操哈哈大笑连忙搀起，这俩人顺藤摸瓜拉住他双臂，又是撒娇又是嬉笑，门外的荀攸连连咋舌，索性把脸扭过去不看。

曹操闪目再看，见始终站着不动的那个少女眉目清秀身材婀娜；虽满面惊惧之色，却更显楚楚可怜——丫鬟与歌伎不同，整日里就在后宅伺候内眷，遇到今天这般阵势早吓呆了，连哭都不敢哭。

“你叫什么名字？”

少女听他问话，吓得直哆嗦，一句话都说不出来。

那姓刘的歌伎恐曹操动怒，赶紧替她回道：“她叫阿鹜。”

“阿鹜？哪个鹜字？”曹操饶有兴趣。

那姓赵的歌伎粗通文墨，拉起曹操的手，用手指写着这个字，嘴上又道：“这阿鹜妹子自幼父母双亡，在府里伺候夫人们。大人您是仁心好善，索性连阿鹜妹子一起收了吧。”她能说会道又会哄人，写完这个字顺手牵起曹操的胡须，轻轻捋着。

曹操被她哄得美滋滋的，摇头晃脑道：“屈原有云：‘朝骋鹜兮江皋，夕弭节兮北渚。鸟次兮屋上，水周兮堂下。’这样一个标致的美人该在锦绣华堂上，当个丫鬟倒是可惜。”

姓赵的歌伎嗲嗲道：“那大人就爱惜爱惜她，我们姐妹三人一起伺候您……”

“哈哈哈……妙！妙！”

“主公！”外面的荀攸实在听不下去了，一咬牙，低着脑袋钻进来，“此番兵取河北为何而来？你岂能一进邺城就先抢人歌姬侍女？这、这……”他实在不知说什么好了。

“抢？”曹操笑呵呵道，“你们两个说说，是老夫要抢你们吗？”

那姓赵的歌伎道：“这位大人说错了，我们姊妹是心甘情愿跟随曹公的。”

荀攸一听人家你情我愿，实在难管这事，气哼哼道：“主公乃荒淫无道之人！”说罢拂袖便走。

曹操猛然推开两个歌伎，一把拉住他衣袖，霎时间已换了口吻：“军师且慢！何言老夫是荒淫无道之人？”

荀攸被他抓着一只衣袖，却不好意思回头，只背对着他愤愤道：

“贪爱女色，不听劝谏！”

“贪爱女色有何害？”

“乱政祸国！”荀攸脱口而出，“昔日晋有骊姬之乱、陈有夏姬之灾，故为政者当……”

“一面之词！”曹操严厉训教道，“昔日光武帝因慕阴后而奋发，司马长卿因得卓文君而显名。只道好色误国，何不言好色而成大事者？”

荀攸竟被问得一时无语。

“可见贪爱女色未必荒淫。”曹操慢慢放开衣袖，又道，“再说你这‘不听劝谏’四字……军师之职所司何事？”

荀攸当然知道自己的职责是什么：“运筹帷幄，参谋军机！”

“不错。”曹操莞尔，“既然如此，军师为何干问老夫女色之事？”

“这……”荀攸再次语塞。

“足见不听劝谏未必无道。”曹操洋洋得意，“亦可知老夫并非荒淫无道之人。”

荀攸被他强词夺理堵住嘴，还得赔礼请罪，转过身来抱拳拱手，却依旧不肯改口：“属下一时失言，望主公宽宥。然耽女色易误正务，纳袁氏之眷又有碍清名，还请主公三思……”刚说完就听外面刘岱来报事：“启禀主公，府中文书卷宗已按您的吩咐尽数收敛，财物珍宝也已集中封存。被获的三十多个掾吏都押在西院里，听候主公发落。”

曹操听罢笑道：“听见没有？一切妥妥当当。军师说耽女色误正务，可老夫误了什么？我曹某人纵横半世，既要收八荒为一统，又要聚天下美色以纳之。又何悖大丈夫所为？”说到这儿他倏然指向那个婢女阿鹜，“我观此女颇有姿容，就将她送与军师为妾，以慰你数载从戎之劳。”

“啊！”荀攸吓一跳，“不可不可！”

“有何不妥？”曹操抓住他手腕，“食色性也，圣人所言，军师纳之无妨！”说着话又招手叫阿鹜过来。

荀攸也是快五十的人了，从来端正谨慎，仓皇欲走却被曹操抓得死死的，一步都迈不开，只得连声辞让：“主公好意属下心领，此事万万不可！”

曹操头一遭见他如此狼狈，愈加不肯放，笑道："此乃一桩美事，军师笑纳便是，有何羞赧？来来来……阿鹜，快给军师施礼！"

阿鹜已经吓呆了，浑身颤抖不知所措。赵李二歌伎都是机灵人，上去就拉："好妹妹，还不快给这位大人行礼？"可她就是不敢上前。

曹操把眼一瞪："你这女子不识抬举！若不肯伺候我家军师，休怪老夫翻脸无情！"

阿鹜闻听这话吓得心惊胆战，眼见曹操横眉立目一脸凶恶，被他拽着的那位先生倒是文质彬彬慈眉善目，哇的一声哭了出来，跪倒在地抓住荀攸衣襟："大人救命……大人救救阿鹜……"

"哈哈哈……"曹操转怒为喜，"此女与军师有缘啊！军师若是不纳，老夫可就要杀她，救与不救军师自便。"

荀攸方寸已乱，又羞又气又怜又惧，忙拉扯衣襟："姑娘别哭，有话咱慢慢说……本官都一把年纪了……哎呀！这可如何是好……"阿鹜抓到的是救命稻草，如何肯放？只是哭个不停。

曹操见他为难，附耳相劝，这次直呼表字了："公达贤弟，你莫推辞了。我知你膝下子嗣凋零，此女将来若能为你生下一儿半女，岂不是美事？"荀攸膝下凋零倒也是实情。他原有一子荀缉，聪明好学，无奈刚二十岁就夭折了，后来又得一幼子荀适，却是个病秧子，养得大养不大还难说。不过荀攸从戎多年嘴最严，当初辛毗与辛韬商议搬请曹兵，到了许都辛韬想问出兵与否，荀攸都不肯透露，就更不要说向外人吐露子嗣之苦了。如今曹操提出这件事，倒叫他心里热乎乎的。

但即便如此荀攸还是不依，猛一狠心拽回衣襟，凛然道："我荀氏乃颍川名门，岂可抢人内眷行此不义之事？"

"哦？既然如此……"曹操捋髯而笑，"刘岱！把这个丫鬟拉出去砍了！"

刘岱哪管什么是非黑白，曹操有话一律照办，上来就拉扯。阿鹜哭得泪人一样，紧紧抱住荀攸的腿："大人救救我！救救我！阿鹜这辈子为您做牛做马也心甘……不要杀我……"

荀攸毕竟也是心软，望着这楚楚可怜的姑娘，听她哭得撕心撕肺，猛然将她护在怀里："我、我……我要了！"

"哈哈哈……"曹操一阵奸笑，"这才对嘛！恭喜恭喜……"随着刘岱出门而去。

不知何时郭嘉也跑来了，满脸轻佻戏谑道：“主公真偏心，赏了军师怎不赏我？”

“嚯！来得真快！”曹操知他风流好色，也是同道中人，“你这馋猫莫非闻到腥味跟来了？”

“在下可是随着脂粉之香而来。”郭嘉摇头晃脑。

“你小子的风流债还嫌少吗？”

“知好色则慕少艾，在下从来不拿女人当麻烦。只要主公肯赏，来者不拒多多益善！”

“偏院里有的是，你自己挑去。要多少老夫给你多少！”

“遵命。”郭嘉越发油嘴滑舌，“人道周文王有百子，难道都是一个娘肠子里爬出来的？可见文王姬妾也少不了。咱们抢女人纳姬妾也算是追慕圣贤吧？”

“哈哈哈……”曹操狂笑不已，“对对对，咱们俩和军师今晚都要好好研究圣人之道啊！哈哈哈……”

荀攸在屋里听得清清楚楚，越发以袖遮面，羞得不敢见人，哆嗦得就像风中的树叶。

袁氏旧僚

后院春意盎然，前院却完全是另一番景象。被获的袁氏旧僚都站在院中央，有的是大将军府掾属，有的是州郡县三级[①]地方官，有的是与袁氏过从甚密的家族首领。挤挤插插好几十人，这会儿多已失魂落魄，加之这些日子忍饥挨饿，站着都打晃。而在他们四周，黑压压围满了曹兵，手里举着长矛，只等一声令下就叫他们命丧当场。

在他们不远处，堆着两座小山。一座是金银财宝布帛玉器；一座是从府里抄没的书籍卷宗，也有军兵看守，不准任何人碰。

曹操一入袁府便有“斩获”，美人入室这会儿正在兴头上，环顾被获遭擒之人，颇有傲慢之态，笑眯眯道：“昔日萧何入咸阳，先取典章宗卷。”说着话竟先朝那堆书简走去。

---

① 邺城为魏郡治所，魏郡为冀州首郡，所以有州郡县三级的官员。

王忠忙着献殷勤，抢步上前亲手搬过一只大箱子：“主公请看，此乃袁绍遗物，听这府里的仆僮说，是他临死前常看的东西。”

“哦？恐怕又是谶纬之物吧！”曹操信手拿起一卷，仔细看来，上面写着“汝南应仲远撰”六个刚劲有力的篆字。应劭字应仲远，是曹操为兖州刺史时的泰山太守，当年他没及时迎候曹嵩、曹德父子，导致他们被徐州叛将杀死。事后应劭恐曹操加罪，弃官而逃投靠袁绍。不见此书曹操还一时想不起，一见此书杀心顿起：“应劭是否擒获？”

“不曾擒获。”

“哈哈哈……”被俘掾属中有一人仰天大笑，那声音直震屋瓦，“应仲远死了好几年了，你拿不住他……”

“闭嘴！”王忠蹿上去就要打。

“住手。”曹操拦住王忠，瞥了一眼说话之人——此人三十多岁身高八尺开外，猿背蜂腰双肩抱拢，面似银盆目若朗星，虽也是饥困交加，却依旧声若洪钟底气十足，尤其一副虬髯文人武相，透着潇洒之气；站在那里高人一头，负着手满面含笑，无丝毫畏惧之色。曹操心下暗赞此人相貌，却故意低头翻着书简，只道：“一死就能了之吗？城中可有应氏子侄？”

王忠还在诧异他问谁，那插话的掾属又道：“其弟应珣、其侄应玚皆在城中，你要如何？”

曹操依旧不搭理他，边翻书边恶狠狠道：“许褚听令！”

“在！”许褚把大铁矛一横。

“我命你速把应珣、应玚父子擒至军中，老夫要……”话说了一半他忽然被这书简的内容吸引住了：

> 夫国之大事，莫尚载籍。载籍也者，决嫌疑，明是非，赏刑之宜，允获厥中，俾后之人永为监焉。故胶西相董仲舒老病致仕，朝廷每有政议，数遣廷尉张汤亲至陋巷，问其得失。于是作《春秋决狱》二百三十二事，动以经对，言之详矣，逆臣董卓，荡覆王室，典宪焚燎，靡有孑遗，开辟以来，莫或兹酷。今大驾东迈，巡省许都，拔出险难，其命惟新……

这是一份表章的抄本啊！曹操猛然想起，九年前迁帝至许都时应劭曾经上书朝廷，并献过一套《汉仪》，自己军务繁忙未曾得见，但据荀彧提及，此书详细记载了朝廷礼仪制度。

曹操放下表章，继续在箱子里找，果然寻到其中一卷，打开一看——密密麻麻记载的都是官职，连俸禄、属员、职责都标注得很明确。倏然间又想起当年在兖州时应劭说过，要编一部匡正礼仪的书等重建朝廷时用。现今朝廷的礼仪是荀彧确立的，必然从此书中获益良多。《管子》曰“礼义廉耻，国之四维，四维不张，国乃灭亡”。正因为明确了礼仪，许都才能招来那么多人效力。曹操百感交集——应劭虽然叛归袁绍，却为许都朝廷立过大功，自己竟到今天才醒悟。

许褚还等着他后半句话呢，半天不见下文，问道：“将应氏父子擒至军中如何处置？”

曹操把书简小心翼翼卷好，轻轻放回箱子，将错就错道：“我说的不是擒，是请！你听错了！应仲远编撰《汉仪》有功，老夫要将他弟弟应珣辟为掾属，其子应玚让繁钦、路粹他们考较考较，若有才华也给个职位。”

“诺。”许褚听得糊里糊涂，这些事本不归他管，又不敢多问，赶紧领命而去。哪有派大老粗去请人的？众人都觉莫名其妙。

曹操翻着那箱子里的书，除了政论就是兵法：“看来袁本初最后一年真是变了，可惜行将就木，太迟了！”又发现一卷杏黄锦帛包着的卷宗，打开一看——冀州的户籍簿。拿出来仔细翻了翻，冀州民户果然众多，竟是中原豫州的好几倍。曹操心头狂喜，不禁朗声大笑：“若大举征兵可得三十万众，冀州真人口聚集之地！”

话音刚落又有人高声喊嚷：“你早晚步袁绍之后尘，走上国破家亡之道！”

连得胜的带被俘的，所有人都吓一跳，这不是找死吗？曹操甩脸观瞧——又是那个虎目虬髯瞎搭茬的家伙。

插一两句话也罢了，这会儿竟如此咒骂，士兵一拥而上，十几支长矛已顶在他身前身后。那人毫不畏惧，摸着颔下虬髯笑道：“你们杀啊？杀啊！”又瞥了曹操一眼，“在下所言不对吗？”

曹操倒未有何怒意：一者，他实在爱惜此人相貌，尤其这幅虬髯，把曹营翻个遍也找不出一位比此君潇洒的，再者，此人话里话外不像有什么敌意。他只坦然一笑：“先生道我迟早国破家亡是何意？”

那人满脸正气道："天下分崩九州幅裂，二袁兄弟手足相残，河北之民苦不堪言。冀州方得平定，未闻王师抚慰百姓存问风俗，进了邺城先估算甲兵之数。曹公如此行事还指望冀州百姓拥护你吗？"他本就声若洪钟相貌雄伟，这会儿诤谏直言朗朗陈词，简直像头发怒的老虎。

曹操又惊又奇，惊的是此君风骨挺硬，当面斧正不留情面；奇的是句句讽谏之言，并非袁氏死党。木讷片刻曹操忽然深施一礼："多谢先生指教……"他平时不轻易屈于人言，今天是故意做个礼贤下士的样子叫河北官员看，"还未请教先生高姓大名？"

"不敢当。"那人还了一礼，但说话还是很冲，看来不是故意倨傲，就是这表情这声音变不了，"在下清河崔琰。"

"啊！"曹操扑哧一笑，"久闻大名，先生何不早言啊？"

崔琰笑道："早言又能何如？"他连笑也是那副瞪着眼的模样。

"君乃郑康成门下高足，郗鸿豫、国子尼二卿屡次相荐，早知是您何必如此疏远，请过来吧。"

崔琰摇摇了头："疏远点儿好，若非刚才几度相试，在下怎知明公是否值得辅佐？"

曹操连连点头，心里却暗自侥幸。

这会儿郭嘉、许攸、荀衍、楼圭等一干谋士正从前堂过来，许攸一眼打见崔琰，笑着嚷道："崔季珪！你这瞪眼虎真是不开窍，别在当中站着，出来啊！"别人都不敢随便说话，唯有他自恃故旧身份敢随便处事，什么教训都没吸取。

崔琰瞅了他一眼，戏谑道："你当我似你那般不知廉耻？都是老熟人，你什么老底瞒不了我。别狐假虎威狗仗人势啦！"

这句话可趁了曹操的愿，打心里觉得解气，却道："听说先生曾被袁氏兄弟下狱，如今已不算这府中掾属，怎么还不肯出来？莫非不愿保我吗？"

崔琰却不明确回答："在下既不保袁也不保曹，唯保胸怀天下之人。"

"那以先生所见，老夫还不算胸怀天下之人喽？"

崔琰漫指这一圈子甲士："明公既有志天下，何以甲兵相胁？公与袁氏便有不共戴天之仇，我等何罪？河北官员属吏何罪？这邺城之内的百姓又何罪？审配顽抗半载有余，百姓绝粮苦不堪言，明公还不快放粮救民？胸怀天下，我看明公还差得远呢！"这一番大道理人人都清楚，可是谁也不敢直言。崔琰这么个袁氏遗臣竟当众两番直谏曹操，而且扯着嗓门又吹胡子又瞪眼，四下的人都看傻了。

真是一物降一物，曹操的脾气也不小了，遇见崔琰却一点儿都发作不出来，只是咯咯地笑。其实道理虽一样，但也分谁说、怎么样去说。曹操就是喜欢看他这副仗义执言的模样，这副虬髯配上威严的举止实在是潇洒畅快。

“一切皆依先生之言……”曹操笑罢伸手招呼刘岱，“你去传令给卞秉，叫他放些粮食给百姓。各处人马不得擅自移动，准城内之民出去收敛家人尸骨。”

“诺。”

“慢着！”崔琰竟直接冲刘岱嚷道，“兵荒马乱必有刁徒趁乱杀人，需严禁士绅百姓趁此机会报私仇。还有，城外死尸一律三日内入土，不可重敛厚葬长奢华之风！”

话是有理，可崔琰传令刘岱哪能接啊，站在原地不知所措看着曹操。

“你聋了吗？还不照崔先生说的去做！”曹操一阵呵斥。

“诺。”刘岱仓皇而去，嘴里叨叨念念——还未归顺主公就肯听他的，大胡子将来准比我官大呀！

“那这些袁氏旧属又当如何？”崔琰不容喘息又问。

曹操逐个打量这些被俘之人，有的惊魂未甫，有的满面羞愧，有的故作镇静、有的恚怒不平，邺城断粮这么长时间，大多数都脸色不正，受够了折磨。其实奉天子以讨不臣，就该照章办事。《汉律》规定凡是与罪人交关三日者为同罪，何况袁氏下属官僚？但现在局势允许这么办吗？如果要治罪，冀青幽并四州之官哪个没罪？眼前不过是一群运气不好被堵在府里的，外面逃匿的还不知有多少呢。再者，不可能把州郡县三级官吏全部更换，以后治理河北还要用这些人啊……想至此曹操高声宣布：“与袁氏同恶者，一律赦免概不追究。”这就等于说，除了袁尚兄弟以外所有人以前的行为都一笔勾销了。

此令出口被赦者都松了口气，士兵立刻把手中兵器放下了。崔琰整整衣冠前跨几步，规规矩矩大礼参拜：“在下前骑都尉崔琰愿归顺曹公，恳请开自新之路。”

曹操初始还以为崔琰单纯直谏，但见他一拜才明白其中玄妙——赦免是赦免，招揽是招揽，看似绕了一个弯儿，其实分毫都不乱。赦免了就是无罪之人，再把无罪之人招揽过来，这谁也说不出个错字。对自己而言，招揽的是无罪之人，谈不到包庇罪人；对他而言，他被赦免后才投靠自己，也就不存在叛主投敌之说。既无碍于世风，又不僭朝廷法度，这一手真高明啊。

曹操赶忙双手相搀："先生大才又敢直谏，请起请起。"

崔琰这一降，后面跟着跪倒五六个青年掾吏，都愿意归顺，但大部分人还是犹豫不定。这时人群中有个花白胡须的文士高声道："多谢明公原宥，在下告辞了！"说罢转身就走。此人似乎很有威望，他这一走不少人也低头跟着走。

这会儿傻子也能看明白，曹操赦免就是为了叫他们归顺，都回家不干了还有什么意义？士兵们又把兵刃拿了起来，吓得那帮人纷纷倒退，曹操真恨不得自毁诺言把那个带头人乱刃分尸。

这时荀衍从兵丛里挤进去，一把拉住那个带头文士："四弟！你这是干什么啊！"原来此人正是荀衍之弟、荀彧之兄，排行老四的荀谌荀友若。曹操上次与他见面还是十多年以前的事，早忘了他什么模样了，既然是荀家兄弟，那说什么也不能杀了。

荀谌挣开荀衍的手："阁下莫要孟浪。"

荀衍听此一言宛如置身冰窖之中："友若何不归降？"

荀谌不容他说完："在下乃袁氏之臣，卿为朝廷之士。"他说到"朝廷"二字时几乎是讽刺的口吻，"我与卿素不相识，交浅不可言深。"说罢接着往外闯。

"友若！你连亲兄弟都不认了吗？"

"亲兄弟？"荀谌冷冷道，"我没兄弟。我亲哥哥、亲弟弟曾与我发誓共保袁氏成就大业，后来弟弟年轻志短逃了，哥哥也背信弃义。从那儿开始我便没兄弟，我就是个冀州从事，离开冀州我没亲眷。"

荀衍呆呆伫立无言以对。曹操紧走几步凑到近前："荀友若，你莫要执拗……"

荀谌转身朝曹操深施一礼道："明公已赦免所有袁氏之臣，我既无罪便可来去自由，岂不闻君子一言驷马难追，难道当朝三公还要出尔反尔吗？"

曹操真被他问住了，略一思索转而又道："老夫既是当朝三公开府之人，有权辟用士人，我认命你为我幕府掾属。"

荀谌又作揖道："朝廷征贤尚可不至，三公辟令也可不奉，此皆不犯国法。草民不愿应辟，请容草民甘老林下。明公身为当朝宰辅，该不会自己破坏法度吧？"不愧是荀家兄弟，说起话条条占理，换了旁人曹操管他什么道理不道理，刀子就是道理！可是荀家的人怎么下手？

那些观望之人见荀谌的办法高明，纷纷跪倒在地："我等也不愿再为官，恳请曹公放我们回家……"他们可没有好亲戚在曹营，边恳求边磕头。

曹操不明白这帮人为何此等态度，犹豫再三最终摆了摆手："让路……"

士兵分开道路，荀谌带头，乱乱哄哄。许攸与楼圭忽然挤上去，拦回一个皂衣老吏，笑嘻嘻问曹操："主公看这是谁？"

曹操仔细打量——见此人满脸皱纹，肤色黝黑，须发灰白，但眉梢眼角间有一种很熟悉的感觉，正怯懦地望着自己，似乎充满了恐惧。

"这位先生是……"

许攸笑道："当年的老朋友怎么都忘了？你们曹家跟人家是老世交。"

"啊！"曹操一阵惊愕，"是元平兄吗？怎么会……"

此人便是先朝太尉崔烈之子崔钧。董卓进京后意欲举兵之人四出逃奔，崔钧逃到渤海追随袁绍，也算袁氏创业之臣。可曹操印象中的崔钧还是那么人高马大赤红脸膛，一团英武之气，怎么会变成这样？

崔钧颤颤巍巍施了一礼："罪臣拜见曹公，还望您看着先人之面，不要加罪在下……"

曹操倏然失落："元平兄，我怎么会治你的罪呢！"

"多谢曹公……"说罢这句，崔钧哆哆嗦嗦掉头便跑，险些被石阶绊个跟斗。

曹操望着他的背影痴痴发愣："怎么会这样呢？"

许攸略知内情："袁本初待他不好，始终不给他升官，还时常斥责他。他虽有才能不得施展，又惶惶不可终日，能忍则忍如履薄冰……"说到这儿一向懈怠的许攸竟凄然叹了口气，"其实我不也被本初逼到你手下了吗？这还算是好的，像张景明、刘子璜都叫袁绍杀了，一点儿旧情都不念啊……"

"这也不全怪袁绍。"一旁站着的崔琰突然插了话，"他本是汝南人士，来至河北之地必要重用此地之士以收人望。不把那些位高权重的故旧拿下，何以委任本地之人？何以借豪强而自固？"

曹操一阵木然。

崔琰缓缓凑了过来："河北之治与明公在中原之治大不相同。刚才走的那些人在城外多有田产，佃户成群又筑庄园。可是您在中原为政则反其道而行之，兴屯田抑豪族，官渡之战又坑杀河北之兵八万之多，那些人怎么可能放心辅保您？他们害怕您啊……"

曹操扫视一眼留下归降的这帮人，除了掾吏就是年轻人，真正有名望、有实力的人物只有崔琰。这真是个棘手的问题。那帮豪族之人怕他加害，可他又何尝不怕那帮人？都是望族豪门，若不收其心志，他们各归田宅拒不从命，甚至聚集乡众起来反抗，虽得冀州亦不能安——这就是麻秆打狼两头害怕。

"不就是要老夫给他们吃颗定心丸吗？"曹操喘了口大气，"我有办法……除了我谁也想不到的办法。"

第十四章
曹操哭袁绍，赢得邺城众人归心

狸猫哭鼠

曹操确实有自己的办法，而且是其他人猜不到的办法。三日之后邺城附近的壕沟，死尸已处理妥当，内外吏民也基本安定下来，曹操突然下令，要带领所有部下以及袁氏旧属拜祭袁绍陵墓——胜利者给失败的敌人上坟，这可真是世间奇闻！

袁绍之墓[①]就在邺城西北十六里处，由于他门第显赫，去世时家业未败，所以这座陵墓修得格外雄伟。封土又长又宽，高三丈有余，跟座小山似的，周匝松柏森然，神道两侧塑了不少翁仲、石兽，甚是庄严气派，不过对于臣子而言，这规模似乎有些逾制了。

曹操今天特意穿了身素服，还换乘了一骑白马。至于曹营掾属和河北臣僚，全是一色孝服步行相随，就连护卫的军兵都得系条孝带，队伍洋洋洒洒拉开一里多地，放眼望去满目皆白。有人举着招魂幡，有人捧着香鼎供果，还有乐工唱起吊丧之曲："薤上露，何易晞。露晞明朝更复落，人死一去何时归……"哀恸之气感天动地，加之萧索秋风卷着枯叶纷纷飘过，简直像是给袁绍重新发丧。

拜祭仪式曹操早就拟好了，他的部属一律在西侧列队，让出东道

① 现名"前高龙华古墓"，在今河北省沧州市。

主位置给河北臣僚，袁绍遗孀刘氏带着诸女眷跪在封土谢礼。所有人各就各位，有军兵摆好香案，抬上牲畜果酒，崔琰、崔钧上前把审配、田丰、逢纪、沮授乃至颜良、文丑等人的灵牌一并摆上，作为陪祭。曹操森然道："袁本初诸子尽皆不孝，败坏家业祸乱河北，虽生而犹死，将他们的灵位也摆上！"

刘岱、吕昭早就准备好了，听令上前把袁谭、袁熙、袁尚连郭图的灵位也摆在供桌上。袁氏核心死党尽在，唯独看着辛毗的面子少放了个辛评，这是将来要赦免的。其实袁谭名义上已经归降，把他灵位摆上颇为不妥，但此时曹操图穷匕首现，也没人敢说什么。

一应物品设摆完毕，奠酒三盏已经斟满，曹操跳下马来当先祭拜。他缓缓踱向供桌，右边看去，崔琰、崔钧、荀谌等满面哀容如丧考妣；左边再望，曹营中人大都满面木然，甚至有人有不悦之色——这场戏不好演啊！短短几步路曹操却走得特别慢，一边走一边回忆年轻时与袁绍共处的往事，怎奈他与袁绍虽曾惺惺相惜，毕竟那是太久远的事情，远远掩盖不住得胜的喜悦。他只好再去想别的，设法把平生所有痛苦委屈都调集起来，想着自己从小没娘的可怜，想起几位叔父的相继而去、父亲和弟弟横遭不测、鲍信的惨死、陈宫的背叛、阵亡在宛城的典韦，还有乱箭攒身尸骨难寻的昂儿……也说不清究竟哪件事触动了悲情，眼泪竟随之潸然而下。

两旁众人瞧得分明，霎时间都惊呆了——有谁知曹操与袁绍之间还有这般真挚的情谊？

泪水滚至腮边，他也恰好走到供桌前，信手拾起一把香，在火盆里点了，恭恭敬敬插在香鼎之中，又拿起一盏酒洒在地上，这才转过身来向众人朗言道："昔日我与本初同在洛阳为官，那时皇纲不兴家国危难，外有黄巾之叛，内有阉党之患，天下名士莫不禁锢，黎民百姓苦若倒悬……"都是事先写好的诔文，曹操这两天理事之暇花了不少心思背诵，"袁氏一门四世三公，辅保君王燮理阴阳。本初少有志节，广交侠义，剖肝泣血，昼夜忧劳。大将军何进疾于阉党，义心赫怒，故授其以督司，咨其以方略。宦官祸乱之际，本初率师闯宫，抽戈承明，虎啸群阉，击斩凶丑，英勇之举，天下尽知！"

其实这番话大有粉饰，袁绍曾辅佐何进谋诛宦官是不假的，但却行事不慎招致董卓入京，算起来实是过大于功。但人死了便须隐恶扬善，更何况曹操的目的是收买人心，自然要什么好听说什么。在场的河北旧僚都也不曾把他们的主子想得如此高义，可眼见曹操眼含热泪娓娓道来，顺着这话去想，越想越觉得有道理，受困半载的恨意自然已去了两三成。

曹操擦了擦眼泪继续慷慨陈词："董卓入京霸占朝堂，弑杀少帝诛戮太后。本初父兄并当大位，不惮一室之祸，解节出奔，创谋河外。首倡义军，匡扶汉室，引会英雄，兴师百万，饮马孟津，歃血漳河。可恨故冀州牧韩馥怀挟逆谋，欲专权势，绝其军粮，以至讨贼不成。董贼肆毒，害及天下，袁隗阖门，同日并戮。鸟兽之情，犹知号乎！骨血之仇，岂能忘矣！本初以忠孝之节不能两全，自此立誓，扫灭狼烟，复兴汉室，讨乱诛叛，青史扬名！故运筹帷幄，忠义相从，夺取冀州，始建宏业！"反正袁绍灭韩馥之时曹操还未与他反目，夸一夸于己也无碍，"又黄巾十万焚烧青兖，黑山群寇为虐河北，本初东突西挡，南征北战，兵戈所至，无不披靡！东土群贤，争相影从，幽并烈士，尽皆响应！公孙瓒残害刘虞，虎狼南驰，本初星夜驰骋，与其角力，冒践霜雪，不顾险阻，历经百战，终克易京！所部文武，尽属英杰，依仗天威，拓定四州！"说至此曹操又拿起第二盏酒，在袁绍陵前豪迈地一甩。

河北群僚最值得夸耀的就是辅佐袁绍建功立业时的事迹，想当年诛黄巾、败黑山、消灭公孙瓒，谁不曾立下点儿功劳？谁不曾与袁绍同甘共苦？听他点到此处正触了心中最痛之处，立时号啕大作，悲恸震天。而且曹操说得明白，"所部文武，尽属英杰"指得就是他们。既然都是豪杰，也就无所谓昨非今是，曹操的统治也就顺理成章可以解释为袁氏的延续。不知不觉间，敌对心理已去了大半。

曹操的悼念之辞说到此其实已到了最难之处，因为后面就是袁绍和他反目而战了，夸也不是贬也不是。不过悲痛是互相传染的，他眼见河北群僚哭得昏天黑天，也渐渐情入其中，猛然回忆起他与袁绍在胡广丧礼上的谈笑风生，回忆其拯救党人时的种种努力，还有在何进府上共同度过的那段惊心动魄的日子……忽觉一股悲情似笼住的炭火，连绵不绝地往上涌。曹操竟不由自主地号哭道："惜乎！惜乎！我与你本情若手足，到头来却势同商参[1]，此是为何？为何！"

---

① 商参，指参星和商星，二者在星空中此出彼没。古人以此比喻彼此对立，不和睦，亲友隔绝等境况。

这句话一出唇，西边荀攸、郭嘉等几个心腹暗暗吃惊——不对啦！这不是事先预备的诔文，原来的内容是哀叹袁绍背弃朝廷、从此沉沦骄纵，怎么都不提了？

情之所至，哪还记得虚情假义的措辞？什么奉天子尊大义，那些欺世盗名的话都让它见鬼去吧！他转过身凝视着袁绍的坟丘哀号着：“本初！若逢太平之世你我必为肝胆之交，可这乱世之霸主只有一个，人不为己天诛地灭，我乃不得以而为之！你已仙去，以往仇怨一笔勾销，今日老弟看你来啦……忆昔当年举兵之时你对我言讲‘南据河，北阻燕代，兼戎狄之众，南向以争天下，庶可以济乎？’我却道‘吾任天下之智力，以道御之，无所不可！’今日看来你我谁对谁错……你循光武爷起于河北中兴天下之策，本可无敌于天下，却一意孤行藐视群雄，才有今日这般境地。只因为你狂……你狂……你狂什么啊！”曹操擦擦眼泪，漫指东首之人，“你可知麾下群臣含辛茹苦？你可知河北黎民嗷嗷待哺？你可知你死后多少人为你尽节而亡？你为何刚愎自用不纳忠言啊！”人都是看得清别人看不清自己，曹操虽然句句在理，却忘了自己刚愎狂妄之时丝毫不逊袁绍，“本初啊，有道是知子莫若父，也怪你虑事不周立嗣不明，加之二子骄纵愚鲁，致使国破家亡……我好恨呐！恨你养下这两个败家子！”说到此曹操已是涕泪交流，“本初……你我今生惺惺相惜可又势同水火，老弟直言，不能放生你膝下骨肉！但我真的敬你三分，敬你先声夺人敢为天下先，敬你不吝财货散金如土，敬你不惧安危坚如磐石！若论这些，即便你躺在地下，我站在这里，依旧是不如。你我恩怨乃上苍所定，若有来世小弟愿与你并辔而驰！呜呜呜……本初兄……”一番肺腑之言至此而止，可谓大起大落有始有终，曹操伏在香案之上大放悲声。

实话实说有时候比精心筹谋的语言更能打动人，河北群僚听罢越发伤感。有的想起袁绍的知遇之恩，顿足捶胸呼天抢地；有的感于妻离子散国破家亡，幽幽咽咽肝肠寸断；有的痛惜袁氏之败亡，无声抽泣黯然神伤。

刘氏夫人哭得杏眼迷离，一时哽咽扭项回头——又见一座草庐[①]立于陵侧。那是她亲生子袁尚为亡夫守孝住过的，当初袁绍新丧之时，袁

---

① 古人守孝之期礼法严格，许多人家都在坟地搭设守孝而住的简易房子，称为“垩室”。

尚、袁熙在垩室中守孝，袁谭却被软禁在府中无法尽孝，如此区别对待兄弟安能无怨？她猛然想起袁绍临死前那句“千万别难为谭儿！”，到现在才明白此中深意，悔不听亡夫之言，祸起萧墙家败人亡；回过头来又见三子牌位立于供桌之上，再想见面此生无缘，除非是在黄泉。刘氏又悲又悔又气又恨，但觉眼中牌位左右旋转——竟哭昏在陵边。

西边曹营的人触景生情也有不少哭的，不过情景所致偶然而发。许褚哭的是好兄弟典韦死得悲惨；辛毗哭的是阖家数十口冤魂；曹休哭的是母子辗转避难千辛万苦；国渊哭的是师尊郑玄一代鸿儒薨于军中；李典哭的是杀他叔父的仇人张辽就在身边，却偏偏不能报仇；荀衍哭的是同胞手足就在神道对面，近在咫尺却形同陌路……种种光怪陆离的乱世悲情都在此刻发泄出来。

不过也有心肠硬的，乐进揣着手立于人群之中，哼都懒得哼一声，满脸不屑之色。他乃粗莽武夫，自然不懂曹操收买人心之计，又见身旁邓展也跟着抹眼泪，气呼呼道：“我看你们这帮人都他妈有病！姓袁的跟咱打仗还打出理来了？叫咱们拜祭他，真不知主公怎么想的。你又不认得袁绍，跟着起什么哄啊！”

邓展乃一慷慨侠士，生平重情重义，哭得跟泪人似的，抽泣道：“袁绍好坏我不知道……可我见主公哭得凄惨，也忍不住了……”

“哭什么哭？就不该拜祭袁绍，别丢人啦！”

徐宣也是一脸阴沉，听见乐进的话跟着附和道：“乐将军所言极是，在下也觉得此事不妥。雠仇敌对尚且不论，昔先王之诛赏喜哀，所为惩恶劝善永彰鉴戒。那袁绍素怀逆谋之心，上议神器下干国纪。主公此来尽哀于逆臣之家，加恩于饕餮之室，绝非正道之礼。即便能得河北士人之心，亦非体面之事。”

离他不远站的就是陈矫，这对冤家没有一件事不争执的，徐宣若说东，陈矫必要道西，这会儿听此言论马上反驳：“宝坚之言差矣！昔日高祖与项羽同受怀王之命，口盟兄弟之约，故项羽死后高祖重敛厚葬，难道那也不是正道？袁绍与主公曾为旧友，讨董之际又为义军盟主，虽东西异路，顾及旧情又有何不对？因公义而讨之，以私恩而哭之，不以恩掩义，亦不以义废恩，这正是主公宽厚之处啊！”这番话正投曹操所好，众人纷纷点头。

徐宣怎肯示弱，立刻反唇道：“既在其位就当慎行，主公非寻常百姓，代表的是朝廷，怎能屈身拜祭敌人？你说的话都是强词夺理。”

“官员百姓本为一体，此人之常情，强词夺理的是你。当初……”

他俩越吵声音越大，吵得其他人也不哭了，都回头瞅他们辩理。荀攸赶紧劝阻：“肃静！有什么话回去再说，既来之则安之，莫要搅扰大家！”军师发话他二人这才压言。荀攸转过头来，却见曹操还在擦眼泪，也不免感慨——陈矫、徐宣所言各有道理，观曹操哭得如此伤痛似乎还真是动了情。可夺人之地又来拜祭，猫哭老鼠岂有真情？或许真真假假，虚中有实吧。就像那婢女阿鹜之事，他送我此女究竟是真心惜我无后，还是因为抢夺袁氏女眷名声不好，想拉我与他分谤呢？谁不知我荀某人在军中德高望重品格端正，经此一事恐怕难免要惹来非议喽。或许正因为我在军中威望太高，所以他才要借机贬贬我的名声，那女子……荀攸想到这儿脸色羞红，人家哭陵自己却想女人，实在是天大的不敬。赶紧把脑袋压得低低的。

这一番哭祭足有半个时辰，曹操才渐渐止住悲声，以袖遮面斜眼观瞧，见东首群僚已哭得死去活来，心中暗喜——差不多啦。这才拿起最后一盏酒轻轻洒下，口中默念：“伏惟尚飨[①]……”此言念罢他深吸口气，已然恢复常态，仿佛刚才那个痛哭流涕的人根本不是他一样。料想善始要善终，又亦步亦趋至陵丘下，煞有介事向袁氏诸女眷作了一揖。刘氏夫人几度哭昏过去，跪是跪不起来了，几位姑嫂左掩右拽把她架住，按着脑袋还了个礼——人家握着生杀大权，再不痛快也得还礼啊。

“请嫂夫人节哀……”曹操说到这儿故意提高了嗓门，似乎想让在场的每个人听到，“我与本初兄乃是至交，看在往昔之情不会难为你们。邺城之内袁氏财产我分毫不取，全部还给你们，再加绢帛三车以表存心……”

他说的声音大，东面袁氏遗臣都听见了，又是一阵唏嘘。此情此景确实触人伤怀，以至于所有人都忘了，曹操父子把袁绍的儿媳都抢了；一片哀声中更是没人听清曹操后面说的话：“袁谭、袁熙、袁尚乃忤逆不孝之子，老夫若将他们擒获，国法家法并治其罪，还望嫂夫人大义灭亲。您就当没这几个儿子吧！”

曹操再施一礼退到一边，紧接着河北臣僚一拥而上跪拜行礼。崔

---

① 伏惟尚飨（xiǎng），旧时写祭草的格式，写在祭文结尾部分。大意是恭敬地伏在地上请被祭者享用贡品。

琰、荀谌、崔钧、陈琳等都哭得泪人般，后面推推搡搡的令史掾吏也是满面愁容。他们起身再换曹营部属，实在哭不出来的也得捂着脸干嚎两声——曹操都哭了，他们怎能不哭？

待一切礼仪完毕时，许多河北旧僚嗓子都哭哑了，兀自抹着眼泪。曹操端坐马上看着这帮怀念故主之人，叹息良久才领着队伍回转大营。只行了三四里忽见迎面飞来一骑——乃是留守大营的长史刘岱。

“你来做什么？”

刘岱下马禀报：“有袁尚麾下冀州从事牵招谒营投降！”

“我听说过此人，也算忠义之士，你跑来就为了这事，我回去见见不就行了吗？”曹操听说过牵招。当年何氏权朝，何进异母弟何苗为车骑将军，辟用河北名士乐隐为掾属，这个牵招就是乐隐的弟子。政变之日何苗死于乱刀之下，乐隐也随之丧命。牵招不顾兵荒马乱，千里奔波从幽州到洛阳为老师收尸，乃一时之佳话。

“非是单为此人……”刘岱抱拳，“牵招自并州而来。”

“嗯？”曹操嗅到一丝异样的味道，“有何隐情？”

“主公兵围邺城之时，袁尚曾派牵招潜至并州向高幹求救。高幹拒不相救反将其囚禁，他是偷偷逃出来的！”

“拒不相救……此用心何其毒也！”曹操眯了眯眼睛。高幹不救袁尚看似为曹操夺取邺城帮了忙，实则不然。冀州已平定了，接下来要找借口东击袁谭，或者北上攻打幽州。东击袁谭倒还犹可，一旦北上幽州山遥路远，曹军将离并州更远，若高幹趁机进犯关中，大军无法救援，岂不是又来一次险象环生的平阳之战？而且刘表与孙权的交恶已结束，荆州方面可随时出兵接应，崤山附近更有张白骑与之互为表里，南北之敌有会合的可能。一旦关中有失，凉州的联系也会切断，洛阳以西失控，统一北方的战略将全盘打乱。

“主公无须担虑。”不知何时郭嘉已溜溜达达跟了过来，“有一不能有二，上次是高幹出其不意突袭得手，这次钟繇、段煨已有准备，再说河东太守之职已被杜畿接任。兵来将挡水来土掩，即便高幹南下作乱也无大碍。”

“无大碍？”曹操捋髯沉吟，“痛虽可止，痒亦不可忍！”

郭嘉已经成竹于胸：“袁谭为争嫡位自叛其家，早就丧尽人心，不难破也。幽州虽在袁熙、袁尚之手，然地广人稀胡汉杂处，更有公孙度割据辽东自成一派，能调动的兵马并不多。现今河北人心动摇，主公何不……”他只说到此处就不往下说了，要是都说了怎显曹操的高明？

曹操经他点拨也明白了：“回营后马上调鲜于辅、鲜于银、田豫等幽州旧部回去招降纳叛。狼崽子盼着我北上，他好趁虚而入，老夫偏偏不走！我要煽动袁熙麾下自己叛变，帮我收取幽州！”

“主公奇谋睿智，属下望尘莫及。”明明郭嘉事先想好引着曹操说，但仍是大唱赞歌。

说话间荀攸、荀衍也赶了上来。

“军师何事？”

“恭喜主公。”荀攸深施一礼，“拜祭袁绍果真是良策！方才崔琰告诉我，大多数人已愿意追随主公、遣散家兵，有些豪族士人还甘愿贡献部分田产归朝廷掌控。人人都道主公有情有义真豪杰，公私分明不忘故旧，论气量比袁本初胜之三分！”

“哈哈……”曹操只笑了两声，立刻忍了回去——后面跟着许多人呢，有道是“哭则不歌”，得意忘形可就让人看出假来了。

郭嘉赶紧替他遮掩：“唉……这都是主公真情所致，叫人不得不感化啊。”

曹操假模假式点点头，见荀衍还是一副垂头丧气的样子：“休若，莫非友若还是不肯归降？”

荀衍愁眉苦脸摇了摇头：“他倒是肯认我这三哥了，但又说誓死不保二主，效力朝廷也不干，还是想甘老林泉。我还能怎么劝？”

“既然如此老夫也不强人所难，保不保我由他去吧。”曹操仰天长叹，“袁绍啊袁绍，你帐下义士何其多也！”这会儿扪心自问，刚才那番哭祭假中有真真中有假，竟连他自己也说不清楚……

课税新法

随着袁氏旧属纷纷归顺，冀州的局面已被曹操稳定掌握，他上表朝廷让还兖州牧的兼职，改领幽州牧；为表示对河北士人的开诚布公，又任命崔琰为冀州长史。不过明眼人都知道，兖州乃曹操起兵之处，实际行政权早被他攥得牢牢的，北伐的军粮都是夏侯渊自那里征调的。让兖州牧改领幽州牧不过是句空话，领是真领，让非真让。

与此同时一个令人意外的消息传来，拥兵并州的高幹向曹操献书投降。曹操虽然接受投诚，并以朝廷的名义令其继续担任并州刺史，但心里却充满怀疑，招曾在高幹府上为宾的仲长统到帅帐询问。

仲长统，字公理，山阳高平县人，自幼博览群书聪颖好学。他虽年纪轻轻，却曾游学青、徐、并、冀诸州，辗转游历观尽了汉室衰微百姓之苦，有感时事著作《昌言》一书，也因此被荀彧极力推荐，在曹操帐下充任参军。

不过仲长统自进入曹营并无丝毫建树，谈政事他可以，搞军事他可就一窍不通了，这几个月来基本就是糊里糊涂跟着走，即便有差事也是楼圭、郭嘉替他办。一个年仅二十六的年轻人，刚入幕府就当了参军，而且在军营里白吃白喝什么也干不了，旁人能没闲话？仲长统心中惴惴难安，故而今日见了曹操，显得格外紧张。

曹操见他太拘束，指指旁边的杌凳："你不必紧张，坐过来讲话。"

"诺。"仲长统惴惴不安地坐了。

"老夫只问一件事。依你之见高幹是真降还是诈降？"

仲长统想了半天，觉得万无一失了，才答道："卑职以为是假降。"

"何以见得？"

"高元才在并州轻财好义，大肆收买人心。"

曹操想来却也不假——郭援是钟繇的外甥，不到朝廷为官，反被他拉拢过去；马腾、韩遂在凉州，他总想设法结好；甚至像张白骑那等黄巾余寇都要交好互助；就连眼前这位文士，当年还不是他座上客？如果没有异志，高幹岂会这样不遗余力？在整个征伐河北的过程中，高幹既不是竭力救袁，也不诚心归顺，似乎在等待从中渔利的机会，此子之阴险好乱实过于袁氏兄弟啊！

想明白这一点，曹操微微点头："河朔之士有誉，说高元才文武秀出，你曾在他府上为宾，以为其人如何？"

仲长统起身施礼："当年卑职离开并州，他也曾相送，临别之际我对他说'君有雄志而无雄才，好士而不能择人'。"

"哈哈哈……"曹操拍案而笑，"说得好！袁尚有难而不救，岂不是无才？纠结亡命之徒岂不是不能择人？公理说得太好了。"

仲长统得了这几句夸奖，心里不再紧张了："我想向主公推举一人，乃是高幹从弟，先朝蜀郡都尉高躬之子，名唤高柔，字文惠。当年高躬卒于蜀地，高柔千里奔丧辗转三年才还，称得起大孝子，而且高幹对高柔也是信赖有加。主公征辟此人不但可以树声名于天下，还可以为人质，高幹顾念其从弟之困，便不敢再叛。”

曹操暗笑仲长统毕竟是个文人，太相信亲情道德的约束了。袁谭、袁尚亲兄弟尚且自相残杀，一对从兄弟又能有何羁绊？他心里这样想，嘴上却道：“一切皆依你言。老夫不但要征辟高柔，还要派几个地方官去并州。既然他诈降，我就装糊涂，让他们以为我真的相信，看看最后是谁骗了谁！”

“主公睿智，属下莫及。”这种话仲长统是跟郭嘉学来的，说罢再施一礼准备退下。

“公理留步，还有要紧之事商议。”曹操叫住他，满面微笑背诵起文章，“政之为理者，取一切而已，非能斟酌贤愚之分，以开盛衰之数也。日不如古，弥以远甚，岂不然邪？”

仲长统一愣——这不是我的《昌言》吗？

曹操初时断章取义只读了《理乱篇》开头，便先入为主以为仲长统也是孔融一类的人物，不过看荀彧的面子才任命他为参军。这几日休整人马得暇细细品读全篇，发现其文所论不是世俗风气，而是阐述治国之道，又非诸子百家那般空泛，而是详细分了从古至今的赋税改革和变化。曹操如获至宝，这才知荀彧之言不虚。

仲长统听他背自己的文章，乍着胆子问道：“主公以为如何？”

“好！”曹操站起身来拱了拱手，“老夫原以为荀令君送我个舞文弄墨之人，哪知他早有算计，算定了我能拿下冀州，把理乱安民之士提前给我备下了。”

仲长统惊惶还礼：“不敢当……不敢当……”

“冀州久经战乱百废待举，我欲行之不得要领，若依公理之见当务之急又是什么？”其实这是试探之言，曹操早已想好该干什么。

仲长统脱口而出：“当革袁氏纵容之旧弊！”他出谋划策不得其法，可一说时政两眼烁烁放光。

“此真老成谋国之见啊。”曹操刚才说的都是客套话，见他一言点题才真信服。

仲长统此时真当曹操是个知己，索性一吐为快：“邑有万户者，著籍不盈数百，收赋纳税三分不入其一。招命官职不就，征兵劳役不趋，国之政令不法，兴兵讨之不屈，天下之乱皆因其弊！”

曹操却道：“老夫有一事，百思不得其解。然袁绍自占据河北以来，重用豪强委任望族，何以还能兵强马壮粮草充盈？”

“天下之治并非一法，虽皆可兴盛世，本末不同耳。圣人治国本之于民，不患寡而患不均，不患贫而患不安，故黎民安乐方能兵戈强盛文教昌明，既而不败于天下。袁氏治民皆委任豪强私党，父祖骄纵儿孙膏粱，权柄集于一党，财货聚于家门，非为安民，乃为拥财权以自固！故子弟亲信大半仕途，铠甲兵戈遍列中庭，珍珠金玉盈于其库，舞女歌童充备绮室，狗马饰雕，土木披绣。看似兵强马壮富庶天下，实是剥割黎民竞恣奢欲，道义沦丧官吏无耻，百姓不过一时隐忍耳！若袁绍之辈志士在位，可勉强称盛一时，即便强盛，尚有张燕等流民据守深山誓不归顺；袁绍一死，后辈宵小空有坐而论道之能，既无萧规曹随之德，又无振兴图强之智，那死期还能远吗？”仲长统侃侃而谈犹如行云流水，言辞之激烈反倒有几分豪迈之气。

曹操听得如醉如痴，这些观点他都赞同，其实想得还要更深一层——从朝廷角度来说，豪族与民争产、与国争税；若从曹操自己的角度来看，豪族掌握大量田地和财货，可以依仗权势染指官爵和武装，势必干涉他的独裁，这更是他所不能容忍的。其实哭祭袁绍已经能算是某种妥协了。

曹操想到这儿，早已摩拳擦掌跃跃欲试：“以公理之见，有何良策可抑制豪强兼并？”

仲长统作揖道：“限民名田[①]，勿令过制。”

曹操听到这八个字，立时沉默不语了。其实荀彧早就在朝廷讨论过限田问题了，侍中荀悦甚至上书要求禁止土地买卖，已被曹操驳回了。原因很简单——不敢。

豪强土地兼并已非一日，秦末已见端倪，日推月移愈演愈烈，多少明君贤相都管不了，想用一刀切的办法解决是不是太草率了？昔日王莽推行王田私属，不但不能安定天下，反而弄得国破家亡身败名裂。光武帝一代雄杰之主，搞一次度田都困难重重。那些太平天子都不行，乱

① 限民名田，西汉时董仲舒提出的政策。主张制定个人田产上限，以抑制土地兼并。但是由于阻力太大未能得以实施。

世之中怎么可能成功呢？你若夺人家的田，人家可以不保你，即便保了你也可以造反，昔日兖州之乱的教训还不够惨重吗？就连曹营嫡系人马中也不乏豪强。就拿李典来说，宗族三千余家，田产遍及成武、乘氏诸县，不折不扣的大地主。可人家有功，兖州是李家帮曹操玩命打回来了。泰山吕虔、汝南李通，都是豪强武装起家，只是这些人还算本分罢了。还有曹洪、许攸、刘勋、郭嘉那帮人，求田问舍的账又该怎么算？

单就眼下冀州的麻烦，袁氏统治已久，豪族比比皆是。就连直谏之士崔琰也是其一，如果再把他们惹不痛快了，先前的努力就白费了，哭袁绍不是白哭了吗？以后的仗还怎么打？

曹操低头想了半天，最后感叹道："治大国若烹小鲜啊……"

仲长统听了这句话便知曹操下不了决心，那些困难他也明白，只有天下一统时才能根本解决，便没再深劝，转而道："既然不能锄强，那就要在扶弱上下功夫了。主公可适当蠲（juān）免冀州赋税，并教谕各地官吏及郡县大户，令其宽待佃户减少兼并，将战后无主之田分与百姓。"这些办法虽不治本，却能立竿见影。

"好，就依你言。"曹操揉了揉眉头，又道，"河北用兵多年，黎民苦不堪言，赋税不能循中原之数，你看多少才合适呢？"

"十取其一。"仲长统已经想好，"河北的豪强之制在下清楚，少则坐收三成，多则上交一半，就跟屯……"他险些说出"就跟屯田五五分成一样"，觉得不妥赶紧闭嘴。屯田制是曹操的杰作，但产出粮食五五分成却是很高的，只不过这些粮食不是进私家，而是入国家府库，不啻于让朝廷充当最大的豪强地主。好在那些屯民不像寻常的自耕农，是动乱流散之民，根本没有自己的田地，能有田种、有饭吃就很知足了。仲长统依据曹操以往的做事风格下了一个判断，他肯定觉得十税其一太少[①]，还要增加。

哪知曹操却笑了："十税其一还是太高，我看每亩地收四升粮就可以了。"

仲长统惊得差点儿蹦起来——太低啦！

姑以每户一百亩地，亩产两斛粮食来算，十税其一就是赋税二十斛。若依曹操的办法，每亩地收四升，一百亩赋税只有四斛。况且现今

---

① 十税其一，就是收十分之一的粮食作为租税。

农户已精通施肥之法，亩产近十斛的肥田都有，种得好的人一亩地就把一百亩的税交了。

曹操瞧着仲长统吃惊的窘相，不禁笑了："单是冀州一地如此，其他州郡依然施行旧法。况且此非定制，还可变更嘛，日后倘若国库空乏再增加，似今年这样的情况就蠲免。"

"那户调[①]呢？"仲长统又问。

"每户出绢二匹、丝二斤即可，严令郡县再收其他杂项。"

租税如此之低，户调如此之少，这真是秦始皇以来未有的。仲长统细细咀嚼似乎摸出点儿门道来了——曹操方得冀州，急于收买人心，况且租税订得低，也就没人愿意当佃农了；虽然不明着对付豪族，其实已抑制住以后的兼并。当然，这么低的赋税不可能长此以往，将来若是天下归一再无兵戈，恐怕就要大改一番了……但是凡事有利就有弊。低租税意味着土地兼并的利益更大？归根结底要看执法者，如果限制严格能缓和兼并；如果限制不严让豪强钻空子，便适得其反。

眼见曹操拿起笔来就要写这道政令，仲长统又想起一桩大忌，不顾身份一把托住他手腕："主公！减赋易，增赋难啊……"

曹操眼前想的是怎样镇住冀州之士、扫灭青幽的袁氏余孽，哪里顾得了以后的麻烦？推开仲长统的手臂就写：

> 有国有家者，不患寡而患不均，不患贫而患不安。袁氏之治也，使豪强擅恣，亲戚兼并，下民贫弱，代出租赋，衒鬻家财，不足毕负。审配宗族，至于藏匿罪人，为逋逃主。欲望百姓亲附，甲兵强盛，岂可得邪？其收田租亩四升，户出绢二匹、丝二斤而已，他不得擅兴发。郡国守相明检察之，无令强民有所隐藏，而弱民兼赋也。

仲长统瞅着这道令呆呆发愣——不论日后如何，眼前冀州百姓是衣食无忧安乐太平啦。曹孟德明明招我来，又仅为顾问不纳我言，看来我倡导的为政之道他未必能真的重视啊！

---

① 户调，是各类的杂捐，一半是棉花、布帛、蚕丝类，按户缴纳。有学者认为租调制度是曹操在建安九年首创的，但是有些史料证明在汉末已经存在，学界尚无定论。

曹操对自己的杰作十分满意，又笑呵呵道："此番邺城之战打得顺利，军粮绰绰有余，还接收了袁绍的府库。过去朝廷时常赏赐朝廷百官，自战乱以来都停了。老夫虽创立许都，但以前钱粮吃紧，力不从心。如今有能力了，老夫打算上书朝廷，请赐三公以下各级官员金帛，而且以后三年一赏，作为常例。"他大把撒钱看似像个暴发户，其实大有深意，这也是买许都百官的心啊！

他抽过竹简刚要修表章，忽见荀攸风风火火闯进帐来："主公，袁谭兵发渤海郡，跟咱们抢地盘。"说罢这位素来老成稳重的大军师竟然诡异地笑了。

曹操也笑了——袁谭名义上已经归顺，若不争地盘，一时还真寻不到灭他的理由。现在好了，他自己送上门来，这叫谋反。

第十五章
歼灭袁谭，曹操吞并冀青幽并四州

南皮之战

曹操围攻邺城之际，审配曾给袁谭写过一封信，希望他能“改往修来，克己复礼，追还孔怀如初之爱”，与袁尚摈弃前仇联手抗曹。处在兄弟两难之中的袁熙也曾派人解劝，甚至连远在荆州的刘表都曾给他们兄弟各自修书从中调解。但这些良言都被袁谭抛诸脑后，一心要与弟弟斗个你死我活。故而袁尚败走幽州之后，他比曹操还热衷于整垮弟弟，大肆攻战弟弟的地盘。与此同时，曹操派回幽州的旧部不遗余力拉拢煽动，袁熙麾下部将焦触、张南率先倒戈，主臣之间攻战起来。渔阳太守王松更是在幕僚刘放的建议下，举一郡之地向曹操投降。幽州的动乱局面也无可挽回。

袁尚、袁熙一败涂地，曹操还在邺城忙着笼络人心，袁谭趁此机会大肆抢占地盘，将冀州东部的中山、甘陵、安平、渤海、河间等郡国都打了下来，看似声势复振，殊不知是饮鸩止渴。这些地方都已献书归顺曹操。欲加之罪何患无辞，更何况袁谭主动找麻烦？这些举动可算让曹操找到了翻脸的借口，立刻致书袁谭谴责其背弃盟约，并将他留于曹营许配曹整的女儿送还以示决裂，继而自邺城出兵向东杀奔而来。袁谭自知实力积蓄得还不够，便放弃平原退到南皮一带戍守。

可是曹操连战连捷一路深入，时至建安十年（公元205年）正月，大军已逼到了南皮城（今河北省东南部）下。袁谭驱逐弟弟、背叛曹操、回绝刘表，把人得罪尽了，自知天下无人肯来相救，若被包围必定蹈审配之覆辙，只好集结所有人马与曹操拼死一战……

两军会于南皮城以东，还未正式开打就已杀气腾腾。袁谭把所有本钱都押在了这一仗上，不但汇聚了所有部队，散财招募了死士，甚至还召集了不少土匪、山贼、强盗、恶霸，把一大批妄想凭借战功跻身富贵的亡命徒都拉到了战场上。这些人有的连铠甲都没有，身穿布袍头缠布帕，手攥着大刀片，与正规部队裹在一起，漫山遍野挤挤插插根本无阵势可言。袁谭披坚执锐亲自督率先锋，一副破釜沉舟的玩命架势；郭图似乎认定今天就是末日，连兜鍪都没戴，披头散发像个疯子，只穿了一件铜片软甲，外罩醒目的大红战袍，驻马高坡之上，双手抱着杏黄色令旗指挥全局；他身后还站着一大群鼓乐手，寒风凛冽的时节却光着膀子，有的敲战鼓敲得挥汗如雨，有的吹号角吹得面红耳赤，那阴沉的军乐势如奔马摄人魂魄。一眼望去，袁军从将帅到士卒充溢着悲壮的气势，倒也令人胆寒。

仗打到这个份上还有什么可说的？曹操只向传令官吩咐了一个字：“上！”三军将士迈着稳健的步伐，排着整齐的阵势向袁军逼近。张绣的部队再次担当先锋，左有徐晃，右有乐进，后面曹仁、曹洪、夏侯渊、于禁、张辽、朱灵、李典、程昱、刘勋、张郃、路昭、冯楷、张憙、王忠、牛金……各部人马尽皆出动，今天就是剿灭袁军的大决战了。

郭图深知这就是一场赌博，哪还需什么稳扎稳打？干脆高举令旗，使尽浑身力气左右摇晃——袁军似开闸的洪流般叫嚣着向曹兵扑去。

以前打仗还要互放弓箭，长戈对峙一段工夫才会陷入搏杀。今天根本没有这么麻烦，袁军冒着流矢齐拥而上与曹兵撞到一处，开始就是惨烈的白刃战。曹军可不似敌人这般背水一战，哪个有心思撇家舍业跟他们玩命？前排士兵举着盾牌蜷缩身躯，只是抵挡着、招架着、嘴里咒骂着，竭力保持脚下的位置，虽然阵势不乱队伍不退，但还真被这帮亡命徒打得不敢还手。

战鼓咚咚地敲，号角不停地吹，袁谭举着长矛催促士兵奋力向前。郭图状若疯癫，把令旗舞得似车轮一般，还在嘶哑地呐喊着：“给我杀啊！杀啊！”凄凉惨烈的鼓乐声与叫嚣声交织在一起，那些亡命徒好似鬼魂附体，甩着大刀红着眼睛往前冲——这就是豁出脑袋撞南墙，撞开了权势富贵滚滚来，撞不开头破血流不活了，是生是死就这一下啦！

曹操驻马伞盖下观望腾腾沙场，攥着缰绳的手早就出汗了，却还是沉默不言——人不是铁打钢铸的，再硬的汉子也有个累，再高昂的士气也不会用之不竭；只要顶过这一阵子，等敌人筋疲力尽再反攻。

曹军将士人挤人人挨人，后面的兵拿盾牌顶住前面的脊梁骨，每当敌人一浪扑来时，大家就“嘿咻”一声喊着号子挡住，整个队伍竟似顽石般岿然不动——曹军连连得胜，邺城都拿下了，哪会这么容易就崩溃？两军就这么僵持着，直过了半个时辰仍不见袁军懈怠。

张绣、乐进等将都是有血性汉子，从来上阵打仗不顾命，到这会儿还叫人家压着打，实在忍不住了。乐进也不等什么军令了，把掌中盾牌一抛，高举长矛嚷道：“他妈的！以为老子好欺负的，给我杀啊！”这一嗓子喊出来，他部下扔盾牌的扔盾牌、挺枪的挺枪，当即与敌人干了起来。张绣、徐晃等将见有人交了手，索性也跟着拼了。

曹操见那帮兵痞的火都斗出来了，估摸袁军的士气也耗得差不多了，干脆传下命令全军出击，两军将士针锋相对战了起来。人只要逼到死路上总要挣扎，故而袁军拼了这么久仍锐气不减，曹军却也似狂兽出笼一般，这场仗打得异乎寻常的激烈。锋利的镞镝伴着风声像暴雨般从空而降，射穿了铠甲和头盔，迸出一阵阵临死前的惨号；长矛刺入胸腹，带出片片血雾还有白花花的肚肠；大刀呼啸砍过，半个脑袋旋转着飞起，未倒的身躯兀自张着手臂，朝天空喷着沸腾的血液；被大戟插中脖子的战马一声狂啸，踩着敌人和自己人左冲右撞，把骑士摔到半空中；死尸栽倒在地被人腿马蹄践踏着，压成饼，碎成块，碾成泥……所有人都嘶哑地喊着，机械地杀着，忘我地恣睢着。

袁谭并非无能之辈，或许性格品质上有缺陷，打起仗来却不是孬种。当年袁绍派他到青州时只有几个小县城的地盘，是他逐田楷、败孔融、灭黄巾、打海盗把青州玩命打下来的，也正因如此他才不服袁尚继承大位。今天祸到临头袁谭又把昔日的勇武拿出来了，他穿了极厚的铠甲兜鍪，手舞马矟（shuò）竟带着亲兵冲到了前面，士兵见主帅都拼了，更不顾死活往前冲，枪矛折了再拿佩刀，佩刀失了就用手掐，手臂被斩了兀自牙咬、脑袋撞……真是彻底癫狂了。郭图这会儿已把令旗扔了——已经没了章法还指挥什么？这狂徒拔出佩剑往来驰骋，鼓舞全军将士：“快杀啊！攻灭曹贼有你们的功名富贵！全天下的金银美女都是你们的！杀啊……”

这场仗自天亮开始打，拼了两个多时辰依旧难分胜负，堪堪将近午时，所有人都到了崩溃的边缘。身负重伤的士兵栽倒在地再也爬不起来，奋死拼杀的勇士脚步已经开始踉跄，晃动兵器胡乱画着圆圈；强弓硬弩连弦都断了，弓箭兵的手早被勒得鲜血淋漓；骑士胯里夹了一上午战马，这会儿两腿全都打颤了。至于袁军那些助威的鼓号早就放下了——都没劲了。只有郭图还在操着破喉咙叫嚣着，已没人听得懂他喊的是什么……双方都已疲乏，但相较而言仍是袁军更盛一筹，毕竟他们是倚着鬼门关打仗啊。即便累透了还喘着大气，踩着尸体继续冲杀；曹军战死的太多啦，阵势逐渐松散，已经有人开始倒退了。

曹操也没料到这仗会打到这步田地。光脚不怕穿鞋的，袁谭、郭图已别无选择了，不拼就是死；但曹操可不能拿金碗碰他们的瓦罐子，并州高幹会不会造反？三郡乌丸会不会趁乱来侵？辽东公孙度已经跨海夺地了。若是把兵马折腾得筋疲力尽死伤惨重，后面的敌人怎么应付？这恶化的战局他实在看不下去了，沉默良久终于开了口："鸣金收兵……"

"且慢！主公万不可收兵！"

"呃！"曹操没想到有人敢拦令，而且还是虎豹骑的统领曹纯。

曹纯满脸绝然道："我军千里蹈敌，进不能克退必丧威；况且咱们是孤军深入，倘若没有攻袁谭的城池，则难以持久。敌怀侥幸小胜则骄，我军稍败而惧，以惧敌骄必可克也！请主公发动中军勇士一并向前，我们这些人也要上阵，激励将士继续用命，今天说什么也得把袁谭灭了！"

他话音未落许褚在后面嚷开了："子和说得对，事到如今咱们也拼吧！俺也好久没杀人啦！"

邓展当啷一声把宝剑拔了出来："今天是个好日子，我也开开兵刃吧！"韩浩、史涣等卫戍将领也跟着响应起来。

曹操狠下心来一拍大腿："好！今日不杀袁谭誓不收兵。老夫久不临前阵了，今天与你们一起上！"

一个"上"字出唇，后面曹丕、曹真、曹休可不干了："我们说是来打仗，一个敌人都没宰过。父亲何须亲自出马，孩儿替您去战！"

"退下！"曹操一声断喝，毕竟还是护犊子。

三个小子滚鞍下马拜倒在地，曹真森然道：“父亲与诸位叔伯虽身体健硕，毕竟都年近五旬，也该我们晚辈出去厮杀啦！曹家的骨肉难道还能输与外人？”

曹操心头一颤——是啊！我曹孟德已是决心做大事的人了，自家子侄当然要立德、立功、立言，也该叫他们积累些资历了……便微微点头：“好！初生牛犊不怕虎，你们去吧！”

“谢父亲！”曹真欢呼一声再次上马，曹纯却向他附耳道：“你们就跟在我后面，不要乱跑，明白吗？”

“明白明白。”曹真心里也有数。

曹丕也要出战，可还没跨上马就被曹休推了下去：“多一个不多，少一个不少！岂能都去？你得保护主公周全！”话说得重，私情却在其中——有干儿子有亲儿子，已经死一个曹昂了，还能再叫这位大公子以身犯险？刚抢了袁家的漂亮媳妇，万一再玩出个小寡妇来还了得。曹休表面呵斥，实则保护曹丕安全，以此为由还不丢公子的脸面。

曹丕也很精明，自然明白曹休的好意，拔出佩剑往父亲马前一挡：“放心！万事有我！”假模假式摆出个大义凛然的架势，不明底细之人还真为他叫了几声好。

一人拼命万夫难当，何况袁谭麾下有数万亡命之徒？曹军已渐渐趋于劣势，疲劳的兵士早就失去了战意，不过是虚晃兵刃招架眼前的亡命徒，只盼这场战斗早点儿结束。哪知鸣金之声没等来，却听到一阵激昂的呐喊：“破敌诛贼就在今日！愿立功者随我杀啊……”士兵甩脸望去——但见中军校尉邓展手握长剑奔至阵中。他本不善骑射，凭的是身手敏捷剑术高妙。混乱的沙场上满是兵刃、尸骨，可他蹿蹦跳跃健步如飞，如同在许都大街上游走一般轻松，反而跑在了众骑兵前面，眨眼间就冲到了袁军眼前。

兵刃搏斗讲究“长见短，不容缓；短见长，不可忙”，有两个手持长矛的袁军见来了短家伙，当即凭借兵刃优势一哄而上。怎知邓展看准时机纵身一跃，将两支长矛踩在脚下，猛挥长剑奋力一斩，竟将矛头齐刷刷砍下，继而又向前一跃连出数剑——已将二人刺死在地。

后面袁军可炸窝了，乱哄哄齐向邓展下手。他以寡敌众却不慌不忙，时而斩时而刺，时而左躲右闪，时而舞动长剑犹如车轮，忙中偷闲又取了一人性命。后面曹休、许褚、史涣、韩浩等率领的虎豹骑也到了，都是呼喊着冲入敌阵；袁军搏杀了一上午，被这支彪悍勇猛的生力军突过来，连骑士都惊得四散而开。其实千八百人不可能扭转战局，但对士气影响太大了。众士卒见虎豹骑也上战场了，气势为之一振，不少人重新抖擞精神挺枪而起。正在此时又闻一阵气壮山河的战鼓声，大家回头打量，有一员花白胡须的老将脱去战袍正站在辕车之上奋臂擂鼓——正是曹操本人！

曹操见众人都在观望自己，知道三军必受鼓舞，更装出一副惊讶之态，遥望敌阵高喊："快看！袁军败了！追啊……"荀攸、郭嘉、曹丕等愣了一下，随即明白过来，也跟着嚷："敌人要逃，快追啊！"

战场上每个人都恰如汪洋中的一滴水，根本看不到全局。后方观阵之人说敌军退了，士兵们信以为真。主帅击鼓亲兵冲锋，胜利就在眼前，将士早忘了疲劳，齐向袁军扑去，虽遇袁军顽抗，还以为只是掩护撤退的断后之敌呢。

到了这会儿袁军已是强弩之末了，万没料到曹军突然振奋起来；强顶一阵见曹兵前仆后继好似猛虎，便放缓攻势稍稍退缩了些。这一退可不要紧，曹兵更以为袁军败了，乘胜追击的劲头全上来了，曹休等将更是带头呐喊："袁军败了！"有些打前哨的士兵情知有异，但硬叫后面的人拥着冲了上去——那怎么办？拼呗！

但凡拼死命者心中必定怀惧，都是迫于形势才激发出来的。袁军自知背水一战，这会儿满耳朵都是"败了"，又见曹军锣鼓震天人人奋勇，也就认为是真败了——霎时间绝望、无助、悔恨各种悲怆之感一齐袭上心头。有人夺路而逃，有人抛下兵刃跪地乞活，阵势一下子乱了。

袁谭见此情景惊恐万分，赶紧疾呼："咱们没败！没败！"但他一个人的嗓子哪敌得过成千上万的曹兵，还是止不住溃退；他拔出宝剑要杀逃兵立威，却觉臂上剧痛，有一支流矢正中在腕上，这下把亲兵也吓坏了："将军中箭啦……逃啊……"事到如今逃命要紧，谁还顾得上主子，前军一溃后面不明就里也跟着溃，败局无可挽回。

袁谭拔掉箭杆还欲再战，回首四顾连亲兵都散了，哪还有人听他指挥？正错愕间曹兵也杀到了，一柄大刀迎面横劈而来，他赶紧伏倒马背，只闻"哐啷"一声——脑袋是保住了，连兜鍪带发髻全被削了去。这一刀把袁谭最后的斗志也给削没了，他惊慌失措拨马而逃。

虎豹骑并不识得哪个是袁谭，但有一个锦绣战袍披头散发的将领在阵中分外显眼，所有人都来追他。袁谭只想逃回南皮城再忍一时，却被自家败兵阻住去路，连踏数人之后终于被战马掀翻在地。他仓皇爬起，眼见举着大刀的曹兵如催命鬼般已涌到了眼前。

此时此刻什么争强好胜之心，什么四世三公之贵都没了，求生欲促使他放声高呼："饶了我！我能富贵汝等……"话音未落脑袋已被斩飞在半空中。

郭图在高坡上瞧得清清楚楚——完啦。还是完了……终于完啦。或许鼓动袁谭造反的那一天他就猜到是这个结果，其实他早已不在乎生死了，反正不教唆袁谭造反，审配等本土豪族掌权也不会给他这个外来士人好日子过，结果还不都是一样吗？与其在审配的阴影下窝窝囊囊惨淡度日，倒不如拿袁氏兴亡当赌注搏一把，人去留名雁过留声，哪管是善还是恶。现在他赌输了，把佩剑一扔，任凭亲兵四散奔逃，自己端坐马上等待死亡……只是眨眼间的工夫曹军骑兵步兵全到了，宛如一股巨浪迎面打来。

郭图不降不逃，反而一阵狂笑，猛然张开双臂呼喊道："来吧！来吧！我郭某人死于沙场也算有始有终！哈哈哈……"伴着凄厉的狂笑声，冲在前面的七八支长矛同时刺入他体内。当兵的倒有心留他个全尸，无奈后面不知情的同袍还在咋呼着往前冲，推推搡搡间七八支长矛左摇右摆——竟将郭图的尸身扯成了碎片。

曹操未敢松懈，还在拼命擂鼓，却见疆场烟尘散去，袁氏的兵马已作鸟兽散——成功了！袁氏完了！天下再无强敌啦！打了这么多年仗，最终胜利已不远了，为了这一天吃了多少苦、受了多少累……他先是一阵痴然，继而将鼓槌抛向空中，挥舞双臂仰天大呼，"我胜了！万岁——万岁——"

曹丕有生以来未见父亲如此兴奋过，手舞足蹈歇斯底里，便也跟着高呼："万岁——万岁——"身边谋士、掾属、卫兵都跟着喊起来。

转眼间战场上人喊马叫，所有兵将都挥舞兵器跟着高呼，不过喊的却是："曹公万岁！"那声音越来越大、越喊越齐，那振聋发聩之声恰如惊天巨雷在平原上回荡，仿佛是要把大地荡平。

曹公万岁——曹公万岁——曹公万岁——

所有人都在叫嚣，唯有荀攸木然地陷入了沉思——曹公万岁？三军将士都在喊曹公万岁。"万岁"二字岂是随便叫的。

曹操还在狂吼不止，郭嘉打马奔来：“敌军余孽尚在，主公还不速速趁势夺取南皮？”

一句话提了醒，曹操跃上战马，拔剑高呼：“夺取南皮，冲啊！”

三军将士此刻都像中邪了一般，叫嚣着、欢呼着、疯癫着向敌城冲去，宛如海啸般席卷而上。袁谭和郭图都死了，谁还有心思守城？南皮城四门大敞，守军丢盔弃甲死命奔逃。冲在最前面的乐进早纵马跃过涧沟，逢敌便杀遇人便刺，当先闯入城内。

曹操驰至城门前勒住战马，看着英勇的三军儿郎，又狂叫起来：“杀啊！杀啊！将袁谭、郭图满门给我斩尽杀绝，你们都是我曹某人的功臣！城里所有的东西都赏给你们！随便抢！”

士兵听闻此言愈加兴奋，举着长矛大戟往里冲，哪管什么百姓、妇孺，逢人便杀，看见东西就抢，恨不得把南皮城掀个底朝天——只要将军肯下令抢，兵与匪都是一样的。

众谋士随后赶到，见此惨绝人寰的情景无不惊愕。突然有个士兵冲到曹操眼前，摘掉头盔往地上一扔，厉声喝骂：“曹孟德！你原形毕露啦！收买人心的勾当不干了吗？”

这句骂不啻冷水泼头，曹操立时清醒过来。身边的亲兵可不管那么多，见有人敢辱骂主帅，七八支长枪立时刺了过去。

“住手！”郭嘉眼前一亮，匆忙跳下马来，“主公留此人活命，他乃冀州从事李孚！”

这小兵果是李孚改扮，见郭嘉道破行藏，放声大笑：“哈哈哈……我以为大名鼎鼎的曹孟德是个爱民如子的仁人君子，想不到是个矫情饰伪的害民贼！”

曹操一激灵打了个寒战——笼络河北人心之事险些毁于一旦。赶紧传令鸣金。他治军素来严格，命令传下三军不敢不退，所幸将士入城不深，只抢杀了城门附近一带。即便如此，无辜丧命者也不在少数。曹操马上拱手道：“先生潜过连营往邺城传书，又神不知鬼不觉混入我军，真乃一代奇士。老夫方才唐突，承教了！”

李孚趋身行礼：“曹公无需多赞，当务之急是稳定城中人心。”

“可有良策？”

“宜令河北新近投诚者进城宣示明教，申明军纪，这样百姓自安。”

曹操自马鞍兜囊里抽出面小令旗，朝李孚一扔：“由你去办！”

李孚眼明手快已经接住，两人对视一眼，都笑了——新近投诚者进城宣教，接了这令旗，可就算投诚了。

李孚这才跪倒在地：“请问宣教何辞？”

“只要百姓能安，说什么都行，随你的便吧！”

“诺。”李孚起身，借了郭嘉的马，喊着，“城内百姓各安故业，不得相侵！”驰入城中去了。

曹操捻髯而笑：“此人可用。”

此时入城抄掠的士兵已退出来了，俘获的、投降的将领也被押解到了，王图、张憙、牛金、严匡等小将都举着敌方人头来请功。一片嬉闹间又见辛毗披头散发跑来，拉住一员被俘之将喝问道：“我兄长辛仲治何在？”

那人双手被绑，已吓得半死，说话吱吱呜呜：“他、他……”

“说啊！”辛毗扬手就是一记耳光。

“他死了。”

“什么！兄长死了？”

那人颤巍巍道：“辛评先生听说你辅佐了曹操，又致使满门家眷遇害，他……他气死了……”

“啊！”辛毗大叫一声晕厥在地。

郭嘉、曹丕赶紧抢上去抱住，又揉前胸又拍后背，好半天才缓醒过来。辛毗脸色苍白，两眼似刀子般死死盯着郭嘉，喃喃道：“当日你劝我卖主归降，是不是早料到有今天？我辛佐治自作聪明，真是瞎了眼啊……兄长……”

“别着急……”曹丕关切地揉着他肩膀，“我父感念您大功，定不会亏待于您。不是还有女儿吗？需为女儿想啊……”

郭嘉确实料到营救辛氏一族非是易事，却没料到会是这么惨痛的结局。此刻见辛毗归咎于自己，吓得倒退几步。又觉脚下一滑，低头看去——踩了具支离破碎血肉模糊的尸体，也不知谁弄来表功的。

虽然那尸体已残缺不全，郭嘉还是认出了那张布满皱纹的、刻板的脸，愈发心神不宁，只觉胸口处一阵阵窒息之感……

议复九州

除了诛杀袁谭之日的那点儿小风波，收取稳定南皮的事务进行得很顺利，有了接收邺城的经验，在李孚宣教之后，曹操回到大营干脆又发了道《赦袁氏同恶令》，把赦免同党、禁止仇杀、禁止厚葬确立为三大准则，这不仅适用于河北，也可用于接收任何城池……

曹操伫立在南皮西门城楼，望着下面密密麻麻无边无垠的兵马。曾几何时这是梦里才有的情景，现在真的实现了。出兵河北不但攻城夺地，还收编了大量兵马，似吕详、吕旷、马延、张顗等都是整部投诚的，还有许多被获投降的。而且眼前的还不是全部，还有留守邺城的、屯驻许都的、派到幽州去的……对于一个将军而言，统领部队越多越觉风光，在这方面曹操已经满足了。

前几日传来喜讯，袁尚、袁熙已被麾下叛将击败，放弃幽州投靠乌丸部落；青州方面也接收得差不多，只有乐安郡还在抵抗——曹操中原霸主的地位已无可撼动。庆功酒喝了，有功之人赏了，归降之人封了，接下来又该忙些什么呢？

校事卢洪就站在曹操身后。他刚从许都赶来，汇报近来朝中情况。不过他所言不是什么军国大事，而是京中达官贵人日常都干些什么、说些什么、与什么人交往——曹操虽不在许都，却对朝中百官的一举一动都了如指掌。

卢洪长得又高又瘦，狗舌头般的一张长脸，他出身低贱，但办事精明强干；曹操明明背对着他，但他还是低着头猫着腰，不敢比曹操高出半寸，口中叨叨念念："伏完又得了一场病，我听人说皇后最近常常给她爹伏完写信，但伏完从来不看，不是烧了就是退回去。具体写的什么也没人知道……"

"哼！"曹操一阵冷笑——写的什么？无外乎叫她父亲设法制约老夫！惜乎伏完没那个胆子，即便有也不可能办到，急得老病缠身卧床不起，连女儿的信都不敢看了……曹操抬手打断卢洪的话，冷冷问道："最近华子鱼、王景兴、孔文举都在干什么？"

卢洪汇报道："华歆每日协助中台打理事务，唯主公之令是听，并无不当之处。王朗除了朝会一概闭门在家，不与人来往。孔融最近没找什么麻烦，但整日在府中聚酒豪饮，总喝得烂醉如泥。”

曹操对孔融的行为越来越不能容忍了。前番攻取邺城，不少大臣都来信祝贺，孔融也写了贺信，却在里面说“武王伐纣，以妲己赐周公”。谁不知吕望处死妖妃妲己之事？曹操不明就里，还以为这是哪本古书上说的，回信询问这典故来历，孔融却回信说“以今之事度之，想当然耳”——明摆着讽刺曹丕纳甄氏之事。

故而曹操听说孔融聚饮，立刻关注起来：“他和谁一起喝酒？”

“议郎谢该、太医令脂习，还有杨彪之子杨修。”

“这几个人倒也不会出乱子。”议郎谢该是个做学问的人，除了研习《左传》任何事不参与。脂习是厚道和善之人，虽说与孔融不错，对曹操也唯唯诺诺，况且一介六百石小官能干什么？至于杨修小儿，连他老子都称病不问世事啦。可即便如此，曹操还是不能宽容，悻悻道：“你回去时替我转告荀令君，国家危难粮产不丰，立即禁酒！”

“诺。”卢洪突然想起件事，“最近孔融写了篇文章。”

“什么文章？”曹操提高了警惕。

“我也看不懂，反正是写给陈群的，好像叫什么《汝颍优劣论》。陈群总说他们家乡颍川出贤才，孔融就拿汝南士人跟他比。咳！反正是开玩笑打嘴架呗！”

“玩笑？哼！”曹操可不这么认为——他手下谋士似荀氏一族、郭嘉、钟繇都是颍川人，而汝南是袁绍的家乡。孔融这个节骨眼上辩论颍川之士与汝南之士孰优孰劣，岂不是故意捣乱？曹操倒有心整治孔融，可转念一想，辽东还有邴原、管宁、王烈等名士尚未召回中原，现在还不能杀名士。思来想去无可排遣，恨得咬牙切齿。

这时司空长史刘岱领着董昭上了城楼，二人给曹操见礼。刘岱把董昭留下，自己讪讪而退——曹操早有过吩咐，在卢洪、赵达奏事的时候，若无特别关照不准旁听。

董昭也自觉有碍：“主公唤在下有何吩咐？”

曹操没搭理，见刘岱要走，忙叫住：“你再去拿笔墨书简过来……卢洪，继续说，还有什么事？”

卢洪瞥了董昭一眼，缄默不语。

曹操却道：“不用避讳，但说无妨。”自从那次充满玄机的谈话之后，他已把董昭视为心腹股肱，在某种程度上甚至超过了郭嘉。

“诺。”卢洪接着说，“许都市井有人传言，现在当官的都是出自军功之人，还说……”

“说什么？”

“一群武夫当国……”

“其心当诛。”曹操攥紧了拳头。刘岱正抱着笔墨书简过来，见风头不对放下东西就跑了。曹操思索了片刻，阴沉着脸道：“请公仁代笔，我要写道教令。”

“诺。”董昭领命，但左顾右看城上连个几案都没有，难道趴在城垛子上写？

曹操回过头来一指卢洪：“趴下！”

“啊！”卢洪吓了一跳，又不敢不听，只得伏倒在地。

“你就在他背上写。”

董昭应了一声，盘膝坐于地上，把竹简笔墨往卢洪背上一放——还真合适。

“我说，你来写……议者或以军吏虽有功能，德行不足堪任郡国之选……”说到这儿曹操顿住了，猛然想起孔融当殿奚落郗虑的那句“可与适道，未可与权”，心头一阵冷笑，后面的话脱口而出：

> 议者或以军吏虽有功能，德行不足堪任郡国之选，所谓“可与适道，未可与权”者也。管仲曰：“使贤者食于能则上尊，斗士食于功则卒轻死，二者设于国则天下治。”未闻无能之人，不斗之士，并受禄赏，而可以立功兴国者也。故明君不官无功之臣，不赏不战之士。治平尚德行，有事赏功能。论者之言，一似管窥虎欤。

这道教令可谓一石二鸟，既驳斥了对军功任官不满的人，也教训了孔融几句。孔融与郗虑当殿争执的事闹得沸沸扬扬，曹操点出“可与适道，未可与权”这句话明眼人都知道说谁，就像当众扇了孔融一巴掌。

董昭写罢捧到曹操面前，他连看都没看，只道：“你办事谨慎，我放心！”又问卢洪，“还有何传言？”

卢洪在冰凉硬邦的城砖上趴了半天，腰酸腿疼，半天才爬起来，气喘吁吁道："也没什么了，再有就是军营里议论的，是关于陈矫的。有人说陈矫是刘家过继之子，娶的婆娘也姓刘，还是本家族妹，都说这不合同姓不婚的规矩，有碍人伦。"

"可恼！"曹操眼睛都瞪圆了——这话看似说的是陈矫，其实与曹操直接相关。曹操之父曹嵩乃夏侯家过继之子，曹操本夏侯氏之后；而曹操的女儿嫁与夏侯惇之子夏侯楙，跟陈家、刘家之事性质相同。说陈矫同姓成婚有碍人伦，在曹操听来与说自己有什么分别。

董昭也悟到这一层了，却不把此事往曹操身上引，转而道："随意妄言乃古今之一害。孝顺帝朝司空第五伦公忠体国一代能臣，却有人说他殴打丈翁，事后查明第五伦先后娶了三个孤女，根本没有丈翁！"这席话说得曹操连连点头——第五伦与袁绍高祖父袁安互为政敌，两人同为贤臣却政见相左，拿第五伦说话也有贬低袁家之意。董昭只三言两语就把火引到别人身上了。

曹操捋髯片刻："再写一道整治风俗的教令……"

卢洪差点儿哭出来，刚伸直腰，窝窝囊囊又跪下了。董昭不知是故意捉弄他，还是真有什么要紧话要说；不忙着动笔，又向曹操建言道："在下有个不情之请，请主公这道教令不要直论陈矫之事。"

"你的意思是？"

"方才主公引用佞臣之言'可与适道，未可与权'……"董昭不提孔融，却干脆来了个佞臣，"在下以为发此议论者，其心实难测也！适道者，顺归世事，亦大德也，何损之有？老子曰'和其光，同其尘'乃处事为政之道。天下人若能适道而行，国必无乱矣。那些大胆妄言之人有的出自无心，有的品行低下，还有的居心叵测，乃是蓄心险恶结党乱政之徒。主公当以斥责妄言批判结党为下，统一舆论申明是非为上！"他颠倒是非，把随波逐流说成是与时俱进，把谈论事实都归为结党谋逆。言外之意就是请曹操下令，今后全天下人都要老老实实听其一人之言，遵其一人之命，称其一人之德，不允许出现其他议论的声音。

曹操只淡淡道："我明白，你写吧。"说罢酝酿片刻又娓娓道来：

阿党比周，先圣所疾也。闻冀州俗，父子异部，更相毁誉。昔直不疑无兄，世人谓之盗嫂；第五伯鱼三娶孤女，谓之挝妇翁；王凤擅权，谷永比之申伯，王商忠议，张匡谓之左道：此皆以白为黑，欺天罔君者也。吾欲整齐风俗，四者不除，吾以为羞……

这道教令写完，董昭大感失望，这说的不是统一言论，还是泛泛而谈，可又不好再说什么。卢洪这充几案的差事实在比监视人更难，跪了这半天，双腿发麻爬不起来。曹操走到他面前冷冷道："知道今天为什么让你趴着吗？"

卢洪翻着母狗眼："属下不知……"

"因为你借职务之便勒索民财，以为我不知吗？"曹操早有算计，他对卢洪、赵达说过，谁办差尽心谁升任掾属，甚至可以充任司直，可两人只能升任一人。所以卢赵二人不仅仅盯着别人的错，还在互相挑错，谁有什么劣迹另一方马上打小报告——这就是高明之处。

卢洪连连磕头。

曹操劈头盖脸教训道："你就是老夫的一条狗！我叫你咬谁你才能咬谁，不能随便乱咬，更不能出去胡作非为！不然人家骂的是我！"

"小的知罪……知罪……"卢洪体似筛糠连连叩首，"我是狗……是狗……"

说到这儿曹操叹了口气，又换了一副和蔼的嘴脸："行了，这次老夫就不加罪了。只要你们时时处处为我着想，我自不会亏待你们。当了这半天的几案，我赏赏你，你去找刘岱要笔赏钱，也好拿回去气气赵达，叫他也加把劲儿！"曹操不但要用小人，还挑唆他们互相争斗，以免被他们串通蒙蔽——监视人这一套，是跟父亲曹嵩学来的。

"谢主公，谢主公。"

"去吧！"

卢洪跪了半天，又磕头磕得头昏眼花，想站都站不起来了，真跟条狗一样，爬着就走了……

城楼上只剩下曹操与董昭两个人了。董昭刚才的建议没有被采纳，垂首侍立不敢再多言，曹操则目光炯炯凝望着城外，好半天才开口："公仁，你是不是觉得我那道教令说得太轻了？"

"不敢。"

"其实你说得很有道理，只是……路要一步一步走，不能迈得太大，也不能迈小了。你的建议还是太早了，现在还需要有人说话。"曹操心里已有算计——他可以走上九五之尊，但绝不能孤独地走下去，必须要有一大群人出来唱赞歌，这也是要别人与他分谤，等天下一统的时候再行禁论之法。

“诺。”董昭只是应了一声。这毕竟是阴谋诡计的东西，做下属的既不能反驳，也不能称颂，顺口搭音是最好的应对。

“所以……”曹操转过身来，“我叫你来是想问问你，现在迈哪一步才不远不近。”

董昭早就未雨绸缪，但还是装作一副冥思苦想的样子，憋了半天才道：“河北之地刚刚收复，天下久乱当复古制以正世风。若以在下之见……可恢复九州之制①！”

董昭说得似乎为天下苍生，实际暗藏玄机。改易九州意味着天下行政区域重新划分，十三州合并成九个，仅对冀州而言就增添了原本属于幽州、并州的领地，甚至连原属三河的河东郡都归进去了。曹操现在有冀州牧的兼职，又有假节之权，凡冀州统领下的郡县他可以不经朝廷请示自行施政。也就是说冀州几乎等于曹操的独立王国，如果恢复古制把冀州扩大，再加上一个原本就在其掌握的兖州……

另外还有一层意思很隐晦，九州之制汉家天下并未推行过，只有篡汉立新的王莽曾经搞过。现在把这个提出来，岂不是一个改朝换代的信号？曹操刚才说想叫人说话，这个制度变革不啻指鹿为马，此议一出赞成者、反对者各自表态，也就泾渭分明了。

曹操脸上仅是木然，连董昭也瞧不出他在想什么，隔了好久才淡然道：“摸着石头过河……你就试试吧。”

“诺。”董昭明白了，“你就试试吧”就是默许自己上表朝廷提出改易的建议，曹操自己不直接参与。董昭似有为难，咕哝着：“在下只怕……怕……”

“怕荀令君反驳你？”曹操把话挑明——其实他自己又何尝不怕？能有今天这般成就乃是他与荀彧一个主外、一个主内共同营造的结果。而荀彧是什么样的人，曹操能不清楚吗？天下大义是辩不过的，只有凭这些年的相濡以沫、这些年共同创业的默契和感情去感化他……

---

① 九州之制，《尚书·禹贡》记载的地理划分方法。九州为雍州、冀州、梁州、兖州、豫州、青州、徐州、荆州、扬州，汉代自汉武帝施行十三州制（部分时期为十二州），并未采用九州之制，唯王莽所立新朝曾短期执行。

董昭把头压得很低，连大气都不敢出。他明白凭实力根本斗不过荀彧，无论幕府还是朝堂甚至军队，找不出一个跟荀彧没关系的人。惹怒了荀文若，人家骂你一句谄媚小人，其他一人一口唾沫就能把你淹死！

“这样吧。”曹操提出个想法，“你不要上表，先写封信给令君，私下里说说，等火候差不多再公开建言。”

“诺。”董昭虽然答应，但心里还是不甚释然。

“放心吧，你与令君都是我股肱之人，即便小有争执，老夫也不会有偏有向的……”

“报！”刘岱、许褚等人跑上城来，“主公！有人为袁谭收尸！”

“哦?!”曹操一愣，“老夫已传令，替袁氏收尸者死！倒要去瞧瞧谁有这么大的胆子。”又回头看看董昭，“大抵就是这样，你看着办吧。两道教令少时把它发出去……”

刘岱、许褚带路，也不下城了，索性从西城楼直接绕到南面。走着路曹操还不忘交代刘岱：“你明天与丕儿、真儿、卞秉回许都一趟。”

“主公有何吩咐？”

“把老夫所有家眷接到邺城去。”

“搬家？”刘岱很意外，“住到哪里？”

曹操咯咯笑道：“我已命邓展他们去邺城，逐刘氏一家出府了。”

刘岱身为司空长史是绝少提意见的，但今日却觉曹操出尔反尔有些过了：“此举恐怕不妥吧？将袁氏遗孀扫地出门，会不会招致非议？”

“哼！此一时彼一时也，现在已不是老夫哭祭袁绍的时候了，袁谭死，袁尚逃，两道教令发下去，那些河北旧僚谁还敢对老夫说三道四？”曹操也不看刘岱，双眼只瞅着脚下的路，“老夫兼任冀州牧，内眷随官合情合理。把刘氏一家轰出邺城府邸，钱财可以还给她们，府邸得给我留下，那是本官的州牧府！”说话间已到了南门城楼，许攸、楼圭、陈矫、仲长统等早到了，正对着城下指指点点。

放眼望去只见密密麻麻有好几十具尸体曝天——那是袁谭与郭图全家，连那个象征性当过曹操儿媳的小姑娘都在其中。就在袁谭的尸首前，有个身材瘦削破衣烂衫之人正被士兵绳捆索绑。曹操放开嗓门嚷道：“老夫有令，袁谭叛国叛家不忠不孝，有收尸者与其同罪，你是何人？敢以身试法！”

那人被士兵压着跪倒在城下：“青州别驾王修。”

“王修？王叔治？”城上的人交头接耳。

曹操也没料到这个人自投罗网：“你虽是袁氏之臣，痛改前非尚可宽恕，但是为袁谭收尸乃不赦之罪！”

王修抽泣道：“在下受袁氏厚恩，又曾在袁谭手下为官，若得收敛谭尸然后就戮，死无所恨也！”

仲长统最是心善，凑到曹操耳边低声道：“不忘故主乃义士所为！主公就饶了他吧。”其实岂用他多说？王修在青州名震一方，又曾担任别驾，得此人如得半个青州的民心啊。

“就依公理之言。”曹操顺水推舟卖个人情，冲着城下吩咐，“王叔治！若按朝廷之律本当将你处死，老夫念你忠义法外开恩，准你收敛袁谭尸骨！”他以前从来都是把朝廷顶在头上，现在索性自己站出来收买人心了。

“谢明公……”王修纳头便拜。

“你叫老夫什么？”曹操摆了摆手，“叫得不对不准松绑！”

“谢使君……”

曹操还是不理睬，木然盯着他。

王修清瘦的身子颤抖了几下，思虑半晌无可奈何，只得一个头磕在地上，颤巍巍道：“谢主公……”

“松绑吧！”曹操笑了，“你既叫我主公，就算是幕府掾属了，三日后营中听差。”他既要干大事，必要将天下之才竭泽而渔。

见眼前的事处理完了，陈矫挤到曹操身边：“主公方才哪里去了？军师刚才急着找您。”

曹操笑道：“我帮你辟谣出气去了。”指的是教令的事。

“嗯？”陈矫不明就里。

曹操也不多解释：“军师何事寻我？”

陈矫一五一十道：“焦触假幽州刺史之职，召集阖州官员歃血为盟，宣示归顺主公。但境内匪人赵犊、霍奴趁乱造反，还勾结了乌丸人，据说袁尚、袁熙也参与其中，正在集结队伍打算杀回幽州。鲜于辅虽与护乌丸校尉阎柔联手，恐内外交困不能退敌，请您派兵支援。”

“连乌丸人都被他兄弟勾来了。也罢，老夫一并收拾！”

“还有，”陈矫又道，“也是刚刚才得到的消息，辽东太守公孙度身染急病，已于三个月前暴亡。”距离遥远通讯不便，三月前的消息到今天才知道。

“哦？死的好啊！”公孙度野心勃勃而又勇武善战，甚至扣押了朝廷派遣的乐浪太守凉茂，也是曹操潜在的敌人，“谁人继承他统领辽东？”

“公孙度并无嫡子，庶长子公孙康继位。”陈矫撇了撇，“据说这个公孙康比他老子还狂妄，非但没释放凉茂，还自称‘辽东王’，把您赐予的永宁侯印绶擅自转给了弟弟公孙恭。这对兄弟根本没把朝廷放在眼里嘛！”

“不忙，咱们一个一个对付。”曹操倒是沉得住气，“代我传令，全军将士休憩准备，三日后北上救援幽州，先打退乌丸再说。”

陈矫一时没反应过来：“不用全军前往吧？”

“没错，就是全军出击。”

陈矫满脸忧色：“大军北上远离中原，若并州高幹反了……”

“他不反怎么去打？我要的就是他反！”曹操此刻的笑容颇为狰狞，“四海之内不可留一患！调荀衍为监军校尉，权领冀州军政事务；分乐进、李典两部偷偷回转冀州防备高幹，略有造反迹象马上出击。”他畅快淋漓地传完令，忽觉有些冷清，今天既没人与他共论战术，也无歌功颂德之声，“军师和奉孝呢？”

仲长统回禀：“奉孝胸闷气短告假休息呢！可能是看了郭图的尸体，心有不忍了。他不在，军师也不好离开中军大营。”

“唉……”曹操摇头苦笑，“当初问他赦不赦郭公则，他一口咬定不用管，现在杀了又不忍心，就看在奉孝的面子上把郭图的尸首也安葬了吧。”

其实这也是朝令夕改，明明说不准收敛，最后袁谭、郭图的尸首也都入土为安。可曹操不自觉，别人明白又敢说什么呢？

第十六章
移居邺城，曹操迈出代汉自立的第一步

征讨高幹

果如曹操所料，并州刺史高幹听说曹军主力北上讨伐乌丸，深知这是最后的机会，立即囚禁了许都派遣的官员，再次起兵造反；与之串通一气的还有崤山的黄巾匪首张白骑、弘农的豪强张琰，以及河东太守王邑旧部卫固、范先等人。但这一切都在曹操的算计之中，不可能再掀起上次那样的风波了。

河东太守杜畿不负荀彧推荐，小试牛刀要了要手腕，便控制住了卫固、范先的部队；渑池县令贾逵与张琰虚与委蛇，也将其骗出城外。张白骑兵马所到之处，各县池都已紧闭城门严阵以待，攻不能取掠无所获，手下的兵又是东拼西凑来的，只得联络荆州刘表共同行动。但荆州援军还没到，钟繇已调来了西凉马腾的大军，不费吹灰之力就将各路叛军击溃，张白骑、卫固、张琰等叛贼尽数被诛；刘表丧失内援，也只得再次放弃北伐的打算。高幹原计划声东击西奇袭邺城，可各路响应之兵相继失败，他派往冀州的军队也被荀衍打得全军覆没。反倒招惹来乐进、李典翻越太行直逼上党郡要塞壶关，这场叛乱之火不但没伤到曹操，反而烧到高幹自己身上了。

建安十年八月曹操大军抵达幽州，诛杀了反贼赵犊、霍奴，并与度辽将军鲜于辅、护乌丸校尉阎柔会合，陈兵犷平要与三郡乌丸决战。那些乌丸人不过借袁氏的名义趁火打劫，哪会真为袁尚、袁熙报仇？一见曹操气势汹汹而来，情知招惹不起，带着抢劫的财物连夜逃出塞外，袁氏兄弟迫于形势也只好舍弃故地相随而去。

三郡乌丸不战而逃，幽州局面也大体安定。曹操立刻回军向东，赶往太行山口与乐进、李典会合，将数万大军逼近壶关[①]，又分派各路人马严密封锁了并州南下的要道，高幹的末日已经不远了……

太行山脉自北向南割断了晋中高原与华北平原，上党郡地处并州与冀州交界，是沟通太行东西的要道。上党郡因“郡地极高，与天为党”而得名，此处地势险要易守难攻，自古就是兵家必争之地；而壶关更是险中之险，就处在太行山峡谷之间，整个县境受地形限制两边窄中间宽，就像把壶的形状，故而得名。此处南北山势陡峭，其间或崖或谷或林或泉地形复杂，唯有一条崎岖缠绕的窄道可以通行，被当地人称其为“羊肠坂道”，果真是一夫当关万夫莫开。

前番高幹明明是假意投降，曹操却不问真伪全然准许，固然是有先破袁谭、袁尚的考虑，而更重要的则是慑于壶关地势。倘若不把背后的敌人消灭干净，他是绝不敢犯此天险的。如今只剩下高幹未平了，曹操才下决心孤注一掷。

羊肠坂道弯弯曲曲百转千回，两旁除了断崖就是绝壁，根本没有能下脚的地方，最窄的路段只能通过一两个人。到了这里兵马越多越麻烦，乐进、李典轻兵涉险尚且不易，曹操数万大军又正逢冬天可谓难上加难。士兵都挤在崎岖的羊肠小路上，拉成了长龙，一天也走不了十几里地。辎重运输更成了难题，有马匹却只能牵着走，粮车全靠人力推拉，不知累垮了多少棒小伙。发放口粮也改了规矩，从后面的车上取食物，一个一个手接手往前递，从早晨一睁眼就开始传递口粮，有时半天工夫才能传到最前面。这本就是个寒冷的冬天，山岭间的风力更是猛烈，耳畔满是北风的呼啸声，穿再多衣服都挡不住寒气，士兵打着哆嗦行走在险道上，只要一个趔趄就滚落悬崖之下摔得粉身碎骨，推车的人稍不留神，整车粮草军械就掀下去了。

曹军受尽千辛万苦总算踏入壶关地界，虽然没有悬崖了，但寂静幽谷又冷清得吓人。道路颠簸不平，始终不见人迹，峡谷阴冷积雪不化，

---

① 壶关，今山西省长治市壶关县，太行山大峡谷所在地。

乐进、李典先行留下的标记完全被冰雪覆盖，什么都找不到，部队几乎是一边清雪一边推进，硬是在没有路的地方开出路。而且此处还是潞河发源地，水流交错瀑布众多，常常要搭便桥才能通过。曹操咬紧牙关一路坚持，总算是挺了过来，当大军与乐进、李典会合时已经是建安十一年正月了。

与人斗最终的胜负成败还算有迹可寻，与天地相搏不到最后未敢轻言结果，这一路成功走下来，三军将士真比打胜仗还高兴，简直就是绝境逢生。曹操将兵马屯于壶关城外，又把自己的中军大帐安置在了北边的百谷山[①]山麓，俯瞰着整个战局。不身临其境不会明白，高幹之所以敢造反就是靠这座雄关峡谷，这样的天险靠人力是夺不下来的，先前派来的乐进、李典虽然拖住了敌人，对于攻城战却一筹莫展。即便曹操亲自至此，也想不出什么良策，唯一的办法就是困，等敌人粮草殆尽开门投降……

虽然已步入春天，但老天爷仍旧没有回暖的趋势，尤其到了夜里北风呼啸不停，那声音在山谷中回荡徜徉，简直就像是厉鬼在哭泣。中军帐里虽点了不少炭盆，却一点儿都不暖和，自边角灌进来的风吹得人脑袋发蒙。曹操实在难以入睡，索性披上裘衣到帐外观望。

军帐设在半山腰上，本来壶关远近都可以一览无余，但此刻却被黑暗掩盖了。火把照不出几丈远，一切都模模糊糊，士兵们早就睡熟了，只有谷中零星的几团火把在摇曳，宛如梦幻一般。不知何处传来一阵阵凄厉的嚎叫，那是林间豺狼的声音，这凄冷的夜晚连蛰伏的畜生都难以忍受了。而远处的壶关城却灯火通明照如白昼，连关下的鹿角拒马[②]都映得清清楚楚，高幹被困三个多月仍旧毫不懈怠，不知还要围困到多久，该不会又像审配那样冥顽不灵吧？

“主公还没歇着吗？都快三更天了，您要保重身体啊！”随着声音自远处攀着山道上来一人，举着火把渐渐走近。

曹操借着火光才慢慢看清来者那英俊清癯的脸庞：“哦……是奉孝啊，寒夜清冷北风呼啸，老夫不能成寐。你怎么也没休息？”

郭嘉将火把交给守寨的亲兵，紧走几步来到近前：“方才押运粮草

---

① 百谷山，今名老顶山，是太行山峡谷的北山坡，相传是神农氏尝百草之地，属于太行山脉。

② 拒马：一种木制的可以移动的障碍物，通常用于堵门，阻止敌军行动。

的人报告，咱们后队的粮车都坏了，恐怕要耽误些时日。”

“粮车坏了？”

“是啊。”郭嘉苦笑道，“又是羊肠坂道，又是河谷颠簸，还要过便桥，大部分车的轮子都散了，瘫在谷口过不来。我跟卞秉商量了一下，派几百兵去伐木，赶制新的车轮好把粮食弄过来，光靠人力背终究不是办法呀！再有两天粮食还不到，大家就要饿肚子了。另外饮水也是个问题，这边的涓流都上冻了，至少还要再等一个月才能开化，现在大家都嚼冰吃，太伤脾胃。”

“明早我就传令，战饭暂时缩减为一日两顿，等粮运到之前大家都忍忍吧。至于喝水，要让他们把冰煮化了再用，初春正是容易得病的时节，真要是吃冰吃出什么毛病来，蔓延开可不是闹着玩的。这该死的鬼地方……”曹操咒骂一句，侧眼看看郭嘉，见他眼窝深陷神情恍惚，“你这几天太辛劳了，自从来到壶关就跟换了个人似的，也听不见你说笑了，整日就知道瞎忙。像这粮草的差事也用不着你挂心啊！”

郭嘉欠身道：“属下蒙主公知遇之恩，理当竭力相报。”

曹操被他认真的样子逗笑了，戏谑道：“瞧你说得这般正经，大半夜的就咱们俩人，这又是做给谁看呢？不该你的差事你去忙，老夫也不奖赏你，此所谓‘非其鬼而祭之，谄也’。”

郭嘉全然没有开玩笑的意思，满脸郑重的表情：“谄媚不谄媚日后自有公论。在下不畏旁人之言，但求主公知我一片心意。”

“哦？”曹操似乎揣测到了，自从陈群弹劾他不治行俭聚敛财货之后，郭嘉比以前更尽心尽力了；却也不便把这层窗纱捅破，只笑道，“有些事你不必多想，必要之时老夫自然会替你想。”

郭嘉茫然摇头：“主公不肯怪罪是您的宽宏，但属下应该去想。兴兵打仗本为安定黎民，而属下却居功自傲侵占百姓之财，这不是出尔反尔吗？在下从来但问功名处事不端，可是最近几天却在反思，我平生之所为错处实在是太多啦！”

“功业未就你想这么多作甚？”曹操一阵蹙眉，“透露你一个好消息，老夫已上表朝廷，封你为洧阳亭侯。你不总羡慕令君、军师他们有爵位吗？现在你小子也有了。”

“多谢主公。”郭嘉虽然道谢，却不怎么兴奋，“在下出身一般，资历浅薄，也没什么大功，原不敢与军师他们比肩。我儿郭奕尚幼，他日后若有什么不规矩的地方，还望公主海涵。”

曹操如坠五里雾中，这哪还是放荡不羁嬉笑怒骂的郭奉孝，怎么变得这般小心谨慎了？不禁觉得好笑，拍拍他的肩膀道：“你小子今天怎么了，竟说些糊涂话。这些年来你何尝尸位素餐了？老夫平灭河北全凭你的计策。莫说你家里有些不肖之人犯点儿小过，就是真有什么错也可饶恕。《周礼》的‘八辟’[①]难道不是圣人所留？论功、论能、论勤你哪一条不占着？不要胡思乱想了！”

郭嘉心里确实藏了件不便明言之事，也只能顺口搭音：“诺。我不想了……不想了……”

曹操见他似乎释然，回头吸了一口凉气，又望向幽黑清冷的山谷，喃喃道：“高幹这小子确实是条狼，若不将他铲除早晚又成祸患。老夫已经决定了，不惜一切代价也要拿下壶关，只要并州平定，北方之地就再无大患了！至于荆州刘表、益州刘璋、江东孙权不过各据一隅，凭我之雄兵又有朝廷正义之名，极易破也！”

这次郭嘉并没有像往常那样称赞他英明神武，而是实事求是：“北方一统已近在眼前，乌丸、公孙度不过边庭小寇，主公也该提早考虑南下之策了。如今江东已非当年的荒蛮之地，听闻孙权自江夏回军途中又派部将朱治、贺齐镇压了山越，抢占了不少地盘。您给太史慈送去当归至今没有回音，足见孙权善于稳固人心，主公万万不可小觑江东。”

曹操却根本没入耳，只盯着幽幽山谷愣神，生出无限遐想，过了半晌竟吟出一首诗来：

北上太行山，艰哉何巍巍！羊肠阪诘屈，车轮为之摧。
树木何萧瑟，北风声正悲！熊罴对我蹲，虎豹夹路啼。
溪谷少人民，雪落何霏霏！延颈长叹息，远行多所怀。
我心何怫郁？思欲一东归。水深桥梁绝，中路正徘徊。
迷惑失旧路，薄暮无宿栖。行行日已远，人马同时饥。
担囊行取薪，斧冰持作糜。悲彼东山诗，悠悠令我哀。[②]

---

① 八辟，是《周礼》中关于减免刑罚的记载，对于亲、故、贤、能、功、贵、勤、宾这八种情况的人可以从宽处理。后来至曹操的孙子曹叡制定新律法，将“八辟”改为“八议”正式写入法典，后世继承一直延续到清朝。
② 本诗名《苦寒行》，属汉乐府“相和歌·清调曲”。

郭嘉听这诗里一片凄凉沧桑，透着哀婉之情，全然不似即将胜利的心态，倏然意识到曹操也有心事——“悲彼东山诗，悠悠令我哀”，《诗经·东山》是赞美周公的诗篇，可是曹操究竟是想当周公那样的圣人，还是想当王莽那样卑鄙的篡国者呢？北方一统近在咫尺，两条路都摆在他面前，他会怎么选呢？

郭嘉渐渐意识到这是个很可怕的问题，绝非自己应该参谋的，劝曹操代汉自立太狠心了，而劝他不要这么干又太违心了。自己这帮人说穿了多半都是攀龙附凤，欲为自身与后代谋富贵，曹操要是将来不掌权力，他还能为谁效力呢……郭嘉毕竟不是董昭那种人，况且这件事恐怕已经与自身无碍了。他不敢在这个问题上过多纠结，忙拱手道：“主公还是早点儿休息吧。”

“好。”曹操还沉浸在诗意中，“你也回去歇着吧。”

“属下想巡视一遍营寨再去睡。”

“哎！自有巡夜之人，用不着你操心。”

郭嘉深施一礼：“属下得展平生之志全凭主公赏识，多受些累是应该的，就是操劳至死也难报主公之恩。”

“胡说八道！怎么好端端地提到死呢？军中谋士就数你最年轻，今后的事情老夫还要多多倚靠你呢！”

郭嘉的泪水在眼眶里打着转儿，多亏天黑才没被曹操看清。他咬着后槽牙忍着悲痛道：“属下不胡说了……不胡说了……”

“这就对啦！”曹操打了个哈欠，“老夫休息，你也去休息，明天还要商议战事呢。”

郭嘉作揖恭送曹操进帐，自己却没有回去睡觉，依旧深一脚浅一脚地下了山。守营卫兵见他忘了火把，赶紧呼喊：“郭先生！您的火把……”他似乎充耳不闻，兀自踏着漆黑的山路而行，在寒风中巡视营寨。

并州平定近在眼前，一切安好，又有什么可担心的？冷风呼啸着，郭嘉却浑然不觉，完全沉寂在自己的思绪中。不知不觉间又来到华佗的帐篷前，见里面竟然还亮着灯火，没有多想便不言不语一头钻了进去。

华佗与李珰之似乎刚刚睡醒，这会儿正在整理药匣行囊，见郭嘉浑浑噩噩撞了进来，都吓了一跳。

郭嘉没有一句寒暄的话，颓然坐倒在地上："华先生，这深更半夜的，你们收拾东西要去哪里啊？"

华佗与弟子对视了一眼，强作笑颜道："此处百谷山，相传是神农尝百草之地，我们师徒也要去采些药。趁着天未亮早去早归，以免误了曹公的差事。"

"有事弟子服其劳，华先生何必要亲自去呢？"郭嘉说话时始终耷拉着脑袋。

华佗干笑道："珰之年纪尚轻，还需老朽指点一二。"

"哼！"郭嘉斜了他师徒一眼，"我看华先生是想弃官逃役远走高飞吧？"

"你……"一句话把华佗师徒问得脸色煞白。

郭嘉深吸一口气，挺直了身子，双目炯炯望着华佗："在下胸闷气短之症日久，自从去年以来越发厉害，前日我痰中带血，来向先生问病，您既不施针石又不用汤药，只道我这毛病没有大碍，一年半载必能痊愈。在下越想越觉诧异，夜不能寐倒想问问，若不施药此病又如何根除呢？"

华佗一时语塞，想了想才道："先生至河北水土不服，不过是一时犯了痰气，安心休息几日便好。"

"先生所言差矣！在下未随曹公之前曾在河北为吏，何言水土不服？"郭嘉戳破谎言，"该不会我病入膏肓大限将至，先生不忍明言吧？"

华佗医人无数倒还矜持，那李珰之是个老实人，吓得手里一松，药匣子掉落在地，草药撒得满地都是。华佗回过神来，边收拾东西边喃喃道："郭先生切莫胡思乱想，人无千日之好，闹点儿小毛病又有什么可怕的……"

郭嘉进来之时瞧他们收拾东西，心里已凉了八九分，这会儿又见他们此等狼狈之相，最后一丝希望也破灭了，叹息道："华先生不必隐瞒，在下跟随主公出生入死，早把这些事置之度外了。"他话虽这么说，声音却颤悠悠的，"医者有父母之心，岂能见死不救？先生既然这么搪塞我，想必是治不了我的病，若是连您都治不好，那还能指望谁？这就是郭某人命中注定啊！"

华佗眼见隐瞒不住了，无奈叹了口气，作揖道："先生果真聪明绝顶，要骗您实在是太难了。实不相瞒，您的病已……已无药可医。”

虽然此事已经坐实，但亲耳所闻时郭嘉还是感到一阵眩晕，手扶几案撑住身子：“此病因何而起？”

“那就要问先生自己了。”

“此言何意？”

华佗情知害怕也没用，索性也坐了下来：“天下人多半口是心非行事不检，自以为能欺骗全天下的人，实不知最最欺骗不了的实际上是自己。敞开门论的是天下大事，关上门图的是酒色财气，人前高谈阔论，人后莺歌燕舞，其实伤的都是自己啊！你所患之症乃是恶瘵（即肺结核），又名痨病，乃不治之症。最近一年你瘦了不少，难道不自知吗？咳血还仅仅是开始，《素问》记载，痨病者‘大骨枯槁，大肉陷下，胸中气满，喘息不便，内痛引肩项，身热脱肉破’，渐渐你就都感觉到了。瘵者，疾苦也。痨者，辛劳也。光是辛劳疾苦也罢了，常言说十痨九色，恐怕你于男女之事也多有损耗吧？老朽早就看出你身患顽疾，但束手无策怎好明言？惭愧惭愧……””

郭嘉明白他说的是什么，这病说穿了就是他自作自受。颍川郭氏本不是什么名门望族，他个人的出身更远不及郭图一脉，这半生全靠卖弄自己的本事才混到今天，若不因赶上这乱世，他能不能出人头地还在两可呢。正因如此，郭嘉自受曹操重用以来也在拼命地享受，强索民田娶妻纳妾，每逢回到许都总要夜夜笙歌酒色流连，陈群告他一个“不治行检”实在是不冤。而他又是个要强的人，真才实学，阿谀迎逢，凡事都不肯落在人后，处处争强好胜。酒色伤于内，万机损于外，耽于功名富贵无一日之安闲，落这么一个结果又有什么意外？想明白这些，郭嘉一阵苦笑：“承蒙先生点拨，反正事已至此，在下只问您一句话，我还能活多久？”

华佗面有为难之色，犹豫了半天，还是低声下气道：“老朽已经告诉您了。”

“一年半载必能痊愈……原来如此，到时候一命呜呼，自然也就没有病了。”郭嘉点点头，想起华佗预言陈登、李成死期之事，断然错不了的，不禁反复沉吟，“一年，最后的一年……一年……”过了半晌又道，“先生之所以打算趁夜而逃，是怕主公强迫您为我治病吗？”

“啊！”华佗当真吃惊匪浅，心道——此人到了这般时刻还能洞察秋毫，当真是奇谋之士！

世间最残酷的事莫过于眼睁睁看着自己生命的流逝，明知死期却无可挽回，所以华佗不忍实言相告。可是更令他担心的是，郭嘉乃曹操宠臣，对其器重不亚于子侄。眼见这病症已神仙难救，若是道出真相，曹操硬逼他救郭嘉一命，他束手无策到时候如何收场？华佗又是摇头又是叹气，三分为的是郭嘉，倒有七分为的是自己。

郭嘉早摸准了："先生想得太简单了。您这么不明不白地走了，岂不是折了岐黄妙手之名？况且主公眼看就要踏平河北，只怕天下虽大却难有您安身立命之处。您也跟随主公一段日子了，他是什么脾气您也清楚，若是不告而别再被抓住，是什么下场您不会预料不到吧？"

华佗木然无语，可心里明白，结果只能是死路一条。

郭嘉起身道："在下感念先生实言相告，就助您躲过此劫以为回报吧！先生无需逃亡，等再过数月可以家中亲人有疾向主公告假，一者您为他医治头风有功，二来又是谯县同乡，主公必不阻拦。到时候您回转家乡故里，在下正好……"话到此处他哽咽了一声，"正好病发而亡，主公以为我是染急病而亡，才不会归咎于您。您既能躲过此事，又可保留医官之职以为进阶。"说罢他礼也不施，踉踉跄跄便往外走。

华佗对着郭嘉的背影深深一拜："老朽感激不尽……"他早就想过这个办法，只是无法开口相求罢了，"能逃过此劫已是侥幸，至于保留医官之位以为进阶嘛……仕途非老朽平生所愿。只要能保留有用之身，继续为人治病就够了。实不相瞒，自第一天入曹营老朽就不愿领此差事，我多想做那闲云野鹤啊！"

郭嘉手掀帐帘，不禁回头望了望华佗——人与人是不一样的。他这辈子想的就是高官厚禄显耀门楣，故而弃袁归曹屡献奇谋，哪怕是逢迎献媚的小人手段也无所不取；至于那些无心官场闲云野鹤的人物，他都一概视为不思进取鄙陋之徒。但今天耳闻华佗这番话，郭嘉似有所悟，又恭恭敬敬还了一礼，这才落寞而去……

他步履蹒跚回到自己寝帐，既没有点灯火也没有唤亲兵，独自坐在漆黑之中。有些事是该好好想想了，论献计献策他不比荀攸、荀彧等人功劳小，论资历也不算浅了，可是人家几年前都封侯了，自己现在才混上爵位？难道仅仅是因为自己的出身比他们低？还有，自入曹营已有十余载，还仅仅是军师祭酒，不过是掾吏之流，从来不曾晋升，这又是为什么？现在想来似乎很清楚了，不是曹孟德不想提拔自己，是自己的气度还不够，品行还难入那些正人君子法眼。在曹营中虽然名声响亮，只怕在朝臣眼中自己不过是小人得志吧。这几天他夜夜噩梦缠身，倒不是惧怕死亡降临，而是辛氏几十口亡魂和那位尸骨不全的族人总来纠缠他，还有辛毗那怨恨的眼光，也时不时映现在脑海中……细想起来平生亏欠之人还真是不少呢！

郭嘉一动也不动地坐着，想把自己三十五年来的美好事情都回忆一遍，可脑子里却空空如也，什么也没有——他要追求的美好仍旧在明天，而不是在过去。意识到这点，两行泪水簌簌滑落。为什么哭呢？是悲哀，是悔恨，是留恋，还是心有不甘？他自己也不清楚。

他抹去泪水站起身，想到外面吸几口凉气，掀起帘子才发现天就快亮了。半山腰上看得分明，红彤彤的旭日即将东升，新的希望就要到来，春暖花开不远了，天地间还是那么生机勃勃，恰如曹操的霸业也是前程似锦。

望着这唯美的景致，郭嘉渐渐又笑了——人本就是人，不必用心考虑怎么为人；世本就是世，何必费尽心机处世？我郭奉孝壮士之胆、谋士之智、辩士之舌，无愧乱世弄潮的大丈夫，何虑他人之言？莫说还能活一年，哪怕只一天又怎样？朝闻道夕可死矣，若能换一轮红日上天，此生又有何憾！

平定河北

大厦将倾独木难支，高幹虽有些文武之才，但并州毕竟处于包围之中，士卒疲惫粮草殆尽。他苦苦支撑了半载，至建安十一年三月，壶关守将不堪疲惫终于献城投降，并州天险尽失。高幹奔赴匈奴王庭求救，单于呼厨泉有了上次平阳之战的教训再不敢与曹操为敌，情知这是个祸头，连见都不见就把他赶出了平阳。并州受困已久将领不愿再战，曹军几乎兵不血刃就把各郡城池拿下了，高幹走投无路便乔装改扮，带着几个心腹自关中绕道南下投靠刘表，不想半路被上洛县一个小小的捕盗都尉识破，当即被获斩首——并州就此平定。

忆昔袁绍开辟河北，苦战了近十载才得来冀、青、幽、并四州，只因儿子们内斗不休难承大业，把河北基业拱手送与他人，袁氏轰轰烈烈的统治如昙花一现黯淡收场。改旗易帜、重设官员、笼络人心、丈量土地，一切又都改弦更张。不单州郡地盘尽数便宜了曹操，就连袁绍的幕府宅邸也成了曹家产业，那位丧夫失子的刘氏夫人早被客客气气“请”了出去，曹操的妻妾内眷却兴高采烈迁居进来，自此新人换旧主，这座带着神秘谶纬的邺城变成曹操的家了……雕梁画栋，锦绣华堂，数不尽亭台楼阁，婢女仆僮穿梭如云，掾属从事充盈房舍，这座州牧府可比许都的司空府还气派。不过还算本色不丢，府邸虽大，各处陈设器具一律还是朴实无华的。

曹操终于能大模大样挺直腰板号令中原了，他满脸孤傲坐于堂上，听着新旧属下汇报着好消息，这种满足感实在太舒服了。

此时此刻在堂上如履薄冰连连叩拜的不是别人，正是那位叱咤一时的黑山军统领张燕，他终于带着百姓们走出了深山老林，拜服到曹操脚下。据说此人原本姓褚，身形矫捷精于骑射，故而绰号叫“飞燕”，因秉承大贤良师张角的教义故而改姓张，此人当年拥数十万农民军，攻城略地驰骋疆场，与袁绍、公孙瓒斗得不可开交，也算得一时之雄。不过现在跪在曹操脚边却像个怯官的老农，再也提不起昔日英气来了——天下总共十三州[①]，曹操自己就坐拥黄河南北七州之地，势力还涉及到西凉、江淮、幽燕，这等威力普天之下何人不惧？

“明公颁布政令，改易袁氏苛政。每亩只缴四升田赋，河北能逢宽仁之主，又有气壮山河之军，我黑山百姓焉能不降？”张燕这番话虽然是溢美之词，但也算扪心无愧。黑山农民军名义上还有十万人，其实大部分是老弱妇孺，真正能上战场的不过十之一二，已算是苟延残喘。如今租税降到这么低，谁还造反呢？更重要的是曹操与袁绍对待农民军的态度截然不同。除了黑山外，当年活动于河北的农民军还有刘石、青牛角、黄龙、左校、郭大贤、李大目等大大小小几十支队伍，都被袁绍剿灭了，当真是尸骨如山血流成河。可曹操对待农民起义却不是斩尽杀绝，固然他是想保留这些人口种地供粮，但毕竟与农民军的关系是结怨

① 十三州者，司隶、冀州、青州、幽州、并州、兖州、徐州、豫州、荆州、益州、凉州、扬州、交州。至建安十一年，曹操占有司隶、冀、青、并、兖、徐、豫七州，而幽州被其控制大半，凉州马腾、韩遂等名义上属于朝廷管辖，扬州在长江以北的地区也被曹操涉足。

而不结仇。所以张燕誓死不降袁绍，却可以接受曹操。

这会儿曹操完全一副胜利者的姿态：“昔者天下昏乱仁德不兴，袁绍暴戾残害百姓，逼得人没办法才造反。你今来降那是从善之举，老夫上表朝廷任命你为平北将军，加封安国亭侯。”

官是不小，侯位也挣下来了，不过有无实权就另当别论了。张燕叩头谢道：“多谢朝廷宽宏、曹公栽培。我身为黑山百姓之首，能为这十万饥民寻条生路就已经很庆幸了……不过在下还有一不情之请。我那家眷妻儿久在深山，家乡真定县也没什么产业了，还请曹公再开洪恩，准许我家小到许都安家，让他们享享富贵吧。”

此言一出，旁边陪着的许攸、楼圭都用异样的眼光打量着张燕——真没想到，这么一个贼头还有此等算计。这不是享富贵，这是送人质啊！曾经拥数十万兵马的一个人物若不给曹操点儿把柄怎能平安终老？这老小子真会说话，明明是送人质，还要弄得好像求着曹操一样。其实也不足为奇，都是曾经沧海品过世态炎凉的，大老粗也能历练成聪明人啊！

曹操自然同意，顺水推舟：“很好，不过叫他们远离故土也不妥，连点儿乡音都听不到。我看就别去许都了，在邺城安家吧，体面宅邸有的是，将军随便挑！老夫出钱为将军整修。”今后曹氏的大本营要改到邺城，没必要再把人质弄到许都去了。

“不敢当不敢当……”张燕连连叩首，“若是没有什么差遣，在下就……”

“去吧去吧！早把家眷安排办好，将军也就安心了。”其实曹操自己也能安心。

张燕诺诺而退，到堂口正与家将吕昭走个迎面，这位平北将军竟恭恭敬敬退到一边给小将让路。吕昭进门汇报：“启禀主公，前天从袁氏府库里搜出来那三套家私都给卞氏夫人送去了。那套金丝雕花的儿案夫人嫌奢华，毛竹编的又说太素了，结果挑了那套黄松木的。”吕昭本家奴出身，故而里外杂务都能干，“夫人还说‘取上者为贪，取下者为伪，故取其中。’”

“嗯。”曹操点了点头，对卞氏的选择很满意，但什么也没说——当朝三公可没有当众夸妻的。

他不夸别人可得夸，楼圭赶紧双挑大指：“夫人真是贤德啊，与明公相得益彰！”

曹操不禁莞尔，吩咐吕昭：“诸内眷自许都过来也不清闲，你去吩咐后堂摆宴，请诸位夫人都到，也叫子桓他们夫妻出来相陪。”甄氏虽是抢来了，夫妻倒也和顺，过门才一年多便产下一子，名唤曹叡，颇得曹操喜爱。

“诺。”吕昭去办了。

许攸笑道：“哎呀阿瞒兄，真是新主换旧主。昔日袁绍的妻妾在这府里勾心斗角，有下人就说是这宅子风水不好。如今你妻儿在此处却能其乐融融，可见还是袁绍福薄，镇不住这地方。我看他非但打仗不如你，治家也不如你啊！哈哈哈……”

曹操听得美滋滋的，嘴上却道：“还是说点儿正事吧，袁尚、袁熙逃出塞外在何处落脚，要马上查清楚，这个祸根必须得除。还有那辽东公孙康越来越不安分了，竟然派部将柳毅与海盗管承接洽，难道还真要跟老夫抢夺青州不成？”

楼圭根本没把辽东之敌放在眼里：“公孙康虽有其志，然不逢其时。高幹坐拥一州，大军所到尚且瓦解冰消，何况辽东郡边陲之地？若是我指挥兵马，先取袁尚兄弟，根本不用理他。”

许攸扑哧笑了：“提到高幹有个笑话你们听说没有？抓获他的是上洛都尉王琰。我听人传言，王琰擒获高幹之后，她老婆在家哭得昏天黑地，说他丈夫原本是小官穷官，骤然立下大功势必要富贵起来，以后娶小纳妾跟她争宠可怎么办啊！哈哈哈……天下都是妻以夫荣，她却怕男人富贵易妻，你们说可笑不可笑？”

哪知这句话说完，曹操的脸色却黯淡了，继而一言不发起身回转后堂了。

楼圭用胳膊肘捅了兀自大笑的许攸一下：“你这张臭嘴，整天胡说八道，又失言了……”

“这有什么失言的，”许攸还大大咧咧的，“笑谈嘛！”

“笑谈？你不知孟德把原配丁氏逐走之事吗？还敢说什么富贵易妻，不想活了吗？”

许攸瞠目结舌，直拍脑门：“哎哟！忘了忘了！”

“哼！”楼圭斜了他一眼，“整日里自恃有功信口胡言，早晚招灾惹祸，以后说话谨慎些吧！”

许攸不服："别光说我，你就没说错话？你刚才拿自己与他相比，老毛病犯了都不自知！这张嘴就给自己身子惹祸吧！"这俩自年轻时就爱斗嘴的家伙又开始口角起来，说来说去还真难分伯仲……

曹操确实被那句"富贵易妻"刺痛了——王琰不过一个小小都尉，家里事都传得沸沸扬扬，世人又该如何议论当朝三公呢？恐怕免不了说他无情无义喜新厌旧吧！他耷拉着脑袋漫步踱过游廊，忽然又听到一阵袅袅的歌儿伴着琴声：

有美一人，被服纤罗。妖姿艳丽，蓊若春华。
红颜韡烨，云髻嵯峨。弹琴抚节，为我弦歌。
清浊齐均，既亮且和。取乐今日，遑恤其他。

"妙啊！好美的词句……好甜的歌声……"曹操不禁暗赞，寻着声音来到后堂，正见曹丕抚琴，儿媳甄氏边歌边舞，右侧坐着卞氏、环氏、秦氏、王氏、杜氏、尹氏、周氏、李氏等夫人，刚刚纳的两个小妾赵氏、刘氏也在一旁侍立；而曹彰、曹植、曹冲、曹彪、曹玹、曹均、曹林等大大小小的公子则在另一边就座，连曹节、曹宪两个女儿也来了，何晏、秦朗也在席间，只那些尚在襁褓的没有抱来。

甄氏正唱到妙处，一抬眼瞅见公爹，脸上羞得绯红，赶紧施礼："孩儿参见爹爹。"众妻儿也赶紧施礼的施礼、下跪的下跪。

"都起来吧。"正位给曹操空着呢，他大步走过去看了看几案上的菜，只有几样精致果蔬并无鱼肉，也没有酒——想必又是卞氏提倡节俭刻意安排的。

老子来了，儿子们就不能坐着了，都规规矩矩在席前站着。曹操盘膝而坐："新婚无大小，规矩以后再讲，今天都随便些吧。"招手唤过最爱的曹冲和五岁多的曹林，左右腿上一边一个。大家这才敢坐。曹冲摆弄着父亲的胡子，笑道："刚才的歌爹爹听着可好？"

"好！好！"只要小曹冲一撒娇，曹操什么不愉快都没了，"歌美琴好，词句更妙。"说罢轻轻扫了甄氏一眼——如今的甄宓稍加粉饰淡扫蛾眉，穿一袭湛青的落地长裙，更显娇媚动人。其实若不是曹丕下手快，这女子还说不定归谁呢。

曹冲又笑眯眯道："这么好的词句，爹爹知道是谁写的吗？"

曹操看看曹丕："不像子桓所作，以他之功力还写不出这等微妙之作。"一句话说得曹丕满面惭愧。

曹林乃杜氏所生，小小年纪说话还有奶音呢，手指东边道："我知道，这是植儿哥哥写的！"

"哦？"曹操诧异地盯了曹植一眼，不相信，"你写的？不会是刘桢、应玚他们代笔吧？"

曹植年方十六，个子不及曹丕高，但哥俩同是卞氏所生，相貌极为相似，兄弟一样的文静白皙，不过曹植的眼睛更大一些，更显聪明伶俐。闻听父亲发问，曹植起身道："此等诗赋皆书儿女之态，不过是孩儿游戏之作，哪里敢劳记室代笔？"他也揣着亏心呢，无人代笔不假，但小叔子写这类曲子给嫂子唱，这也不怎么妥当。

曹操并没察觉曹植对甄氏的倾心，只道："既然你说是自己所作，那便再作一首叫为父听听……坐下想！"

曹植应了一声，却道："孩儿倒是能作，不过恳请父亲……"

"什么？"

"孩儿斗胆，请允许孩儿饮酒才想得出来。"

卞氏一阵蹙眉："植儿！你……"

曹操摆摆手："你别管！给他酒……不！吩咐下人多取些酒来，你们也喝。今日家宴破破例，也别太素净了。"

少时丫鬟把酒端来，每张几案边都有一缶。没过多大工夫曹植便笑道："孩儿已经想好了。"

"唱来听听。"

曹植双目望向窗外，面带微笑，如同看到了春天一般，抑扬顿挫慢慢吟道：

> 揽衣出中闺，逍遥步两楹。闲房何寂寥，绿草被阶庭。
> 空穴自生风，百鸟翩南征。春思安可忘，忧戚与我并。
> 佳人在远道，妾身单且茕，欢会难再遇，兰芝不重荣。
> 人皆弃旧爱，君岂若平生。寄松为女萝，依水如浮萍。
> 赍身奉衿带，朝夕不堕倾。倘终顾眄恩，永副我中情。

这首还是写佳人，却是弃妇之诗，词句优美饱含情感，也亏曹植怎么酝酿出来的，当真动人心肠。曹操本在前面听了许攸的话，脸上无光才躲过来的，不想儿子的诗又触了弃妇之事，不由自主地往丁氏身上联系，竟不由自主地跟着默念起来："欢会难再遇，兰芝不重荣……人皆弃旧爱，君岂若平生……别唱了！"

曹植吓了一跳，赶紧跪倒："孩儿作得不好，请父亲责罚。"话虽这么说，但他也不晓得自己错在何处。

"不！"曹操苦笑道，"这诗很好，美极了……你不但诗写得好，而且很孝顺，要了酒却根本没喝。其实是故意编个理由，想让诸位娘亲也喝酒高兴，对吧？你很懂事啊……"

曹植见谎言被戳破，又听父亲连连夸奖，脸上一阵晕红，诸位夫人也交头接耳纷纷称赞。曹丕却面有尴尬之色，看看矜持而笑的曹植，又看看父亲怀里的曹冲，不知为何心里突然沉甸甸的。

曹操惆怅难安，招手唤赵氏、刘氏道："你们也来唱上一首吧。"

这俩歌姬出身的女子连忙推辞，赵氏尤其能说会道："诸位公子和姐姐们都在，我们哪敢随便造次啊。这不成了笑话了嘛！"

"无碍的，唱吧！不过唱旧曲，莫唱植儿的。"曹操想换首曲子缓解一下伤感，哪知二夫人不明就里，竟唱道：

新裂齐纨素，皎洁如霜雪。
裁成合欢扇，团团似明月。
出入君怀袖，动摇微风发。
常恐秋节至，凉飙夺炎热。
弃捐箧笥中，恩情中道绝。

这是昔日班婕妤所作的《怨歌行》，她本汉成帝宠妃，后来成帝移爱赵飞燕姐妹，班婕妤幽居深宫作此歌排遣心中郁闷——又是一首弃妇之作。

弃捐箧笥中，恩情中道绝。曹操真是心烦意乱，为何怎么躲都躲不开呢？他放下两个儿子，起身道："还有不少公务办，你们尽兴吧。"说完唉声叹气又离开了。垂头丧气信步来到花园中，忽听到背后有人呼唤："夫君……"回头一看——卞氏跟了出来。

"你出来做什么？陪她们饮酒吧，告诉孩子们，今日尽兴，随便一点儿没关系。”

“你想什么我都知道……”卞氏轻轻拉住丈夫臂腕。

是啊，天底下还有人能比卞氏夫人更了解他吗？曹操拍了拍她的手，话匣子再也关不住了：“你说我是不是老了？在外面打仗怎么就把丁氏的事忘了呢！她现在还在许都住着吧？当初就该一并接过来，如今弄成这样，我这张老脸往哪儿放！叫天下人说我什么啊！”他有对丁氏的愧疚，但更重要的是怕人笑话。

卞氏温存一笑：“我早替你想着呢。过来时把她带上了，卞秉、丁斐帮忙在城外为她找了个小院子，还有仆人伺候。”

“啊！”曹操喜出望外，一把抱住卞氏肩膀，“贤妻啊，你太好了……不过既然来了，为什么不直接带进府里？”

“姐姐不愿意来。”卞氏摇摇头，“若不是丁家的人编瞎话说要迁居，她连河北都不来。依我说……你是不是……”她不敢往下说。

“我去接她！”曹操不执拗了，“说什么也要把她带回家，毕竟她是我的夫人啊。”

“她脾气硬，你多说点儿好话，可千万别和她吵了。居家过日子息事宁人为上，你们和睦比什么都好。”卞氏连连叮嘱。

“好好好，你说什么我听什么，你说话永远这么好听。”曹操边说边伸手摸着卞氏的鬓发。

“老夫老妻的，你这是干什么呀……”

“哎哟妻啊，你有白头发了。”曹操一阵惊讶。

卞氏一阵苦笑：“我已过不惑之年，哪能没白发？你去照照镜子吧，白头发一大堆喽！”

“华佗精通养生之术，回头我去问问，看有没有什么你们女人吃的补药。唉……天下大局已定，只要再降服乌丸，南下扫灭江东，就不用再打仗了……到时候咱好好享受以后的日子，我一定好好待你。”这句话曹操从年轻时就在说，已经不知道说过多少遍了。

卞氏实在不敢奢望真有那么一天，但还是顺着他说：“好啊……好啊……不过别光对我们好，还要对丁氏姐姐好。”

其实世间妻妾都希望丈夫爱自己多一点儿，绝少有劝丈夫对别的女人好的。可是卞氏的聪明正在此处，丁氏即便回来也不可能再和曹操恢复往日的感情了，这件事无论成与不成，给丈夫留下贤德印象的都是她自己。说是真心撮合，未免小看了她的心眼；说是蓄意邀宠，似乎又有违卞氏的善良厚道，真中有假假中有真吧——俗话说得好，不是一家人不进一家门，卞氏与曹操可谓绝配。

无法回头

曹操迈下马车，只望了一眼那僻静的院落便觉心旷神怡。没想到邺城附近还有这么小巧精致的地方，既朴素又不失典雅，葱郁的篱笆、高大的桑榆、古朴的井台，还有草丛间那几朵不知名的小花，一切都符合丁氏的喜好，看来卞秉、丁斐果真没少费心思。

当朝司空接闹别扭的老婆回家，这等事恐怕还是开天辟地以来的头一遭，自然不能嚷出去惹人耻笑。故而曹操只乘了一驾普通的马车，连亲兵卫士都没带，只有许褚赶车，卞秉、丁斐骑马相随。

卞秉搀姐夫下了车，指着这院子道："此处原本是审家的一处庄子，如今院墙已经扒了，附近的田地也分了，只留了几处院落。您放心，现在住的都是府里的家奴仆妇，一来跟着主公这么多年给大伙添点儿产业，二来正好伺候夫人起居。"

曹操满意地点了点头，走上前伸手欲推柴扉，又顿住了，回头道："这院子里的人……"

卞秉又抢着答道："仆人早叫我打发回家了，这会儿只有夫人一人，姐夫只管进去。"什么时候叫主公、什么时候叫姐夫，卞秉已掌握得炉火纯青。

"嗯。"曹操怕他们偷听私房话，拂袖道，"你们且往后站。"

"诺。"卞丁二人忍着笑退了几大步，连许褚也牵着马车向外移了移。曹操这才推门进院，明知没人敢跟进来，却还是顺手把门带上，夫妻相会搞得像做贼一样——说来说去还是放不下这张脸。

这个院子十分简单，左右有几间小房似乎是厨下和仆人们住的，正房的门敞着，可以依稀看见房里的情形。丁氏就背对着大门坐着，手里顷刻不停地忙着，传来吱扭吱扭的声响，她又在织布了——织机是她唯一的伙伴，自进了曹家的门，她便整日忙针织女红，就好像家里要靠这营生过日子似的。曹昂死后她更是把织机当成了命根子，一天也说不了几句话。即便到了这里，她还在织，真不晓得她织那么多布、绣那么多香囊都是给谁用的。

曹操蹑手蹑脚迈进房门，这才看清楚妻子——头发已经全白了，穿着一袭粗布钗裙，单看这背影简直就是一个乡下村妇。顷刻间，曹操悲从中来，伤感一阵阵往上涌。路上他还在料想丁氏见到他会是何等表现，是愧疚还是倨傲？现在看来谁对谁错早已不重要了，彼此都是五十多岁的人了，还有什么儿女情长。还是解了心结，平平稳稳的过日子吧。他突然开始害怕面对丁氏的脸，不知那张虽不漂亮却曾经年轻的脸现在已苍老成什么样。

丁氏早知道曹操要来，这会儿窸窸窣窣听得有人摸进房里，已猜到是谁。但她既没说话也没回头，只是手里停了片刻，便又吱扭吱扭地推起了织机。

曹操在她背后站着，酝酿了好半天也不知该怎么开口，最后只好轻轻咳了两声，觍着老脸低声道："我来了……"

吱扭吱扭……吱扭吱扭……

"你还好吧？"

吱扭吱扭……吱扭吱扭……

莫说叫他坐下说几句亲近话，丁氏连头都不回一下，硬是把这个身份高贵的丈夫生生晾在了那里。曹操见她倔强之性丝毫未改，心头便有几分不满，可环视屋中，只有几件古朴的几案和摆设，连个妆奁盒子都没有，又打心眼里可怜她——将就了吧，把年轻时说甜言蜜语的本事拿出来，拉下脸继续哄吧。

"年初咱昂儿的祭日，我正在并州打仗，也脱不开身，就叫丕儿他们在府里设灵位拜祭了。"死去的儿子是丁氏唯一记挂的，曹操拿儿子说事，希望能勾她说话。哪知丁氏还是不理不睬，便又接着道，"咱昂儿若还在，今年也快三十了。我可能是老了，近来做梦总梦见咱儿子，要是他还在，我父子并辔而行纵横天下该有多好啊！"这倒是句真心实意的话，"如今河北大局虽定，青州却还有些乱子，辽东公孙康趁火打劫意欲抢占沿海之地。若有咱昂儿在，大可命他提一支劲旅替老夫荡平贼寇，我便可以放心出关根除袁尚之患，待大功告成我父子合兵一处挥师南下……"

曹操痴痴地说了半天，才意识到这不是跟诸将商讨战事，赶紧住了口，又往丁氏身前凑了两步："我知你不喜纷扰，此处山清水秀又没有那么多的达官显贵，你喜欢吗？前几天环儿她们还说起你，大伙都说你好，孩子们也很念你的好……"说着话曹操试探地伸出一只手搭在她肩膀上。

丁氏虽没有抗拒，却仍旧低头推着织机。

"咱回家吧，都一把年纪了，这么不即不离的，像什么样子？"曹操轻轻抚摸着她的脊背，眼见她还是没有任何反应，软磨硬泡道，"算我错了，我不该轰你走，为夫向你赔礼还不行吗？听见没有啊？难道我不休你你却要休我？真要与我断绝夫妻情分？"

吱扭吱扭……吱扭吱扭……

丁氏头也不抬一下，手底下机械地忙着活，仿佛对一切都漠不关心。曹操呆呆望了她半晌——妻子也太执拗了，或许昂儿之死对她的伤害太深，或许是那日我打了她因而怀恨在心，或许这女人还有许多无法理解的心结打不开。该怎么办呢？算了吧，再让她想些日子，兴许过个一年半载她就想回家了吧。

曹操还抱着一丝侥幸，拍拍她肩头道："你不理我，我可要走了。过几天再看你，你再好好想想。"说罢一步三回头地往外蹭，希望她能开口挽留，可是直走到门边，丁氏还是没有反应，曹操只得长叹一声，出门而去。

"曹阿瞒……"

曹操忽然又听到丁氏的呼唤，踏出门槛的脚又收了回来。那阔别已久的声音，是在他未得志之时安慰他度过无数个哀怨之夜的声音啊！

"你、你肯跟我回去吗？"曹操声音颤巍巍的，脸上洋溢着兴奋，简直就像是抓到了糖的孩子。若说他还爱着丁氏似乎太违心了，但那感情却是共历患难超越一切的亲切和依恋。

丁氏并没有回过头来，但手中的织机已经停下，似乎屏住呼吸在下很大的决心。

"怎么样？跟我回家吧！咱们好好过日子……"曹操觉得只要再加把力气，一定可以把她领回家。

但丁氏没有答复，就这么背对丈夫呆坐了好久，忽然慢吞吞道："你以后不要再来了。"

"为什么？"虽然是夏日，曹操却从头顶冷到了脚底。他霎时间感到一阵莫名的恐惧，仿佛心底的某种东西被掏空了，一切都丧失了似的。此刻再没有什么当朝权臣的尊严了，他不由自主地恳求道：“不行！你要跟我走！你必须跟我走！你是我妻子啊……我、我从今以后一定对你好！”说着话曹操抢步上前抓住丁氏的臂膀，“你打我！你打我啊！要不你骂我，你出出气啊！我从今后打不还手骂不还口，我今后……”

“算了吧！”丁氏挣开他，口气冷得像冰一样，“你别再跟我赌咒发誓了，我不会再到你家去。”

“你说什么……”曹操愕然呆立，“为什么？”

丁氏浑身颤抖，连头也都不抬一下：“为什么？因为我听够了你的谎话！我不会再相信你了。”她顿了顿，一字一句，咬牙切齿，“不单单是我，普天之下还有人相信你曹阿瞒说的话吗？”

曹操一阵眩晕，连连倒退几步，伸手扶住门框才没有摔倒，丁氏此言犹如一记重锤，把他击得体无完肤，五脏六腑都碎了。连他自己都记不清自己承诺过多少次要好好对待妻子的，可那些信誓旦旦的话真的兑现了吗？丁氏已经不想再继续下去了。

吱扭吱扭……吱扭吱扭……

织机再次响起，丁氏又开始织布了，是那么决然那么专注，仿佛什么事都没发生，什么人都没来过一样。只有失魂落魄、打了败仗般的曹孟德呆立在那里。此时此刻他不是什么当朝权臣，也不是什么神威赫赫的将军，只是一个被妻子抛弃了的可怜虫。他的脑子里一片空白，恍恍惚惚踱至院中，在炎炎烈日下站着，仿佛是想让骄阳驱走心底泛起的寒意……

卞秉、丁斐就在篱笆外，虽然听不到里面说些什么，可却能隐约看见其中情形。这时节正是热的时候，谁走在外面都寻阴凉，可曹操却顶着太阳在院里站着。二人见此情景已猜到丁氏不肯回去，倒有心进去劝曹操几句，可没他发话又不敢，两口子的事儿外人怎好跟着瞎掺和呀。

约摸过了一刻工夫，曹操才踩着云朵般开门出来，脸色白得像纸一般，看那没精打采的神情，仿佛转眼间老了十岁。丁斐这才敢上前搀扶：“夫人还不肯回去？她就是脾气太倔，您莫要挂心，改天我叫内子来劝劝她……”

曹操根本没听见丁斐说什么，颤巍巍回到车上，歪着身子闷坐良久才低声道："她不愿再跟着我了，我看也不必强求……你去跟她商量商量怎么办，她若还想嫁人，找个好人家把她嫁了，若是想回乡，我多出财帛送她回谯县养老。"

丁斐万没料到费尽心思竟换来这么个结局，心中暗暗叫苦——说的真轻巧，你曹孟德的女人改嫁，天下哪个男人敢要啊？都年过半百了还被休回家，还有何脸面见家乡父老？她哪也去不了，这辈子就算毁啦……丁斐心里这么想，嘴上却不敢说，只支吾道："三十余载夫妻之情怎能说断就断，我再去劝劝她吧……"忙不迭跑进院去。

曹操连连摇头——亲自去都不顶用，丁斐又能如何？即便是把她别别扭扭领回去，还有什么意义？丁氏已经寒心了。他索性等都不等了，朝许褚摆了摆手，有气无力道："回府吧……"

许褚只管令行禁止，至于曹操的家事是不问的，扬起鞭子赶车便走。素来热心好事的卞秉这次一句话都没说——丁氏被休已成定局，这对于卞氏意味着什么？水到渠成正合适。

车子动起来，帘子垂下了，曹操张开双臂躺在了车板上。他觉得累，不知为什么，一辈子活到现在从没这么累过。以前遇到这样的事他必然会头风发作，可是经过两年的治疗，这病已经不怎么犯了。可是今天曹操多希望自己头痛，这种清醒实在比头痛还要受煎熬。他基本上算功成名就了，却不是那种他想要的感觉。仿佛心目中渴望的那扇门打开了，里面却不是自己原本心仪的东西。丁氏最后那句话始终在他脑海里回荡着——普天之下还有人相信你曹阿瞒说的话吗？

或许真是这样的吧！他说过要好好对妻子，结果却把她害得身心憔悴；他说过要安定百姓，却纵容亲信部下侵占民财；他说过要招揽天下名士，却不准他们随心言论；他说过要复兴汉室，但却走到今天这样一个尴尬的境地。丁氏说的一点儿都不假，他曹孟德的话天下人还能当真相信吗？

但是曹操仍觉委屈，并不是他不愿意兑现诺言，而是世事使然，他不能那么做。难道真为了儿子的仇就杀死张绣，失一骁勇之将？真的严苛约束部下，不准那些出生入死的人在战争中捞些实惠？真的要让那些清流名士自由言论，绊住自己后腿？难道真的要现在就还政天子，等待清算的屠刀……翻开青史看一看，古来功成名就之人比比皆是，但又有谁真的不曾违背自己的本愿和诺言？万事无愧于心的人这世上存在吗……这是一条不归之路，其实从踏上第一脚的时候就注定无法回头，将要到达何方，连走路的人自己都不能确定。动情的表演和言语能欺骗别人，但哪骗得了自己？

马车进了邺城，转眼间回到幕府门前，卞秉赶忙亲自撩起车帘，曹操还未下车又见荀攸、董昭、崔琰、郭嘉迎上前来——去的工夫太长，好多事还等着抉择呢。

施礼已毕崔琰抢先禀奏："青州乐安太守管统拒不投降，请主公发兵讨之……"

荀攸捧上一卷竹简道："刚刚发来军报，袁尚、袁熙与乌丸首领蹋顿屯兵柳城，此患不除河北难安……"

郭嘉也似连珠炮一般禀奏："辽东公孙康集结兵马，其前部都督柳毅已在管承策应下登陆，劫掠沿海之地。青州黄巾呼应而起，围攻济南城。昌霸又跟着反啦，这已经是第五次了……"

"都住口！"曹操感觉脑袋都要裂开来了，不禁大吼一声。所有人都不说话了，胆怯地望着他。

他也知失态，稍稍缓了口气，又软语道："今天我什么也不想听了。能处置的你们自己安排，处理不了的……明早再说吧。"

"诺。"众人不敢多问。

明明有此吩咐，董昭还是慢慢蹭到车边，以低得不能再低的声音道："关于改制九州之事……令君有封书信给您。"曹操命董昭写信与荀彧商讨，可人家直接就把信回给曹操，荀彧的洞察力太强了。

"哦。"关于这件事，曹操还是不得不关注，"拿来我看看吧。"

董昭知他今天脾气不顺，都没敢劳他的手，自己展开文书，亦步亦趋捧到面前给他看：

今若依古制，是为冀州所统，悉有河东、冯翊、扶风、西河、幽、并之地也。公前屠邺城，海内震骇，各惧不得保其土宇，守其兵觿（xī）。今若一处被侵，必谓以次见夺，人心易动，若一旦生变，天下未可图也。愿公先定河北，然后修复旧京，南临楚郢，责王贡之不入。天下咸知公意，则人人自安。须海内大定，乃议古制，此社稷长久之利也。

荀彧绝顶聪明之人，恢复九州意味着什么，他不会不清楚。现在致书表示反对，意味着什么曹操也不会不明白。所有冠冕堂皇的理由都是借口，说到底荀彧绝不允许任何人改易刘氏的大汉王朝。其实又何止一个荀彧，天底下不知有多少人还依恋着大汉。怎么办？该不该继续往前走呢……

曹操半晌无语，一阵摇头，又一阵点头："令君言之有理，若非他提醒……老夫又错了。"本性无法改变，他又开始言不由衷。不过再怎么掩饰，在场之人也能感觉到——曹操与荀彧之间已经出现裂痕了。

董昭见他不反驳荀彧，便也顺着说："令君之见老成谨慎，九州之议不妨暂且搁置……"搁置并不等于放弃。

荀攸也接过信看了看，看得心惊肉跳，却按捺心绪避重就轻道："另外令君还主张修复旧都，这提议很好。昔日洛阳被逆贼董卓焚毁，按理说早该重建了，但这些年四方征战，朝廷府库又不甚充足，一直没有条件。现在河北大定，是该考虑考虑了。施工的石料，还有人工是个问题，河南人口稀少，最近还在闹灾……"荀攸只想岔开那可怕的话题，他滔滔不绝往下说，其实说的什么连他自己都不清楚了。

董昭瞥了他一眼，赶紧把话拉回来："天下荒乱已久，需要修整的岂止一座洛阳城？四方之地何处不曾饱受刀兵之乱？要办的事多着呢。就拿宗室王国来说，现今齐、北海、阜陵、下邳、常山、甘陵、济北、平原这八个国就很不成样子。宗室诸王或死或亡，后裔又散居民间，说郡不郡说国不国，搞得朝廷政令难以推行……"说到这儿董昭低下眼睛，故意不看曹操，"既然这样不便，我看干脆把这八个国都废了吧。"

他说得轻描淡写，荀攸等人可吓坏了——废除刘氏诸侯国！这是何等犯忌讳之事，而且一口气就废八个，叫天下人怎么想？这个提议实比改易九州更触君臣之大防。

"想必令君也不会赞同吧……"曹操却不慌不忙，轻轻拍了几下大腿，倏然抬头扫视众人，"你们觉得如何？"

他猛然把问题扔回来，众人猝不及防。

荀攸感觉心头似刀绞一般难受，想反对，想怒吼，想阻止，但面对曹操，满腹之言竟全然扼于喉间，硬是一个字都说不出来。固然这是惧怕曹操的喜怒无常，而更重要的是，这些年来是谁出谋划策推着人家走到今天这一步的？反对曹操又与反对自己何异？

崔琰却已经麻木，昔日袁本初刻玺怀逆，今朝曹孟德议废诸国，天下乌鸦一般黑，当初袁绍强盛之时这股风就刮过的，大同小异都是玩过的把戏。其实谁做皇帝有什么不同？只要百姓安居乐业，谁统治天下都无所谓。崔琰但觉无可无不可，再者他入曹操麾下，猝遇这么敏感的问题，也不便多说什么。

董昭放这个话是故意试探曹操，看将来的事该如何做，做到什么程度，哪知人家太精明，不表态又扔回来了。眼见别人都不表态，他这个始作俑者也不好极力撺掇。

故而三人都低头不语，大气都不出。至于一旁伺候的卞秉，干脆装没听见，和许褚有一搭无一搭谈论家常。眼见大伙都不表态，曹操摇了摇头，也不再追问下去，缓缓走下车来，只淡淡来了句："此事以后再议，我想独自静一静。"便抛下呆立的众人，径自走向府门。

"主公啊！"谁也没料到，这个节骨眼上郭嘉一反常态站了出来，那满脸郑重的表情与往日的嬉笑怒骂大相径庭，"难道就因为伯夷、叔齐洁身自好不肯仕周，武王就不伐商纣了吗？"

曹操的脚步戛然而止。

这话的弦外之音令人不寒而栗，就连置身事外的卞秉也惊住了，霎时间气氛诡异得令人窒息。

…………

过了好一阵子，曹操才慢慢回过头来，没有瞧郭嘉，而是把目光投向董昭："废国之事……就按你说的办吧，不必再征求别人意见。早早处理完，别耽误了正事，还要继续打仗呢！"只说了这两句，便迈步进了府门……

"诺……"众人望着他的背影参差不齐地应了一声，有的喜悦，有的欣慰，有的惆怅，有的已麻木，没人再说一句话，各自想着心事。只有树叶间的知了不停地叫着，咒骂着这令人燥热不安的夏天。

废除八国的信号已经发出，后面的路不言而喻了。反正再喊复兴汉室也没人信了，那就放手去干吧。

不归之路无法回头，狠狠心，接着往前走吧……

《卑鄙的圣人：曹操》第7部精彩预告：

曹操力排众议出塞远征，击败少数民族乌丸、逼降辽东公孙康，结束了北方战乱；刘表病逝、刘琮归降，征伐荆州的过程也异乎寻常的顺利。这一系列战果让曹操的野心急剧膨胀，他废三公、杀孔融、自任丞相，篡汉称帝之意呼之欲出。

然而天有不测风云，被胜利冲昏了头脑的曹操，由于大意轻敌又缺乏水军经验，在长江赤壁遭逢人生最大一次惨败，亲手葬送了自己的统一大业。曹操、孙权、刘备三分天下的格局俨然已经形成！

紧接着袁术余党叛乱、西蜀刘璋断交，原本顺从的西凉诸部也蠢蠢欲动。称帝之路屡屡遭挫，曹操陷于骑虎难下的尴尬境地！与此同时，他的两个儿子曹丕、曹植兄弟之间一场旷日持久的夺嫡斗争也悄然拉开序幕……

读客®

激发个人成长

多年以来，千千万万有经验的读者，都会定期查看熊猫君家的最新书目，挑选满足自己成长需求的新书。

读客图书以“激发个人成长”为使命，在以下三个方面为您精选优质图书：

1．精神成长

熊猫君家精彩绝伦的小说文库和人文类图书，帮助你成为永远充满梦想、勇气和爱的人！

2．知识结构成长

熊猫君家的历史类、社科类图书，帮助你了解从宇宙诞生、文明演变直至今日世界之形成的方方面面。

3．工作技能成长

熊猫君家的经管类、家教类图书，指引你更好地工作、更有效率地生活，减少人生中的烦恼。

每一本读客图书都轻松好读，精彩绝伦，充满无穷阅读乐趣！

认准读客熊猫

读客所有图书，在书脊、腰封、封底和前勒口都有“**读客熊猫**”标志。

两步帮你快速找到读客图书

1. 找读客熊猫君

2. 找黑白格子